普通高等教育“十二五”系列教材

北京高等教育精品教材

能源动力类专业

热工基础

（第二版）

王修彦　张晓东　编

张学学　主审

中国电力出版社
CHINA ELECTRIC POWER PRESS

内 容 提 要

全书包括工程热力学和传热学两部分内容。工程热力学以热力学第一定律和热力学第二定律为基础，在学习了工质（主要是理想气体和水蒸气）的热力性质后，主要讲述热功转换的基本规律，探求能量的高效利用途径。传热学部分在研究三种基本传热方式的基础上，讲述了换热器的计算问题，这部分内容对学生掌握强化传热技术是很有作用的。

本书注重理论联系实际，将电厂的实际问题融入理论的讲解中。为了体现精讲多练的原则，本书配有大量的例题、习题，部分习题具有一定的难度，便于学有余力的同学钻研。

本书可作为非能源动力类各专业大学本科48～64学时的热工基础课程或工程热力学与传热学课程的教材或教学参考书，也可以供有关工程技术人员参考。

图书在版编目（CIP）数据

热工基础/王修彦，张晓东编. —2版. —北京：中国电力出版社，2013.5（2024.11重印）

普通高等教育“十二五”规划教材

ISBN 978-7-5123-4101-2

Ⅰ.①热... Ⅱ.①王... ②张... Ⅲ.①热工学－高等学校－教材 Ⅳ.①TK122

中国版本图书馆CIP数据核字（2013）第037317号

中国电力出版社出版、发行

（北京市东城区北京站西街19号 100005 http://www.cepp.sgcc.com.cn）

三河市航远印刷有限公司印刷

各地新华书店经售

*

2007年8月第一版

2013年5月第二版 2024年11月北京第十七次印刷

787毫米×1092毫米 16开本 18.5印张 450千字 1插页

定价 **46.00** 元

前　言

本书第一版于2007年8月出版，五年左右共印刷了三次，其间于2008年11月被评为北京市高等教育精品教材。但是，随着时间的推移、新技术的发展和认知水平的不断进步，书中的部分内容需要进行必要的修订。

本次修订保持了原教材的基本体系，对局部内容进行了调整、修改、补充，力求更好地体现理论联系实际，更加突出电力行业的特色；维持原教材精讲多练的特点，完善了一些例题、习题，使得教材更加简练扼要。

本书可作为非能源动力类专业本科48～64学时的热工基础或工程热力学与传热学的教材。

本书自发行以来，承蒙国内同行的关注和广大读者的大力支持，并提出不少宝贵意见和建议。在此，谨对他们致以衷心的感谢。

编　者

2013年3月于北京

第一版前言

热现象是自然界最普遍的物理现象，热科学已经深入到除能源动力之外的机械、电子、冶金、航空航天及生物医学工程等领域。在提倡建设节约型社会的今天，我国政府提出在保证经济适度增长的同时降低单位产值的能耗。因此，对于高等院校培养非动力类工程技术人才来说，学习热工基础课是非常有必要的。

全书包括工程热力学和传热学两部分内容。工程热力学以热力学第一定律和热力学第二定律为基础，在学习了工质（主要是理想气体和水蒸气）的热力性质后，主要讲述热功转换的基本规律，探求能量的高效利用途径。传热学部分在研究三种基本传热方式的基础上，讲述了换热器的计算问题，这部分内容对学生掌握强化传热技术是很有帮助的。

在长期的教学过程中，我们积累了较丰富的教学经验。在多次对来自现场的工程技术人员进行培训的过程中，我们也从他们身上学到了一些实际知识。因此，本教材的特点之一就是理论联系实际的内容较多，特别是一些来自电厂的实际问题。本教材的另一个特点是例题、习题的量比较大，体现了精讲多练的原则，有的习题有一定的难度，便于学有余力的同学钻研。

在以网络技术为主要特征的当今信息化社会，学生通过网络获取知识是一个重要的方面，因此教学内容应该是开放式的，而不是仅仅在于教会学生多少知识。在这方面我们做了一些尝试，我们只是提出了与课程内容有关的一些问题，并没有给出答案，引导学生上网查找资料，解决这些问题，以此培养学生获取知识和解决问题的能力。

本书可作为非能源动力类各专业大学本科 48～64 学时的热工基础课程或工程热力学与传热学课程的教材或教学参考书，也可以供有关工程技术人员参考。

本书由华北电力大学王修彦副教授、张晓东副教授合编。王修彦编写工程热力学和附录部分内容，张晓东编写传热学部分内容。本书由清华大学张学学教授主审。

本书受北京市教育委员会共建项目专项资助，并被评为 2008 年北京高等教育精品教材，2007—2009 年度电力行业精品教材。

由于编者水平所限，难免有疏漏与不妥之处，敬请广大读者批评指正。

编者

2007 年 4 月

目 录

绪　论

第一节　能量及其利用

能源是指能够直接或间接提供能量的物质资源。地球上存在各种形式的能源。按照开发的步骤来分类，能源可分为一次能源和二次能源。一次能源是指在自然界中以自然形态存在可以直接开发利用的能源，如煤、石油、天然气、风能、水能、太阳能、地热能、海洋能等；二次能源是指由一次能源直接或间接转化而来的能源，如电力、煤气、汽油、沼气、氢气、甲醇、酒精等。

能源与人类文明和社会发展一直紧密地联系在一起，能源的利用方式和程度是社会文明的重要标志之一，是全世界关注的重大问题。在当今世界，能源问题更是渗透到社会生活的各个方面，直接关系到国家安全和社会稳定。世界各国的经济发展实践证明，正常情况下，每个国家能源消费总量及增长速度与其国民经济总产值及增长速度成正比，能源的人均消耗量则反映了国民生活水平的高低。

我国是世界上能源蕴藏量最丰富的国家之一，煤炭储量居世界第三，水力资源的储量居世界首位。从1995年开始，我国煤炭产量已居世界第一，发电量居世界第二，原油产量为世界第五。我国电力工业正以前所未有的速度迅速发展，从中国开始有电的1879年到1987年装机容量达到1亿kW时，总共花了108年的时间；又用了8年时间，到1995年中国发电装机容量达第2个1亿kW；又只花了5年时间，到2000年中国发电装机容量达到第3个1亿kW；到2005年年底，中国总装机容量已达到5.1亿kW，自2006年以来，每年新增装机容量在1亿kW左右，截至2012年底，全国全口径发电装机容量11.44亿kW，其中水电2.49亿kW，火电8.19亿kW，核电1257万kW，风电6237万kW。超过美国，成为世界第一电力装机大国。

但是由于人口众多，中国人均能源资源可采储量远低于世界平均水平，石油、天然气人均可采储量分别只有世界平均水平的11.1%和4.3%。近年来，随着经济的增长，中国的能源需求不断增加，特别是自1993年成为石油净进口国以来，石油进口量持续增长。2012年，石油净进口量达到2.84亿t，石油对外依存度上升至58%，比上年提高1.5个百分点。中国政府制定了一系列政策措施来解决能源安全问题。

第一，坚持把立足国内作为解决中国资源问题的基本方针。中国既是资源消费大国，也是资源生产大国。从能源看，中国煤炭资源丰富，煤炭是中国能源的主体。在一次能源生产结构中，煤炭占76%；在一次能源消费结构中，煤炭占68%。20世纪90年代以来，中国能源总自给率始终保持在90%以上。未来中国国内能源供应的潜力仍然很大。目前，中国煤炭查明储量仅占预测资源总量的20%左右，发现新油气田仍有可能，页岩气的开发已经启动，三分之二的水电资源尚未开发，核电、风电、生物质发电刚刚起步，有很大的发展空间。因此，中国有条件主要依靠国内来保障资源供给。中国的发展，过去不曾、现在没有、将来也不会对世界能源安全造成威胁。中国将继续坚持立足国内的基本方针，采取综合措施，加大国内资源勘探力度，不断增加能源有效供给，保持较高的自给水平。

第二，坚持把开源与节流结合、节约放在首位作为解决中国资源问题的根本出路。在推进工业化的过程中，将节约能源、降低能耗提升到基本国策的高度。“十一五”期间，我国以能源消费年均6.6%的增速支撑了国民经济年均11.2%的增长，能源消费弹性系数由“十五”时期的1.04下降到0.59，节约能源6.3亿t标准煤。2010年与2005年相比，电力行业300MW以上火电机组占火电装机容量比重由50%上升到73%，火电供电煤耗率由370g标准煤/（kW·h）降到333g标准煤/（kW·h），下降10.0%。要按照建立节约型社会的要求，认真贯彻《节约能源法》，落实《节能中长期专项规划》，组织实施好重大节能工程，推广使用先进、高效的节能设备和器具，推进工业、交通运输、建筑、商用和民用节能。要建立市场化的资源节约体制和机制，研究制定有利于节约资源的财税、投资、价格和外贸政策，制定和实施强制性标准，形成可持续的生产方式和消费模式。

人类历史上的大多数时间里使用的主要是可再生能源，只是在工业革命后化石燃料才被大量使用。目前，核能、水能、氢能、太阳能、风能、潮汐能等比较洁净的能源在世界各地都已得到不同程度的利用。特别是随着科学技术的进步，人类对可再生能源的认识不断深化，可再生能源的开发利用日益受到重视。实施能源多元化战略，积极开发可再生能源成为许多国家能源安全政策的核心内容。然而，受地域、时间、技术和资源多寡等多方面因素的限制，上述能源在大规模推广方面还存在一定困难。面对世界能源需求的不断增加，加快能源研究步伐、开发矿物燃料的替代能源，已成为摆在全人类面前的一项紧迫的任务。走能源与环境和经济发展良性循环的路子，是解决能源安全问题的根本出路。2004年制定的《中国能源中长期发展规划》明确指出，当前和今后一段时期，中国将把优化能源结构作为保障能源供应的中心任务，大力开发水电、积极推进核电建设、鼓励发展风电和生物质能等可再生能源，到2020年，使可再生能源在能源结构中的比重从2007年的7%提高到15%左右。

中国政府将进一步支持可再生能源的开发利用，把可再生能源发展作为增加能源供应、调整能源结构、保护环境、消除贫困、促进可持续发展的重要措施；加快发展技术成熟的水电、太阳能热水器和沼气等可再生能源，尽快使资源得到合理开发利用；积极推进资源潜力巨大，技术基本成熟的风力发电、生物质发电，太阳能发电、生物质液化等可再生能源技术的发展，以规模化建设带动产业化发展，使其尽快成为具有竞争力的商业化能源。根据可再生能源的中长期发展规划，到2020年，水电总装机容量将达到2.9亿kW，开发程度达到70%左右，生物质发电达到2000万kW，风电达到3000万kW，太阳能发电达到200万kW，力争使可再生能源发电装机在总电力装机容量的比例达到30%以上。我国鼓励太阳能热水器在城市建筑物和农村的推广应用，预计到2020年，太阳能热水器总集热面积达到3亿m^2，年替代化石能源约4000万t标准煤；将农村生物质能开发利用作为发展现代农业、建设社会主义新农村的重要措施，继续推广户用沼气和禽畜养殖场沼气工程，加快生物质成型颗粒燃料的推广应用，到2020年，沼气年利用量达到240亿m^3、生物质成型颗粒燃料年利用量达到5000万t左右，同时积极发展以能源作物为主要原料的生物质液体燃料，到2020年达到年替代石油1000万t的能力。

第二节　火力发电厂的生产过程

火力发电厂的生产过程：在锅炉中将燃料的化学能转化为热能，在汽轮机中将热能转变为机械能，通过发电机将机械能最终转变为电能。具体的生产过程如图 0-1 所示。

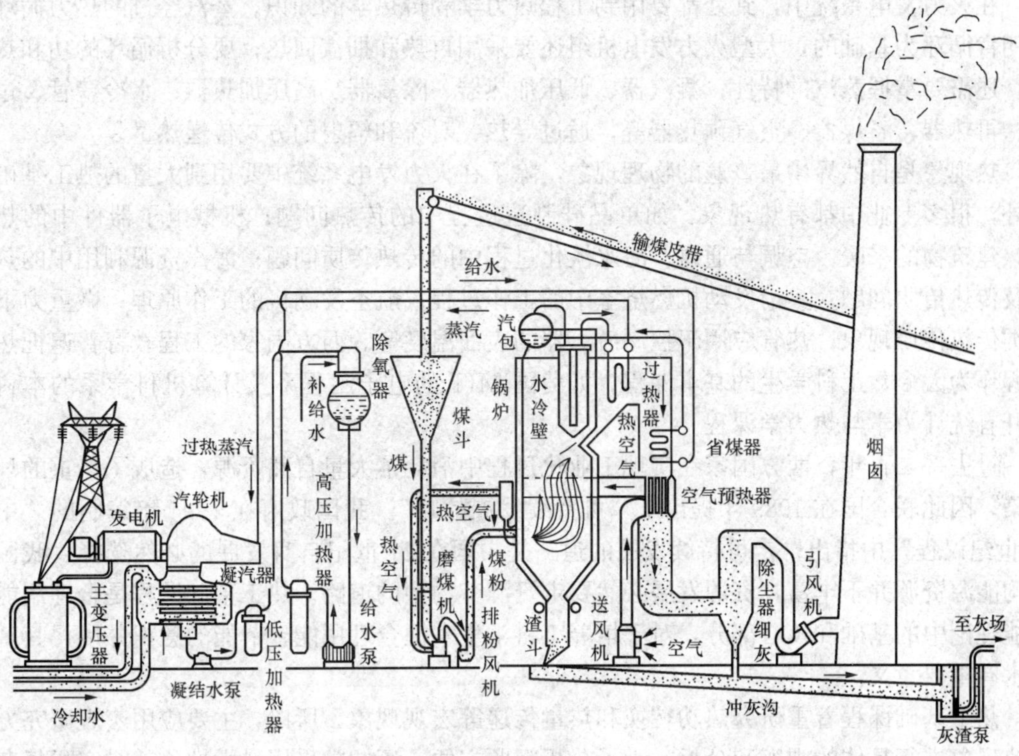

图 0-1　火力发电厂的生产过程

煤—烟气侧：煤通过输煤皮带送至原煤斗，再经过磨煤机磨成很细的煤粉，煤粉经过排粉风机送入炉膛内和经过空气预热器加热的空气混合燃烧，产生的热量首先传递给水冷壁管，然后随着烟气的流动，传递给过热器、再热器、省煤器、空气预热器，然后在除尘器中除掉绝大部分飞灰，最后通过引风机送入烟囱，排入大气。

汽—水侧：凝结水经低压加热器、除氧器、高压加热器逐级加热后送入位于锅炉尾部烟道的省煤器中接受烟气的加热，然后送入汽包，汽包内的水经下降管送到锅炉下部，经联箱分配到各水冷壁管，水冷壁管内的水向上流动，受热后变成汽水混合物，送回汽包，经汽水分离器分离，饱和蒸汽送入过热器中被加热成过热蒸汽。高温高压的过热蒸汽经主蒸汽管道送到汽轮机内膨胀做功，带动发电机发电。做完功的蒸汽称为乏汽，乏汽在凝汽器内放热凝结成水，乏汽放出的热量由循环冷却水带到环境中。

第三节　学习“热工基础”的重要意义

“热工基础”课程包括工程热力学和传热学两部分内容。热力学是研究热能与其他形式能量的转换规律的科学，它以热力学第一定律、热力学第二定律为基础，着重阐述工质的热物性、基本热力过程和动力基本循环中的热功转换规律，最终找出提高能量利用效率的途径。传热学是研究热量传递规律的科学，它以三种基本传热方式（导热、对流、辐射）的特性为基础，进而研究复杂换热过程以及换热器的特性，最终找出增强传热和削弱传热的途径和方法。

在火力发电系统中，到处都要用到工程热力学和传热学的知识。蒸汽经过的热力循环是以朗肯循环为基础的，大型火力发电机组还要采用再热和抽汽回热；要分析循环的功和热效率，还需要掌握蒸汽的特性；凝汽器、低压加热器、除氧器、高压加热器、水冷壁管、过热器、再热器、省煤器、空气预热器等，通过导热、对流和辐射的方式传递热量。

热现象是自然界中最普遍的物理现象，除了在火力发电系统中要用到大量的热工基础知识外，很多专业中都有热现象，如单晶硅制造过程中的传热问题；机械电子器件中的热设计；建筑物的采暖、空调与通风；海水淡化过程中的传热传质问题；海洋资源利用中的热力学及传热传质问题；火箭发动机燃烧室中的工作过程；航空发动机的工作原理；微重力下的各类传热传质现象；热管应用于控制航天器的表面温度等。西方国家的工程教育普遍把热工课程作为大多数工科学生的基本课程。如美国 MIT 的电子工程系及计算机科学系的本科生就开有统计力学与热力学课程。

过去一二百年，西方国家在实现工业化过程中消耗了大量自然资源，造成了严重的环境污染，因此联合国在 1989 年提出了“可持续发展战略”。我国政府在 1994 年编制的“中国 21 世纪议程”中指出，走可持续发展的道路是中国在 21 世纪自身发展的必然选择。我国的人均能源资源并不丰富，资源发展必然要走资源节约型的道路。热工基础课程是合理用能及节能理论中的基础和核心部分，对于培养工科学生掌握合理用能、节能的意识并懂得其基本技术有重要意义。

热工基础课程着重研究热功转换和热量传递等宏观现象，所以，主要应用宏观研究方法对热现象进行具体的观察和分析，为了分析问题方便，还常常采用科学抽象、对实际复杂的对象进行简化的研究方法。

第一章 基本概念

学习任何一门基本学科，应该首先掌握基本概念和定义。工程热力学是从实践经验中总结概括起来的学科，有许多抽象术语和概念，有的容易与日常用语混淆。因此，本章对一些重要的热力学术语和概念进行集中介绍，便于后面各章节的学习。学好本章，将为学习工程热力学课程的全部内容打下良好的基础。

第一节 工质和热力学系统

工程热力学是研究能量转换的一门课程。实现能量转化的媒介物质称为**工质**。例如，在火电厂蒸汽动力装置中，把热能转变为机械能的媒介物质水和水蒸气就是工质；又例如，在制冷装置中，氨从冷库吸热，通过压缩机压缩升压升温后，在冷凝器中向环境放热，这里氨就是工质，在制冷工程中又称为**制冷剂**。

对工质的要求是：①膨胀性；②流动性；③热容量；④稳定性、安全性；⑤对环境友善；⑥价廉，易大量获取。不同的工质实现能量转换的特性是不同的，有的相差甚远，因此，研究工质的性质是工程热力学的任务之一。

当人们研究各种不同形式能量相互转化与传递时，为了分析方便，往往把有相互联系的部分或全体分隔开来作为研究的对象。这种被人为地分隔开来作为热力学研究的对象称为**热力学系统**，简称**热力系**或**系统**。系统以外的部分称为**外界**，作为外界的最常见的例子就是与系统能量转化或传递有密切关系的自然环境。系统与外界之间的分界面称为**边界**，热力学系统通过边界与外界间发生各种能量与物质的相互作用。

系统的选取是人为的，它主要取决于研究者关心的具体对象。还是以火电厂蒸汽动力装置为例，假如为了研究锅炉中能量的转化或传递关系，就可以如图1-1（a）所示那样，把锅炉作为研究对象，把它与周围物体分隔开来，锅炉就是一个热力学系统；如果感兴趣的是汽轮机中做功量和输入蒸汽的关系，就可以如图1-1（b）所示那样，选取汽轮机作为热力学系统；假如为了研究加入锅炉的燃料量和汽轮机输出功的关系，就可以如图1-1（c）所示那样，把整个蒸汽动力装置划作一个热力学系统。

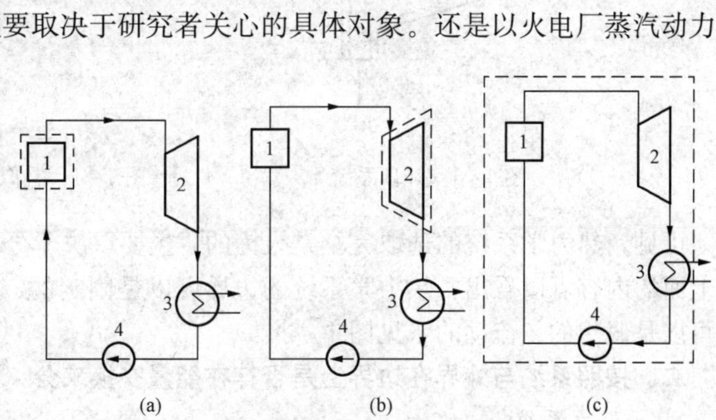

图1-1 蒸汽动力系统

根据分析对象的不同，常见的热力学系统有以下几种分类方法。

一、按照系统与外界有无物质交换来分

1. 闭口系统

与外界无物质交换的热力学系统称为**闭口系统**，又称为**封闭系统**。由于闭口系统内工质的质量固定不变，因此又称为**控制质量系统**。如图1-2所示，封闭汽缸中的定质量气体就属于此例。

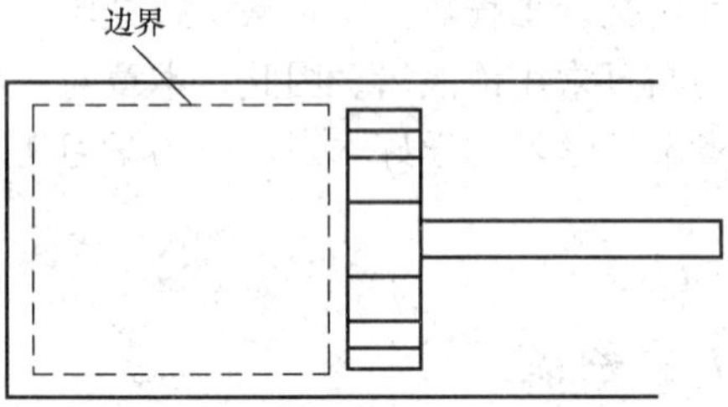

图1-2 闭口系统

2. 开口系统

与外界有物质交换的热力学系统称为**开口系统**，通常开口系统总有一个相对固定的空间，故又称为**控制容积系统**。这类热力学系统的主要特点是在所分析的系统内工质是流动的，如图1-3所示。工程上绝大多数设备和装置都是开口系统。

值得指出，不论是闭口系统还是开口系统，两者之间都不是绝对的，是随着研究对象的改变而改变的。如图1-4所示，该系统看起来和图1-3是一样的，但此刻，关注的是某一小气团所组成的热力系，假想它的外面有一看不见的膜将它包裹着，随着这一气团边流动边膨胀，包围这团气体的边界也边运动边扩大。此时，这个热力学系统与外界没有物质交换，该热力学系统就是一个闭口系统。

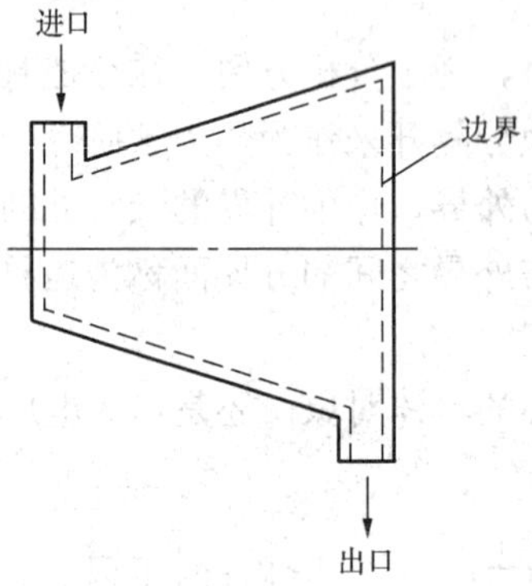

图1-3 开口系统

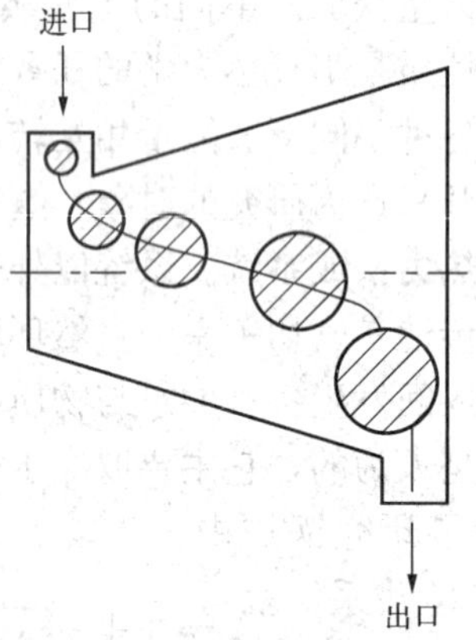

图1-4 看似开口系统的闭口系统

可见，热力学系统的选取完全是人为的，主要取决于分析问题的需要与方便。另外，通过上面的内容可以看出，热力学系统的边界可以是固定的、真实的（见图1-2和图1-3），也可以是假想的、流动的（见图1-4）。

二、按照系统与外界在边界上是否存在能量交换来分

1. 非孤立系统

这类系统的特点是在分界面上，系统与外界存在物质或能量交换。

2. 孤立系统

这类热力学系统在分界面上与外界既不存在能量交换，也不存在物质交换。

3. 绝热系统

这类热力学系统在分界面上与外界不存在热量交换，但可以有功量和物质交换。例如，在分析火力发电厂时可以把汽轮机看成是绝热系统。

孤立系统和绝热系统是工程热力学中的特殊情况，实际的热力学系统多处于非孤立系统状态，但由于这两种特殊的热力学系统在热力学研究中有重要的作用，所以，在研究时，常常把实际热力学系统理想化，将其转化为孤立系统或绝热系统来分析，这样能使问题简化，便于更好地掌握问题的本质特征。

三、按照系统内工质的组成特征来分

1. 单组分系统

这类热力学系统内的工质是由单纯组分的物质所组成。

2. 多组分系统

这类热力学系统中的工质是由多种不同组分的介质组成，常见的烟气、干空气、湿空气就属于这类系统。

四、按照系统内工质的相态不同来分

1. 单相系统

这类热力学系统内的工质只由性质均匀的单相（如气态、液态、固态）物质所组成。在不考虑重力影响的情况下，这种单相系统又称为均匀系统。

2. 多相系统

这类热力学系统内的工质相态不尽相同，可以是两相（如锅炉水冷壁中的水以气态和液态共存）或三相共存。

关于热力学系统，还需指出，它是宏观的、有限的。所谓宏观就是指它是从事物的宏观方面来研究问题，注重的是工质的宏观性质，因此，它可以把大量的分子群视为热力学系统，而不能把几个分子看成一个热力学系统，这样会违反宏观统计规律。有限是指不能把无限大的宇宙当成热力学系统，否则就只有系统而无外界了。在特殊情况下，有时也可以把系统与外界看成是一个扩大的孤立系。

第二节 状 态 参 数

热力学系统在某一瞬间所呈现的宏观物理状态称为系统的状态。用来描述系统所处状态的一些宏观物理量则称为状态参数。工程热力学上常采用的状态参数有：温度（T）、压力（p）、比体积（v）、比热力学能（u）、比焓（h）和比熵（s）等。若涉及化学反应问题，采用的状态参数还有：化学势（μ）、比自由能（f）和比自由焓（g）等。这些参数各自从不同的角度说明了系统所处状态的特征。其中压力、温度和比体积三个参数最为常见，它们可以借助于仪表直接或间接测量，因此常称之为基本状态参数。

一、状态参数的特征

状态参数单值地取决于状态，也就是说，体系的热力状态一定，描述状态的参数也就一定；若状态发生变化，则至少有一种参数随之变化，这是状态参数的基本特征。这个特征在数学上可以分解为以下两个特性。

1. 积分特性

当系统由初态 1 变化到终态 2 时，任一状态参数 Z 的变化等于初、终态下该参数的差值，而与其中经历的路径无关，即

$$\Delta Z = \int_1^2 \mathrm{d}Z = Z_2 - Z_1 \tag{1-1}$$

当系统经历一系列状态变化而又回到起始状态时，其状态参数变化为零，即它的循环积分为零，即

$$\oint \mathrm{d}Z = 0 \tag{1-2}$$

2. 微分特性

如果状态可由状态参数 X、Y 确定，即 $Z = f(X,Y)$，则有

$$\mathrm{d}Z = \left(\frac{\partial Z}{\partial X}\right)_Y \mathrm{d}X + \left(\frac{\partial Z}{\partial Y}\right)_X \mathrm{d}Y$$

令
$$\left(\frac{\partial Z}{\partial X}\right)_Y = M,\quad \left(\frac{\partial Z}{\partial Y}\right)_X = N$$

则
$$\mathrm{d}Z = M\mathrm{d}X + N\mathrm{d}Y$$

因为 $\mathrm{d}Z$ 是全微分，所以

$$\left(\frac{\partial M}{\partial Y}\right)_X = \left(\frac{\partial N}{\partial X}\right)_Y \tag{1-3}$$

式（1-3）是全微分的充分必要条件，也是判断任何一个物理量是否是状态参数的充分必要条件。

二、基本状态参数

1. 温度

简单地说，温度就是物体冷热程度的表征，人们感觉越热，就说温度越高；感觉越冷，就说温度越低。但是这样以人的主观感觉来表征温度是不科学的，因为这不但不利于定量地表示物体的温度，有时还会导致一些错误的结论。例如，冬天当用手分别摸放在一起的木头和铁块时，会感到铁块比木头冷，按照上面的说法，应该就是铁块的温度比木头的温度低。但事实上，只要用仪器去测量就会发现，它们的温度是一样的。

温度的科学定义是建立在热力学第零定律的基础上的。

若将冷热程度不同的两个系统相互接触，它们之间会发生热量传递。在不受外界影响的条件下，经过足够长的时间，它们将达到共同的冷热程度，而不再进行热量交换，这种情况称为**热平衡**。

实验表明：与系统 C 同时处于热平衡的系统 A 和 B，它们也彼此处于热平衡。这个定律称为**热平衡定律**，按照 1931 年福勒（R. H. Fowler）的建议，此定律又称为**热力学第零定律**。

根据热力学第零定律，要比较 A 和 B 的温度无需让它们彼此接触，只要用另一物体 C 分别与它们接触就行了，这就是使用温度计测量温度的原理。这个原理指出，温度最基本的性质是：一切互为热平衡的物体具有相同的温度。这句话可以作为温度的定性的定义。另外，需要指出的是，温度是一个具有统计意义的物理量，也就是说，温度是大量分子热运动的集体表现，说某一个分子具有多高的温度是没有意义的。

为了进行温度测量，需要有温度的数值表示方法，即需要建立温度的标尺或温标。任何一种温度计都是根据某一温标制成的。在日常生活中说体温是 37℃，气温是 20℃，使用的就是摄氏温标。1742 年，瑞典天文学家摄尔修斯（A. Celsius，1701～1744 年）制定了百分

刻度法。他把水的冰点和沸点之间分为 100 个温度间隔，为避免测冰点以下的低温时出现负值，他把水的沸点规定为零点，而把冰点定为 100℃。后来接受他的同事的建议才把这种标值倒过来，这就是现在所用的摄氏温标。

采用不同的测温物质，除了基准点的温度值按规定相同外，其他的温度都有微小差别。建立在热力学第二定律基础上的热力学温标则是一种与测温物质的性质无关的温标。用这种温标确定的温度称为热力学温度，以符号 T 表示，计量单位为开尔文，以符号 K 表示。1954 年以后，国际上规定选用纯水的三相点作为标准温度点，并规定这个状态下温度的数值是 273.16K。1960 年国际计量大会通过决议，规定摄氏温度由热力学温度移动零点来获得，即

$$t = T - 273.15 \tag{1-4}$$

这里还应该提一下，在英、美等国在日常生活和工程技术上还经常使用华氏温标和朗肯温标。其中，华氏温度和摄氏温度之间的关系为

$$t_F = 32 + \frac{9}{5}t \tag{1-5}$$

为了便于比较，表 1-1 列出了四种温标的基本情况。

表 1-1　　四种温标基本情况比较

比较 温标	单位	符号	固定点的温度				与热力学温度的关系	使用情况
			绝对零度	冰点	三相点	沸点		
热力学温度	K	T	0	273.15	273.16	373.15	—	国际单位
摄氏温度	℃	t	−273.15	0.00	0.01	100.00	$t=T-273.15$	国际单位
华氏温度	℉	t_F	−459.69	32.00	32.02	212.00	$t_F=9/5T-491.67$	英制单位
朗肯温度	°R	T_R	0	491.67	491.69	671.67	$T_R=1.8T$	英制单位

2. 压力

压力是指沿垂直方向作用在单位面积上的作用力，在物理学中又称为压强。对于容器内的气体工质来说，压力是大量气体分子作不规则运动时对器壁频繁碰击的宏观统计结果。

工程上所采用的压力表都是在特定的环境中测量的。如常见的 U 形管压力计（见图 1-5）或弹簧式压力表（见图 1-6）等，所测出的压力值都是在大气压力 p_b 条件下的相对值，并不是系统内气体的绝对压力。这里分两种情况：

第一种情况，如图 1-5（a）所示，此时绝对压力高于大气压力（$p>p_b$），压力计指示的数值称为**表压力**，用 p_g 表示。显然

$$p = p_g + p_b \tag{1-6}$$

第二种情况，如图 1-5（b）所示，此时绝对压力低于大气压力（$p<p_b$），压力计指示的读数称为**真空**，用 p_v 表示，显然

$$p = p_b - p_v \tag{1-7}$$

需要强调的是，不论表压力 p_g 或真空 p_v，其值除与系统内的绝对压力 p 相关外，还与测量时外界环境压力 p_b 有关，它们是相对的，即使在某一既定的状态下，气体的绝对压力虽保持不变，但由于外界环境条件的改变，使得测出的表压力 p_g 或真空 p_v 也将发生变化。

由此可见，只有绝对压力才是平衡状态系统的状态参数，进行热力计算时，特别是在后面章节查水蒸气的表或焓熵图时，**一定要用到绝对压力**。

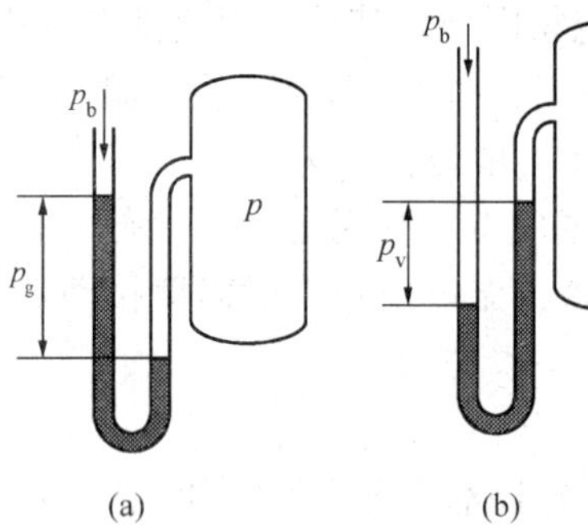

图 1-5　U 形管压力计

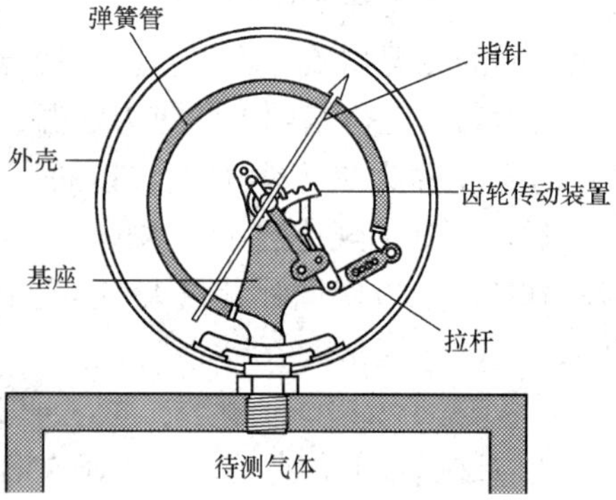

图 1-6　弹簧式压力表

在国际单位制中，压力单位的名称是帕斯卡，简称帕，符号是 Pa，它的定义是 $1m^2$ 面积上垂直作用 1N 的力产生的压力，即

$$1Pa = 1N/m^2$$

Pa 这个单位太小，工程上常用千帕（kPa）和兆帕（MPa）作压力单位。也有用液柱高度，如毫米水柱（mmH_2O）或毫米汞柱（mmHg）来表示压力的。标准大气压（atm）是纬度 45°海平面上的常年平均大气压。在旧的单位体制中，还有用巴（bar）和工程大气压（at）的，它们在我国的法定计量单位中已被废除。这些单位和 Pa 的关系是

$$1kPa=10^3 Pa$$
$$1MPa=10^6 Pa$$
$$1mmH_2O=9.81Pa$$
$$1mmHg=133.3Pa$$
$$1atm=1.01325\times10^5 Pa$$
$$1bar=10^5 Pa$$
$$1at=0.981\times10^5 Pa$$

与物质的质量多少有关的状态量称为**广延量**，与物质的质量多少无关的状态量称为**强度量**。上面讲的温度和压力均为强度量，但它们的变化特性有区别，压力的变化速度快，以声速传播，温度的变化慢，随着热量的传递而改变。在一个热力学系统中，当温度和压力都改变时，温度的改变具有**滞后性**。这个特性对于指导火电厂现场运行是有帮助的，在调节锅炉出口蒸汽参数时，温度的变化要滞后于压力的变化，另外还会引起一个所谓“虚假水位”的问题，此问题将在第四章结合水蒸气的特性进行讲述。这个特性对于指导节能也是有帮助的，现在北方有的居民楼采用管道天然气分户供暖，有的人为了节约燃料，早晨起床之后就将锅炉关掉，在上班之前家里还是温暖的，这也是利用到温度变化滞后的特性。

【例 1-1】　凝汽器真空

火电厂汽轮机的排汽（有时称为乏汽）送到凝汽器中放热。已知某凝汽器真空表的读数为 96kPa，当地大气压力 $p_b=1.01\times10^5 Pa$。问凝汽器内的绝对压力为多少（Pa)？

解　　$p=p_b-p_v=1.01\times10^5 Pa-96\times10^3 Pa=5000Pa=5kPa$

纯凝汽式机组的排汽压力是很低的，在后面章节查乏汽的参数时要用此绝对压力。

3. 比体积

比体积（以前又称为比容）是指单位质量工质所占有的体积，用符号 v 表示，在国际单位制中单位是 m^3/kg。它是描述分子聚集疏密程度的比参数。如果 $m$kg 工质占有 V（m^3）体积，则比体积的数值为

$$v = \frac{V}{m} \tag{1-8}$$

很明显，比体积 v 与密度 ρ 互为倒数，即

$$v\rho = 1 \tag{1-9}$$

可见，它们不是相互独立的参数，可以任选一个，在热力学中通常选用比体积 v 作为独立状态参数。

第三节 平 衡 状 态

一、热力学系统的平衡状态

经验表明，一个与外界不发生物质或能量交换的热力学系统，如果最初各部分宏观性质不均匀，则经过足够长的时间后，系统性质将逐步趋于均匀一致，最后保持一个宏观性质不再发生变化的状态，这时称系统达到**热力学平衡状态**。平衡状态是指在不受外界影响的条件下，系统的宏观性质不随时间改变。从微观角度分析，在平衡状态下，组成系统的大量分子还在不停地运动着，只是其总的平均效果不随时间改变。

在不考虑化学变化及原子核变化的情况下，为表征热力学系统已达到平衡状态，系统必须满足以下三个平衡条件：

（1）热平衡条件。要求系统内部各部分之间及系统与外界之间无宏观热量传递，即没有温差。

（2）力平衡条件。要求系统内部及系统与外界之间不存在未平衡的相互作用力。

（3）相平衡条件。当系统内处于多相共存时，就必须考虑相平衡问题。所谓相平衡就是指系统内各相之间的物质交换与传递已达动态平衡。

应该指出，平衡状态的概念不同于稳定状态。例如，两端分别与冷热程度不同的恒温热源接触的金属棒，经过一段时间后，棒上各点将有不随时间变化的确定的冷热状态，即稳定状态，但此时，金属棒内存在温度差，处于不平衡状态，因此稳定未必平衡。如果系统处于平衡状态，则由于系统内无任何势差，系统必定处于稳定状态。

此外，还要指出，平衡与均匀也是两个不同的概念，平衡是相对时间而言的，而均匀是相对空间而言的。平衡不一定均匀。例如，处于平衡状态下的水和水蒸气，虽然汽液两相的温度与压力分别相同，但比体积相差很大，显然并非均匀体系。对于单相系统（特别是由气体组成的单相系统），如果忽略重力场对压力分布的影响，可以认为平衡必均匀，即平衡状态下单相系统内部各处的热力学参数均匀一致，而且不随时间而变化。因此，对于整个热力学系统的状态就可以用一组统一的并且具有确定数值的状态参数来描述。这样就使热力分析大为简化。如不特别说明，本书一律把平衡状态下单相物系当作是均匀的，物系中各处的状态参数应相同。

二、状态公设

一个热力学系统需要多少个独立状态参数才能确定状态呢？这与热力学系统和外界的能量交换形式有关，除了传热可以改变热力学系统的能量外，和外界的功交换是改变热力学系统能量的又一种形式。热力学中所用的广义功有多种不同形式，包括容积变化功、拉伸功、表面张力功、电功、磁功等。不同形式的功，有不同参数的表达式，当热力学系统和外界有 n 种功的交换形式时，需要 n 个独立状态参数才能确定热力学系统和外界的功交换。因此，对于任意一个热力学系统确定其状态需要（$n+1$）个独立状态参数，其中 1 是考虑系统与外界的热交换。不难看出，状态原理是基于对能量交换的事实而总结出来的，它是一种逻辑上的推理，无需数学证明，因此也称为**状态公设**。

独立的状态参数是指其中的一个不能是另一个的函数。例如，比体积和密度就不是两个相互独立的状态参数，给出了比体积的值也就意味着给出了密度的值，反之亦然。

对于由气态工质组成的简单可压缩系统，与外界交换的准静态功只有容积变化功（膨胀功或压缩功）一种形式，因此简单可压缩系统平衡状态的独立状态参数只有两个。也就是说，只要给定了任意两个独立的状态参数的值，系统的状态就确定了，其余的状态参数也将随之确定。如 p、T 为独立状态参数，则有

$$v = f(p,T)$$

或者写成隐函数形式

$$f(p,v,T) = 0$$

这样的关系式称为气体的状态方程式。状态方程式的具体形式取决于工质的性质。理想气体的状态方程最为简单，实际气体的状态方程有时非常复杂。

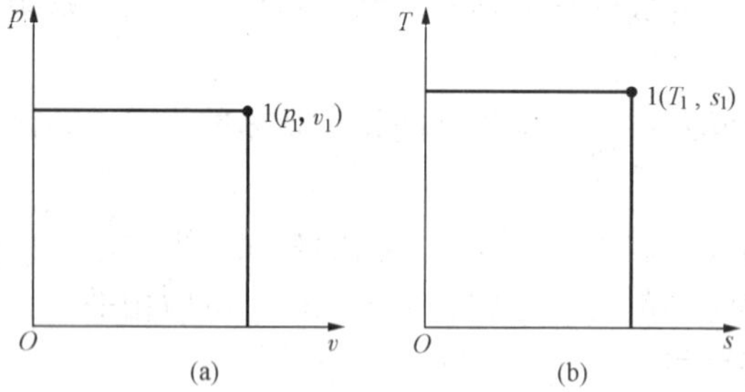

图 1 - 7　状态坐标图

(a) p-v 图；(b) T-s 图

三、坐标图

既然两个独立的状态参数能确定一个状态，那么原则上可以利用两个独立的状态参数建立笛卡尔坐标图，在该坐标图上任意一点即表示某一状态。热力学中用得最多的是 p-v 图和 T-s 图，如图 1 - 7 所示。图上的状态点 1 的坐标为（p_1，v_1）和（T_1，s_1），分别说明该点的压力为 p_1，比体积为 v_1，温度为 T_1，比熵为 s_1。显然，只有平衡状态才能用图上的一点来表示，不平衡状态没有确定的状态参数，在坐标图上无法表示。

第四节　热　力　过　程

当热力学系统与外界环境发生能量和质量交换时，工质的状态将发生变化。工质从某一初始平衡状态经过一系列中间状态，变化到另一平衡状态，称工质经历了一个**热力过程**。

一、准静态（平衡）过程

如前所述，热力学参数只能描述平衡状态，处于非平衡态下的工质没有确定的状态参数，而热力过程又是平衡被破坏的结果。“过程”与“平衡”这两个看起来互不相容的概念

给过程的定量研究带来了困难。进一步考察就会发现，尽管过程总是意味着平衡被打破，但是被打破的程度有很大差别。

为了便于对实际过程进行分析和研究，假设过程中系统所经历的每一个状态都无限地接近平衡状态，这个热力过程称为**准静态过程**（或称为**准平衡过程**）。

实现准静态过程的条件是推动过程进行的不平衡势差（压力差、温度差等）无限小，而且系统有足够的时间恢复平衡。这对于一些热机来说，并不难实现。例如，在活塞式热力机械中，活塞运动的速度一般在10m/s以内，但气体的内部压力波的传播速度等于声速，通常可达每秒几百米。相对而言，活塞运动的速度很慢，这类情况就可按准静态过程处理。

准静态过程中系统有确定的状态参数，因此可以在坐标图上用连续的实线表示。

二、可逆过程

如果系统完成某一过程之后，可以再沿原来的路径回复到起始状态，并使相互作用中涉及的外界也回复到原来状态，而不留下任何变化，则这一过程就称为**可逆过程**，否则就是**不可逆过程**。

例如，由工质、热机和热源组成的一个热力系，如图1-8所示。如果工质被无限多的不同温度的热源加热，那么工质就沿1—3—4—5—6—7—2经历一系列无限缓慢的吸热膨胀过程，在此过程中，热力学系统和外界随时保持热和力的无限小势差，是一个准平衡过程。如果机器没有任何摩擦阻力，则所获得的机械功全部以动能形式储存于飞轮中。撤去热源，飞轮中储存的动能通过曲柄连杆缓慢地还回活塞，使它反向移动，无限缓慢地沿2—7—6—5—4—3—1压缩工质，压缩过程消耗的功与工质膨胀产生的功相同。与此同时，工质在被压缩的过程中以无限小的温差向无限多的热源放热，所放出的热量与工质膨胀时所吸收的热量也恰好相等。结果系统及所涉及的外界都恢复到原来状态，未留下任何变化。工质经历的1—3—4—5—6—7—2过程就是一个可逆过程。需要指出，可逆过程中的“可逆”只是指可能性，并不是指必须要回到初态。

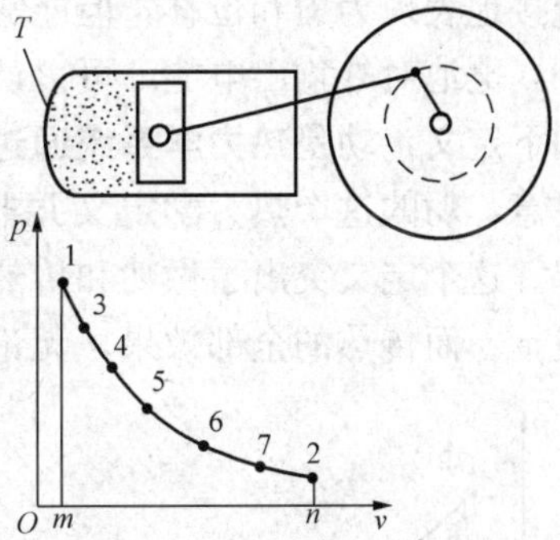

图1-8 可逆过程

可见，可逆过程首先必须是准静态过程，同时在过程中不应有任何通过摩擦、黏性扰动、温差传热、电阻、磁阻等耗功或潜在做功能力损失的耗散效应。所以说，**可逆过程就是无耗散效应的准静态过程**。

准静态过程和可逆过程都是无限缓慢进行的，是由无限接近平衡态所组成的过程。因此，可逆过程与准静态过程一样在坐标图上都可用连续的实线描绘。它们的区别在于：准静态过程只着眼于工质的内部平衡，有无摩擦等耗散效应与工质内部的平衡并无关系；而可逆过程则是分析工质与外界作用所产生的总效果，不仅要求工质内部是平衡的，而且要求工质与外界的作用可以无条件地逆复，过程进行时不存在任何能量的耗散。因此，可逆过程必然是准静态过程，而准静态过程不一定是可逆过程。

实际热力设备中进行的一切热力过程，或多或少地存在各种不可逆因素，因此实际热力过程都是不可逆过程。但是“可逆过程”这个概念在热力学中占有重要的地位，首先是它使问题简化，便于抓住问题的主要矛盾；其次，可逆过程提供了一个标杆，虽然它不可能达到，但是它是一个奋斗目标；最后，对于理想可逆过程的结果进行修正，即得到实际过程的结果。

第五节 功 和 热 量

系统与外界之间在不平衡势差作用下会发生能量交换。能量交换的方式有两种——做功和传热。

一、功

功是系统与外界交换能量的一种方式。力学中把物体间通过力的作用而传递的能量称为功，并定义功等于力 F 和物体在力所作用方向上位移 x 的乘积，即

$$W = Fx \tag{1-10}$$

按此定义，气缸中气体膨胀推动活塞及重物升起时气体就做功，涡轮机中气体推动叶轮旋转时气体也做功，这类功都属于机械功。但除此以外，还可以有许多形式的功，它们并不直接地表现为力和位移，但能够通过转换全部变为机械功，因而它们和机械功是等价的。例如，电池对外输出电能，可以认为电池输出电功。于是根据能量转换的观点，热力学对功作如下定义：**功是热力学系统通过边界而传递的能量，且其全部效果可表现为举起重物。**必须注意，功的这个热力学定义并非意味着真的举起重物，而是说产生的效果相当于重物的举起。这个定义突出了做功和传热的区别。任何形式的功其全部效果可以统一地用举起重物来概括。而传热的全部效果，无论通过什么途径，都不可能与举起重物的效果相当。

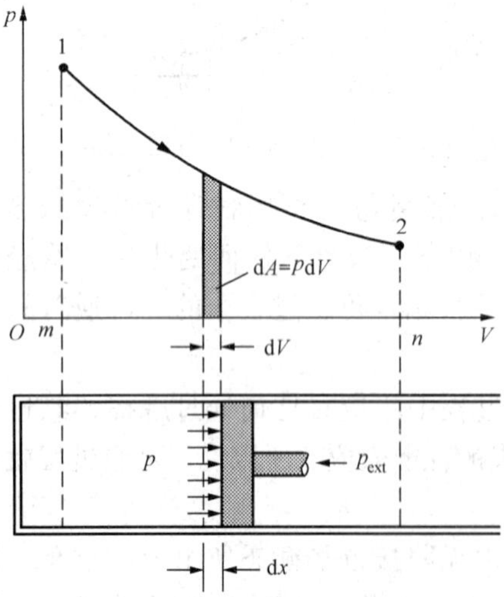

图 1-9 气体可逆膨胀做功过程

热力学系统做功的方式是多种多样的，本书重点讨论与容积变化有关的功（膨胀功和压缩功）的表达式。下面用图 1-9 所示的活塞气缸装置来推导准静态过程容积变化功的计算公式。首先确定气缸中质量为 m（kg）的气体为热力学系统，活塞面积为 A，初始状态气缸中气体的压力为 p，活塞上的外部阻力为 p_{ext}，由于讨论的是准静态过程，所以 p 和 p_{ext} 应该随时相差无限小。至于外界阻力来源于何处无关紧要，可以是外界负荷的作用，也可以包括活塞与气缸壁面间的摩擦。这样，当活塞移动一微小距离 dx，则系统在微元过程中对外所做的功为

$$\delta W = F\mathrm{d}x = pA\,\mathrm{d}x = p\mathrm{d}V \tag{1-11}$$

式中：dV 为活塞移动 dx 时工质的容积变化量。

若活塞从位置 1 移到位置 2，系统在整个过程中所做的功为

$$W = \int_1^2 p\mathrm{d}V \tag{1-12}$$

对于单位质量气体，准静态过程中的容积变化功可以表示为

$$\delta w = \frac{1}{m} p\mathrm{d}V = p\mathrm{d}v \qquad (1-13)$$

$$w = \int_1^2 p\mathrm{d}v \qquad (1-14)$$

这就是任意准静态过程容积变化功的表达式，这种在准静态过程中完成的功称为**准静态功**。由式（1-12）可见，只要已知过程的初、终态，以及描写过程性质的 $p = f(v)$，而无须考虑外界的情况，就可以确定准静态过程的容积变化功。在 p-V 图（见图 1-9）中，积分 $\int_1^2 p\mathrm{d}V$ 相当于过程曲线 1—2 下的面积 12nm1，所以，这种功在 p-V 图上可以用曲线下的面积表示。因此，p-V 图又称为**示功图**。

如果状态点 1 和 2 之间经历的中间过程都处于非平衡状态，即没有确定的状态参数，则 1 和 2 之间的过程线只能画成虚线，如图 1-10 所示，在 p-V 图上虚线下的面积并无物理意义，不等于容积变化功。

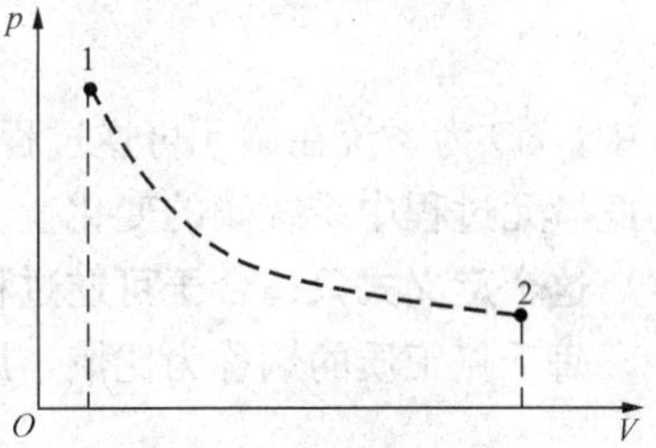

图 1-10 不可逆膨胀过程

显然，从同一初态变化到同一终态，如果经历的过程不同，则容积变化功也就不同，可见**容积变化功是与过程特性有关的过程量，而不是系统的状态参数，**因此容积变化功的微元形式不能用 $\mathrm{d}W$ 表示，而只能用 δW 表示。此外，如果气体膨胀 $\mathrm{d}V>0$，则 $\delta W>0$，功量为正，表示气体对外做功；反之，如气体被压缩 $\mathrm{d}V<0$，则 $\delta W<0$，功量为负，表示外界对气体做功。

容积变化功只涉及气体容积变化量，而与此容积的空间几何形状无关，不管气体的容积变化是发生于气缸等规则容器中还是发生在不规则流道的流动过程中，其准静态功都可以用式（1-12）计算。

还应注意，可逆过程是无耗散效应的准静态过程，因此，可逆过程的容积变化功显然也可以用式（1-12）确定。但是非准静态过程就不能用这个式子。实际过程都是不可逆的，故外界获得的有效功要比工质所做的功 $\int_1^2 p\mathrm{d}V$ 小。这是由于存在机械摩擦而要消耗一部分功。在进行热力学分析时，一般总采用理想化的方法，即机械摩擦问题不予考虑，当具体计算热机功率时，则根据实际情况对理论结果予以修正。工程中常用机械效率 η_m 来考虑机械摩阻损失对理论功率的修正。

【例 1-2】 气体膨胀做功

1kg 某种气态工质，在可逆膨胀过程中分别遵循：①$p=av$；②$p=\frac{b}{v}$，从初态 1 到达终态 2。分别求这两过程中做功各为多少？（a、b 为常数）

解 $w = \int_1^2 p\mathrm{d}v$

(1) $w = \int_1^2 p\mathrm{d}v = \int_1^2 av\mathrm{d}v = \frac{a}{2}(v_2^2 - v_1^2)$

(2) $w = \int_1^2 p\mathrm{d}v = \int_1^2 \frac{b}{v}\mathrm{d}v = b\ln v|_1^2 = b\ln\frac{v_2}{v_1}$

二、热量

热量是热力学系统与外界之间由于温度不同而通过边界传递的能量，它和功一样是一种能量的传递方式。热量也是过程量而不是状态参数，说某状态下工质含有多少热量是无意义的。一个物体温度高，不能说该物体有很多热量，只有当物体与另一温度不同的物体进行热交换时，才说传递了多少热量。

热量用符号 Q 表示，法定单位为 J 或 kJ。单位质量工质与外界交换的热量用符号 q 表示，单位为 J/kg 或 kJ/kg。热力学中规定：系统吸热时 Q 取正值，放热时 Q 取负值。

历史上曾用 kcal（千卡或大卡）作热量单位，指 1kg 纯水的温度从 14.5℃升至 15.5℃所需吸收的热量。两种热量单位的换算关系为 1kcal＝4.186 8kJ。

在这里，顺便引出一个与热量有密切关系的热力学状态参数——熵，用符号 S 表示。熵是由热力学第二定律引出的状态参数，其定义式为

$$dS = \frac{\delta Q}{T} \tag{1-15}$$

式中：δQ 为系统在微元可逆过程中与外界交换的热量；T 为传热时系统的热力学温度；dS 为此微元过程中系统熵的变化量。

这个定义式只适合于可逆过程。

每千克工质的熵称为比熵，用 s 表示，比熵的定义式为

$$ds = \frac{dS}{m} = \frac{\delta q}{T} \tag{1-16}$$

与 p-V 图类似，可以用热力学温度 T 作为纵坐标，熵 S 作为横坐标构成 T-S 图，称为温熵图。因为 $\delta Q = TdS$，所以 $Q_{1\text{-}2} = \int_1^2 \delta Q = \int_1^2 TdS$。因此，**在 *T-S* 图上任意可逆过程曲线与横坐标所包围的面积即为在此热力过程中热力学系统与外界交换的热量，**如图 1-11 所示，因此，T-S 图又称为**示热图**。

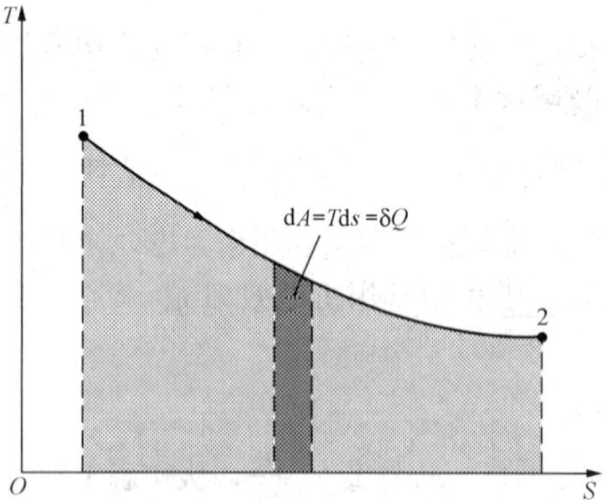

图 1-11　T-S 图及可逆过程热量的表示

根据 $\delta Q = TdS$，且热力学温度 $T>0$，所以，T-S 图不仅可以表示可逆过程热量的大小，而且能表示热量的方向。如果可逆过程在 T-S 图上是沿熵增加的方向进行的，则该过程线下的面积所代表的热量为正值，即系统从外界吸热；反之，如果可逆过程在 T-S 图上是沿熵减小的方向进行的，则该过程线下的面积所代表的热量为负值，即系统对外界放热。这里说明了一个道理，**一个可逆热力过程究竟是吸热还是放热，不是取决于温度的变化，而是取决于熵的变化**。温度升高，可能是一个放热过程，温度降低可能是一个吸热过程。

第六节　热　力　循　环

一、概述

工质从某一初始状态出发，经过一系列中间过程又回到初始状态，称工质经历了一个**热力循环**，简称**循环**。全部由可逆过程组成的循环就是**可逆循环**；如果循环中有部分过程或全

部过程是不可逆的，则该循环称为**不可逆循环**。在 p-v 图上和 T-s 图上可逆循环用闭合实线表示，不可逆循环中的不可逆过程用虚线表示。

在蒸汽动力厂中，水在锅炉中吸热，生成高温高压蒸汽，经主蒸汽管道输入汽轮机中膨胀做功，做完功的蒸汽（通常称为乏汽）排入凝汽器，被冷却为凝结水，凝结水经过水泵升压后，再一次进入锅炉吸热，工质完成一个循环。火电厂通过工质的循环，连续不断地将燃料的化学能转变为机械能，进而转变成电能。在制冷循环装置中，消耗功而使热量从低温物体传输至高温外界，使冷库保持低温。它是一种消耗功的循环，相对于对外做功的动力循环（即**正向循环**），这种循环称为**逆向循环**。

热力循环是封闭的热力过程，在 p-v 图和 T-s 图上，热力循环表示为封闭的曲线，如图 1 - 12所示。在 p-v 图和 T-s 图上正向循环是按顺时针方向进行的［见图 1 - 12（a）和（b)]，逆向循环是按逆时针方向进行的［见图 1 - 12（c）和（d)]。

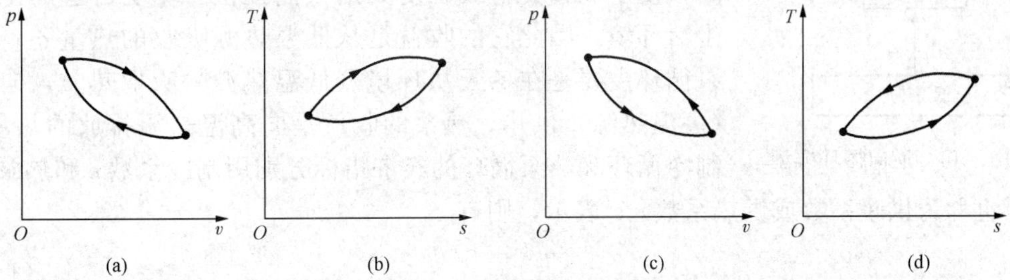

图 1 - 12 正向循环和逆向循环

(a) 正向循环 p-v 图；(b) 正向循环 T-s 图；(c) 逆向循环 p-v 图；(d) 逆向循环 T-s 图

普遍接受的循环的经济性指标的原则定义为

$$经济性指标 = \frac{循环得到的收益}{循环付出的代价}$$

二、正向循环

正向循环也称为热动力循环，它是将热能转化为机械能的循环，其性能系数称为热效率。

正向循环的模型如图 1 - 13 所示，对于单位质量的工质来说，正向循环的总效果是从高温热源吸收 q_1 的热量，对外做出 w_{net} 的循环净功，同时向低温热源排放 q_2 的热量。

正向循环的热效率用 η_t 表示，即

$$\eta_t = \frac{w_{net}}{q_1} = \frac{q_1 - q_2}{q_1} = 1 - \frac{q_2}{q_1} \tag{1 - 17}$$

η_t 越大，表示吸入同样 q_1 时得到的循环功 w_{net} 越多，或者说得到的相同的循环功 w_{net} 付出的热量 q_1 越小，表明循环的经济性越好。

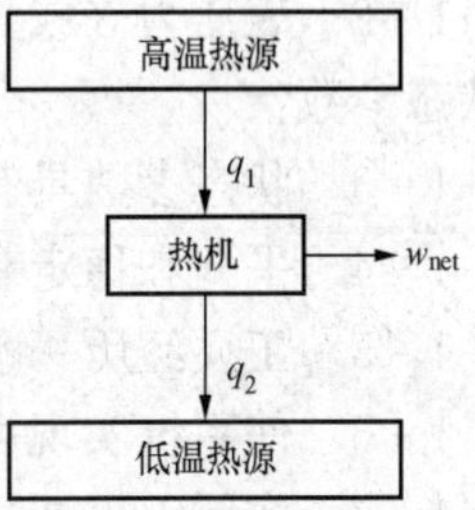

图 1 - 13 正向循环模型

【例 1 - 3】 火电厂煤耗与热效率

某发电厂平均生产 1kW·h 电需消耗 350g 标准煤，已知标准煤的热值为29 308kJ/kg，试求这个电厂的平均热效率 η_t 是多少？

解 收益： 1kW·h=1kJ/s×3600s=3600kJ

代价：　350g标准煤发热量＝0.35kg×29 308kJ/kg＝10 257.8kJ

$$\eta_t=\frac{3600}{10\ 257.8}=35.1\%$$

三、逆向循环

逆向循环主要用于制冷装置或热泵装置，它是将机械能转化为热能的循环。逆向循环的模型如图1-14所示。如果逆向循环是作为热泵来使用，则图1-14中的制冷机应改名为热泵。对于单位质量的工质来说，逆向循环的总效果是消耗w_{net}的循环净功，从低温热源吸收q_2的热量，同时向高温热源排放q_1的热量。

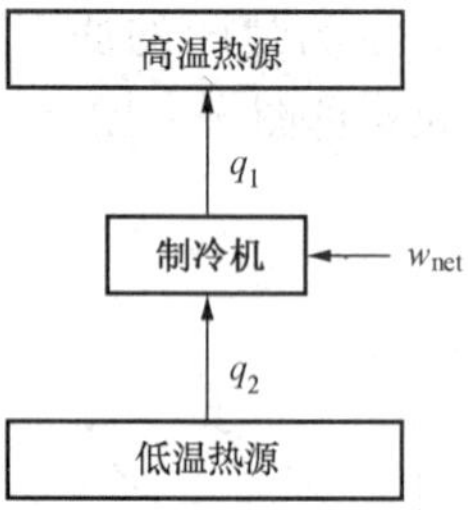

图1-14　逆向循环模型

逆向循环不管用作制冷循环还是热泵循环，循环付出的代价都是消耗w_{net}，但循环得到的收益不同，制冷循环的目的是将低温热源的热量排向环境，形成一个比环境温度低的空间，便于保存食物或在夏天给人们提供一个更舒适的工作和生活环境，因此它的收益是从低温热源吸收的热量q_2；而热泵循环主要是在冬天从环境（低温热源）吸取热量，向房间（高温热源）供热，热泵的收益是向高温热源排放的热量q_1。制冷循环和热泵循环的经济指标分别用制冷系数ε和热泵系数（有时也称为供暖系数或供热系数）ε'表示，则有

$$\varepsilon=\frac{q_2}{w_{net}}=\frac{q_2}{q_1-q_2} \tag{1-18}$$

$$\varepsilon'=\frac{q_1}{w_{net}}=\frac{q_1}{q_1-q_2}>1 \tag{1-19}$$

很明显，和热效率η_t一样，制冷系数ε和热泵系数ε'越高，表明循环的经济性越好，而且热泵系数ε'恒大于1，可以说热泵是一种很好的节能设备。

思　考　题

1-1　什么是热力学系统？闭口系统和开口系统的区别在什么地方？

1-2　表压力（或真空度）与绝对压力有何区别与联系？为什么表压力和真空度不能作为状态参数？

1-3　状态参数具有哪些特性？

1-4　平衡和稳定有什么关系？平衡和均匀有什么关系？

1-5　工质经历一不可逆过程后，能否恢复至初始状态？

1-6　使系统实现可逆过程的条件是什么？

1-7　实际上可逆过程是不存在的，但为什么还要研究可逆过程呢？

1-8　为什么说Δs的正负可以表示可逆过程中工质是吸热还是放热？温度的变化ΔT不行吗？

1-9　气体膨胀一定对外做功吗？为什么？

1-10　“工质吸热温度升高，放热温度降低”，这种说法对吗？

1-11　经过一个不可逆循环后，工质又回复到起始状态，那么，它的不可逆性表现在什么地方？

习　　题

1-1　为了环保，燃煤电站锅炉通常采用负压运行方式。现采用如图1-15所示的斜管式微压计来测量炉膛内烟气的真空，已知斜管倾角 $\alpha=30°$，微压计中使用密度 $\rho=1000\text{kg/m}^3$ 的水，斜管中液柱的长度 $l=220\text{mm}$，若当地大气压力 $p_b=98.85\text{kPa}$，则烟气的绝对压力为多少帕？

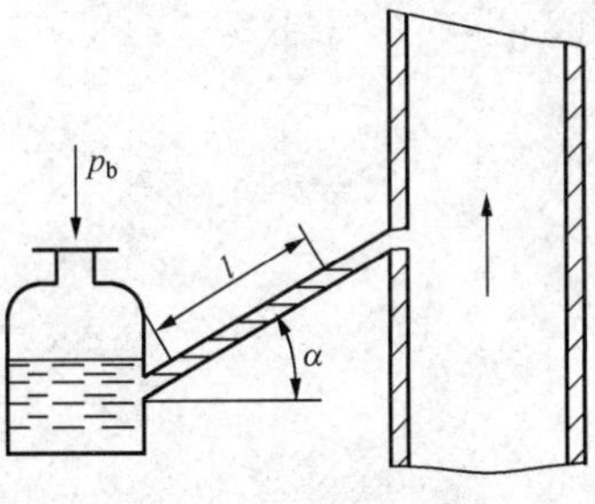

图1-15　习题1-1

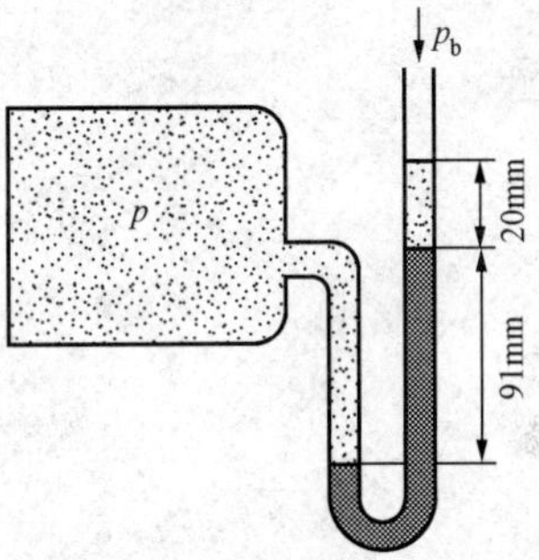

图1-16　习题1-2

1-2　利用水银压力计测量容器中气体的压力时，为了避免水银蒸发，有时需在水银柱上加一段水，如图1-16所示。现测得水银柱高91mm，水柱高20mm，已知当地大气压力 $p_b=0.1\text{MPa}$。问容器内的绝对压力为多少兆帕？

1-3　某容器被一刚性隔板分为两部分，在容器的不同部位安装有压力计，其中压力表B放在右侧环境中用来测量左侧气体的压力，如图1-17所示。已知压力表B的读数为80kPa，压力表A的读数为0.12MPa，且用气压表测得当地的大气压力为99kPa，试确定表C的读数及容器内两部分气体的绝对压力（以kPa表示）。如果B为真空表，且读数仍为80kPa，表C的读数又为多少？

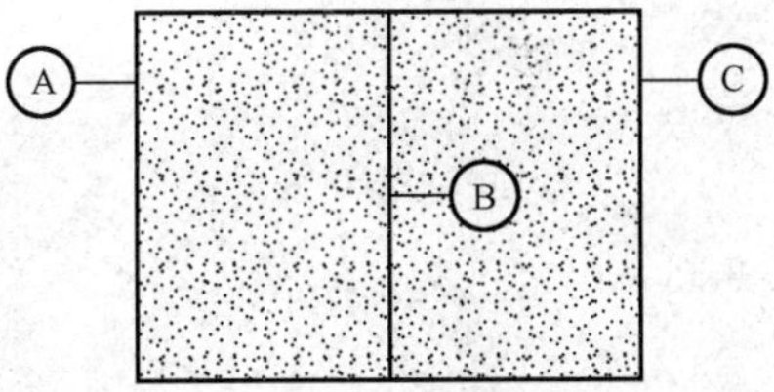

图1-17　习题1-3

1-4　凝汽器的真空度为710mmHg，气压计的读数为750mmHg，求凝汽器内的绝对压力为多少千帕？若凝汽器内的绝对压力不变，大气压力变为760mmHg，此时真空表的读数有变化吗？若有，变为多少？

1-5　有些国家和地区的人们习惯于用华氏温度（℉）表示气温和体温。某人测得自己的体温为100℉，那么该人的体温为多少摄氏度？

1-6　气体初始状态为 $p_1=0.4\text{MPa}$，$V_1=1.5\text{m}^3$，气体经过可逆定压过程膨胀到 $V_2=5\text{m}^3$，求气体膨胀所做的功。

1-7　气体从 $p_1=0.1\text{MPa}$，$V_1=0.3\text{m}^3$ 压缩到 $p_2=0.4\text{MPa}$。压缩过程中维持下列关系：$p=aV+b$，其中 $a=-1.5\text{MPa/m}^3$。试计算过程中所需的功，并将过程表示在 p-V 图上。

1-8　两个直角三角形循环的 T-s 图如图1-18所示，其中 $T_1=600\text{K}$，$T_2=T_3=300\text{K}$，$T_4=T_5=300\text{K}$，$T_6=260\text{K}$，求：①循环1-2-3-1的热效率；②循环4-5-6-4

的制冷系数。

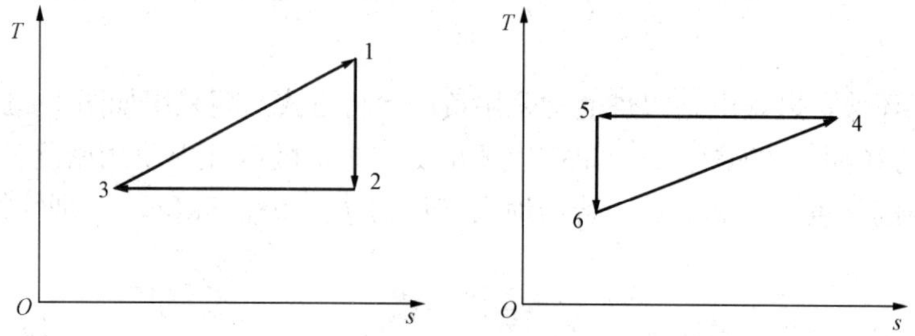

图 1 - 18　习题 1 - 8

第二章　热力学基本定律

第一节　热力学第一定律的实质

辩证唯物主义认为，世界是物质的，物质处于运动之中，自然界没有不运动的物质，也没有离开物质的运动。能量是运动的度量，每一种物质的运动形式都有与它相应的能量来度量。物质从一种运动形态转变为另一种运动形态，意味着能量由一种形式转变为另一种形式。

“自然界中一切物质都具有能量。能量既不可能被创造，也不可能被消灭，而只能从一种形式转换为另一种形式，在转换过程中，能的总量保持不变。”这就是能量守恒与转换定律，它是自然界的一个基本规律。

热力学第一定律的实质是能量守恒与转换定律在热力学中的应用。它确定了热能与其他形式的能量相互转换时在数量上的关系。热力学第一定律可以表述为：**“当热能在与其他形式能量相互转换时，能的总量保持不变。”**

根据热力学第一定律，为了得到机械能必须花费热能或者其他能量。历史上，有些人曾幻想制造不花费能量而产生动力的机器，称为第一类永动机，结果从来没有人成功。因此，热力学第一定律又可表述为：**“第一类永动机是不可能制成的。”**

在热力学的发展史上，热功当量实验是热力学第一定律的主要实验基础。19 世纪中叶，焦耳（J. P. Joule）用他的实验证明在机械能转变为热能时，一定量的功与一定量的热相当，即

$$1\text{cal} = 4.1868\text{J} \tag{2-1}$$

由此人们认识到：能量是守恒的，它既不能消失，又不能被创造，只能从一种形式转变为另一种形式。

热力学第一定律被恩格斯称为大自然的绝对定律。科学发展至今日，包括牛顿定律在内的许多规律都作了修正，但热力学第一定律仍无需修正。但是应该清醒地看到，热力学第一定律是在地球范围内大量宏观现象的经验总结，它能否适用于微观结构中的少量微粒，或推广至整个宇宙，这个问题至今尚未有人明确提到，还有待科学进一步研究。

第二节　热力学能

一个表面上静止不动的物体，其内部微粒（分子、原子等）是在一刻不停地运动着的。系统内分子不规则运动的动能、分子势能和化学能的总和和原子核内部的原子能，以及电磁场作用下的电磁能等一起构成热力学能（以前称为内能），用 U 表示。在没有化学反应及原子核反应的过程中，热力学能的变化只包括内动能和内位能的变化。

根据分子运动学说，分子在不断地作不规则的平移运动，这种平移运动的动能是绝对温度的函数。如果是多原子分子，则还在作旋转运动和振动运动，根据能量按自由度均分原理和量子理论，这些能量也是温度的函数。此外，由于分子之间有作用力存在，因此分子还具

有内位能，也称位能，它取决于分子之间的平均距离，即取决于比体积。由于温度升高时，分子之间碰撞的频率增强，因而在一定程度上，内位能也和温度有关。

综上所述，气体的热力学能包括：

(1) 分子的移动动能
(2) 分子的转动动能
(3) 分子内部的振动动能
} 分子的内动能，是温度的函数
(4) 分子间的内位能　　是比体积和温度的函数

显然，热力学能是热力学状态的单值函数，在一定的热力状态下，工质有一定的热力学能，而与达到这一热力学状态的路径无关。因此，热力学能是状态参数。

热力学能的国际单位为 J 或 kJ。1kg 工质的热力学能称为比热力学能，用 u 表示，其国际单位为 J/kg 或 kJ/kg。

顺便说一下，当热力学系统处于宏观运动状态时，热力学系统所储存的能量除了热力学能外，还包括宏观动能 E_K 和宏观势能 E_P，热力学系统所储存的总能量为

$$E = U + E_K + E_P = U + \frac{1}{2}mc^2 + mgz \tag{2-2}$$

单位质量工质的总能量为

$$e = u + e_K + e_P = u + \frac{1}{2}c^2 + gz \tag{2-3}$$

系统总能量的变化量可写成

$$\Delta E = \Delta U + \Delta E_K + \Delta E_P \tag{2-4}$$

或

$$\mathrm{d}E = \mathrm{d}U + \mathrm{d}E_K + \mathrm{d}E_P \tag{2-5}$$

在研究能量转换时，关心的是系统储存能量的变化，而不是系统储存能量的绝对值。对于热力学能，重要的是其变化量，至于其绝对值，可以根据使用方便，而选择某一状态的热力学能为基点，从而给出其他状态下热力学能的数值。

第三节　闭口系统能量方程

热力学第一定律的能量方程式是热力学中最基本的方程式之一，一切热力过程能量平衡关系均可表述为

输入热力学系统的能量－热力学系统输出的能量＝热力学系统储存能量的变化

对于一个闭口热力学系统来说，热力过程中它与外界的能量交换只限于通过边界传递热量和功。与此同时，由于系统的状态发生变化，系统本身的能量也有所变化。在通常情况下，闭口系统的宏观动能和势能的变化均可忽略，系统本身的能量中，只是热力学能发生变化。

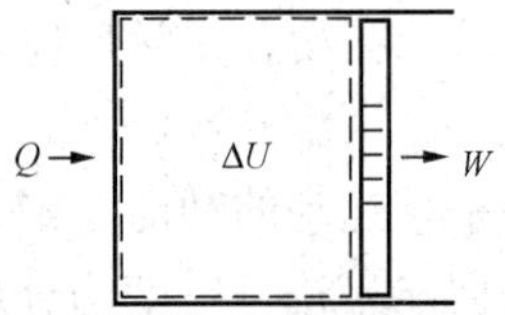

图 2-1　闭口系统热力过程

一个气缸活塞装置，如图 2-1 所示。气缸壁和活塞为边界，以气缸活塞包围的气体为热力学系统，此系统与外界无物质交换，属于闭口系统。这个热力学系统经过一个热力过程，外界输入系统的净热量为 Q，系统对外做的总功为 W，系统工质的动能和势能变化可以忽略，系统储存能量的变化即为热力

学能变化 $\Delta U=U_2-U_1$。因此能量方程可写为

$$Q=U_2-U_1+W=\Delta U+W \tag{2-6}$$

对于单位质量工质的闭口系统，能量方程可写成

$$q=u_2-u_1+w=\Delta u+w \tag{2-7}$$

对于一个微小的变化过程，能量方程可写成

$$\delta Q=\mathrm{d}U+\delta W \tag{2-8}$$

或

$$\delta q=\mathrm{d}u+\delta w \tag{2-9}$$

如果热力学系统经历的是可逆过程，则以上两式可写成

$$\delta Q=\mathrm{d}U+p\mathrm{d}V \tag{2-10}$$

$$\delta q=\mathrm{d}u+p\mathrm{d}v \tag{2-11}$$

在推导式（2-6）和式（2-7）时，没有对过程进行的条件和工质种类作任何规定，故这两个公式适合于任何工质、任何热力过程。

【例 2-1】 空气的简单热力过程

定量空气在状态变化过程中对外放热 60kJ，热力学能增加 70kJ，问空气是膨胀还是被压缩？功量是多少？

解 虽然不知道过程发生的具体细节，但是，肯定不会违背能量守恒。

根据

$$Q=\Delta U+W$$

有

$$W=Q-\Delta U=-60-70=-130\text{kJ}$$

根据计算结果，膨胀功小于 0，说明外界对定量空气做功，即空气被压缩。

第四节 流动功和焓

一、流动功

功的形式除了膨胀功或压缩功这类与系统的界面移动有关的功外，还有一个因工质在开口系中流动而传递的功，这种功称为流动功（也称为推进功）。在对开口系统进行功的计算时，需要考虑这种功。

如图 2-2 所示，当质量为 $\mathrm{d}m$ 的工质在外力的推动克服压力移动距离 $\mathrm{d}x$，并通过面积为 A 的截面进入系统时，则外界所做的流动功为

$$\delta W_{\mathrm{f}}=pA\mathrm{d}x=p\mathrm{d}V=pv\mathrm{d}m$$

对于单位质量工质而言，流动功为

$$w_{\mathrm{f}}=\frac{\delta W_{\mathrm{f}}}{\mathrm{d}m}=pv \tag{2-12}$$

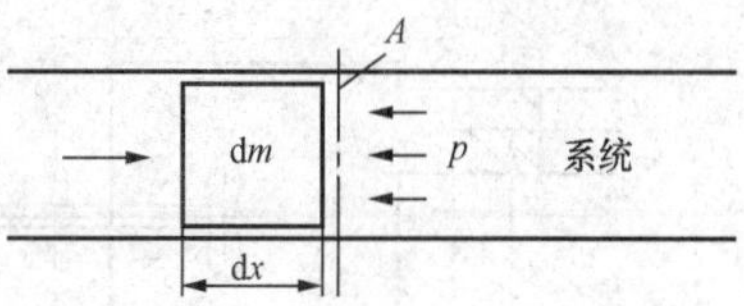

图 2-2 流动功推导示意

可见，对于单位质量工质所做的流动功在数值上等于工质的压力和比体积的乘积 pv。流动功应理解为由泵或风机加给被输送工质并随着工质的流动而向前传递的一种能量，不是工质本身具有的能量。流动功只有在工质流动过程中才出现。工质在移动位置时总是从后面获得流动功，而对前面做出流动功。当工质不流动时，虽然工质也具有一定的状态参数 p 和 v，但此时它们的乘积 pv 并不代表流动功。

二、焓

在有关热工计算的公式中，时常有$U+pV$组合出现，为了简化公式和简化计算，把这个组合定义为焓，用H表示。规定

$$H=U+pV \tag{2-13}$$

单位质量工质的焓称为比焓，用h表示，即

$$h=u+pv \tag{2-14}$$

从焓的定义式可知，焓的国际单位是J或kJ，比焓的国际单位是J/kg或kJ/kg。从焓的定义式还可以看出，焓是一个状态参数，在任一平衡状态下，系统的u、p和v都有一定的值，因而h也有一定的值，而与到达这一点的路径无关。

工程上，往往关心的是在热力过程中工质焓的变化量，而不是工质在某状态下焓的绝对值。因此，与热力学能一样，焓的起点可以人为规定，但如果已经预先规定了热力学能的起点，则焓的数值必须根据其定义式来确定。

$u+pv$的组合并不是偶然的，当1kg工质通过一定的界面流入热力学系统时，储存于它内部的热力学能u当然随之进入系统，同时还把从后面获得的流动功pv带进了系统，因此系统因引进1kg工质而获得的总能量就是$u+pv$，即比焓。在热力设备中，工质总是不断地从一处流到另一处，随着工质的移动而转移的能量不等于热力学能而等于焓。因而在热力工程计算中，焓比热力学能有更广泛的应用。

既然焓作为一个客观存在的热力学状态参数，那么，它不仅在开口系统中出现，而且在分析闭口系统时，焓同样存在，但此时它不具有“热力学能+流动功”的含义。

第五节 稳定流动能量方程及其应用

一、稳定流动能量方程

工程上，一般热力设备除了启动、停止或增减负荷外，常处在稳定工作的情况下，工质在这些设备中的流动处于稳定流动。稳定流动是指热力学系统在流动空间上任何一点的参数都不随时间而变化的流动，其特点如下：

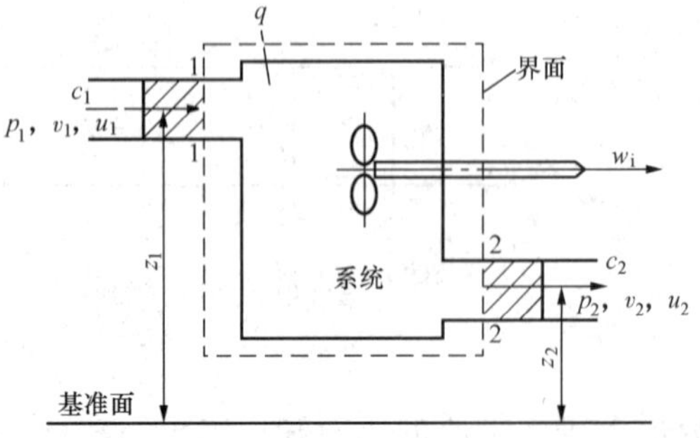

图2-3 开口稳定流动系统

(1) 流入和流出热力学系统的质量流量相等，且不随时间而变化；

(2) 进、出口处工质的状态不随时间而变化；

(3) 系统和外界交换的热量和功不随时间而改变。

图2-3所示为开口稳定流动系统示意，工质在开口系统中稳定流动。为了简化起见，先假设流进流出系统的工质为1kg，则

工质进入系统带进的能量：$e_1=u_1+\frac{1}{2}c_1^2+gz_1$，流动功$p_1v_1$

工质流出系统带出的能量：$e_2=u_2+\frac{1}{2}c_2^2+gz_2$，流动功$p_2v_2$

又设 1kg 工质流经系统时从外界吸取的热量为 q，对机器设备做功 w_i，w_i 表示工质在机器内部对机器所做的功，称为内部功，以别于机器的轴功 w_s。两者的差额是机器轴承部分摩擦引起的机械损失，如果忽略这部分摩擦损失，则 $w_i=w_s$。对于这样的稳定流动，可以列出如下的能量平衡方程式：

$$u_1+\frac{1}{2}c_1^2+gz_1+p_1v_1+q=u_2+\frac{1}{2}c_2^2+gz_2+p_2v_2+w_i$$

根据 $h=u+pv$，移项整理可得

$$q=\Delta h+\frac{1}{2}\Delta c^2+g\Delta z+w_i \tag{2-15}$$

其微分形式为

$$\delta q=\mathrm{d}h+c\mathrm{d}c+g\mathrm{d}z+\delta w_i \tag{2-16}$$

当流过 $m$kg 工质时，稳定流动能量方程式为

$$Q=\Delta H+\frac{1}{2}m\Delta c^2+mg\Delta z+W_i \tag{2-17}$$

在导出以上三式时，除了应用稳定流动的条件外，无其他限制，所以这些方程对于任何工质、任何稳定流动过程，包括可逆和不可逆的稳定流动过程，都是适用的。

二、技术功

工程上常将式（2-15）的后三项称为技术功，用 w_t 表示，即

$$w_t=w_i+\frac{1}{2}\Delta c^2+g\Delta z \tag{2-18}$$

式（2-18）中后两项是工质动能和势能的增加，动能和势能都是机械能，都可以直接用来对外做功。根据组成，技术功 w_t 也可以理解为在工程技术上可资利用的功。

将式（2-18）代入式（2-15）可得出稳定流动能量方程的另一种形式，即

$$q=\Delta h+w_t \tag{2-19}$$

利用 $h=u+pv$，式（2-19）变形可得

$$\begin{aligned}w_t&=q-\Delta h\\&=q-\Delta u+(p_1v_1-p_2v_2)\\&=w+(p_1v_1-p_2v_2)\end{aligned} \tag{2-20}$$

对于可逆过程，式（2-20）可以写成

$$\begin{aligned}w_t&=\int_1^2 p\mathrm{d}v+(p_1v_1-p_2v_2)\\&=\int_1^2 p\mathrm{d}v-\int_1^2\mathrm{d}(pv)\\&=\int_1^2 p\mathrm{d}v-\int_1^2 p\mathrm{d}v-\int_1^2 v\mathrm{d}p\\&=-\int_1^2 v\mathrm{d}p\end{aligned} \tag{2-21}$$

因此，对于微元可逆过程，式（2-19）可变形为

$$\delta q=\mathrm{d}h-v\mathrm{d}p \tag{2-22}$$

由式（2-21）可知，可逆过程 1-2 的技术功可以在 p-v 图上表示成过程线与纵轴所夹成的面积，如图 2-4 中阴影部分所示。

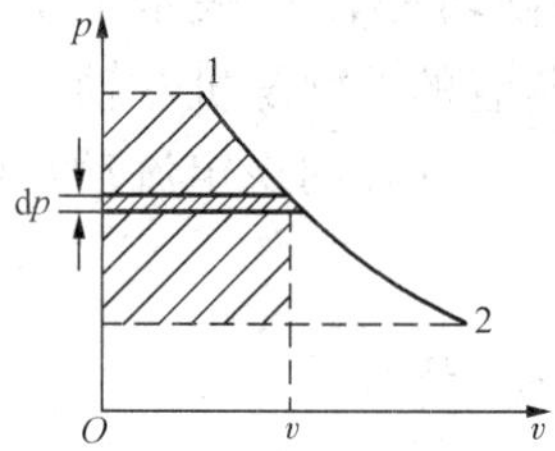

图 2-4 技术功在 $p-v$ 图上的表示

由式（2-21）可见，若 $dp<0$，即过程中工质的压力是降低的，则技术功为正，此时，工质对机器做功；反之，若 $dp>0$，即过程中工质的压力是升高的，则技术功为负，此时，机器对工质做功。蒸汽轮机和燃气轮机属前一种情况，压气机属后一种情况。

下面谈一下引进技术功这个概念的意义。首先应该明白，若不计轴承摩擦阻力，则在稳定流动的开口系统中，内部功是实实在在传递到外部而能被利用的功（对于压缩过程，则是由外界输入到系统内部的功）。从式（2-18）可以看出，技术功和内部功是有差别的，大部分情况下，工质进、出系统的动能和势能的变化量相对与其他量的变化而言是很小的，可以略去不计。这样，就可以用技术功来替代内部功，使问题简化，产生的误差也在工程允许的范围内。本书绝大多数例题和习题均未给出进、出口处的速度和位置高度，直接用技术功表示输入或输出的功。

【例 2-2】 饱和水定压加热汽化

1kg 温度为 100℃的饱和水在 $p=0.1013\text{MPa}$ 下定压加热汽化变为 100℃的饱和蒸汽，已知 $v_1=0.00104\text{m}^3/\text{kg}$，$v_2=1.6736\text{m}^3/\text{kg}$，加热量 $q=2256.6\text{kJ/kg}$。求工质热力学能的变化 Δu 和焓的变化 Δh。

解 （1）$w=\int_1^2 p\text{d}v=p(v_2-v_1)$

$$=0.1013\times10^6\times(1.6736-0.00104)=169430\text{J/kg}=169.43\text{kJ/kg}$$

由能量方程 $q=\Delta u+w$，得

$$\Delta u=q-w=2256.6-169.43=2087.17\text{kJ/kg}$$

（2）$w_t=-\int_1^2 v\text{d}p=0$

由能量方程 $q=\Delta h+w_t$，得

$$\Delta h=q=2256.6\text{kJ/kg}$$

可见，定压加热过程中加入的热量等于工质焓值的变化。

三、稳定流动能量方程的应用

稳定流动的能量方程反映了工质在稳定流动过程中能量转化的一般规律，该方程在工程中应用很广泛。在研究具体问题时，要与研究的实际装置和实际热力过程的具体特点结合起来，对于某些次要因素可以略去不计，使能量方程更加简洁明晰。这里以几个典型的热力设备为例，说明稳定流动能量方程的具体应用。

1. 锅炉及换热器

锅炉和各种换热器的工作特点是工质不做功，只有热量交换，且进、出口速度相差不大，高度也相差不大，故可以忽略动能和势能的变化。如图 2-5 所示，以虚线画出所选取的热力学系统，以 1kg 工质考虑。根据过程特征，结合稳定流动能量方程式（2-15）得出

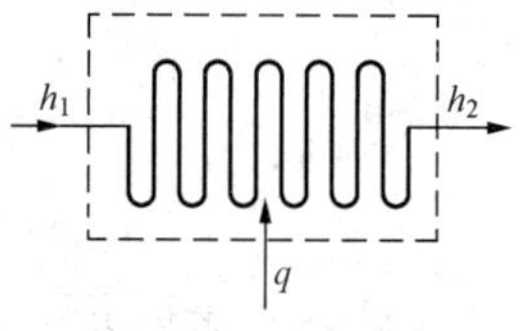

图 2-5 换热器示意

$$q=h_2-h_1 \tag{2-23}$$

可见，工质在锅炉和各种换热器中的吸热量等于工质的焓升。如果计算出 q 为负，则表示工质在换热器中对外界放热。

2. 汽轮机和燃气轮机

汽轮机和燃气轮机是热力原动机，如图 2-6 所示，其主要特点是输出轴功，可以视为纯做功设备，为了减少能量损失和现场运行安全，它们的外侧都裹有保温层，可视为 $q=0$，同时，进、出口处的动能和势能虽有变化，但同输出功相比小得多，故可以不计动能和势能的变化。于是，稳定流动能量方程应用于汽轮机或燃气轮机时，就简化为

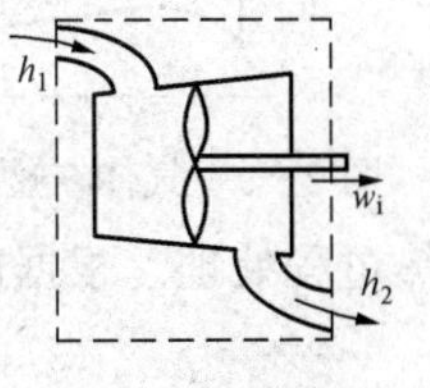

图 2-6 汽轮机或燃气轮机示意

$$w_i = w_t = h_1 - h_2 \tag{2-24}$$

可见，不计动能和势能的变化，**工质在汽轮机或燃气轮机中所做的功就等于工质焓值的降低。**

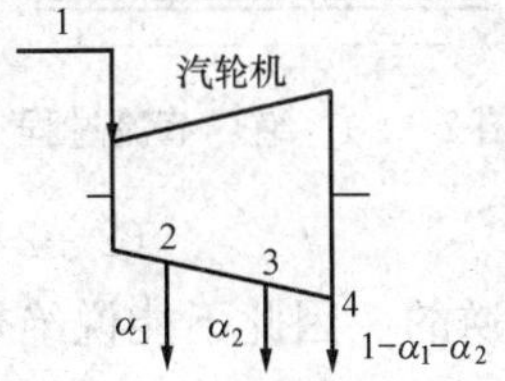

图 2-7 一股进汽多股抽汽的汽轮机

【例 2-3】 汽轮机做功

一台一股进汽多股抽汽的汽轮机，如图 2-7 所示，1kg 状态为 1 的蒸汽进入汽轮机内膨胀做功，分别抽出 α_1(kg) 状态为 2 和 α_2(kg) 状态为 3 的蒸汽，最后 $1-\alpha_1-\alpha_2$(kg) 蒸汽以状态 4 排出汽轮机，求蒸汽在汽轮机内做的功。

解 把汽轮机分成三段，将每一段做的功加起来就是蒸汽在整个汽轮机做的功，即

$$w_i = w_t = h_1 - h_2 + (1-\alpha_1)(h_2 - h_3) + (1-\alpha_1-\alpha_2)(h_3 - h_4)$$

或把汽流分成三股，将三股汽流做的功加起来也可以求出蒸汽在汽轮机内做的功，即

$$w_i = w_t = \alpha_1(h_1 - h_2) + \alpha_2(h_1 - h_3) + (1-\alpha_1-\alpha_2)(h_1 - h_4)$$

可以验算，两种方法最后得出的结果是一样的。

3. 压缩机械

当工质流经泵、风机、压气机等压缩机械时，压力增加，外界对工质做功，故 $w_i<0$，习惯上压缩机械消耗的功用 w_c 表示，且令 $w_c=-w_i$。一般情况下，进、出口工质的动能和势能差均可忽略，所选用的热力学系统如图 2-8 所示。此时稳定流动能量方程可写成

$$w_c = -w_i = -w_t = (h_2 - h_1) - q \tag{2-25}$$

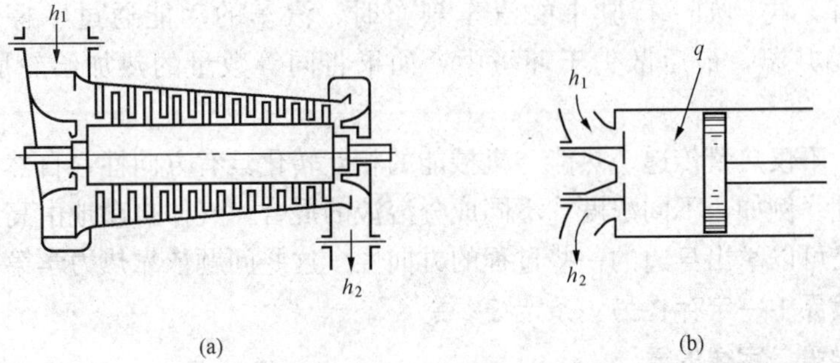

图 2-8 压缩机械

(a) 轴流式压气机；(b) 活塞式压缩机

对于轴流式压缩设备，$q=0$；对于活塞式压缩设备，一般 q 不等于 0。由计算可知，散热越多，压缩单位质量气体消耗的功就越少。

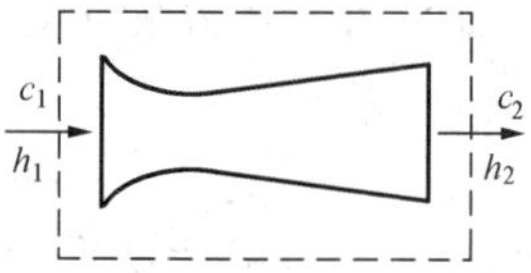

图 2-9 气体在喷管中的流动

4. 喷管

如图 2-9 所示，喷管是一种特殊管道，工质流经喷管后，压力下降，速度增加。通常工质在喷管中动能变化很大，势能的变化可以忽略，且工质在管内流动，不对外做功，$w_i=0$，又因为在喷管中工质流速一般很高，故可按绝热过程处理。根据这些特点，工质在喷管中的稳定流动的能量方程可写成

$$h_1+\frac{1}{2}c_1^2=h_2+\frac{1}{2}c_2^2 \tag{2-26}$$

可见，在喷管内任一截面处，工质的焓和动能之和保持不变。

5. 绝热节流

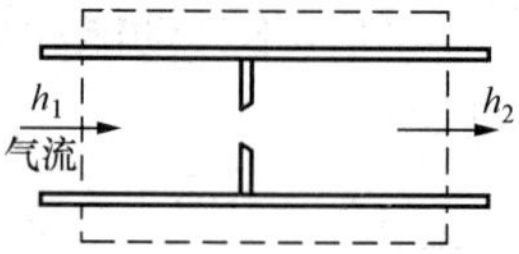

图 2-10 绝热节流过程

工质流过阀门或孔板（见图 2-10）时，流体截面突然收缩，压力下降，这种现象称为节流。设流动是绝热的，前后两截面间的动能差和势能差是可以忽略的，又不对外界做功，则对两截面间工质应用稳定流动能量方程可得

$$h_1=h_2 \tag{2-27}$$

虽然绝热节流前后焓不变，但由于存在摩擦和涡流，流动是不可逆的，因此不能说绝热节流是等焓过程，在坐标图上绝热节流过程要画成虚线。节流过程常用于功率调节、流量测量、制冷等场所。

第六节 热力学第二定律

一、自发过程的方向性

热力学第一定律阐明了热能和机械能以及其他形式的能量在传递和转换过程中数量上的守恒关系。但经验告诉我们，不是所有满足热力学第一定律的热力过程都能实现。从暖瓶中倒出一杯热水后，热量会由热水传递到周围空气中，最后这杯水会和周围空气处于相同的温度，这是一个不需要人为干涉就可以进行的自发过程。那么能不能将散失到空气中的热量自发地聚集起来，使这杯水重新变热呢？答案是否定的，虽然这并不违反热力学第一定律。再例如，行驶中的汽车刹车时，汽车的动能通过摩擦全部变成热能，造成地面和轮胎升温，最后散失于环境中，如果将同等数量的热加给轮胎和地面，却不能使汽车行驶。

实践证明，不仅热量传递、热能与机械能的相互转化具有方向性，自然界的一切自发过程都具有方向性。例如，不同浓度、不同成分溶液的混合，气体自动地由高压区向低压区膨胀等。读者自己可以举出身边的一些过程的方向性。这些问题依靠热力学第一定律是无法解决的，说明自然界中一定存在另一条定律。

二、热力学第二定律的表述

热力学第二定律揭示了自然界中一切过程进行的方向性、条件和限度。由于工程实践中热现象普遍存在，热力学第二定律应用范围极广泛。针对各类具体问题，热力学第二定律有各种形式的表述方式。由于各种表述所揭示的是一个共同的客观规律，因而各种表述形式是等效的。这里只介绍两种最基本、最具代表性的表述。

克劳修斯表述：**热不可能自发地、不付代价地从低温物体传至高温物体。**这个表述是德国数学家、物理学家克劳修斯（R. Clausius，1822～1888 年）于 1850 年提出的。它表明了热量只能自发地从高温物体传向低温物体，反过来的非自发过程并非不能实现，而是必须花费一定的代价。

开尔文—普朗克表述：**不可能制造出从单一热源吸热、使之全部转化为功而不留下其他任何变化的热力发动机。**这个表述是英国物理学家开尔文（Lod Kelvin，即 W. Thomson，1824～1907 年）于 1851 年提出的，1897 年普朗克也发表了内容相同的表述，后来，称之为开尔文—普朗克表述。在这个表述中，“不留下任何变化”是不可缺少的条件。例如，根据能量方程和理想气体的特性（下一章将会讲到），理想气体定温膨胀过程的结果，就是从单一热源取热并将其全部变成了功。但与此同时，气体的压力降低，体积增大，即气体的状态发生了变化，或者说“留下了其他变化”。可见，并非热不能全部变为功，而是必须有其他影响为代价才能实现。

在人类历史上，有人曾设想制造一台机器，它从单一热源取热并使之完全变为功。显然，在转变过程中能量是守恒的，所以它并不违反热力学第一定律，但是，有史以来，从来没有人成功制造出这种机器。如果这种机器可以制造成功，就可以以环境大气或海洋等作为单一热源，将其中无穷无尽的热能完全转变为机械能，机械能又可变为热，循环使用，取之不尽，用之不竭。这种从单一热源取热并使之完全转变为功的机器称为第二类永动机，它有别于无中生有的第一类永动机，但同样是不存在的。因此，热力学第二定律又可以表述为：**第二类永动机是不可能制造成功的。**

热力学第二定律的以上两种表述，各自从不同的角度反映了热力过程的方向性，实质上是统一的、等效的。可以证明，如果违反了其中一种表述，也必然违反另一种表述。

值得指出的是，热力学第二定律在形式上似乎是热力学第一定律的补充，但其含义却更为广泛而深刻。实际上这两个定律是互相独立的基本定律，都是正确的，都是人类长期生产、生活实践经验的总结，都没法用数学方法严密推导出来，一切实际过程必须同时遵守这两条基本定律，违反其中任何一条定律的过程都是不可能实现的。热力学第一定律揭示在能量转换和传递过程中**能量在数量上必定守恒。**热力学第二定律揭示了热力过程进行的方向、条件和限度，一个热力过程能不能发生，由热力学第二定律决定，热力过程发生之后，能量的量必定是守恒的。但是，由于自然界中发生的实际过程都是不可逆的，根据热力学第二定律，在能量转换和传递过程中，**能量在品质上必然贬值。**

第七节　卡诺循环与卡诺定理

热力学第二定律指出，热机的热效率不可能达到 100%。那么，在一定条件下，热机的热效率最大能达到多少？它又与哪些因素有关？法国工程师卡诺（S. Carnot，1796～1832 年）在 1824 年成功地提出了最理想的热机工作方案，这就是著名的卡诺循环，并在此基础上发表了卡诺定理。但受“热质说”的影响，他的证明方法有错误。1850 年和 1851 年克劳修斯和开尔文先后在热力学第二定律的基础上，重新证明了卡诺定理。历史上，卡诺定理成为确立热力学第二定律的重要出发点，开尔文在 1848 年根据卡诺定理制定了“热力学温标”，克劳修斯在 1865 年根据卡诺定理提出了一个新的热力学状态参数——“熵”。

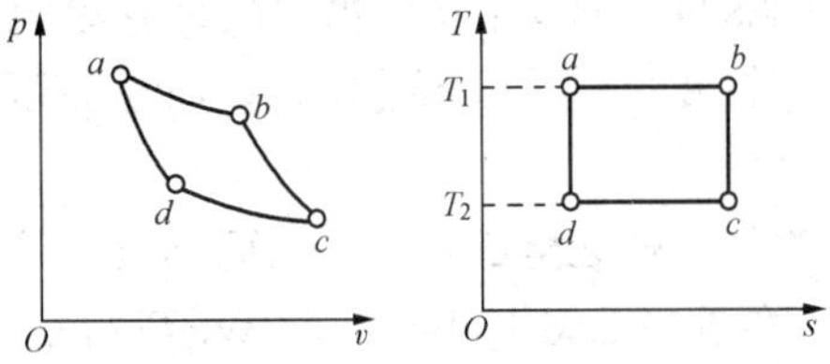

图 2 - 11 卡诺循环示意

一、卡诺循环

卡诺循环由两个可逆定温过程和两个可逆绝热过程组成，工质为理想气体的卡诺循环如图 2 - 11所示。图中 $a-b$ 为工质从高温热源 T_1 定温吸热的过程；$c-d$ 为工质向低温热源 T_2 定温放热的过程；$d-a$ 为绝热压缩过程；$b-c$ 为绝热膨胀过程。

根据式（1 - 17），卡诺循环的热效率为

$$\eta_C = \frac{w_{net}}{q_1} = 1 - \frac{q_2}{q_1} = 1 - \frac{T_2(s_c - s_d)}{T_1(s_b - s_a)} = 1 - \frac{T_2}{T_1} \tag{2 - 28}$$

分析式（2 - 28）可以得出以下结论：

（1）卡诺循环的热效率与工质种类无关，只取决于高温热源的温度 T_1 和低温热源的温度 T_2，提高高温热源的温度，降低低温热源的温度，都可以提高热效率。

（2）因为 $T_1 = \infty$ 或 $T_2 = 0K$ 都不可能实现，故卡诺循环的热效率只能小于 1，不可能等于 1，更不可能大于 1。这就是说，在循环发动机中即使在最理想的情况下，也不可能将热能全部转化为机械能。这一点很好理解，因为热能是分子杂乱无章的热运动的表现，是无序能；而机械能是宏观物体朝一个固定的方向运动所具有的能量，是有序能。两种能量是不同品位的能量。图 2 - 12 就能很好地说明这一点。

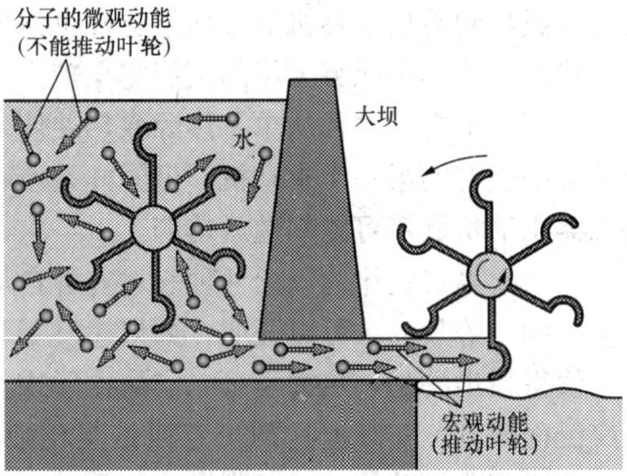

图 2 - 12 无序能与有序能

（3）当 $T_1 = T_2$ 时，卡诺循环的热效率等于零。这说明没有温差是不可能连续不断地将热能转变为机械能的，即只有单一热源的第二类永动机是不可能制造成的。

虽然卡诺循环是一个实际不可能存在的理想循环，但是卡诺循环及其热效率公式具有重大意义，它为提高各种热力发动机的热效率指明了方向：**尽可能提高高温热源的温度和尽可能降低低温热源的温度**。现代火力发电厂正是在这种思想指导下不断提高蒸汽参数从而容量不断增加、效率不断提高的。

值得说明的是，虽然降低低温热源的温度可以提高正向卡诺循环的热效率，但是有个极限条件，即**不可以人为地将热机低温热源的温度降至环境温度以下，否则将得不偿失**，这一点可以通过习题 2 - 21 得到证明。可见，热力学第二定律的一个特点是与环境有紧密联系，这一点是它和热力学第一定律的一个显著不同的地方，大家可以从后面要讲到的“做功能力损失”和“㶲分析”的相关内容中进一步地体会这个特点。

【例 2 - 4】 海水温差发电

某科学家设想利用海水的温差发电。设海洋表面的温度为 20℃，在 500m 深处，海水的温度为 5℃，如果采用卡诺循环，其热效率是多少？

解 计算卡诺循环热效率时，要用热力学温度。

$$T_1 = 20 + 273.15 = 293.15\text{K},\quad T_2 = 5 + 273.15 = 278.15\text{K}$$

$$\eta_C = 1 - \frac{T_2}{T_1} = 1 - \frac{278.15}{293.15} = 5.12\%$$

可见，即使采用最理想的卡诺循环，其热效率也很低，实际循环的热效率将更低，这是由于温差太小的缘故，地热发电的热效率不高也是同样的道理。

二、逆向卡诺循环

逆向卡诺循环与卡诺循环的构成相同，但工质的状态变化是沿逆时针方向进行的，总的效果是消耗外界的功，将热量由低温物体传向高温物体。根据作用不同，逆向卡诺循环可分为卡诺制冷循环［见图 2-13 (a)］和卡诺热泵循环［见图 2-13 (b)］，如图 2-13 所示，图中 T_0 为环境温度。

很容易得到卡诺制冷循环的制冷系数 ε_C 和卡诺热泵循环的热泵系数（供热系数）ε_C'。

$$\varepsilon_C = \frac{q_2}{w_{net}} = \frac{q_2}{q_1 - q_2} = \frac{T_2}{T_0 - T_2} \quad (2-29)$$

$$\varepsilon_C' = \frac{q_1}{w_{net}} = \frac{q_1}{q_1 - q_2} = \frac{T_1}{T_1 - T_0} \quad (2-30)$$

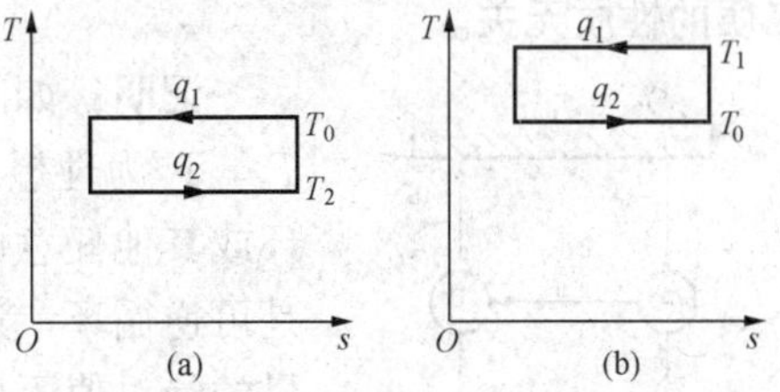

图 2-13 卡诺制冷循环和卡诺热泵循环的 T-s 图

由式 (2-29) 可知，在 T_0 一定的条件下，T_2 越低，制冷系数 ε_C 也越低，因此，在保证冰箱内食物不变质的前提下，没有必要将冰箱冷冻室的温度调得过低。

下面看一个热泵系数的计算问题。

【例 2-5】 热泵系数

冬天利用热泵给房间供暖，已知环境温度 $t_0 = -10$℃，房间的温度为 $t_1 = 20$℃，如果采用在这两个温度之间最为理想的逆向卡诺循环，求热泵系数。

解 环境温度 $T_0 = 263.15\text{K}$，$T_1 = 293.15\text{K}$，代入式 (2-30) 可得

$$\varepsilon_C' = \frac{T_1}{T_1 - T_0} = \frac{293.15}{293.15 - 263.15} = 9.77 = 977\%$$

通过上面的计算可知，给这台热泵提供 1kJ 的功，它可以给房间提供 9.77kJ 的热量，相对于直接用电炉给房间供热，热泵要节省很多能量，因此热泵是一个很好的节能设备。但是，热泵也有弱点，分析式 (2-30) 可知，当环境温度 T_0 降低，房间正是需要多供热的时候，热泵系数（供热系数）ε_C' 却下降了。因此，在特别严寒的地区，热泵的作用受到了限制。

三、两个恒温热源间的极限回热循环——概括性卡诺循环

除了卡诺循环外，工作在两个恒温热源之间的可逆循环也具有卡诺循环的性质，因此把它们统称为概括性卡诺循环，它由两个定温过程 $a-b$、$c-d$ 与两个水平间距处处相等的过程 $b-c$ 及 $d-a$ 构成，如图2-14所示。过程 $b-c$ 放出的热量等于过程 $d-a$ 吸收的热量，这种方法叫回热加热。为了符合可逆的条件，必须随时为等温传热，这需要无穷多个“中间热源”，因此概括性卡诺循环是极限回热循环。

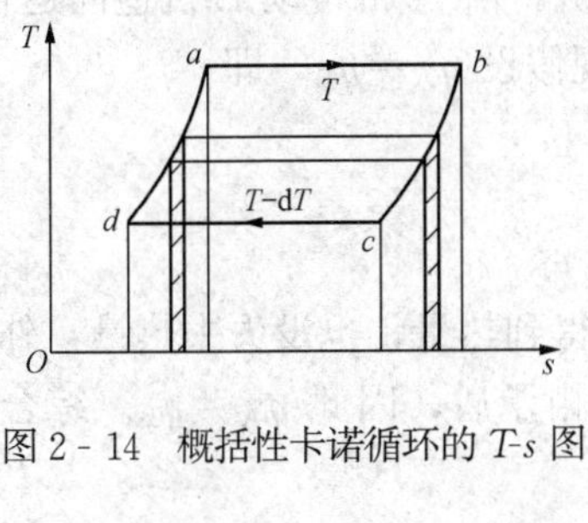

图 2-14 概括性卡诺循环的 T-s 图

对于整个循环来说，工质从高温热源吸收的热量为

$q_1=T_1\Delta s_{a-b}$，工质向低温热源放出的热量为 $q_2=T_2\Delta s_{d-c}$，因 $\Delta s_{a-b}=\Delta s_{d-c}$，所以概括性卡诺循环的热效率为

$$\eta_t=1-\frac{q_2}{q_1}=1-\frac{T_2}{T_1}=\eta_C$$

可见，概括性卡诺循环的热效率等于同温限间工作的卡诺循环的热效率。

虽然完全按概括性卡诺循环工作的热机无法实现，但通过它提出的回热加热的思想对提高动力装置的效率有重要的指导意义，在现代大型动力设备中，回热加热得到了广泛的应用。

四、卡诺定理

1824 年，卡诺在他的热机理论中首先阐明了可逆热机的概念，并陈述了有重要意义的卡诺定理。

定理一：**在相同的高温热源和低温热源之间工作的一切可逆热机具有相同的热效率，与工质的性质无关。**

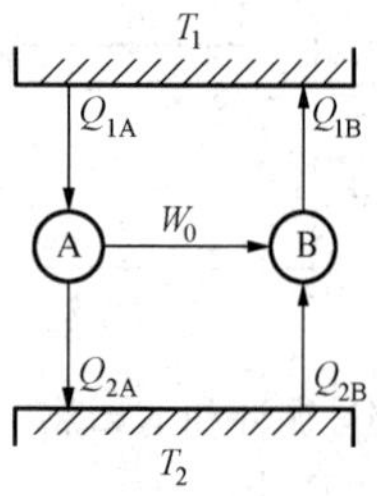

图 2 - 15　两个恒温热源之间工作的可逆热机示意

证明：如图 2 - 15 所示，设两个恒温热源的温度分别为 T_1 和 T_2，A 为理想气体工质进行卡诺循环的热机，B 为任意工质卡诺循环或其他任意可逆循环的热机。使 B 机逆向运行时，因 B 机进行的是可逆循环，逆向运行与正向运行时相比，和两个恒温热源交换热量的绝对值不变，而方向相反。

现在用 A 机带动 B 机，由热力学第一定律，有

$$Q_{1A}-Q_{2A}=W_0=Q_{1B}-Q_{2B}$$

或

$$Q_{2B}-Q_{2A}=Q_{1B}-Q_{1A}$$

假设

$$\eta_{tA}>\eta_{tB}$$

则有

$$\frac{W_0}{Q_{1A}}>\frac{W_0}{Q_{1B}}$$

可见

$$Q_{1B}>Q_{1A}$$

这样，高温热源得到净热量 $Q_{1B}-Q_{1A}$，低温热源失去净热量 $Q_{2B}-Q_{2A}$，两者相等，而外界并没有功输入，热量自发地从低温热源传向高温，这违反了热力学第二定律克劳修斯说法，证明了上述所作的假定是错误的，即 η_{tA} 不可能大于 η_{tB}。同理可使 A 机逆行，B 机带动 A 机，也可证明 η_{tB} 不可能大于 η_{tA}，所以只能是 $\eta_{tB}=\eta_{tA}=\eta_C$，这里 η_C 是卡诺循环的热效率。定理一得证。

定理二：**在相同的高温热源和相同的低温热源之间工作的任何不可逆热机的热效率都小于可逆热机的热效率。**

证明：仍参考图 2 - 15，设 A 为不可逆热机，B 为可逆机，由 A 机带动 B 机逆向运行。和定理一的证明类似，可以得出结论，η_{tA} 不可能大于 η_{tB}。现假设 $\eta_{tA}=\eta_{tB}$，即

$$\frac{W_0}{Q_{1A}}=\frac{W_0}{Q_{1B}}$$

则

$$Q_{2B}-Q_{2A}=Q_{1B}-Q_{1A}=0$$

这样，循环虽可进行，工质恢复到原来状态，热源既未得到热量，也没失去热量，外界既未得到功，也没有失去功。这与 A 机为不可逆机的前提相矛盾，因此 $\eta_{tA}\neq\eta_{tB}$。综合起来，只有 $\eta_{tA}<\eta_{tB}$。定理二得以证明。

卡诺循环和卡诺定理在热力学的研究中具有重要的理论和实际意义。它解决了热机循环热效率的极限值问题，从原则上提出了提高热效率的途径。在相同的高温热源与低温热源之间，卡诺循环的热效率为最高，一切其他实际循环的热效率均低于卡诺循环。因此要想制造出高于卡诺循环热效率的热机是不可能的。同样的道理，在给定的高温热源与低温热源之间，逆向卡诺循环的制冷系数和热泵系数也是最高的。

需要补充一点，卡诺循环研究的是热机效率，对于化学电池反应输出功的装置，例如燃料电池，其能量转换效率并不遵守卡诺定理。

第八节　熵与熵增原理

一、熵参数的导出

熵参数的导出有多种不同的方法。这里只介绍一种经典方法，它是1865年由德国数学家、物理学家克劳修斯（R. Clausius）根据卡诺循环和卡诺定理分析可逆循环时提出来的。

图2-16所示为一任意可逆循环 $a-b-c-d-a$，现有无穷多条定熵线分割该循环，因为定熵线有无穷多条，在相邻的两线之间将无限接近。因此，循环 $a-b-c-d-a$ 在这两条线之间的部分可以认为定温，如此，就构成无穷多个微元卡诺循环，任取其中一个微元卡诺循环（如图中斜影部分），则有

$$\eta_C = 1 - \frac{\delta q_2}{\delta q_1} = 1 - \frac{T_2}{T_1}$$

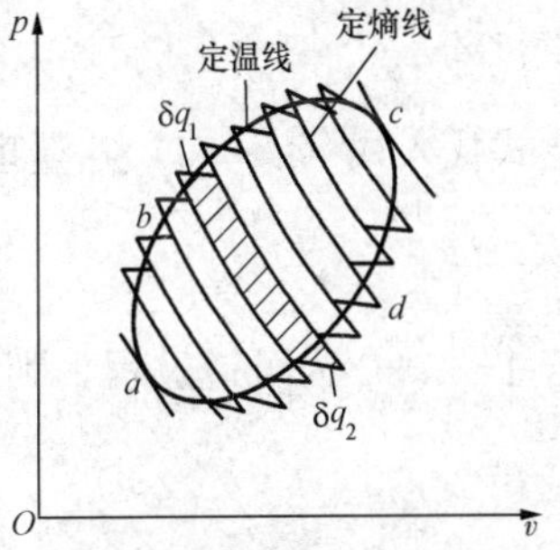

图2-16　以无穷多可逆绝热线分割一任意可逆循环示意图

考虑到 δq_2 为对外放热，取负值，即得

$$\frac{\delta q_1}{T_1} + \frac{\delta q_2}{T_2} = 0$$

对于整个可逆循环，有

$$\int_{abc} \frac{\delta q_1}{T_1} + \int_{cda} \frac{\delta q_2}{T_2} = \oint \left(\frac{\delta q}{T}\right)_{\text{rev}} = 0 \qquad (2-31)$$

式（2-31）称为克劳修斯积分等式。式中被积函数 $\left(\frac{\delta q}{T}\right)$ 的循环积分为零。这表明该函数与积分路径无关，必为状态参数。1865年克劳修斯将这个新的状态参数定名为熵（entropy）。

$$\mathrm{d}s = \left(\frac{\delta q}{T}\right)_{\text{rev}} \quad \mathrm{J/(kg \cdot K)} \qquad (2-32)$$

式中：s 为对单位质量工质而言，称为**比熵**。

对于系统总质量而言的总熵则为

$$S = ms \quad \mathrm{J/K}$$

二、克劳修斯不等式

如果某一循环中有一部分或全部过程是不可逆的，则此循环为不可逆循环。根据卡诺定理，不可逆循环的热效率小于相同温限之间卡诺循环的热效率，对于一微元不可逆循环，有

$$\eta_t = 1 - \frac{\delta q_2}{\delta q_1} < 1 - \frac{T_2}{T_1}$$

同样考虑到 δq_2 为对外放热，取负值，即得

$$\frac{\delta q_1}{T_1}+\frac{\delta q_2}{T_2}<0$$

对于整个不可逆循环，有

$$\oint\left(\frac{\delta q}{T}\right)_{\mathrm{irr}}<0 \tag{2-33}$$

综合式（2-31）和式（2-33），得到克劳修斯不等式，即

$$\oint\frac{\delta q}{T}\leqslant 0 \tag{2-34}$$

式中等号用于可逆循环，不等号用于不可逆循环。

三、不可逆过程熵的变化

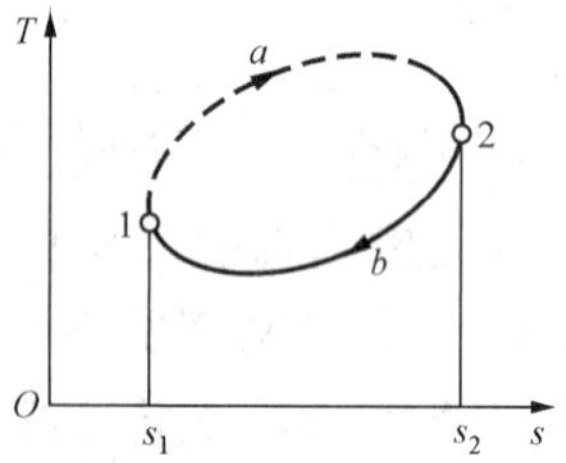

图 2-17　不可逆循环示意

图 2-17 所示为不可逆循环，其中 $1-a-2$ 为不可逆过程，$2-b-1$ 为可逆过程。

根据式（2-34），有

$$\oint\frac{\delta q}{T}=\int_{1a2}\frac{\delta q}{T}+\int_{2b1}\frac{\delta q}{T}<0 \tag{2-35}$$

因为 $2-b-1$ 是可逆过程，所以

$$\int_{2b1}\frac{\delta q}{T}=s_1-s_2$$

上式代入式（2-35）并整理，有

$$s_2-s_1>\int_{1a2}\frac{\delta q}{T} \tag{2-36}$$

若 $1-a-2$ 为可逆过程，则

$$s_2-s_1=\int_{1a2}\frac{\delta q}{T} \tag{2-37}$$

综合式（2-36）与式（2-37），有

$$s_2-s_1\geqslant\int_1^2\frac{\delta q}{T} \tag{2-38}$$

对于微元过程，式（2-38）可写成

$$\mathrm{d}s\geqslant\frac{\delta q}{T} \tag{2-39}$$

上两式中，等号适用于可逆过程，不等号适用于不可逆过程。

式（2-34）和式（2-39）都是热力学第二定律的数学表达式，都可以用来判断循环（或过程）是否能进行、是否可逆。

微元不可逆过程熵的变化也可以写成如下等式：

$$\mathrm{d}s=\mathrm{d}s_{\mathrm{f}}+\mathrm{d}s_{\mathrm{g}} \tag{2-40}$$

式中 $\mathrm{d}s_{\mathrm{f}}$ 称为**熵流**，$\mathrm{d}s_{\mathrm{f}}=\frac{\delta q}{T}$，它是由工质与热源之间的热交换所引起的熵变，根据工质是吸热、放热还是绝热，$\mathrm{d}s_{\mathrm{f}}$ 可以大于 0、小于 0 和等于 0；$\mathrm{d}s_{\mathrm{g}}$ 称为**熵产**，是由不可逆因素造成的，不可能为负值，不可逆性越大，熵产 $\mathrm{d}s_{\mathrm{g}}$ 就越大，可逆时 $\mathrm{d}s_{\mathrm{g}}=0$。因此，**熵产是不可逆性大小的度量**。

对于任一宏观热力过程，有

$$\Delta s = \Delta s_f + \Delta s_g \tag{2-41}$$

式（2-40）和式（2-41）称为闭口系统熵方程，普遍适用于闭口系统的各种过程分析。

关于状态参数熵，特指出以下几点：

（1）熵是描述系统平衡态的状态参数，当系统的平衡态确定后，熵就完全确定。因此，当系统由平衡态1变化到平衡态2时，不论变化过程的具体形式如何，也不论过程是否可逆，系统熵的变化量 $\Delta s = s_2 - s_1$ 是一个完全确定的值。

（2）系统总熵 S 是一个广延量，具有可加性，系统的熵等于系统内各个部分熵的总和。

（3）熵 S 不同于热温比的积分 $\int \frac{\delta Q}{T}$，S 是状态参数，而 $\int \frac{\delta Q}{T}$ 则是一个可逆过程中系统熵变化量 ΔS 的量度；熵变化量 ΔS 也不同于热温比的积分 $\int \frac{\delta Q}{T}$，两者只有在可逆过程中才有数值相等的关系。

四、固体和液体熵变化量的计算

理想气体熵变化量的计算将在第三章讨论，这里先介绍固体和液体熵变化量的计算。固体和液体的特点是可压缩性非常小，比定容热容与比定压热容相等，即 $c = c_p = c_V$。所以 $\delta Q_{rev} = dU = mc dT$，因此有

$$dS = \frac{\delta Q_{rev}}{T} = mc\frac{dT}{T} \tag{2-42}$$

在有限过程中，$\Delta S_{12} = \int_1^2 mc\frac{dT}{T}$，在温度变化范围不大的情况下，比热容可视为定值，此时有

$$\Delta S = mc\ln\frac{T_2}{T_1} \tag{2-43}$$

五、多热源可逆循环及平均吸（放）热温度

如图2-18所示，$e-h-g-l-e$ 为可逆循环。要想可逆，则工质和热源之间应无温差，而且热源的特点是无论吸收或者放出多少热量，其温度都保持不变。因此，要实现可逆吸热过程 $e-h-g$ 和可逆放热过程 $g-l-e$，必须要有无穷多个热源。

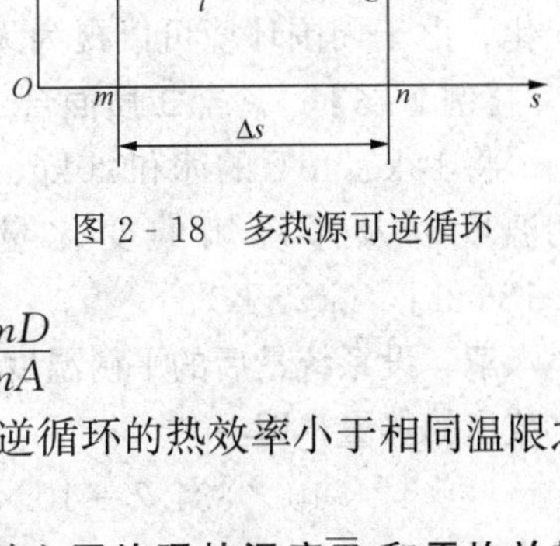

图2-18 多热源可逆循环

可逆循环 $e-h-g-l-e$ 的热效率为

$$\eta_t = 1 - \frac{q_2'}{q_1'} = 1 - \frac{\text{面积 } gnmelg}{\text{面积 } ehgnme}$$

另一个工作在 $T_1 = T_h$，$T_2 = T_l$ 下的卡诺循环 $A-B-C-D-A$，其热效率为

$$\eta_C = 1 - \frac{q_2}{q_1} = 1 - \frac{\text{面积 } DCnmD}{\text{面积 } ABnmA}$$

由于 $q_1' < q_1$，$q_2' > q_2$，所以 $\eta_t < \eta_C$。这表明，多热源可逆循环的热效率小于相同温限之间卡诺循环的热效率。

为了便于分析比较任意可逆循环的热效率，热力学中引入**平均吸热温度** $\overline{T}_1$ 和**平均放热**

温度$\overline{T}_2$的概念，定义如下：

$$\overline{T}_1=\frac{q_1}{\Delta s} \tag{2-44}$$

$$\overline{T}_2=\frac{q_2}{\Delta s} \tag{2-45}$$

其中 Δs 为吸热过程和放热过程的熵变化的绝对值。因此任一可逆循环的热效率为

$$\eta_t=1-\frac{q_2}{q_1}=1-\frac{\overline{T}_2\Delta s}{\overline{T}_1\Delta s}=1-\frac{\overline{T}_2}{\overline{T}_1} \tag{2-46}$$

与相同温限之间的卡诺循环相比，显然$\overline{T}_1<T_1$，$\overline{T}_2>T_2$，故 $\eta_t<\eta_C$。

用平均吸（放）热温度的方法定性地分析比较可逆循环的热效率是一种非常有效的方法，后面会经常用到。

六、熵增原理与做功能力损失

1. 孤立系统熵增原理

与外界没有任何物质和能量交换的热力学系统称为孤立系统，其熵流 $ds_f=0$，由式(2-40)可得

$$ds_{iso}=ds_g\geqslant 0 \tag{2-47}$$

或

$$\Delta s_{iso}\geqslant 0 \tag{2-48}$$

式（2-47）和式（2-48）表明：孤立系统的熵只能增加（不可逆过程）或保持不变（可逆过程），而绝不可能减少。任何实际过程都是不可逆过程，只能沿着孤立系统熵增加的方向进行，任何使孤立系统熵减少的过程都是不可能发生的，这就是**孤立系统熵增原理**。

熵增原理的意义在于：①可以通过孤立系统的熵增原理判断过程进行的方向；②熵增原理可作为系统平衡的判据——当孤立系统的熵达到最大值时，系统处于平衡状态；③不可逆程度越大，熵增也越大，由此可以定量地评价热力过程的完善性。因此，熵增原理表达了热力学第二定律的基本内容，通常有人把热力学第二定律称为熵定律。式（2-47）和式（2-48）可视为热力学第二定律的又一种数学表达式。

如第一章所述，孤立系统是一种理想化模型，严格的孤立系统是不存在的。为了分析问题方便，可以将所分析的系统和它周围的环境共同构成孤立系统，表示成为

$$\Delta S_{iso}=\Delta S_{sys}+\Delta S_{sur} \tag{2-49}$$

式中：ΔS_{iso}为孤立系统熵的变化量；ΔS_{sys}为所研究系统熵的变化；ΔS_{sur}为周围环境熵的变化，由于周围环境可以视为无穷大，因此，可以认为其温度保持不变，为环境温度 T_0。

【例 2-6】 冷热工质混合

将 10kg、0℃的冰和 20kg、70℃的热水在一绝热容器中混合。求系统最后达到平衡时的温度以及系统熵的变化量。已知冰融化热为 334.7kJ/kg，水的质量比热容为 4.186 8kJ/（kg·K）。

解 设系统最后的平衡温度为 t℃。根据能量守恒，在绝热系统中冰吸收的热量等于热水放出的热量，即

$$10\times 334.7+10\times 4.1868\times(t-0)=20\times 4.1868\times(70-t)$$

解之得

$$t=20℃$$

20kg、70℃的热水变为20℃后熵的变化为

$$\Delta S_1 = mc\ln\frac{T_2}{T_1} = 20\times 4.1868\times\ln\frac{20+273.15}{70+273.15} = -13.19\text{kJ/K}$$

10kg、0℃的冰变为20℃的水后熵的变化为

$$\Delta S_2 = 10\times\left(\frac{334.7}{273.15}+4.1868\times\ln\frac{293.15}{273.15}\right) = 15.21\text{kJ/K}$$

冰块和热水构成孤立系统，整个系统熵的变化量为

$$\Delta S_{iso} = \Delta S_1 + \Delta S_2 = -13.19 + 15.21 = 2.02\text{kJ/K}$$

可见，孤立系统熵变大于0，这是一个典型的不可逆自发过程。

2. 做功能力损失

系统的做功能力是指在给定的环境条件下，系统达到与环境处于热力平衡时可能做出的最大有用功。因此，通常将环境温度 T_0 作为衡量做功能力的基准温度。

任何实际过程都存在不可逆因素，都是不可逆过程，不可逆过程将会造成做功能力损失。那么，做功能力损失与哪些因素有关系呢？下面通过一个例子来推导。

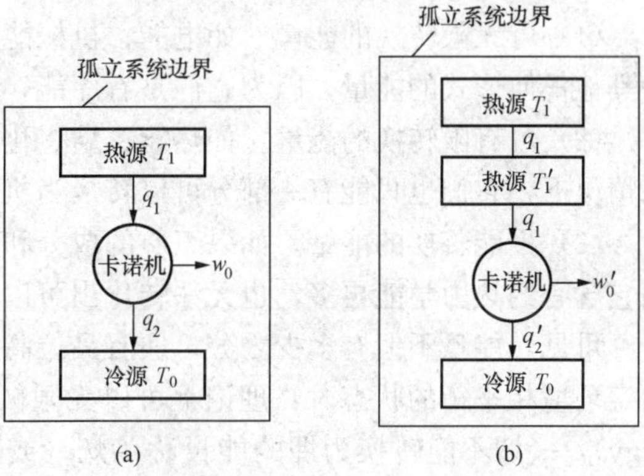

图2-19 做功能力损失推导

(a) 可逆循环；(b) 存在不可逆因素的循环

如图2-19所示，图(a)中进行的是在热源温度 T_1 和环境温度 T_0 之间的可逆循环，整个系统没有熵增，对外做功 w_0；图(b)中有一个热量传递过程，q_1 从热源 T_1 传递给热源 T_1'，这是一个有温差的不可逆传热过程。从热力学第一定律的角度看，能量是守恒的，没有能量损失。但是在 T_1' 和 T_0 之间进行的可逆循环做功为 w_0'，$w_0'<w_0$，存在做功能力损失，这个做功能力损失用 I 表示，即

$$I = w_0 - w_0' = q_1\left(1-\frac{T_0}{T_1}\right) - q_1\left(1-\frac{T_0}{T_1'}\right) = q_1 T_0\left(\frac{1}{T_1'}-\frac{1}{T_1}\right) \tag{A}$$

在(b)循环中，孤立系统的熵增为

$$\Delta s_{iso} = \frac{q_2'}{T_0} - \frac{q_1}{T_1} \tag{B}$$

在(b)循环中，T_1'和 T_0 之间进行的是可逆循环，故有

$$\eta_t = 1-\frac{q_2'}{q_1} = 1-\frac{T_0}{T_1'} \Rightarrow \frac{q_2'}{T_0} = \frac{q_1}{T_1'} \tag{C}$$

将式(C)代入式(B)，有

$$\Delta s_{iso} = q_1\left(\frac{1}{T_1'}-\frac{1}{T_1}\right) \tag{D}$$

比较式(A)和式(D)，可以得出

$$I = T_0\Delta s_{iso} = T_0 s_g \tag{2-50}$$

式(2-50)称为Gouy-Stodola公式。它表明，环境温度一定时，孤立系统做功能力损失与熵产成正比。虽然它由一个特例导出，但却是一个普适公式，适用于计算任

何不可逆因素引起的做功能力损失，不只限于孤立系统，也适用于开口系统或闭口系统。

式（2-50）还表明，计算做功能力损失，环境温度也是一个不可忽略的因素，这也是热力学第二定律的特殊性所在。

第九节 㶲分析方法简介

一、能与㶲

热力学第一定律建立的历史悠久，能量守恒的思想已深入人心。因此人们习惯于从能量的数量来度量能量的价值，却不管消耗的是什么品位的能量。实际上，各种不同形式的能量，其动力利用价值并不相同。以能量的转换程度作为一种尺度，可以划分为三种不同质的能量。

（1）可无限转换的能量。如电能、机械能、水能等，从理论上它们可以百分之百地转换为其他任何形式的能量，因为它们是有序能，是高级能量。

（2）可有限转换的能量。如热能、焓、化学能等，受热力学第二定律的限制，即使在极限情况下，它们也只能有一部分可以转换为机械能，它们的能量品位要低一些。

（3）不能转换的能量。如果工质的成分和状态与所处环境完全处于平衡状态，那么，哪怕它含有的热力学能再多，也无法转化出可以利用的机械能。

可见，能量不但有多少之分，还有品位高低之分。当系统由一任意状态可逆地变化到与给定环境相平衡的状态时，理论上可以无限转换为其他能量形式的那部分能量称为㶲（exergy），一切不能转换为㶲的能量称为𬉼（或𬌗，anergy）。任何能量 E 均由㶲（E_x）和𬉼（A_n）所组成，即

$$E = E_x + A_n \tag{2-51}$$

可以无限转换的能量，如电能，其𬉼为零；而不可能转换的能量，例如对于环境介质，其㶲为零。

㶲参数的引入，为综合评价能量的量和质提供了一个统一的尺度。由此而建立的热力学系统㶲平衡分析法，结合了热力学第一、第二定律，比起单纯由热力学第一定律得出的能量平衡方法更科学，更合理。例如，现代化的大型火力发电厂，其热效率只有40%左右，用热力学第一定律的方法分析，损失最大的地方是凝汽器，差不多50%的能量通过凝汽器的循环冷却水散失到周围环境中。因此，有人提出“革凝汽器的命”的口号。实际上这是一个错误的观点。凝汽器散发的热量虽然数量巨大，但是却是略高于环境温度的低品位能量。用热力学第二定律的㶲分析方法，凝汽器处的㶲损失通常不足5%。火力发电厂中损失最大的地方应该是锅炉，燃料的燃烧本身是一个不可逆过程，烟气和受热面之间又存在几百度的传热温差，这些不可逆性通常使锅炉的㶲损失超过50%。

二、稳定流动工质的㶲——焓㶲

㶲分析的内容相当复杂，特别是化学㶲的确定与环境成分有密切关系，确定化学㶲有相当难度。这里只介绍不涉及化学反应且在工程上有广泛应用的焓㶲。

大多数热工设备都可以看做是工质在内部稳定流动的开口系统。当除环境外无其他热源时，稳定流动的工质由所处的状态可逆地变化到与环境相平衡的状态时所能做出的最大有用

功称为该工质的㶲（焓㶲）。

对于 1kg 稳定流动的工质，入口温度为 T，压力为 p，比焓为 h，比熵为 s，如图 2-20 中的 A 点所示。出口为环境状态，参数为 p_0、T_0、h_0、s_0，如图 2-20 中的 O 点所示。假设工质的动能、位能都很小，可以忽略。

现设想一可逆途径，工质先经过一可逆绝热过程（定熵）到达 a，再经过一定温过程到达 0，则最大有用功为

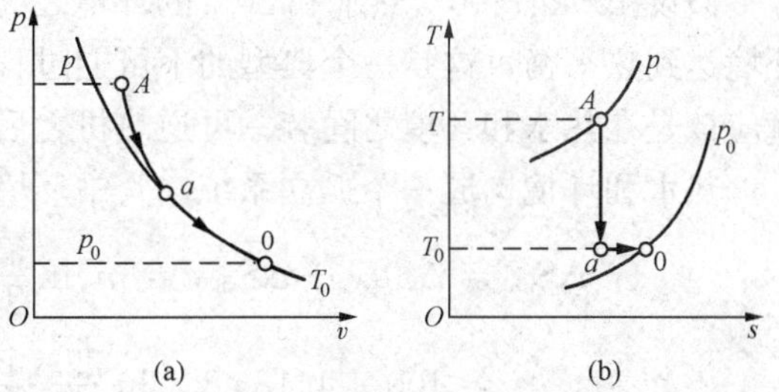

图 2-20　焓㶲的导出

$$w_{t,\max} = w_{t,A-a} + w_{t,a-0} \tag{1}$$

对于可逆绝热过程 $A-a$，因为 $q=0$，根据热力学第一定律，可得

$$w_{t,A-a} = h - h_a \tag{2}$$

对于可逆定温过程 $a-0$，由热力学第一定律，及 $q_{a-0}=T_0\ (s_0-s)$，得

$$w_{t,a-0} = h_a - h_0 + T_0(s_0 - s) \tag{3}$$

将式（2）和式（3）代入式（1）可得

$$w_{t,\max} = (h - h_0) - T_0(s - s_0)$$

此最大有用功就是单位质量稳定流动工质的比焓㶲，用 $e_{x,H}$ 表示，即

$$e_{x,H} = h - h_0 - T_0(s - s_0) \tag{2-52}$$

质量为 $m$kg 的流动工质的焓㶲为

$$E_{x,H} = me_{x,H} = (H - H_0) - T_0(S - S_0) \tag{2-53}$$

焓㶲具有以下性质：

（1）焓㶲是状态参数，取决于工质流动状态及环境状态。当环境状态一定时，焓㶲只取决于工质的状态；

（2）初、终状态之间的焓㶲差，就是工质在这两个状态间变化所能做出的最大有用功，即

$$w_{t,\max} = e_{x,H_1} - e_{x,H_2} = (h_1 - h_2) - T_0(s_1 - s_2) \tag{2-54}$$

当环境状态一定时，焓㶲差只取决于初、终态，与路径和方法无关。

【例 2-7】　有限质量、变温热源问题

在 100kg、90℃的热水和 20℃的环境之间装一可逆热机，问做出的最大功是多少？设水的比热容保持 $c=4.1868$kJ/（kg·K）不变。

解　方法一

由于热水的质量是有限的，它放热做功之后温度会降低，因此，这不是一个简单的卡诺热机，是一个变温热源的问题。

设在某一微元过程中，水的温度变化为 $\mathrm{d}T$

热水放出的热量为 $\delta q_1 = -mc\mathrm{d}T$

在微元过程中做的最大功为　$\delta w = \left(1-\dfrac{T_0}{T}\right)\delta q_1 = -mc\left(1-\dfrac{T_0}{T}\right)\mathrm{d}T$

热水在从 90℃变化到环境温度 20℃后能做出的最大功为

$$w = -\int_{T_1}^{T_2} mc\left(1-\frac{T_0}{T}\right)\mathrm{d}T = -100\times 4.1868\times\int_{363.15}^{293.15}\left(1-\frac{293.15}{T}\right)\mathrm{d}T = 3026\text{kJ}$$

方法二

假设100kg、90℃热水和20℃的环境之间不加任何热机，热水直接向环境放热，最后和环境达到热平衡，这是一个典型的不可逆过程，存在做功能力的损失。这个损失的做功能力就应该是在热水和环境之间装一可逆热机之后能做出的最大功。

热水和环境构成一个孤立系统，其中环境是无穷大的热源，它吸热后温度是不变的。

$$\Delta S_{iso} = \Delta S_{热水} + \Delta S_{环境} = mc\ln\frac{T_2}{T_1} + \frac{Q}{T_0}$$

$$= 100 \times 4.186\,8 \times \ln\frac{293.15}{363.15} + \frac{100 \times 4.186\,8 \times (90-20)}{293.15}$$

$$= 10.322\text{kJ/K}$$

做功能力损失为 $I = T_0\Delta S_{iso} = 293.15 \times 10.322 = 3026\text{kJ}$

方法三

在热水和环境之间可逆热机做出的最大功实际上就是热水所具有的焓㶲，即

$$E_{x,H} = (H - H_0) - T_0(S - S_0)$$

$$= mc(t - t_0) - T_0 mc\ln\frac{T}{T_0}$$

$$= 100 \times 4.186\,8 \times \left(70 - 293.15 \times \ln\frac{363.15}{293.15}\right)$$

$$= 3026\text{kJ}$$

从这个例题可以看出，三种方法计算得到的结果一样，这说明这三种方法的实质是一样的，都是通过热力学第二定律分析得出的正确结论。一个系统，只要它和环境不平衡，就存在做功能力。一个过程，只要有不可逆因素，就会带来做功能力的损失。因此，有学者提出：节能的潜力寓于不平衡中。

另外需指出，工程热力学中的热源通常是指恒温热源，无论加给它多少热量或从中吸取多少热量，其温度都保持不变，但是在分析有限质量问题时，就不能把热源看成恒温的了。

思 考 题

2-1 制冷系数或供热系数均可大于1，这是否违反热力学第一定律？

2-2 “热水里含有的热量多，冷水里含的热量少”，这种说法对吗？

2-3 某绝热的静止气缸内装有无摩擦不可压缩流体。试问：

(1) 气缸中的活塞能否对流体做功？

(2) 流体的压力会改变吗？

(3) 假定使流体压力从0.2MPa提高到4MPa，那么流体的热力学能和焓有无变化？

2-4 某一工质在相同的初态1和终态2之间分别经历两个热力过程，一为可逆过程，一为不可逆过程。试比较这两个过程中相应外界的熵的变化量哪一个大？为什么？

2-5 微分形式的热力学第一定律解析式和焓的定义式为

$$\delta q = du + p\,dv$$

$$dh = du + d(pv)$$

二者形式非常相像，为什么 q 是过程量，而 h 却是状态量？

2-6　地球上水的含量非常丰富，通过电解水可以获得大量的氢气和氧气，利用氢气和氧气可以进行热力发电，或者可以利用氢—氧燃料电池发电。因此有人认为人类不会有能源危机。这种想法对吗？为什么？

2-7　孤立系熵增原理是否可以表述为“过程进行的结果是孤立系统内各部分熵都增加”？

2-8　闭口系进行一放热过程，其熵是否一定减少，为什么？闭口系进行一放热过程，其做功能力是否一定减少，为什么？

2-9　平均吸热温度和平均放热温度的计算可以用在不可逆循环中吗？为什么？

2-10　正向循环热效率的两个计算式为 $\eta_t=1-\frac{q_2}{q_1}$ 和 $\eta_t=1-\frac{T_2}{T_1}$，这两个公式有何区别？各适用于什么场合？

2-11　下列说法是否正确，为什么？

(1) 熵增大的过程必为不可逆过程；

(2) 熵增大的过程必为吸热过程；

(3) 不可逆过程的熵差 ΔS 无法计算；

(4) 系统的熵只能增大，不能减少；

(5) 若从某一初态经可逆与不可逆两条途径到达同一终态，则不可逆途径的熵变 ΔS 必大于可逆途径的熵变 ΔS；

(6) 工质经不可逆循环，$\Delta S>0$；

(7) 工质经过不可逆循环，由于 $\oint\frac{\delta Q}{T}<0$，所以 $\oint \mathrm{d}S<0$；

(8) 可逆绝热过程为定熵过程，定熵过程就是可逆绝热过程。

2-12　举例说明热力学第二定律比热力学第一定律能更加科学地指引节能的方向。

2-13　某报纸刊登了一则标题为“涡流技术真奇妙　冷水变热不用烧”的广告，其主要内容是：

“公司引进国外发明专利技术生产的液体动力加热器，是一种全新概念的供热设备，无需任何加热元件，依靠电机带动水泵使高速运动的液体经过热能发生器形成空化现象，利用产生微颗粒气泡破裂释能机理，实现高效热能转化。产品的特点如下：对加热水质无特殊要求，不结垢，不需要任何水处理及化验设备；彻底实现水电隔离，产品安全可靠；环境无污染，自动控制，无需专人操作，一经设定即可长期安全使用；热效率达 94%以上，长期使用，热效率不衰减。”

请利用所学的热力学知识，从能量转化的角度，对这个广告进行评价。

2-14　某学术期刊上有一篇名为“论 DZF 循环是又一个第二类永动机”的学术论文，请通过互联网上找到这篇文章，研读后发表自己的观点。

习　题

2-1　定量工质，经历了下表所列的 4 个过程组成的循环，根据热力学第一定律和状态参数的特性填充表中空缺的数据。

过程	Q（kJ）	W（kJ）	ΔU（kJ）
1-2	0	100	
2-3		80	−190
3-4	300		
4-1	20		80

2-2　一闭口系统从状态1沿过程123到状态3，对外放出47.5kJ的热量，对外做功为30kJ，如图2-21所示。

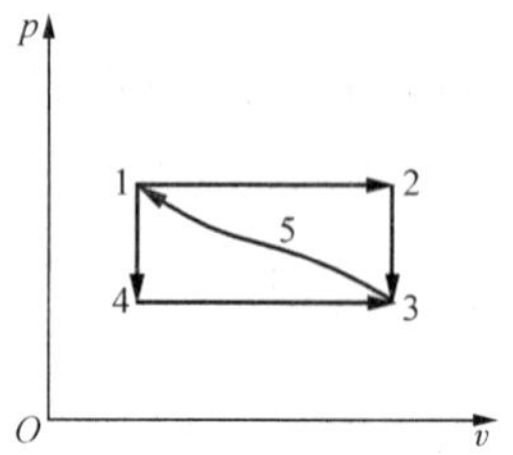

图2-21　习题2-2

(1) 若沿途径143变化时，系统对外做功为6kJ，求过程中系统与外界交换的热量；

(2) 若系统由状态3沿351途径到达状态1，外界对系统做功为15kJ，求该过程与外界交换的热量；

(3) 若U_2=175kJ，U_3=87.5kJ，求过程2-3传递的热量及状态1的热力学能U_1。

2-3　某电站锅炉省煤器每小时把670t水从230℃加热到330℃，每小时流过省煤器的烟气的量为710t，烟气流经省煤器后的温度为310℃，已知水的比热容为4.186 8 kJ/(kg·K)，烟气的比热容为1.034 kJ/(kg·K)，求烟气流经省煤器前的温度。

2-4　一台锅炉给水泵，将凝结水由p_1=6kPa升至p_2=2MPa，假定凝结水流量为200t/h，水的密度为1000kg/m^3，水泵的效率为88%，问带动此水泵至少需要多大功率的电动机？

2-5　制造某化合物时，要把一定质量的液体在大桶中搅拌，为了不致因搅拌而引起温度上升，该桶外装有冷却水套利用水进行冷却。已知冷却水每小时取走的热量为29 140kJ，化合物在合成时每小时放出20 950kJ的热量。求该搅拌机消耗的功率。

2-6　发电机的额定输出功率为100MW，发电机的效率为98.4%，发电机的损失基本上都转化成热能，为了维持发电机正常运行，需要对发电机冷却，将产生的热量传到外界。假设全部用氢气冷却，氢气进入发电机的温度为22℃，离开时的温度不能超过65℃，求氢气的质量流量至少为多少？已知氢气的平均比定压热容为c_{pm}=14.3 kJ/(kg·K)。

2-7　某实验室用如图2-22所示的电加热装置来测量空气的质量流量。已知加热前后空气的温度分别为t_1=20℃，t_2=25.5℃，电加热器的功率为800W。假设空气的平均比定压热容为c_{pm}=1.005 kJ/(kg·K)，试求每分钟空气的质量流量。

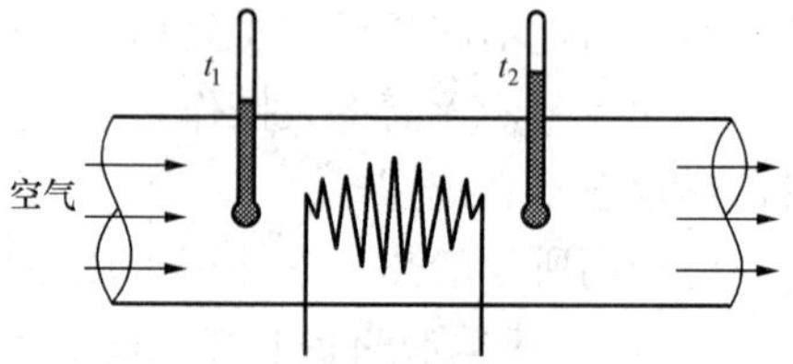

图2-22　习题2-7

2-8　某蒸汽动力厂中，锅炉以40t/h的蒸汽量供给汽轮机。汽轮机进口处的压力表读数为9MPa，蒸汽的焓为3440kJ/kg，汽轮机出口处真空表读数为95kPa，当时当地大气压力为0.1MPa，出口蒸汽焓为2245kJ/kg，汽轮机对环境换热率为6.36×10^5 kJ/h。求：①进口和出口处蒸汽的绝对压力分别是多少？②若不计进、出口宏观动能和重力势能的差值，汽轮机输出功是多少千瓦？③如进口处蒸汽流速为 70m/s，出口处速度为 140m/s，对汽轮机功率有多大影响？

2-9 在一台水冷式空气压缩机的试验中，测出带动压缩机所需的功为 176.3kJ/kg，空气离开压缩机的焓增加为 96.37kJ/kg。求压缩每千克空气从压缩机传给大气的热量。

2-10 试用 p-v 图证明：两条可逆绝热线不能相交（如果相交则违反热力学第二定律）。

2-11 有一卡诺机工作于 500℃和 30℃的两个恒温热源之间，该卡诺热机每分钟从高温热源吸收 1000kJ 热量，求：①卡诺机的热效率；②卡诺机的功率（kW）。

2-12 利用一逆向卡诺机作热泵来给房间供暖，室外温度（即低温热源）为－5℃，为使室内经常保持 20℃（即高温热源），每小时需供给30 000kJ 热量，试求：①逆向卡诺机的供热系数；②逆向卡诺机每小时消耗的功；③若直接用电炉取暖，每小时需耗电多少度（kW·h）？

2-13 由一热机和一热泵联合组成一供热系统，热机带动热泵，热泵从环境吸热向暖气放热，同时热机所排废气也供给暖气。若热源温度为 210℃，环境温度为 15℃，暖气温度为 60℃，热机与热泵都是卡诺循环，当热源向热机提供10 000kJ 热量时，暖气得到的热量是多少？

2-14 有人声称设计出了一热机，工作于 T_1＝400K 和 T_2＝250K 之间，当工质从高温热源吸收了104 750kJ 热量，对外做功 20kW·h，这种热机可能吗？

2-15 有一台换热器，热水由 200℃降温到 120℃，流量 15kg/s；冷水进口温度 35℃，流量 25kg/s。求该过程的熵增和㶲损。水的比热容为4.186 8 kJ/(kg·K)，环境温度为 15℃。

2-16 图 2-23 所示为烟气余热回收方案。设烟气的比热容 c_p＝1400 J/(kg·K)。试求：

（1）烟气流经换热器时传给热机工质的热量 Q_1；

（2）热机放给大气的最小热量 Q_2；

（3）热机输出的最大功 W_0。

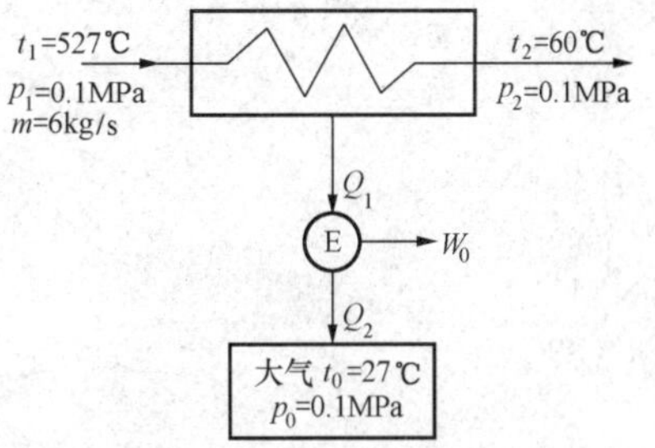

图 2-23 习题 2-16

2-17 空气预热器利用锅炉出来的废气来预热进入锅炉的空气。压力为 100kPa、温度为 780K、焓为 800.03kJ/kg、熵为 7.690 0 kJ/(kg·K) 的废气以 75kg/min的流量进入空气预热器，废气离开时的温度为 530K，焓为 533.98kJ/kg，熵为7.272 5 kJ/(kg·K)。进入空气预热器的空气压力为 101kPa，温度为 290K，质量流量为 70kg/min，假定空气预热器的散热损失及气流阻力都忽略不计，试计算：①空气在预热器中获得的热量；②空气的出口温度；③若环境温度 T_0＝290K，试计算该预热器的不可逆损失（做功能力损失）。

2-18 有 100kg 温度为 0℃的冰，在 20℃的大气环境中融化成 0℃的水，这时热量的做功能力损失了，如果在大气与这冰块之间放一可逆机，求冰块完全融化时可逆热机能做出的功。已知冰的融化热为 334.7kJ/kg。

2-19 有 100kg 温度为 0℃的水，在 20℃的大气环境中吸热变成 20℃的水，如果在大气和这水之间加一个可逆热机，求温度升高到 20℃时可逆机能做出的功。

2-20 在高温热源 T_1＝ 2000K 及低温热源 T_0＝ 600K 之间进行一个不可逆卡诺循环，

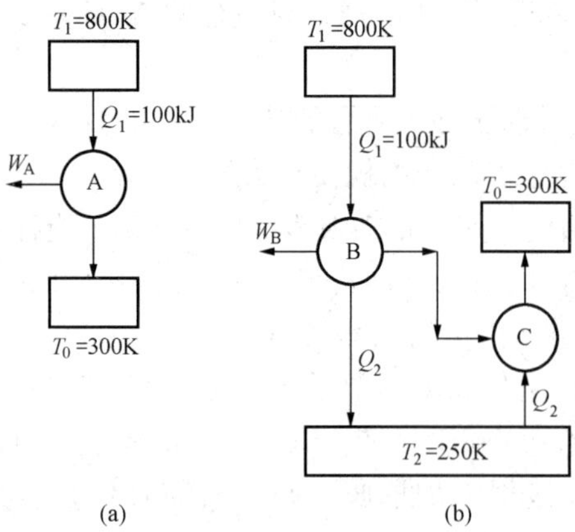

图 2-24 习题 2-21

若在定温吸热及定温放热过程中工质与高温热源、低温热源均存在 60K 温差，其余两个绝热过程均为可逆过程，试求：①循环效率；②若热源供给 1000kJ 的热量，求做功能力损失。

2-21 如图 2-24 所示，A、B、C 都是可逆热机，图（b）中两个 Q_2 是相等的。求证：$W_A=W_B$。

2-22 设炉膛中火焰的温度恒为 $t_1=1500$℃，锅炉内蒸汽的温度恒为 $t_s=500$℃，环境温度为 $t_0=25$℃，求火焰每传出 1000kJ 热量引起的熵产和做功能力损失。

2-23 有一根质量为 9kg 的铜棒，温度为 500K，$c_p=0.383$ kJ/(kg·K)，如果环境温度为 27℃，试问铜棒的做功能力是多少？如果将铜棒与具有环境温度的水［质量为 5kg，$c_p=4.1868$ kJ/(kg·K)］相接触，它们的平衡温度是多少？平衡后铜棒和水的做功能力为多少？这个不可逆传热引起的做功能力的损失是多少？

第三章　理想气体的性质和热力过程

第一节　理想气体状态方程

一、理想气体和实际气体

理想气体是实际上不存在的假想气体，从微观上看，理想气体的分子是不占体积的弹性质点，分子之间不存在相互作用力。在这两点假设条件下，气体的状态方程非常简单。当实际气体处于压力低、温度高、比体积大的状态时，由于分子本身所占的体积与它的活动空间（即容积）相比要小得多，这时分子间平均距离大，相互作用力弱，实际气体处于这种状态就接近于理想气体。所以理想气体是实际气体在压力趋近于零（$p\to 0$），比体积趋近于无穷大（$v\to\infty$）时的极限状态。常见的气体，如 H_2、O_2、N_2、CO、空气、火力发电厂的烟气等，在压力不是特别高、温度不是特别低的情况下，都可以按理想气体处理，由此产生的误差都在工程允许的范围内。

对于那些离液态不远的气态物质，例如，蒸汽动力装置中作为工质的水蒸气、制冷装置中所用的工质，如氨气（NH_3）、氟利昂（R-12、R-22）等，都不能当作理想气体看待，热工计算中往往借助于为各种蒸汽专门编制的图和表。对于大气或燃气中所含的少量水蒸气，因其分压力很小，分子浓度很低，也可当作理想气体处理。

二、理想气体状态方程

通过大量的实验，人们发现理想气体的温度、压力、比体积之间存在一定的函数关系，这就是大家熟知的波义耳—马略特定律、盖—吕萨克定律和查里定律。这三条定律可以综合表达为

$$pv = R_g T \tag{3-1}$$

上式称为**理想气体状态方程**，1834 年由法国科学家克拉贝龙（B. P. Clapeyron，1799～1864 年）首先导出，因此也称为**克拉贝龙方程**。对于质量为 m（kg）的理想气体和物质的量为 n（kmol）的理想气体，状态方程分别为

$$pV = mR_g T \tag{3-2}$$

$$pV = nRT \tag{3-3}$$

式（3-1）～式（3-3）中：p 为气体的绝对压力，Pa；v 为气体的比体积，m^3/kg；V 为气体所占有的体积，m^3；T 为气体的热力学温度，K；R_g 为**气体常数**，J/(kg·K)，其数值与气体的状态无关而只与气体种类有关；R 为**通用气体常数**，它不仅与气体所处的状态无关，而且还与气体种类无关，R=8314.3J/（kmol·K）。

气体常数 R_g 和通用气体常数 R 之间的关系为

$$R = MR_g \qquad \text{或} \qquad R_g = \frac{R}{M} \tag{3-4}$$

式中：M 为摩尔质量，kg/kmol，它在数值上等于气体的分子量。

例如氧气的分子量为 32，即 M=32kg/kmol，则氧气的气体常数为 R_g=8314.3/32=259.8J/（kg·K）。

【例 3-1】 理想气体状态方程应用

3kg 空气，测得其温度为 20℃，表压力为 1.4MPa，求空气占有的容积和此状态下空气的比体积。已知当地大气压为 0.1MPa。

解 空气是几种理想气体的混合物，其平均分子量为 28.97，故空气的气体常数为

$$R_g = \frac{R}{M} = \frac{8314.3}{28.97} = 287\text{J/(kg} \cdot \text{K)}$$

空气的绝对压力为 $p = p_g + p_b = 1.5\text{MPa}$

根据式（3-2），得

$$V = \frac{mR_gT}{p} = \frac{3 \times 287 \times (273.15 + 20)}{1.5 \times 10^6} = 0.168\text{m}^3$$

$$v = \frac{V}{m} = \frac{0.168}{3} = 0.056\text{m}^3/\text{kg}$$

或根据式（3-1）求得

$$v = \frac{R_gT}{p} = \frac{287 \times (273.15 + 20)}{1.5 \times 10^6} = 0.056\text{m}^3/\text{kg}$$

第二节 理想气体的比热容

一、热容的定义

物体温度升高 1℃（或 1K）所需要的热量称为该物体的热容量，简称热容。一定量的物质，其热容的大小决定于工质本身的性质和所经历的具体过程。如果工质在一个微元过程中吸热 δQ，温度升高 $\text{d}T$，则该工质的热容可表示为

$$C = \frac{\delta Q}{\text{d}T} = \frac{\delta Q}{\text{d}t} \tag{3-5}$$

单位质量物质的热容量称为该物质的**质量热容**或**比热容**，用 c 表示，单位为 J/(kg·K) 或 J/(kg·℃)。于是

$$c = \frac{C}{m} = \frac{\delta q}{\text{d}T} = \frac{\delta q}{\text{d}t} \tag{3-6}$$

1kmol 物质的热容称为该物质的**摩尔热容**，用 C_m 表示，单位为 J/(kmol·K)。摩尔热容与质量热容的关系为

$$C_m = Mc \tag{3-7}$$

对于气体物质，有时也用到容积比热容，标准状态下 1m³ 气体温度升高 1℃所吸收的热量称为该气体的容积比热容，用 c' 表示，单位为 J/(m³·K)。由于 1kmol 任何理想气体在标准状态下所占有的体积都为 22.4m³，故对于理想气体而言，三种比热容的关系为

$$C_m = Mc = 22.4c' \tag{3-8}$$

二、比定压热容和比定容热容的关系

热量是过程量，因此，比热容也和过程特性有关。根据过程特性的不同，比热容可以为正，也可以为负；可以为 0，也可以为无穷。热力设备中，工质的热力过程往往接近于压力不变或容积不变，因此定压比热容和定容比热容最常用，对于单位质量气体，分别称为质量定压热容（或比定压热容，用 c_p 表示）和质量定容热容（或比定容热容，用 c_V 表示）。

引用热力学第一定律的解析式，对于可逆过程有

$$\delta q = \mathrm{d}u + p\mathrm{d}v\,,\quad \delta q = \mathrm{d}h - v\mathrm{d}p$$

定容时（$\mathrm{d}v=0$）

$$c_V = \left(\frac{\delta q}{\mathrm{d}T}\right)_v = \left(\frac{\mathrm{d}u + p\mathrm{d}v}{\mathrm{d}T}\right)_v = \left(\frac{\partial u}{\partial T}\right)_v \tag{3-9}$$

定压时（$\mathrm{d}p=0$）

$$c_p = \left(\frac{\delta q}{\mathrm{d}T}\right)_p = \left(\frac{\mathrm{d}h - v\mathrm{d}p}{\mathrm{d}T}\right)_p = \left(\frac{\partial h}{\partial T}\right)_p \tag{3-10}$$

以上两式是直接由 c_V、c_p 的定义导出的，因此它们适合于一切工质，而不是仅仅限于理想气体。

焦耳实验证明，对于理想气体，其热力学能是温度的单值函数，即 $u = f(T)$。根据焓的定义式 $h=u+pv$，以及理想气体的状态方程，对于理想气体有 $h=u+R_gT$，可见，理想气体的焓也是温度的单值函数。因而理想气体的质量定容热容 c_V 和质量定压热容 c_p 的关系式为

$$c_V = \left(\frac{\partial u}{\partial T}\right)_v = \frac{\mathrm{d}u}{\mathrm{d}T} \tag{3-11}$$

$$c_p = \left(\frac{\partial h}{\partial T}\right)_p = \frac{\mathrm{d}h}{\mathrm{d}T} \tag{3-12}$$

再根据 $h=u+R_gT$，因此有 $\mathrm{d}h=\mathrm{d}u+R_g\mathrm{d}T$，代入式（3-12）有

$$c_p = c_V + R_g \tag{3-13}$$

对式（3-13）两边各乘以摩尔质量 M，就可以得到摩尔定压热容 C_{pm} 和摩尔定容热容 C_{Vm} 的关系。

$$C_{pm} - C_{Vm} = R = 8.314\,3\mathrm{kJ/(kmol\cdot K)} \tag{3-14}$$

式（3-13）和式（3-14）都称为**迈耶公式**。它给出了理想气体比定压热容和比定容热容之间的关系，若知道了其中一个，则另一个可由迈耶公式确定。

比定压热容和比定容热容的比值称为**比热容比**，用符号 k 表示，即

$$k = \frac{c_p}{c_V} = \frac{C_{pm}}{C_{Vm}} \tag{3-15}$$

由于 $c_p > c_V$，因此 $k>1$。联立求解式（3-13）与式（3-15），得

$$c_p = \frac{k}{k-1}R_g \tag{3-16}$$

$$c_V = \frac{1}{k-1}R_g \tag{3-17}$$

三、理想气体的定值摩尔比热容

对于理想气体，根据气体分子运动论和能量按自由度均分原理，可以导出理想气体的摩尔定压热容和摩尔定容热容为定值，其值见表 3-1。

表 3-1　理想气体定值摩尔比热容表

	C_{Vm}	C_{pm}	k
单原子气体	$\frac{3}{2}R$	$\frac{5}{2}R$	1.67
双原子气体	$\frac{5}{2}R$	$\frac{7}{2}R$	1.4
多原子气体	$\frac{7}{2}R$	$\frac{9}{2}R$	1.29

试验表明，表中数据是在低温范围内的近似值，气体的温度越高或原子数越多，其计算误差就越大。通常只有在温度不太

高、变化范围不太大，且计算精度要求不高，或者为了分析问题方便的情况下才能将摩尔比热容看作定值。

定值摩尔比热容确定后，定值质量比热容和定值容积比热容可以根据式（3 - 8）算出。

四、比热容和温度的关系

实验证明，气体的比热容是温度、压力的函数，即

$$c = f(T, p) \tag{3-18}$$

理想气体的分子间不存在相互作用力，所以理想气体的比热容仅是温度的函数，而与压力无关，此时，比热容和温度的关系可用下述一般式表示：

$$c = f(T) = a + bt + dt^2 + et^3 + \cdots \tag{3-19}$$

式中：a、b、d、e 等是与气体性质有关的常数，需根据实验确定。

图 3 - 1 上画出了比热容随温度变化的曲线。由于比热容随温度的升高而增大，所以在给出比热容的数据时，必须同时指明是哪个温度下的比热容。

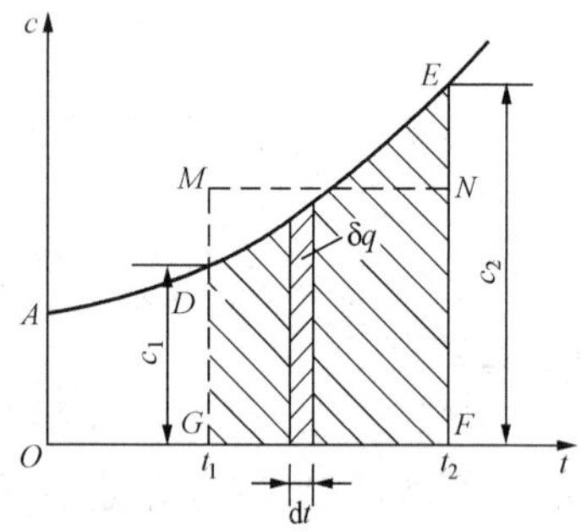

图 3 - 1　比热容与温度的关系

给定比热容和温度的函数关系式，就可以方便地利用比热容来计算热量。由式（3 - 6）得

$$\delta q = c\mathrm{d}t$$

$$q = \int_{t_1}^{t_2} c\mathrm{d}t = \int_{t_1}^{t_2} f(t)\mathrm{d}t \tag{3-20}$$

它等于图 3 - 1 中的面积 $FEDGF$。气体的真实定压摩尔比热容与温度关系式中的系数可查有关工具书。显然这种积分运算不适合工程应用，工程上常用平均比热容求解热量。

平均比热容是一个假想的近似比热容。气体温度自 t_1 升高到 t_2 的平均比热容等于 1—2 过程所需热量除以温差，即

$$c_m\Big|_{t_1}^{t_2} = \frac{q_{12}}{t_2 - t_1} = \frac{\int_{t_1}^{t_2} f(t)\mathrm{d}t}{t_2 - t_1} \tag{3-21}$$

显然可见，在图 3 - 1 上作一个与 $FEDGF$ 面积相等的同底矩形 $MNFG$，则矩形的高度 NF 即表示平均比热容 $c_m\big|_{t_1}^{t_2}$。

1. 平均比热容表法

如果预先将气体的平均比热容编制成表，热量就可以按下式进行计算：

$$q_{12} = c_m\Big|_{t_1}^{t_2}(t_2 - t_1) \tag{3-22}$$

但这种与 t_1、t_2 都有关的平均比热容制表十分繁复困难。为了制表方便，工程上往往固定一个平均比热容的下限温度，例如确定起始温度为 t=0℃，可以通过实验预先确定从 0℃开始至任意温度 t 的平均比热容 $c_m\big|_0^t$，这样就简化了数据表的编制。

$$\begin{aligned} q_{12} &= q_{02} - q_{01} \\ &= \text{面积 } OFEAO - \text{面积 } OGDAO \\ &= \int_0^{t_2} c\mathrm{d}t - \int_0^{t_1} c\mathrm{d}t \\ &= c_m\Big|_0^{t_2} t_2 - c_m\Big|_0^{t_1} t_1 \end{aligned}$$

气体从 t_1 到 t_2 的平均比热容为

$$c_m\big|_{t_1}^{t_2}=\frac{q_{12}}{t_2-t_1}=\frac{c_m\big|_0^{t_2}t_2-c_m\big|_0^{t_1}t_1}{t_2-t_1}\tag{3-23}$$

已知温度 t_1、t_2，可以查得 $c_m\big|_0^{t_1}$、$c_m\big|_0^{t_2}$，即可利用式（3-23）计算出两个温度之间的平均比热容 $c_m\big|_{t_1}^{t_2}$。将单位质量的理想气体从 t_1 加热到 t_2，需要的热量为

$$q_{12}=c_m\big|_{t_1}^{t_2}(t_2-t_1)=c_m\big|_0^{t_2}t_2-c_m\big|_0^{t_1}t_1\tag{3-24}$$

热工手册和其他工程热力学书籍都附有详细的平均比热容表，本书的附表 1 和附表 2 中列出了几种常见气体的平均比热容，精确计算时可以查用。

2. 平均比热容直线关系式

如果热工计算中气体工质的温度变化范围不大，或计算的精确度要求不高，则比热容和温度的关系式可近似用直线表示，即

$$c=a+bt$$

那么，从 t_1 加热到 t_2 需要的热量为

$$q_{12}=\int_{t_1}^{t_2}(a+bt)\mathrm{d}t=\left[a+\frac{b}{2}(t_1+t_2)\right](t_2-t_1)$$

可见，理想气体从 t_1 加热到 t_2 的平均比热容为

$$c_m\big|_{t_1}^{t_2}=a+\frac{b}{2}(t_1+t_2)\tag{3-25}$$

本书附表 3 中直线比热容公式是按 $c_m\big|_{t_1}^{t_2}=a+bt$ 整理的，因此在计算从 t_1 加热到 t_2 的平均比热容时，只需将公式中 t 的代以 t_1+t_2 即可。

本书附表 4 还列出空气的热力性质，已知温度可以很方便地查出空气的热力性质。

【例 3-2】　锅炉空气预热器的加热

某锅炉空气预热器将空气由 $t_1=20$℃定压加热到 $t_2=262$℃，空气的流量折合成标准状态为 5000m^3/h，求每小时加给空气的热量。

（1）按定值比热容计算；

（2）按平均比热容表计算；

（3）按平均比热直线关系式计算；

（4）按空气热力性质表计算。

解　首先计算空气的质量流量。

空气的平均分子量为 28.97，故空气的气体常数为

$$R_g=\frac{R}{M}=\frac{8314.3}{28.97}\text{J/(kg·K)}=287\text{J/(kg·K)}$$

$$\dot{m}=\frac{p\dot{V}}{R_gT}=\frac{1.013\,25\times10^5\times5000}{287\times273.15}\text{kg/h}=6462.5\text{ kg/h}$$

（1）按定值比热容计算。

空气的比定压热容为

$$c_p=\frac{C_{pm}}{M}=\frac{3.5\times8.314\,3}{28.97}\text{ kJ/(kg·K)}=1.004\,5\text{kJ/(kg·K)}$$

每小时加给空气的热量为

$$Q=\dot{m}c_p\Delta t=6462.5\times1.004\,5\times242\text{kJ/h}=1\,570\,962.7\text{kJ/h}$$

（2）按平均比热容表计算。

查附表 1 得空气的平均比定压热容为

$$c_{pm}\big|_{0}^{0}=1.004\text{kJ/(kg}\cdot\text{K)} \qquad c_{pm}\big|_{0}^{100}=1.006\text{kJ/(kg}\cdot\text{K)}$$

$$c_{pm}\big|_{0}^{200}=1.012\text{kJ/(kg}\cdot\text{K)} \qquad c_{pm}\big|_{0}^{300}=1.019\text{kJ/(kg}\cdot\text{K)}$$

利用内插法得

$$c_{pm}\Big|_{0}^{20}=1.004+\frac{20}{100}\times(1.006-1.004)=1.004\,4\text{kJ/(kg}\cdot\text{K)}$$

$$c_{pm}\Big|_{0}^{262}=1.012+\frac{62}{100}\times(1.019-1.012)=1.016\,3\text{kJ/(kg}\cdot\text{K)}$$

每小时加给空气的热量为

$$Q=\dot{m}(c_{pm}\big|_{0}^{262}t_2-c_{pm}\big|_{0}^{20}t_1)$$

$$=6462.5\times(1.016\,3\times262-1.004\,4\times20)\ \text{kJ/h}=1\,590\,955.1\text{kJ/h}$$

(3) 按平均比热容直线关系式计算。

查附表 3，空气的平均比定压热容直线关系式为

$$c_{pm}=0.995\,6+0.000\,093t$$

所以，空气从 $t_1=20℃$ 定压加热到 $t_2=262℃$ 的平均比定压热容为

$$c_{pm}=0.995\,6+0.000\,093\times(20+262)=1.022\text{kJ/(kg}\cdot\text{K)}$$

每小时加给空气的热量为

$$Q=\dot{m}c_{pm}\Delta t=6462.5\times1.022\times242\text{kJ/h}=1\,598\,331.4\text{kJ/h}$$

(4) 按空气热力性质表计算，查附表 4 得

$T=290\text{K}$ 时 $h=290.16\text{kJ/kg}$；$T=300\text{K}$ 时 $h=300.19\text{kJ/kg}$

$T=530\text{K}$ 时 $h=533.98\text{kJ/kg}$；$T=540\text{K}$ 时 $h=544.35\text{kJ/kg}$

利用内插法得

$t_1=20℃$，$T_1=293\text{K}$　$h_1=290.16+0.3\times(300.19-290.16)=293.17\text{kJ/kg}$

$t_2=262℃$，$T_2=535\text{K}$　$h_2=(533.98+544.35)/2=539.17\text{kJ/kg}$

每小时加给空气的热量为

$$Q=\dot{m}(h_2-h_1)=6462.5\times(539.17-293.17)=1\,589\,775\text{kJ/h}$$

可见，采用平均比热容表、平均比热容直线关系式以及空气热力性质表计算的结果都比较精确，而采用定值比热容计算会带来一定的误差。

第三节　理想气体的热力学能、焓、熵

一、理想气体的热力学能

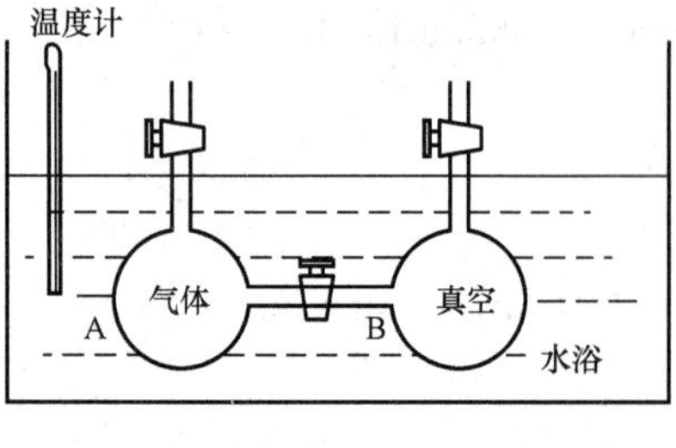

图 3 - 2　焦耳实验装置示意

理想气体的热力学能是温度的单值函数，这个结论是焦耳于 1843 年通过著名的焦耳实验首先确定的，其实验装置的示意如图 3 - 2 所示。两个有阀门相连的金属容器放置于一个有绝热壁的水槽中，因而两容器可以通过其金属壁与水相互实现热交换。实验前先在 A 中充以低压的空气，而将 B 抽成真空。当整个装置达到稳定时，先测量水和 A 中空气

的温度，然后打开阀门，让空气自由膨胀充满两容器。当状态又达到稳定时，再测量一次温度，发现空气自由膨胀前后的温度相同，水的温度也没有改变。若把空气取作一个闭口系，空气向真空自由膨胀不做功，而系统从作为外界的水所得到的热量为零。根据 $Q=\Delta U+W$，则自由膨胀前后系统的热力学能不变。改变 A 中空气的压力，多次实验，所得结果仍相同，从而说明：只要空气的温度相同，其热力学能也就相同，而和空气的压力及比体积无关。

由于实验时空气处于低压状态，可以认为它具有理想气体的性质，因而上述结果可推广为理想气体的共同属性，即**理想气体的热力学能仅仅和温度有关，而和压力及比体积无关。**这个理想气体的性质常称为焦耳定律。

由式（3 - 11）得

$$du = c_V dT \tag{3-26}$$

积分得

$$\Delta u = \int_{t_1}^{t_2} c_V dT = c_{Vm}(t_2 - t_1) \tag{3-27}$$

如比热容为定值，则

$$\Delta u = c_V \Delta t = c_V \Delta T \tag{3-28}$$

利用式（3 - 27）或式（3 - 28）求解热力学能的变化量时，并没有规定过程的种类，因此，理想气体任何过程热力学能的变化量都可由式（3 - 27）或式（3 - 28）求取。

上述计算只确定了热力学能从一状态变化至另一状态的变化量，是相对差值，而非绝对值。求取绝对值必须事先规定某一基准状态作为热力学能的零点。习惯上对气体取 $t=0$℃或 $T=0$ K 时的热力学能为零，由此求得任何温度下热力学能的绝对值。

当规定 $t=0$℃，$u=0$ 时

$$u = \int_0^t c_V dt = c_{Vm} t \tag{3-29}$$

如取定值比热，则

$$u = c_V t \tag{3-30}$$

当规定 $T=0$ K 时，$u=0$，同样有

$$u = c_{Vm} T \tag{3-31}$$

如取定值比热，则

$$u = c_V T \tag{3-32}$$

这两种方法各有优点，但要注意，在同一问题中只能取一种基准态。

二、理想气体的焓

如前所述，理想气体的焓也是温度的单值函数，根据式（3 - 12）理想气体定压比热容计算公式 $c_p = \frac{dh}{dT}$，得

$$dh = c_p dT \tag{3-33}$$

积分后，得

$$\Delta h = \int_1^2 c_p dT = c_{pm} \Delta T \tag{3-34}$$

如比热为定值，则

$$\Delta h = c_p \Delta T = c_p \Delta t \tag{3-35}$$

式（3-34）和式（3-35）只以工质是理想气体为条件，对过程性质并未作任何限制。因此，理想气体任何过程焓的变化量都可由式（3-34）或式（3-35）求取。

同理，上述焓计算只确定了从某一状态变化至另一状态焓的变化量。为了求取焓的绝对值，必须规定某一基准态，使其焓为零。由此可求得任何温度下焓的绝对值。

当规定 $t=0℃$，$h=0$ 时，则

$$h=\int_0^t c_p \mathrm{d}t=c_{pm}t \tag{3-36}$$

如取定值比热，则

$$h=c_p t \tag{3-37}$$

当规定 $T=0\,\mathrm{K}$ 时，$h=0$，同样有

$$h=c_{pm}T \tag{3-38}$$

如取定值比热，则

$$h=c_p T \tag{3-39}$$

需要注意，在同一问题中只能取一种基准态，而且**热力学能和焓只能规定一个基准态**，规定焓的基准态，热力学能可由定义式求出，反之亦然。

三、理想气体的熵

熵是不能直接测量的参数，只能通过它与基本状态参数的关系计算得到。

下面通过熵的定义式，结合理想气体性质和热力学第一定律解析式，并且认为比热容为定值，推导出熵差计算公式

$$\mathrm{d}s=\frac{\delta q}{T}=\frac{c_V\mathrm{d}T+p\mathrm{d}v}{T}=c_V\frac{\mathrm{d}T}{T}+R_g\frac{\mathrm{d}v}{v} \tag{3-40}$$

积分得

$$\Delta s=c_V\ln\frac{T_2}{T_1}+R_g\ln\frac{v_2}{v_1} \tag{3-41}$$

同理

$$\mathrm{d}s=\frac{\delta q}{T}=\frac{c_p\mathrm{d}T-v\mathrm{d}p}{T}=c_p\frac{\mathrm{d}T}{T}-R_g\frac{\mathrm{d}p}{p} \tag{3-42}$$

积分得

$$\Delta s=c_p\ln\frac{T_2}{T_1}-R_g\ln\frac{p_2}{p_1} \tag{3-43}$$

将式（3-40）两边乘以 c_p，减去式（3-42）两边乘以 c_V 得熵变的第三个表达式为

$$\mathrm{d}s=c_V\frac{\mathrm{d}p}{p}+c_p\frac{\mathrm{d}v}{v} \tag{3-44}$$

其积分式为

$$\Delta s=c_V\ln\frac{p_2}{p_1}+c_p\ln\frac{v_2}{v_1} \tag{3-45}$$

熵是一个状态参数，熵的变化完全取决于它的初态和终态，而与过程无关。因此，由式（3-41）～式（3-45），可以求在定比热容前提下理想气体任何过程（包括不可逆过程）熵的变化量。

【例 3-3】 自由膨胀——一个典型的不可逆过程

一绝热刚性容器用不计体积的隔板分为两部分，使 $V_A=V_B=3\mathrm{m}^3$，如图 3-3 所示，A 部分储有温度为 25℃、压力为 0.5MPa 的氧气，B 部分为真空。抽去隔板，氧气即充满整个

容器，最后达到平衡状态。试求熵的变化量。

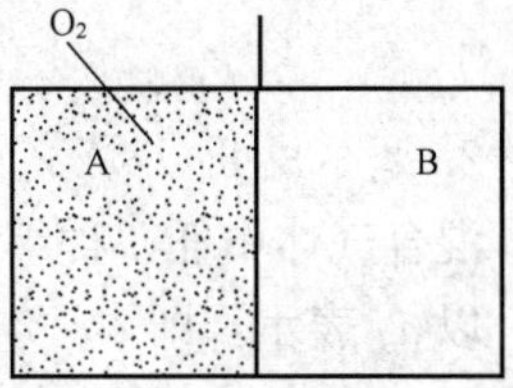

图 3 - 3　理想气体向真空膨胀

解　取定量氧气作为热力学系统。由于是刚性容器，所以：$q=0$、$w=0$，根据热力学第一定律解析式 $q=\Delta u+w$，得

$$\Delta u = 0$$

又因氧气可作为理想气体，故当 $\Delta u=0$ 时，$\Delta T=0$，即 $T_1=T_2$。

理想气体自由膨胀前后，状态方程分别为

$$p_1V_1 = mR_gT_1$$
$$p_2V_2 = mR_gT_2$$

因 $T_1=T_2$，故 $p_1V_1=p_2V_2$，则

$$p_2 = \frac{p_1V_1}{V_2} = \frac{p_AV_A}{V_A+V_B} = \frac{0.5\times 3}{3+3} = 0.25\text{MPa}$$

由式（3 - 43）得

$$\Delta s = c_p\ln\frac{T_2}{T_1} - R_g\ln\frac{p_2}{p_1} = -\frac{8.3143}{32}\times\ln\frac{0.25}{0.5} = 0.18\text{kJ/(kg}\cdot\text{K)}$$

氧气的质量为

$$m=\frac{p_AV_A}{R_gT_A}=\frac{0.5\times 10^6\times 3}{260\times 298}=19.36\text{kg}$$

$$\Delta S = m\Delta s = 19.36\times 0.18 = 3.48\text{kJ/K}$$

注意：此题不可根据熵的定义式 $ds=\delta q/T$ 且热力过程绝热而得出熵的变化量为零的结论，因为这个定义的前提是要求过程可逆。气体向真空自由膨胀是典型的不可逆过程，而式（3 - 43）对于理想气体的任何过程都适用。同时，这个例题还说明了孤立系统内有不可逆过程发生时，孤立系统的熵必然增加的原理。从热力学第一定律的角度看，自由膨胀前后系统的热力学能不变，看不出能量损失。但是，从热力学第二定律的角度看，孤立系统熵即意味着做功能力损失。事实上，自由膨胀后，气体的温度虽然不变，但压力降低了，再也不会有像原来那样的做功能力了。

第四节　理想气体混合物

在工程上遇到的许多气体都是多种气体的混合物，例如空气就是 N_2、O_2 和少量其他气体混合而成的，锅炉和燃气轮机燃烧室中燃料燃烧所产生的燃气也是 CO_2、N_2、H_2O 等气体组成的混合气体。由于组成混合气体的各组分均可单独视为理想气体，所以这种混合物称为理想气体混合物。在混合气体中，各组元间不发生化学反应，它们各自互不影响地充满整个容器。混合气体作为整体，仍具有理想气体的性质，仍满足理想气体的状态方程，它的热力学能和焓仍是温度的单值函数。

一、混合气体的成分

只是知道混合气体的两个独立的状态参数，如温度和压力，还不能完整地描述混合气体的性质，还需要详细说明它的成分。

1. 质量成分

混合气体中任一种组元的质量与混合气体的总质量之比称为该组元气体的质量成分，以 w_i 表示，即

$$w_i = \frac{m_i}{m} \tag{3-46}$$

2. 摩尔成分

混合气体中任一种组元的摩尔数与混合气体的总摩尔数之比称为该组元气体的摩尔成分，以 x_i 表示，即

$$x_i = \frac{n_i}{n} \tag{3-47}$$

对于质量成分和摩尔成分，都有

$$\sum w_i = \sum x_i = 1 \tag{3-48}$$

当计算了混合气体的成分后，一定要用式（3-48）进行校核计算，如果成分都计算错了，后面的计算肯定会有问题。

二、道尔顿分压力定律

对于单一的气体无所谓分压力，分压力这个概念是用来描述混合气体特性的，如图3-4所示。当混合气体中的某一种组元单独存在，且具有与混合气体相同的容积和温度时，该组元的压力称为这种组元在混合气体中的**分压力**，用 p_i 表示。

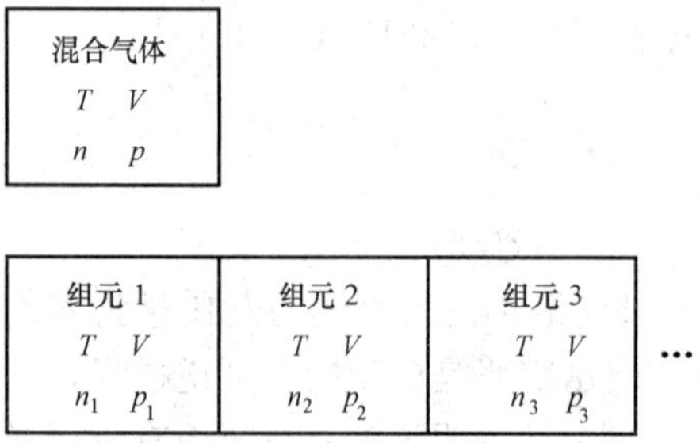

图 3-4 分压力的概念

对于整个混合气体有

$$pV = nRT \tag{A}$$

对于混合气体中的任一组元 i 有

$$p_iV = n_iRT \tag{B}$$

由于混合气体的总摩尔数等于各组元的摩尔数之和，即

$$n = \sum n_i$$

将各组元的式（B）相加，并和式（A）比较，有

$$p = \sum p_i \tag{3-49}$$

上式表明，理想气体混合物的总压力等于各组元气体的分压力之和，这就是**道尔顿分压力定律**。此定律在 1801 年被道尔顿的实验所证实。

将式（B）与式（A）相除，得

$$\frac{p_i}{p} = \frac{n_i}{n} = x_i \quad 或 \quad p_i = x_i p \tag{3-50}$$

可见理想气体混合物各组元气体的分压力等于总压力与其摩尔成分的乘积。

三、分容积定律

分容积这个概念也是用来描述混合气体特性的。当混合气体中的某一种组元单独存在，且具有与混合气体相同的压力和温度时，该组元所占有的容积称为这种组元在混合气体中的**分容积**，用 V_i 表示，如图 3-5 所示。

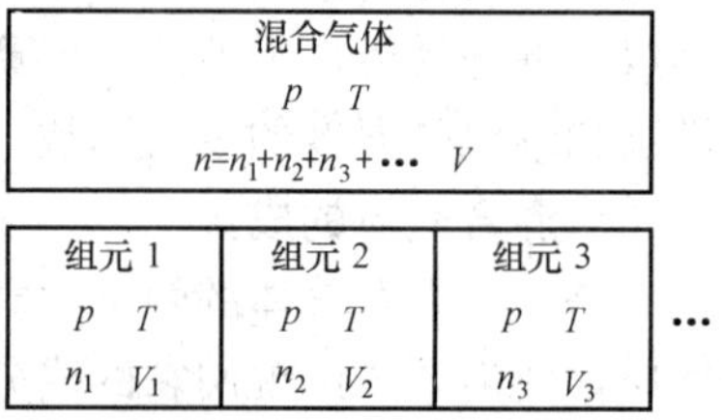

图 3-5 分容积的概念

对于整个混合气体有

$$pV = nRT \tag{C}$$

对于混合气体中的任一组元 i 有

$$pV_i = n_iRT \tag{D}$$

将各组元的式（D）相加，利用 $n=\sum n_i$，并和式（C）比较，有

$$V=\sum V_i \tag{3-51}$$

上式表明，理想气体的总容积等于各组元气体的分容积之和。这就是所谓的**分容积定律**。

将式（D）与式（C）相除，得

$$\frac{V_i}{V} = \frac{n_i}{n} = x_i \quad 或 \quad V_i = x_iV$$

混合气体中任一组元的分容积与混合气体总容积之比称为该组元的容积成分，用 φ_i 表示，即

$$\varphi_i = \frac{V_i}{V} \tag{3-52}$$

很显然有

$$x_i = \varphi_i \tag{3-53}$$

此式表明，理想混合气体中各组元气体的容积成分和摩尔成分相等。

四、混合气体的折合气体常数 R_g 和折合摩尔质量 M

混合气体中各种组元的分子，由于杂乱无章的热运动而处于均匀混合状态。可以设想有一种单一气体，其分子数和总质量恰与混合气体相同，这种假拟单一气体的气体常数和摩尔质量就是混合气体的折合气体常数和折合摩尔质量。

1. 已知混合气体的摩尔成分 x_i（或容积成分 φ_i），可先求折合摩尔质量

$$M=\frac{m}{n}=\frac{\sum n_i M_i}{n}=\sum x_i M_i \tag{3-54}$$

然后，根据 $MR_g=R=8314.3$J/（kmol·K）求折合气体常数 R_g。

2. 已知混合气体的质量成分 w_i，可先求折合气体常数 R_g

对于整个混合气体，有

$$pV = mR_gT \tag{E}$$

对于混合气体中的任一组元 i，有

$$p_iV = m_iR_{g,i}T \tag{F}$$

将各组元的式（F）相加，利用 $p=\sum p_i$，并和式（E）比较，有

$$mR_g=\sum m_iR_{g,i}$$

上式两边除以 m，得

$$R_g=\sum w_iR_{g,i} \tag{3-55}$$

然后，根据 $MR_g=R=8314.3$J/（kmol·K）求折合摩尔质量 M。

五、混合气体的比热容、热力学能、焓、熵

1. 混合气体的比热容

根据能量守恒定律，加给混合气体的热量应该等于加给混合气体中各组分热量的总和。再结合比热容的定义，不难得出

质量比热容
$$c=\sum w_i c_i \tag{3-56}$$
摩尔比热容
$$C_m=\sum x_i C_{m,i}=\sum \varphi_i C_{m,i} \tag{3-57}$$

2. 混合气体的热力学能和焓

热力学能 U 和焓 H 都是广延量，具有可加性。因此，混合气体的热力学能和焓等于各组元的热力学能和焓之和，即
$$U=U_1+U_2+\cdots+U_n=\sum U_i \tag{3-58}$$
$$H=H_1+H_2+\cdots+H_n=\sum H_i \tag{3-59}$$
对于单位质量的混合气体，有
$$u=\sum w_i u_i \tag{3-60}$$
$$h=\sum w_i h_i \tag{3-61}$$

3. 混合气体的熵

状态参数 S 也是广延量，具有可加性。因此，混合气体的熵等于各组元的熵之和，即
$$S=\sum S_i \tag{3-62}$$
单位质量混合气体的熵 s 为
$$s=\sum w_i s_i \tag{3-63}$$
式中：w_i、s_i 分别为任一组元的质量成分和比熵值。

根据熵差的计算公式，当混合气体成分不变时，任一组元在微元过程中的比熵变为
$$\mathrm{d}s = c_{p,i}\frac{\mathrm{d}T}{T}-R_{g,i}\frac{\mathrm{d}p_i}{p_i} \tag{3-64}$$
则 1kg 混合气体的比熵变为
$$\mathrm{d}s=\sum w_i c_{p,i}\frac{\mathrm{d}T}{T}-\sum w_i R_{g,i}\frac{\mathrm{d}p_i}{p_i} \tag{3-65}$$
同理，1mol 混合气体的熵变为
$$\mathrm{d}S_m=\sum x_i C_{pm,i}\frac{\mathrm{d}T}{T}-\sum x_i R_i\frac{\mathrm{d}p_i}{p_i} \tag{3-66}$$

【例 3-4】　混合气体计算

用气体分析仪测得一锅炉烟道中烟气的容积成分为 $\varphi_{CO_2}=0.12$，$\varphi_{O_2}=0.05$，$\varphi_{N_2}=0.75$，$\varphi_{H_2O}=0.08$。已知该段烟道内的真空为 60mmH$_2$O，当时的大气压力 $p_b=750$mmHg。求：①质量成分；②烟气的折合气体常数；③各组成气体的分压力。

解　(1) 根据 $\varphi_i=x_i$，所以 $x_{CO_2}=0.12$，$x_{O_2}=0.05$，$x_{N_2}=0.75$，$x_{H_2O}=0.08$

设有 1kmol 烟气，则各组元的质量为

$m_{CO_2}=0.12\times44=5.28$kg　　　$m_{O_2}=0.05\times32=1.6$kg

$m_{N_2}=0.75\times28=21$kg　　　$m_{H_2O}=0.08\times18=1.44$kg

总质量为 $m=29.32$kg

所以，质量成分为

$w_{CO_2}=\dfrac{5.28}{29.32}=0.18$　　　$w_{O_2}=\dfrac{1.6}{29.32}=0.05$

$w_{N_2}=\dfrac{21}{29.32}=0.72$　　　$w_{H_2O}=\dfrac{1.44}{29.32}=0.05$

校核，$\sum w_i=1$，计算结果正确。

（2）烟气的折合气体常数为

$$R_g=\sum w_i R_{g,i}=R\sum\frac{w_i}{M_i}=8314.3\times\left(\frac{0.18}{44}+\frac{0.05}{32}+\frac{0.72}{28}+\frac{0.05}{18}\right)=283.9\text{J/（kg·K）}$$

（3）各组成气体的分压力。

烟气的绝对压力为

$$p=p_b-p_v=750\times133.3-60\times9.81=99\,386.4\text{Pa}$$

各组成气体的分压力为

$$p_{CO_2}=x_{CO_2}p=0.12\times99\,386.4=11\,926.4\text{Pa}$$
$$p_{O_2}=x_{O_2}p=0.05\times99\,386.4=4969.3\text{Pa}$$
$$p_{N_2}=x_{N_2}p=0.75\times99\,386.4=74\,539.8\text{Pa}$$
$$p_{H_2O}=x_{H_2O}p=0.08\times99\,386.4=7950.9\text{Pa}$$

第五节　理想气体的热力过程

热能和机械能的相互转化是通过工质的一系列状态变化过程实现的，不同热力过程的能量转化特性不同。研究热力过程的基本任务是，根据过程进行的条件，确定过程中工质状态参数的变化规律，并分析过程中的能量转换关系。

本节只讨论理想气体的热力过程，那些不能作为理想气体看待的工质，如水蒸气、氨气等，其热力过程的分析计算一般可借助于图表进行，在后面的章节中再讲它们。热力设备中的实际过程是很复杂的，为了使分析简化，需要进行科学抽象。因此，首先认为过程是可逆的；其次，根据状态参数变化特点，可概括为四个典型的过程（定容、定压、定温、绝热），对于变化规律不太明显的热力过程，可以概括成多变过程。

一、定容过程

定容过程即气体在状态变化过程中容积保持不变的过程。例如，汽油机在点火瞬间，进气阀和排气阀均关闭，此时，燃料可视为定容加热过程。

1. 过程方程式

$$\text{d}v=0\quad\text{或}\quad\frac{p}{T}=\text{常数}$$

2. 功和热量

膨胀功
$$w=\int_1^2 p\text{d}v=0$$

技术功
$$w_t=-\int_1^2 v\text{d}p=v(p_1-p_2)=R_g(T_1-T_2)\tag{3-67}$$

热量
$$q_v=\int_1^2 c_V\text{d}T$$

当 c_V 为定值时，$q_v=c_V\Delta T=c_V\Delta t$

由于定容过程中，$w=0$，根据热力学第一定律，有

$$q_v=\Delta u\tag{3-68}$$

可见，在定容过程中加入的热量全部变为气体热力学能的增加，这是定容过程中能量转换的特点。

3. 定容过程的 p-v 图和 T-s 图

在 p-v 图表示定容过程很简单，它是一条垂直于 v 轴的直线，如图 3-6 (a) 所示。

在 T-s 图上，定容过程的过程曲线可用下面的方法确定：

根据式 (3-40)，定容过程的熵变为

$$ds = c_V \frac{dT}{T}$$

将上式积分

$$\int_{s_0}^{s} ds = \int_{T_0}^{T} c_V \frac{dT}{T}$$

若 c_V 为定值，得

$$T = T_0 e^{(s-s_0)/c_V}$$

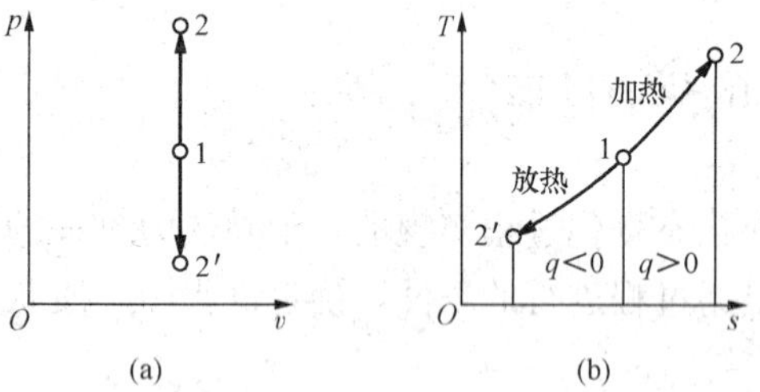

图 3-6　理想气体的定容过程

可见，定容过程在 T-s 图上为一指数函数曲线，其斜率为

$$\left(\frac{\partial T}{\partial s}\right)_v = \frac{T}{c_V} \tag{3-69}$$

T 和 c_V 都是正数，所以，定容过程在 T-s 图上是一条斜率为正值的指数曲线，如图 3-6 (b) 所示，而且温度越高，定容线的斜率越大。从图中还可以看出 1-2 是定容加热过程，压力升高；1-2′是定容放热过程，压力降低。

【例 3-5】　通风的必要性

有 20 个人在一个面积为 70m² 、高度为 3m 的房间内开会，设每人每小时散出的热量为 450kJ，每个人的体积为 0.07m³，其他物体占有的体积不计，房间内开始的压力为 1.01×10^5Pa，温度为 10℃，假设房间完全封闭并且绝热。试计算 15min 内空气的温升。空气的比热容为定值，c_V=0.717kJ/ (kg・K)。

解　选取房间内的空气作为热力学系统，这是一个定容加热过程。

空气的体积为　$V = 70\times3 - 20\times0.07 = 208.6\text{m}^3$

空气的质量为　$m = \dfrac{pV}{R_g T} = \dfrac{1.01\times10^5\times208.6}{287\times283.15} = 259.26\text{kg}$

根据　$Q_v = mc_V\Delta t$

有　$\Delta t = \dfrac{Q_v}{mc_V} = \dfrac{20\times450\times15}{259.26\times0.717\times60} = 12.1℃$

此题说明：当很多人聚集在一个小空间内时，要有适当的通风。

二、定压过程

工质压力保持不变的热力过程称为定压过程。实际热力设备中的很多吸热和放热过程都是在接近定压的情况下进行的，所以，它是实际上极有用的热力过程。

1. 过程方程式

$$dp = 0 \quad 或 \quad \frac{v}{T} = 常数$$

2. 功和热量

膨胀功　$$w = \int_1^2 p\mathrm{d}v = p(v_2 - v_1) = R_g(T_2 - T_1) \tag{3-70}$$

技术功　$$w_t = -\int_1^2 v\mathrm{d}p = 0$$

热量　$$q_p = \int_1^2 c_p\mathrm{d}T$$

当 c_p 为定值时　$$q_p = c_p\Delta T = c_p\Delta t$$

由于定压过程中，$w_t=0$，根据热力学第一定律，有

$$q_p = \Delta h \tag{3-71}$$

可见，在定压过程中加入的热量全部变为气体焓的增加，这是定压过程中能量转换的特点。

3. 定压过程的 p-v 图和 T-s 图

在 p-v 图表示定压过程很简单，它是一条垂直于 p 轴的直线，如图 3-7（a）所示。和定容过程类似，可以导出定压过程在 T-s 图上是一条斜率为正值的指数曲线，如图 3-7（b）所示，还可以看出 1—2 为定压加热过程，1—2′为定压放热过程。

在 T-s 图上，理想气体定压过程线的斜率为

$$\left(\frac{\partial T}{\partial s}\right)_p = \frac{T}{c_p} \tag{3-72}$$

对于同一种理想气体来说，在相同的温度下恒有 $c_p > c_V$，对比式（3-69）可知，定容线的斜率必大于定压线的斜率，如图 3-8 所示。

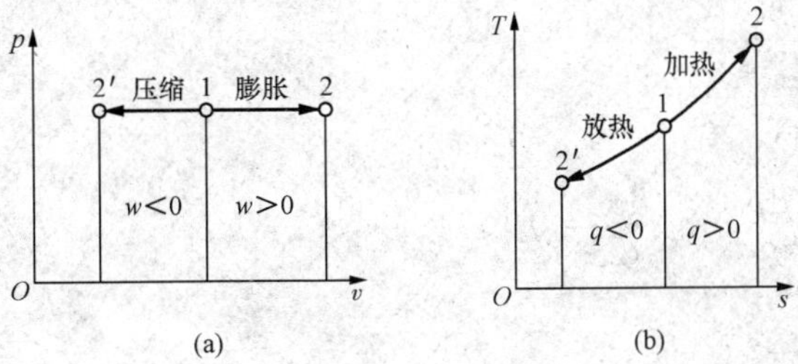

图 3-7　理想气体的定压过程

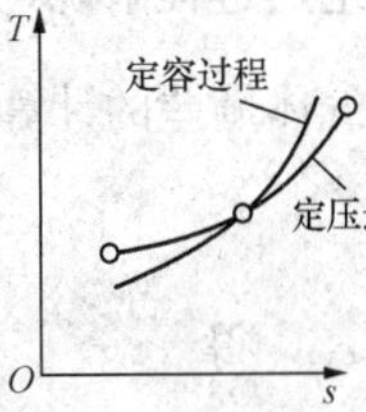

图 3-8　定压过程和定容过程在 T-s 图上的区别

三、定温过程

温度始终保持不变的热力过程称为定温过程。

1. 过程方程式

$$T = \text{常数} \quad 或 \quad \mathrm{d}T = 0 \quad 或 \quad pv = \text{常数}$$

2. 功和热量

膨胀功　$$w = \int_1^2 p\mathrm{d}v = \int_1^2 pv\frac{\mathrm{d}v}{v} = pv\ln\frac{v_2}{v_1} = R_g T\ln\frac{v_2}{v_1} \tag{3-73}$$

技术功　$$w_t = -\int_1^2 v\mathrm{d}p = -\int_1^2 pv\frac{\mathrm{d}p}{p} = -pv\ln\frac{p_2}{p_1} = -R_g T\ln\frac{p_2}{p_1} \tag{3-74}$$

由于理想气体定温过程中　$$\frac{p_2}{p_1} = \frac{v_1}{v_2}$$

所以，不难得出定温过程中 $w = w_t$

由于理想气体定温过程中，$\Delta u=0$，$\Delta h=0$，根据热力学第一定律，有

$$q_T = w = w_t \tag{3-75}$$

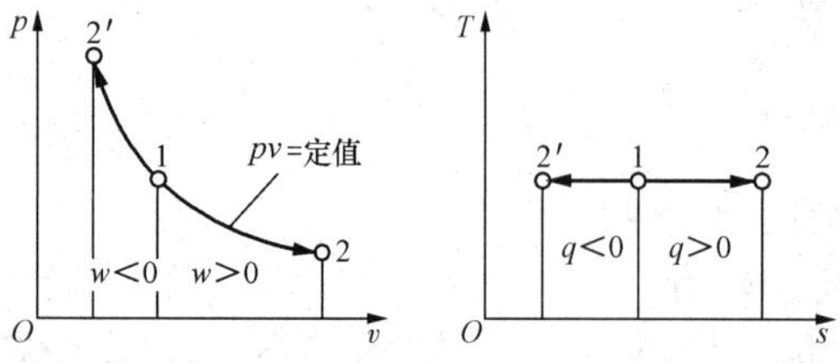

(a) (b)

图 3-9 理想气体的定温过程

这表明，理想气体在定温过程中加入的热量全部用来对外做功。这是理想气体定温过程中能量转换的特点。

3. 定温过程的 p-v 图和 T-s 图

在 T-s 图上表示定温过程很简单，它是一条垂直于 T 轴的直线，如图 3-9（b）所示。又由于定温过程中 pv=常数，所以它在 p-v 图上是等边双曲线，如图 3-9（a）所示，其中 1—2 为定温吸热过程，1—2′为定温放热过程。

四、绝热过程

在过程进行的每个瞬间，热力学系统和外界都无热量交换的过程称为绝热过程。

绝对的绝热过程是不存在的，但是，当实际热机中的某些膨胀过程或压缩过程进行得很快时，工质与外界来不及交换热量，或者说交换的热量极少，这时就可将过程近似地看作绝热过程，而且为了使分析的问题简化，这里只研究可逆绝热过程。

1. 过程方程式

理想气体可逆绝热过程的过程方程式的推导可以有不同的办法，这里只选取简单的一种，有兴趣的读者可以从有关参考书参看其他方法。

对于可逆绝热过程来说，$\mathrm{d}s=\frac{\delta q}{T}=0$

根据理想气体熵差的计算公式（3-44），有

$$\mathrm{d}s = c_V\frac{\mathrm{d}p}{p} + c_p\frac{\mathrm{d}v}{v} = 0$$

两边除以 c_V，得

$$\kappa\frac{\mathrm{d}v}{v} + \frac{\mathrm{d}p}{p} = 0 \tag{3-76}$$

式中，比热容比 $\kappa=\frac{c_p}{c_V}$此时称为**等熵指数**。因为理想气体的 c_V 和 c_p 是温度的复杂函数，故 κ 也是温度的复杂函数。为了方便计算，假定比热容为定值，这时 κ 也是定值，上式就可以直接积分了。

$$\kappa\ln v + \ln p = \text{常数}$$

即

$$pv^\kappa = \text{常数} \tag{3-77}$$

严格说来，上面这个公式只适用于理想气体定比热容的可逆绝热过程。对于水蒸气和其他实际气体的可逆绝热过程是不适用的，它们需要利用相关图表解决问题，但有时作为估算和定性比较，对水蒸气绝热过程的数据也整理成 pv^κ=常数的形式，这里 κ 已不再等于 c_p/c_V，而是指某一经验常数，例如过热水蒸气，$\kappa=1.3$。即使如此，水蒸气的绝热过程如按 pv^κ=常数计算误差往往较大，一般只用于定性分析或计算。

2. 初终态参数关系

因 $pv^{\kappa}=p_1v_1^{\kappa}=p_2v_2^{\kappa}=$常数

所以有

$$\frac{p_2}{p_1}=\left(\frac{v_1}{v_2}\right)^{\kappa} \tag{3-78}$$

由于温度和压力好测量，因此，往往更想知道绝热过程中 p 和 T 的关系，上式可变为

$$p_1\left(\frac{R_gT_1}{p_1}\right)^{\kappa}=p_2\left(\frac{R_gT_2}{p_2}\right)^{\kappa}$$

整理可得

$$\frac{T_2}{T_1}=\left(\frac{p_2}{p_1}\right)^{\frac{\kappa-1}{\kappa}} \tag{3-79}$$

式（3-79）是一个很重要的关系式，以后会经常用到。

3. 功和热量

对于绝热过程，有

$$q=0$$

根据热力学第一定律，绝热过程的膨胀功为

$$w=-\Delta u \tag{3-80}$$

这表明，工质经过一绝热过程后所做的功等于热力学能的减少，这个结论对于任何工质的绝热过程都适用，不管过程是可逆的还是不可逆的。

对于比热容为定值的理想气体，绝热过程（可逆或不可逆）的膨胀功表示为

$$w=c_V(T_1-T_2)=\frac{R_g}{\kappa-1}(T_1-T_2) \tag{3-81}$$

对于比热容为定值的理想气体可逆绝热过程，膨胀功可以表示为

$$w=\frac{R_gT_1}{\kappa-1}\left[1-\left(\frac{p_2}{p_1}\right)^{\frac{\kappa-1}{\kappa}}\right] \tag{3-82}$$

同样的道理，对于任何工质的可逆或不可逆绝热过程，技术功为

$$w_t=-\Delta h=h_1-h_2 \tag{3-83}$$

对于比热容为定值的理想气体，绝热过程（可逆或不可逆）的技术功表示为

$$w_t=c_p(T_1-T_2)=\frac{\kappa R_g}{\kappa-1}(T_1-T_2) \tag{3-84}$$

对于比热容为定值的理想气体可逆绝热过程，技术功可以表示为

$$w_t=\frac{\kappa R_gT_1}{\kappa-1}\left[1-\left(\frac{p_2}{p_1}\right)^{\frac{\kappa-1}{\kappa}}\right] \tag{3-85}$$

4. 可逆绝热过程的 p-v 图和 T-s 图

在 T-s 图上表示可逆绝热过程很简单，它是一条垂直于 s 轴的直线，如图 3-10（b）所示。又由于可逆绝热过程中 $pv^{\kappa}=$常数，所以它在 p-v 图上为高次双曲线，如图 3-10（a）所示。

在 p-v 图上，理想气体的定温过程线和可逆绝热过程线看起来差不多，可以用比较斜率 $\left(\frac{\partial p}{\partial v}\right)$ 的方法将它们区分开来，结果如图 3-11 所示，请读者自己完成推导过程。

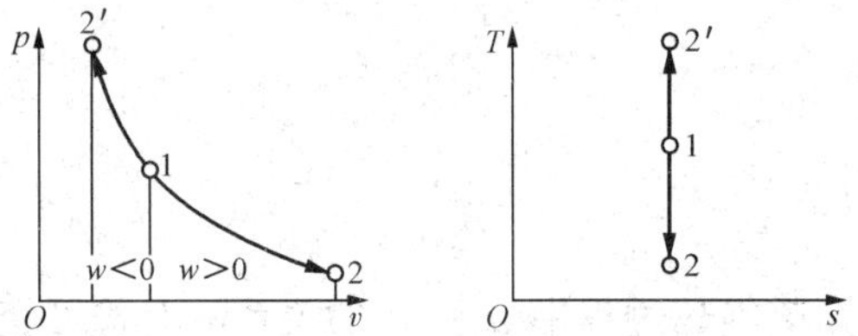

(a) (b)

图 3 - 10 理想气体可逆绝热过程

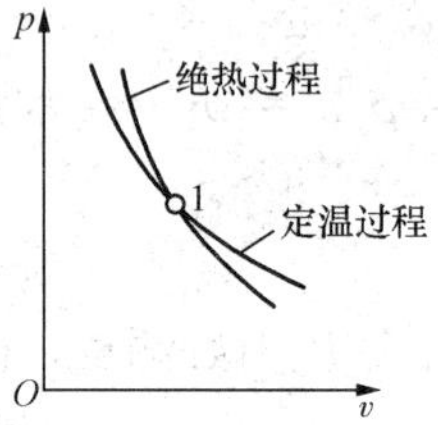

图 3 - 11 在 p - v 图上区分可逆绝热过程线和定温过程线

五、多变过程

1. 多变过程的定义与方程

前面讨论了理想气体的四个典型热力过程，其特点是工质的某一状态参数保持不变或者与外界无热量交换。而在实际热力过程中有些过程所有的状态参数都有显著变化，而且与外界交换的热量也不能忽略，但是通过研究发现，这些过程中状态参数变化的特征往往比较接近指数方程式 pv^n＝常数。热力学中把整个热力过程都服从过程方程式 pv^n＝常数的热力过程称为多变过程，指数 n 称为多变指数。

不同的多变过程有不同的 n 值。理论上，n 可以是 $-\infty$ 到 $+\infty$ 之间的任何一个实数。如果过程很复杂，就很难用一个统一的多变过程方程来描述，这时，可以将整个过程分成几段具有不同 n 值的多变过程来加以分析。

前面讲的四个典型热力过程都可看作是多变过程的特例。如：

$n=0$，$p=$常数，为定压过程

$n=1$，$T=$常数，为定温过程

$n=\kappa$，$pv^\kappa=$常数，为可逆绝热过程

$n=\pm\infty$，$v=$常数，为定容过程

将前面讲过的四种典型热力过程画出在同一个 p - v 图和 T - s 图上，结果如图 3 - 12所示。通过分析比较，可以得到一个规律：沿顺时针方向，n 由 $0\rightarrow1\rightarrow\kappa\rightarrow\pm\infty$ 变化。

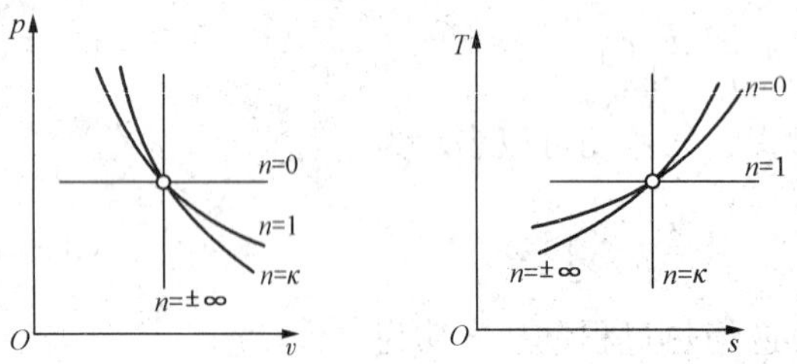

(a) (b)

图 3 - 12 多变过程变化规律

2. 初态和终态参数的关系

$$\frac{v_2}{v_1}=\left(\frac{T_1}{T_2}\right)^{\frac{1}{n-1}} \tag{3-86}$$

$$\frac{p_2}{p_1}=\left(\frac{v_1}{v_2}\right)^{n} \tag{3-87}$$

$$\frac{T_2}{T_1}=\left(\frac{p_2}{p_1}\right)^{\frac{n-1}{n}} \tag{3-88}$$

3. 功和热量

（1）膨胀功。

$$w=\int_1^2 p\mathrm{d}v=\int_1^2 pv^n\frac{\mathrm{d}v}{v^n}$$

$$=\frac{1}{n-1}pv^{n}(v_1^{1-n}-v_2^{1-n})$$
$$=\frac{1}{n-1}(p_1v_1-p_2v_2)$$
$$=\frac{1}{n-1}R_g(T_1-T_2)$$
$$=\frac{1}{n-1}R_gT_1\left[1-\left(\frac{p_2}{p_1}\right)^{\frac{n-1}{n}}\right]$$

（2）技术功。

$$w_t=-\int_1^2 v\mathrm{d}p=-\int_1^2 p^{\frac{1}{n}}vp^{\frac{-1}{n}}\mathrm{d}p$$
$$=\frac{n}{n-1}p^{\frac{1}{n}}v(p_1^{\frac{n-1}{n}}-p_2^{\frac{n-1}{n}})$$
$$=\frac{n}{n-1}(p_1v_1-p_2v_2)$$
$$=\frac{n}{n-1}R_g(T_1-T_2)$$
$$=\frac{n}{n-1}R_gT_1\left[1-\left(\frac{p_2}{p_1}\right)^{\frac{n-1}{n}}\right]$$

（3）热量。

根据热力学第一定律，有

$$q=\Delta u+w=c_V(T_2-T_1)+\frac{R_g}{n-1}(T_1-T_2)=\left(c_V-\frac{R_g}{n-1}\right)(T_2-T_1)$$

将 $c_V=\frac{R_g}{\kappa-1}$ 代入上式，得

$$q=\frac{n-\kappa}{n-1}c_V(T_2-T_1)=c_n(T_2-T_1) \tag{3-89}$$

式中：$c_n=\frac{n-\kappa}{n-1}c_V$，称为多变比热容。随着 n 值的不同，c_n 可以是正数（吸热温度升高，放热温度降低），也可以是负数（吸热温度降低，放热温度升高）；可以是 0（绝热过程），也可以是无穷大（定温过程）。

式（3-89）也可以由热力学第一定律的另一个解析式 $q=\Delta h+w_t$ 得到，这个工作请有兴趣的读者自己完成。

对比多变过程和可逆绝热过程的方程式、初终态关系、膨胀功、技术功，可以得到一个结论，将可逆绝热过程公式中的 κ 变成 n 就得到多变过程的公式。

【例 3-6】　多变过程计算

空气的初始状态为 $V_1=3\mathrm{m^3}$，$p_1=0.4\mathrm{MPa}$，$t_1=30℃$，经一多变过程压缩到 $p_2=2\mathrm{MPa}$，$V_2=0.8\mathrm{m^3}$。已知空气的比热容为定值，$c_V=0.717\mathrm{kJ/(kg\cdot K)}$，$R_g=0.287\mathrm{kJ/(kg\cdot K)}$。求过程的多变指数、压缩功、空气在被压缩过程中放出的热量，以及空气熵的变化量。

解　多变指数

$$n=\frac{\ln(p_2/p_1)}{\ln(V_1/V_2)}=\frac{\ln(2/0.4)}{\ln(3/0.8)}=1.22$$

压缩功

$$W = mw = m\frac{1}{n-1}(p_1v_1 - p_2v_2) = \frac{1}{n-1}(p_1V_1 - p_2V_2)$$

$$= \frac{1}{1.22-1}\times(0.4\times10^6\times3 - 2\times10^6\times0.8) = -1.82\times10^6\text{J} = -1820\text{kJ}$$

空气的质量

$$m = \frac{p_1V_1}{R_gT_1} = \frac{0.4\times10^6\times3}{287\times303} = 13.8\text{kg}$$

空气的终态温度

$$T_2 = T_1\left(\frac{p_2}{p_1}\right)^{\frac{n-1}{n}} = 303\times\left(\frac{2}{0.4}\right)^{\frac{1.22-1}{1.22}} = 405\text{K}$$

热力学能的变化

$$\Delta U = mc_V(T_2 - T_1) = 13.8\times0.717\times(405-303) = 1009.2\text{kJ}$$

热量

$$Q = \Delta U + W = 1009.2 - 1820 = -810.8\text{kJ}\quad(\text{负号表示对外放热})$$

空气熵的变化量

$$\Delta S = m\left(c_V\ln\frac{T_2}{T_1} + R_g\ln\frac{V_2}{V_1}\right)$$

$$= 13.8\times\left(0.717\times\ln\frac{405}{303} + 0.287\times\ln\frac{0.8}{3}\right) = -2.364\text{kJ/K}$$

第六节　气体的压缩

一、概述

工程上广泛应用着各种不同类型的气体压缩设备，例如电厂锅炉设备的送风机和引风机、燃气轮机装置和压缩制冷装置的压气机等等。广义来说，凡是能够升高空气或其他气体压力的机械设备均可称为“压气机”。所有压气机设备都要消耗外功，要用热机或电动机带动它工作，使气体受到压缩而压力升高。习惯上，常根据增压比 $\pi=\frac{p_2}{p_1}$（p_1、p_2 分别代表压缩前和压缩后的压力）的值把压气机划分为下列三类：

通风机：$\pi=1.0\sim1.1$

鼓风机：$\pi=1.1\sim4.0$

狭义的压气机：$\pi\geqslant4.0$

根据结构不同压气机可分为往复式和回转式（叶轮式）两种，前者总是活塞式［见图 3-13(a)］，后者可分为离心式［见图 3-13 (b)］和轴流式［见 3-13 (c)］。

活塞式压气机和叶轮式压气机的结构和工作原理不同，工作特点也不同，但从热力学观点来看，都是消耗外功，使气体压力升高的过程。本节主要讨论压气机中能量转换的特点及压气过程计算所用的各种基本关系式，以便从理论上寻求提高压气机的性能和完善其热力过程的途径。

二、单级活塞式压气机

图 3-14 是单级活塞式压气机的设备简图。活塞式压气机由气缸、活塞、进气阀和排气

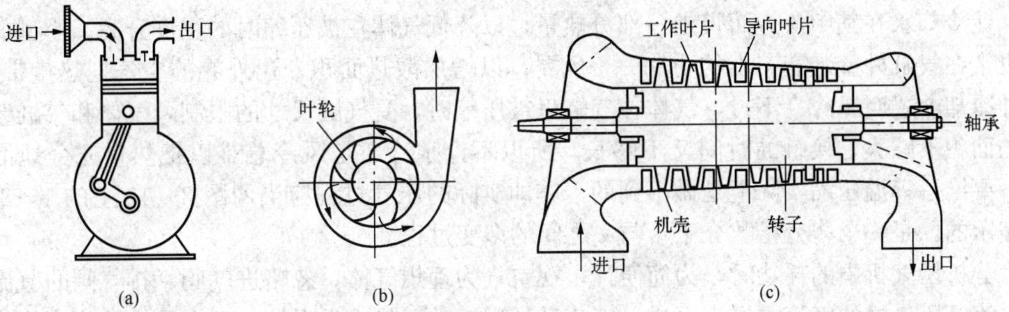

图 3-13　压气机的种类

阀组成。它的工作原理是这样的：当活塞被机轴带动自左向右移动时，在气缸内让出新的空间，外界气体就可以在压力 p_1 下经进气阀进入气缸，这个阶段称为“吸气过程”，在不考虑各种损失的情况下，如 p-V 图上线段 4—1 所示，进气阀只许气体单方向通过。活塞达到右“死点”（指往复运动的极端位置）而开始回行时，进气阀立即关闭，已进入气缸的气体就被封闭在气缸内，受活塞挤压而压力上升，这个阶段称为“压缩过程”，如线段 1—2 所示。当气缸内气体的压力达到输气管或储气筒里的压力 p_2 时，活塞继续左行就将使气体推开排气阀而被压出气缸，这称为“排气过程”，如线段 2—3 所示。这里暂时先认为活塞达到左“死点”时能够紧贴在气缸盖上，而把气缸内的气体完全压送出去。当活塞再次向右移动时，又开始新一轮“吸气过程”。如此，随着活塞不断来回运动，就能不断地把压力为 p_1 的气体压缩成压力为 p_2 的气体并排出。

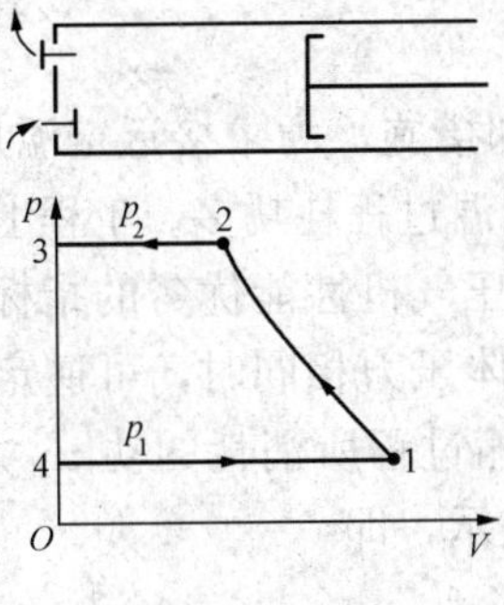

图 3-14　单级活塞式压气机的设备简图及 p-V 图

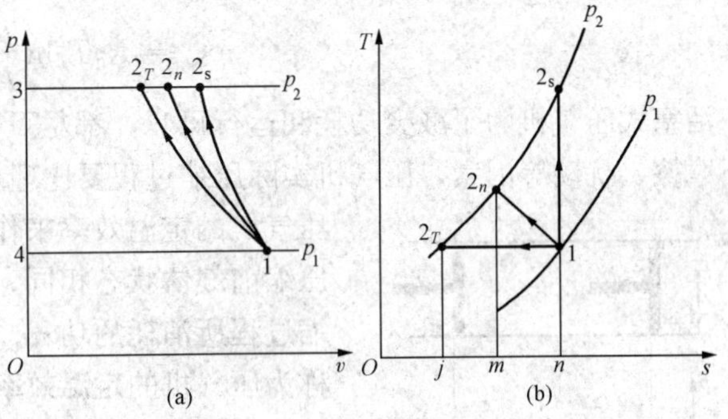

图 3-15　气体可逆压缩

(a) p-v 图；(b) T-s 图

压缩过程 1—2 有两种极限情况：一为过程进行得极快，热量来不及通过缸壁面传向外界，或者传出的热量极少，可以忽略不计，则过程可视为绝热过程，如图 3-15 所示的 1—2_s。另一极限过程进行得十分缓慢，过程中气体与外界有足够的时间进行充分的热交换，从而使气体温度在整个压缩过程中保持不变，这种压缩过程就是定温压缩过程，如图 3-15 所示的 1—2_T。

从 p-v 图上可以看出，定温压缩过程消耗的技术功要少于绝热过程所消耗的技术功。从 T-s 图上可以看出，定温压缩过程排气温度要低于绝热过程的排气温度。因此，为了节省压气机耗功量，同时，也为了防止在高增压比情况下，气缸里的润滑油因升温过高而碳化变质，活塞式压气机实际上常采用冷却措施。例如，大、中型压气机在气缸壁内制成水套夹层，让冷却水在其中流过而带走一部分热量，以降低气体在被压缩时的温度升高。小型的压气机常在气缸外壁装有突出的肋片——风翼，以增加散热面积，让外界的空气把热量带走，这种冷却方式叫风冷。不过，气体在气缸里被压缩时，受气缸尺寸的限制，气体和气缸壁接触的面积不够大，接触的时间又不够长，所以不论水冷还是风冷总难以把热量充分地散出去，要维持等温压缩实际上是做不到的，亦即实际的压气过程应当像图 3 - 15 上的 $1\to 2_n$ 线所表示的，是一个多变指数介于 1 与 κ 之间的多变过程。

分析压气机中的耗功时，为简便计，视空气为理想气体，忽略进气阀、排气阀的节流损失，流经压气机的气流可作为可逆稳定流动处理，由于热力学系统为开口系，动能和势能的变化可忽略，对外做功为技术功 W_t。由于压力升高，技术功为负，为了表示方便，习惯上用 W_c 表示压气机所需要的功，即

$$W_c = -W_t$$

对于 1kg 工质，可写成 $w_c = -w_t$。

三个过程压缩 1kg 气体消耗的功分别如下：

可逆绝热过程

$$w_{c,s} = \frac{\kappa}{\kappa-1} R_g T_1 \left[\left(\frac{p_2}{p_1} \right)^{\frac{\kappa-1}{\kappa}} - 1 \right] \tag{3-90}$$

多变过程

$$w_{c,n} = \frac{n}{n-1} R_g T_1 \left[\left(\frac{p_2}{p_1} \right)^{\frac{n-1}{n}} - 1 \right] \tag{3-91}$$

定温过程

$$w_{c,t} = R_g T_1 \ln \frac{p_2}{p_1} \tag{3-92}$$

活塞式压气机为了减少功耗和运行可靠，都尽可能采用冷却措施，力求接近定温压缩。由于摩擦、扰动等因素，压气机实际压缩过程要比理想的可逆定温过程耗功多。工程上常用压气机的定温效率来作为活塞式压气机性能优劣的指标。当压缩前气体状态相同，压缩后气体压力相同时，可逆定温压缩过程所消耗的功 $w_{c,t}$ 和实际压缩过程所消耗的功 w_c 之比，称为压气机的**定温效率**，用 $\eta_{c,t}$ 表示，即

$$\eta_{c,t} = \frac{w_{c,t}}{w_c} \tag{3-93}$$

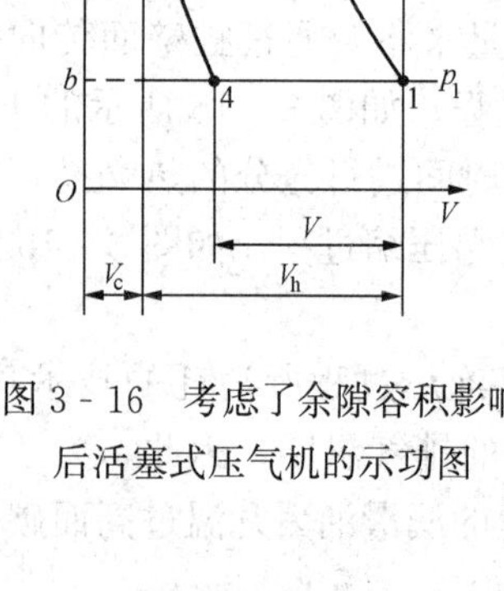

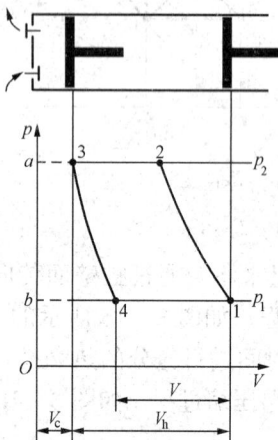

图 3 - 16　考虑了余隙容积影响后活塞式压气机的示功图

三、余隙容积的影响

上面为了简化分析，认为活塞达到左“死点”时能够紧贴在气缸盖上，而把气缸内的气体完全压送出去。实际上，为了避免活塞与气缸盖、进气阀和排气阀的碰撞，当活塞达到左“死点”时，气缸中仍需留有一定的空隙。这个空隙的容积称为余隙容积。图 3 - 16 所示为活塞式压气机考虑了余隙容积影响后的示功图。

图 3 - 16 中 V_3 表示余隙容积，$V_h = V_1 - V_3$ 是活塞从左

死点到右死点所扫过的容积，称为活塞排量。由于余隙容积的存在，排气过程只能进行到 3 点。这时气缸的余隙容积中保留了一部分高压的气体。当活塞由左向右回行时，余隙容积内剩余的高压气体便开始膨胀，膨胀过程线如曲线 3—4 所示。当气体压力降低到进气压力 p_1 时，进气阀才能打开，开始进气。曲线 4—1 为进气过程。可见，由于余隙容积的存在，实际进入气缸的气体容积不是活塞排量 V_h，而是所谓的气缸有效容积，用 V 表示，$V=V_1-V_4$。

下面，计算有余隙容积时，压气机所消耗的功。假设压缩过程 1—2 和膨胀过程 3—4 均为多变过程，且多变指数 n 相同。

W_c = 面积 1—2—3—4—1

= 面积 1−2−a−b−1 − 面积 4−3−a−b−4

$$=\frac{n}{n-1}p_1V_1\left[\left(\frac{p_2}{p_1}\right)^{\frac{n-1}{n}}-1\right]-\frac{n}{n-1}p_4V_4\left[\left(\frac{p_3}{p_4}\right)^{\frac{n-1}{n}}-1\right]$$

由于 $p_1=p_4$，$p_3=p_2$，所以

$$\begin{aligned}W_c&=\frac{n}{n-1}p_1(V_1-V_4)\left[\left(\frac{p_2}{p_1}\right)^{\frac{n-1}{n}}-1\right]\\&=\frac{n}{n-1}p_1V\left[\left(\frac{p_2}{p_1}\right)^{\frac{n-1}{n}}-1\right]\\&=\frac{n}{n-1}mR_gT_1\left[\pi^{\frac{n-1}{n}}-1\right]\end{aligned}\tag{3-94}$$

式中：V 为实际进入气缸的有效容积。

虽然有余隙容积后进气容积减小，但所需要的功也相应减小。压缩同质量的气体至同样的增压比 π，理论上所消耗的功与无余隙容积时相同。

活塞式压气机的余隙容积虽然不影响压缩单位质量气体至相同的增压比所消耗的功，但是压气机每一工作循环所产生的高压气体的数量都由于余隙容积的影响而有所减少。因而，要采用一个**容积效率**来考虑这一影响。**容积效率**用符号 η_V 表示，其定义为气缸内有效容积与活塞排量之比，即

$$\eta_V=\frac{V}{V_h}\tag{3-95}$$

下面看一下容积效率与哪些因素有关：

$$\begin{aligned}\eta_V&=\frac{V}{V_h}=\frac{V_1-V_4}{V_1-V_3}=\frac{(V_1-V_3)-(V_4-V_3)}{V_1-V_3}\\&=1-\frac{V_3}{V_1-V_3}\left(\frac{V_4}{V_3}-1\right)\\&=1-\frac{V_3}{V_h}\left[\left(\frac{p_2}{p_1}\right)^{\frac{1}{n}}-1\right]\\&=1-\frac{V_C}{V_h}\left[\pi^{\frac{1}{n}}-1\right]\end{aligned}\tag{3-96}$$

式中：V_3/V_h 为**余隙容积比**，用 C_V 表示，即 $C_V=V_3/V_h$。

由式（3 - 96）可知，在增压比和多变指数一定的情况下，余隙容积比越大，容积效率就越低。因此，在设计制造活塞式压气机时，应该尽量使余隙容积减小。对于实际工业压气

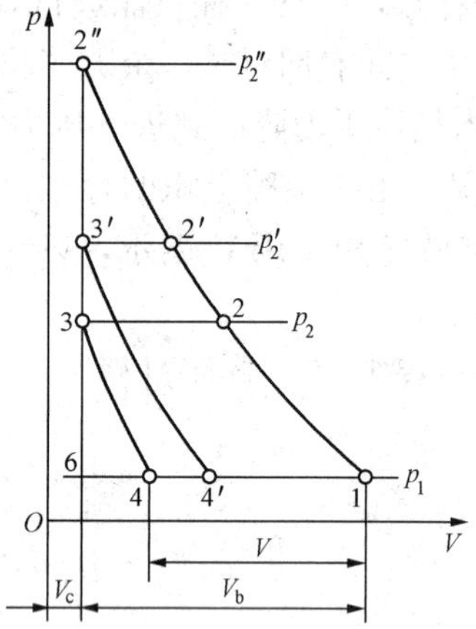

图 3-17 余隙容积的影响

机，在小型设备中，余隙容积比可能高达 8%，而在设计良好的大型压气机中可低到 1%以下。

由式（3-96）可知，当余隙容积比 C_V 和多变指数 n 为一定时，增压比 π 越大，则容积效率就越低，当 π 增加至某一值时容积效率为零。这时，虽然活塞在气缸内来回运动，但压气机却既不吸气，又无排气。从图 3-17 中也可以看出，压缩气体将沿 1—2″线压缩和沿2″—1线膨胀而至终点 1。

【例 3-7】 考虑余隙容积的压气机

希望用一台单级活塞式压气机（气缸外壁用循环水进行冷却）24h 将 3000m^3空气从初始状态 $p_1=1.01\times10^5$Pa、$t_1=17$℃ 压缩到 $p_2=10\times10^5$Pa，假设压缩过程方程为 $pv^{1.2}=$常数，活塞行程为 810mm，转速为 150r/min，余隙容积比为 6%，试计算：

（1）压缩机气缸内径；

（2）所需理论压缩功；

（3）冷却水所需带走的热量。

解 首先计算容积效率，由式（3-96）得

$$\eta_V=1-C_V[\pi^{\frac{1}{n}}-1]=1-0.06\times\left[\left(\frac{10}{1.01}\right)^{\frac{1}{1.2}}-1\right]=0.655$$

（1）设活塞内径为 d。

活塞一个行程的有效容积为

$$V=\frac{3000}{24\times60\times150}=0.013\,889\text{m}^3$$

活塞排量　　$V_h=\frac{1}{4}\pi d^2 l=0.635\,85d^2\text{m}^3$

由　　$\eta_V=\frac{V}{V_h}$

得　　$V=\eta_V V_h$

即　　$0.013\,889=0.655\times0.635\,85d^2$

解得 $d=0.182\,6\text{m}=182.6\text{mm}$

（2）消耗的功由式（3-91）得

$$\begin{aligned}W_c&=-W_t=\frac{n}{n-1}p_1V\left[\left(\frac{p_2}{p_1}\right)^{\frac{n-1}{n}}-1\right]\\&=\frac{1.2}{1.2-1}\times1.01\times10^5\times3000\times\left[\left(\frac{10}{1.01}\right)^{\frac{1.2-1}{1.2}}-1\right]\\&=8460\times10^5\text{J}\\&=8.46\times10^5\text{kJ}\end{aligned}$$

（3）24h 压缩气体的质量为

$$m=\frac{pV}{R_gT}=\frac{1.01\times10^5\times3000}{287\times(273+17)}=3640.5\text{kg}$$

压缩终了温度为

$$T_2=\left(\frac{p_2}{p_1}\right)^{\frac{n-1}{n}}T_1=\left(\frac{10}{1.01}\right)^{\frac{1.2-1}{1.2}}\times(273+17)=425\mathrm{K}$$

空气焓的变化为

$$\Delta H=mc_p\Delta T=3640.5\times1.004\times(425-273-17)=4.934\times10^5\mathrm{kJ}$$

根据热力学第一定律，有

$$Q=\Delta H+W_t=4.934\times10^5-8.46\times10^5=-3.526\times10^5\mathrm{kJ}$$

负号表示工质对外散热。

四、多级压气机

为了制取压力较高的气体，需采用多级压缩的方法，如图 3 - 18 所示为两级压气机简图，原动机带动机轴 7 回转时，由于曲柄和连杆 5 和 6 的传动，使活塞 3 和 4 上下移动，而且两曲柄相差 180°，所以活塞 3 上升时，活塞 4 下降。活塞 3 向下移动时，气体经进气阀 9 进入低压缸 1，当活塞 3 向上移动时，低压缸里的气体受到压缩而达到压力 p_2、温度 t_2，活塞 3 继续上升，该压缩气体就由排气阀 10 流入级间冷却器 8，在其中被定压冷却，当活塞 4 向下移动时，又将冷却后的中压气体吸入高压气缸 2，在高压缸里，因活塞 4 的作用，气体被压缩到压力 p_3，然后经排气阀 12 排入储气罐，或直接送到需要压缩气体的地方。

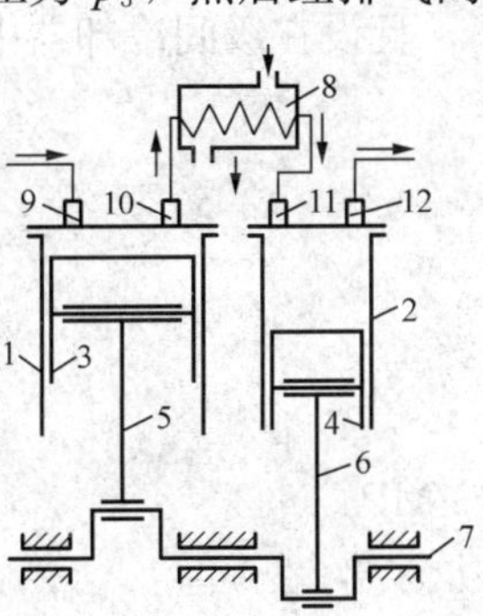

图 3 - 18　两级压气机简图

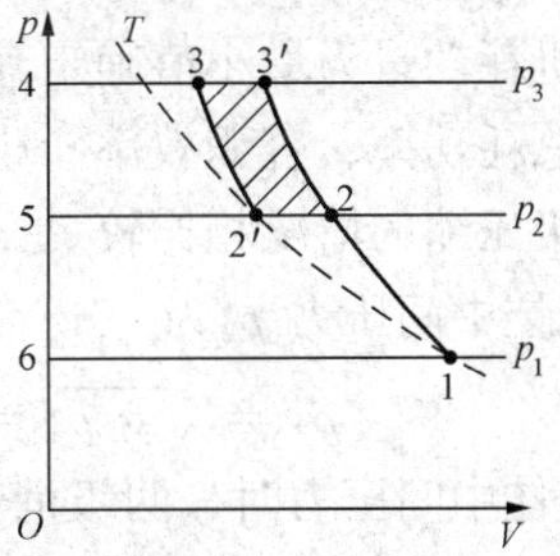

图 3 - 19　两级压缩级间冷却的 p-V 图

采用两级压缩后，每一级的增压比可减小，从而提高每一级的容积效率，这是不难想到的。那么采用两级压缩时，为什么要用级间冷却器呢？从图 3 - 19 可以看出，如果不采用级间冷却器，气体在低压缸中沿 1—2 被压缩，在高压缸中沿 2—3′被压缩，消耗的功在图 3 - 19上表示为面积 1—3′—4—6—1，这和把气体直接从 1 压缩到 3′所消耗的功是一样的。采用级间冷却器后，在低压缸中消耗的功表示为面积 1—2—5—6—1，在高压缸中消耗的功表示为面积 2′—3—4—5—2′。相比之下，采用级间冷却后，高压缸中消耗的功减少（如图 3 - 19中阴影所表示的那一块面积），而且使得高压缸压缩终了温度由 T_3'下降到 T_3，有利于压气机的安全正常运行。

选择适当的中间压力 p_2，可以使压气机两级气缸消耗功的总量为最小。取压缩气体的质量为 1kg，由式（3 - 91）得

$$w_c=\frac{n_1}{n_1-1}R_gT_1\left[\left(\frac{p_2}{p_1}\right)^{\frac{n_1-1}{n_1}}-1\right]+\frac{n_2}{n_2-1}R_gT_2'\left[\left(\frac{p_3}{p_2}\right)^{\frac{n_2-1}{n_2}}-1\right]$$

若气体在级间冷却器中能得到充分冷却，使气体的温度 $T_2'=T_1$，又设两级气缸中压缩

过程的多变指数相同，即 $n_1=n_2=n$，则上式可表示为

$$w_c=\frac{n}{n-1}R_gT_1\left[\left(\frac{p_2}{p_1}\right)^{\frac{n-1}{n}}+\left(\frac{p_3}{p_2}\right)^{\frac{n-1}{n}}-2\right]$$

式中变数为 w_c 与 p_2，求$\frac{dw_c}{dp_2}$使之等于零，于是可得最佳中间压力为

$$p_2=\sqrt{p_1p_3}\ \text{或}\ \frac{p_2}{p_1}=\frac{p_3}{p_2} \tag{3-97}$$

此时，压气机总的耗功最少，而且此时两级压气机所需功相等，即 $w_{c1}=w_{c2}$。这样可使各气缸的负担均匀，有利于曲轴的平衡，延长全机的耐用性。

如果采用中间冷却的压气机具有更多的级数，则可节省更多的功。用和两级压缩相类似的方法，可推导出各级的增压比相同时，压气机耗功为最少。从热力学理论上分析，分级越多，就越接近于定温过程，耗功就越少。但级数过多往往因压气机的结构复杂化而工作不可靠，所以一般常用的压气机以两级和三级为限。从技术经济的角度，总增压比小于 6～7 的活塞式压气机都采用单级。

【例 3-8】 两级压气机

为了把 0.1MPa、17℃的空气压缩到 1.6MPa，现用一个有级间冷却器的两级压气机，设两级压缩过程的多变指数均为 1.25，余隙容积比 $C_V=5\%$，且设在级间冷却器中，空气能冷却到压缩前的初始温度 17℃：求：

(1) 按压气机耗功量为最小值确定其中间压力；

(2) 压气机总耗功率、容积效率、压缩终了温度；

(3) 和不分级压缩的情况相比较。

解 (1) 最佳中间压力 p_2 为

$$p_2=\sqrt{p_1p_3}=\sqrt{0.1\times1.6}=0.4\text{MPa}$$

(2) 采用最佳中间压力时，两级消耗的功相同，总耗功为

$$w_c=2w_{c1}=2\times\frac{n}{n-1}R_gT_1\left[\left(\frac{p_2}{p_1}\right)^{\frac{n-1}{n}}-1\right]=266\text{kJ/kg}$$

容积效率为

$$\eta_V=1-C_V\left[\pi^{\frac{1}{n}}-1\right]=1-0.05\times\left[4^{\frac{1}{1.25}}-1\right]=0.898$$

高压缸和低压缸压缩终了温度相同，为

$$T_2=\left(\frac{p_2}{p_1}\right)^{\frac{n-1}{n}}T_1=4^{\frac{0.25}{1.25}}\times(273+17)=382.7\text{K}$$

$$t_2=109.7℃$$

(3) 如果不采用分级压缩，而采用一级压缩，则

耗功为：$w_c=\frac{n}{n-1}R_gT_1(\pi^{\frac{n-1}{n}}-1)$

$$=\frac{1.25}{1.25-1}\times0.287\times290\times(16^{\frac{0.25}{1.25}}-1)=308.4\text{kJ/kg}$$

容积效率 $\eta_V=1-C_V(\pi^{\frac{1}{n}}-1)=1-0.05\times(16^{\frac{1}{1.25}}-1)=0.591$

压缩终了温度

$$T_2 = \left(\frac{p_2}{p_1}\right)^{\frac{n-1}{n}} T_1 = 16^{\frac{0.25}{1.25}} \times 290 = 505\text{K}$$

$$t_2 = 232℃$$

上述计算结果表明，采用具有级间冷却器的两级压气机可以显著地节省压气机消耗的功，提高容积效率，降低压缩终了温度。

五、叶轮式压气机

活塞式压气机的最大缺点是单位时间内产气量小，原因是转速不高、间歇性吸气与排气，以及有余隙容积的影响。叶轮式压气机克服了这些缺点，由于没有往复运动部件，它的转速比活塞式的高几十倍，能连续不断地吸气和排气，没有余隙容积，产气量大，广泛应用于燃气轮机装置中。叶轮式压气机的缺点是每级的增压比小，如果需要得到较高的压力，则需要很多的级数。其次，因气体流速很大，各部分的摩擦损耗较大，故效率偏低。因此，叶轮式压气机的设计和制造的技术水平要求很高。

叶轮式压气机分离心式和轴流式两种类型。下面看一看如图 3 - 20 所示的轴流式叶轮式压气机的工作原理。

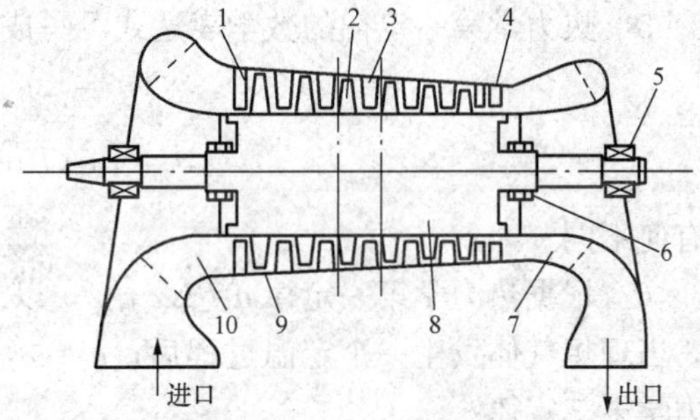

图 3 - 20　轴流式压气机

1—进口导向叶片；2—工作叶片；3—导向叶片；4—整流装置；5—轴承；6—密封；7—扩散器；8—转子；9—机壳；10—收缩器

状态参数为 p_1、t_1，初速为 c_1 的气体，自进气管流经收缩器 10，使气流均匀并得到初步加速。气流流经固定在机壳上的进口导向叶片 1 间的流道，使气流被整理成轴向流动。转子 8 由外力（原动机或电动机）驱动高速旋转。固定在转子上的工作叶片 2 使气流提速。高速气流流经固定在机壳上的导向叶片 3 间的流道，流速降低，压力提高，这些流道起到了扩压管的作用。一列工作叶片和一列导向叶片构成一个工作级。气流经过若干个工作级后压力逐步提高，最后气流经扩散器 7，并在其中进一步利用气流的余速使气体升压。终参数为 p_2、t_2，流速为 c_2 的高压气体从排气管排出压气机。

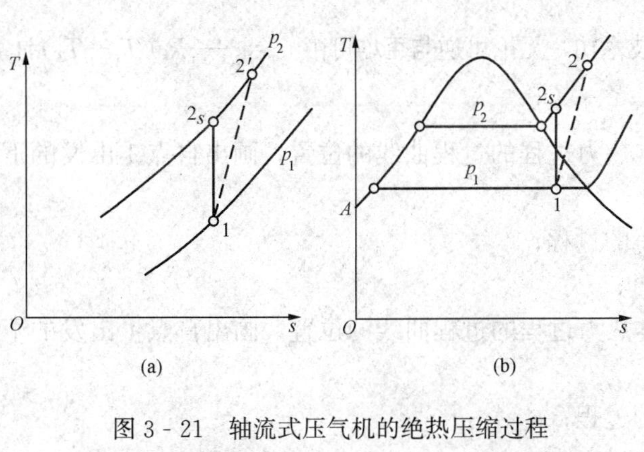

图 3 - 21　轴流式压气机的绝热压缩过程

（a）理想气体的绝热压缩过程；（b）水蒸气的绝热压缩过程

轴流式压气机不像活塞式压气机那样能够用冷水套冷却，因此，气体在轴流式压气机内的压缩可看成是绝热压缩。理想气体和水蒸气的绝热压缩过程如图 3 - 21 所示。其中 $1 \to 2_s$ 为可逆绝热压缩过程，$1 \to 2'$ 为不可逆绝热压缩过程。

叶轮式压气机工作情况的好坏，用压气机的绝热效率来考察。所谓压气机的绝热效率是指在压缩前气体状态相同、压缩后气体压力也相同的情况下，可逆绝热压缩时压气机消耗的功 $w_{c,s}$ 与不可逆绝热压缩时所消耗的功 w_c' 的

比值，用 $\eta_{c,s}$ 表示，即

$$\eta_{c,s}=\frac{w_{c,s}}{w_c'}=\frac{h_{2s}-h_1}{h_2'-h_1} \tag{3-98}$$

对于比热容为定值的理想气体，有

$$\eta_{c,s}=\frac{T_{2s}-T_1}{T_{2'}-T_1} \tag{3-99}$$

思考题

3-1　理想气体的热力学能和焓是温度的单值函数，理想气体的熵也是温度的单值函数吗？

3-2　气体的比热容 c_p、c_V 是过程量还是状态量？

3-3　绝热过程是否一定是定熵过程？定熵过程都是可逆绝热过程吗？

3-4　理想气体熵变化 Δs 公式有三个，它们都是从可逆过程的前提推导出来的，那么，在不可逆过程中，这些公式也可以用吗？

3-5　热力学第一定律的数学表达式可写成

$$q=\Delta u+w$$

或

$$q=c_V\Delta T+\int_1^2 p\mathrm{d}v$$

两者有何不同？

3-6　根据热力学第一定律 $q=\Delta u+w$，以及理想气体的热力学能是温度的单值函数的特性，当理想气体发生一个定温过程后，$q=w$，这表明加入的热量全部变成功，这是否违反热力学第二定律？

3-7　理想气体的 c_p 和 c_V 之差及 c_p 和 c_V 之比值是否在任何温度下都等于一个常数？

3-8　理想气体的热力学能和焓为零的起点是以它的压力值、还是温度值、还是压力和温度一起来规定的？

3-9　理想气体混合物的热力学能是否是温度的单值函数？其 c_p-c_V 是否仍遵守迈耶公式？

3-10　“理想气体在绝热过程中的技术功，无论可逆与否均可由 $w_t=\frac{k}{k-1}R_g(T_1-T_2)$ 计算”对吗？为什么？

3-11　试根据 p-v 图上四种基本热力过程的过程曲线的位置，画出自点1出发的下述过程的过程曲线，并指出其变化范围：

（1）热力学能增大及热力学能减小的过程；

（2）吸热过程及放热过程。

3-12　试根据 T-s 图上四种基本热力过程的过程曲线的位置，画出自点1出发的下述过程的过程曲线，并指出其变化范围：

（1）膨胀做功的过程及压缩耗功的过程；

（2）压力升高的过程及压力降低的过程。

3-13　多变过程的膨胀功、技术功、热量三个公式在 $n=1$ 时就失效了，怎么处理这个

问题？

3-14　如果通过各种冷却方法而使压气机的压缩过程实现为定温过程，则采用多级压缩的意义是什么？

3-15　试分析，在增压比相同时，采用定温压缩和采用绝热压缩的压气机的容积效率何者高？

习　题

3-1　有一容积 $V=10\text{m}^3$ 的刚性储气瓶，内盛氧气，开始时储气瓶压力表的读数为 $p_{g1}=4.5\text{MPa}$，温度为 $t_1=35℃$。使用了部分氧气后，压力表的读数变为 $p_{g2}=2.6\text{MPa}$，温度变为 $t_2=30℃$。在这个过程中当地大气压保持不变，为 $p_b=0.1\text{MPa}$。求使用了多少千克氧气？

3-2　有 2.268kg 的某种理想气体，经可逆定容过程，其比热力学能的变化为 $\Delta u=139.6\text{kJ/kg}$，求过程膨胀功、过程热量。

3-3　某锅炉每小时烧煤 20t，估计每千克煤燃烧后可产生 10m^3（标准状态下）的烟气。测得烟囱出口处烟气的压力为 0.1MPa，温度为 150℃，烟气的流速为 $c=8\text{m/s}$，烟囱截面为圆形，试求烟囱出口处的内径。

3-4　一封闭的刚性容器内贮有某种理想气体，开始时容器的真空为 60mmHg，温度 $t_1=100℃$，问需将气体冷却到什么温度，才可能使其真空变为 120mmHg。已知当地大气压保持为 $p_b=0.1\text{MPa}$。

3-5　锅炉烟气的容积成分为 $\varphi_{CO_2}=0.14$，$\varphi_{H_2O}=0.09$，其余为 N_2。当其进入一段受热面时温度为 1200℃，流出时温度为 800℃。烟气压力保持 $p=0.1\text{MPa}$ 不变。求烟气对受热面的放热量（用平均比热计算）。

3-6　某理想气体在缸内进行可逆绝热膨胀，当比体积变为原来的 2 倍时，温度由 40℃降为－36℃，同时气体对外做膨胀功 60kJ/kg。设比热容为定值，试求比定压热容 c_p 与比定容热容 c_V。

3-7　1kmol 理想气体，从状态 1 经过定压过程到状态 2，再经过定容过程到达状态 3，另一途径为从状态 1 直接到达状态 3，如图 3-22 所示，1—3 为直线。已知 $p_1=0.1\text{MPa}$，$T_1=300\text{K}$，$v_2=3v_1$，$p_3=2p_1$，试证明：

(1) $Q_{12}+Q_{23}\neq Q_{13}$；

(2) $\Delta S_{12}+\Delta S_{23}=\Delta S_{13}$。

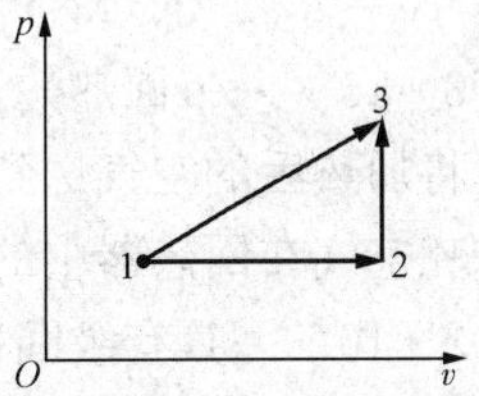

图 3-22　习题 3-7

3-8　今有满足状态方程 $pv=R_gT$ 的某气体稳定地流过一变截面绝热管道，其中 A 截面上压力 $p_A=0.1\text{MPa}$，温度 $t_A=27℃$，B 截面上压力 $p_B=0.5\text{MPa}$，温度 $t_B=177℃$。该气体气体常数 $R_g=0.287\ \text{kJ/(kg·K)}$，比定压热容 $c_p=1.005\text{kJ/(kg·K)}$。试问此管道哪一截面为进口截面？

3-9　在如图 3-23 所示的 T-s 图上给出两个热力循环：1—2—6—5—1 为卡诺循环，1—2—3—4—1 为不可逆循环，其中 2—3 为有摩擦的绝热膨胀过程，4—1 为有摩擦的绝热压缩过程，请分别求出两个热力循环的循环净功和热效率。

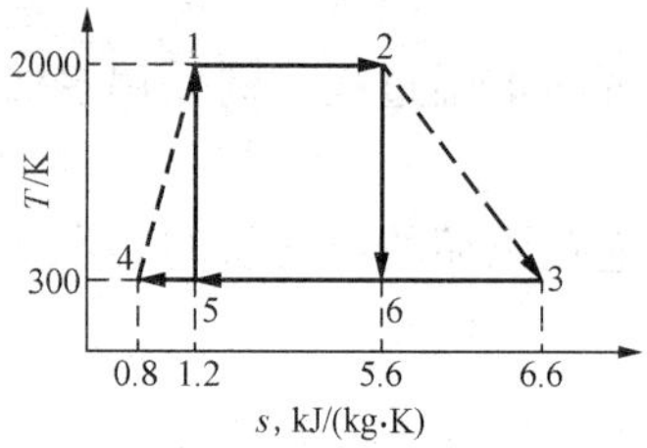

图 3-23 习题 3-9

3-10 某理想气体动力循环由这样 4 个过程构成，先从状态 a 定温膨胀到状态 b，后绝热膨胀到状态 c，再定压放热到状态 d，最后绝热压缩回到状态 a，在 p-v 图、T-s 图上表示该循环。已知吸热量 q_1 和各点的焓，列出放热量、功和循环热效率的计算式。

3-11 定量理想气体经定熵、定压、定容过程组成一可逆循环，在 p-v 图上画出该循环，并导出循环热效率的表达式$\left[以\ \varepsilon=\frac{p_2}{p_1}，\kappa=\frac{c_p}{c_V}表示，即\ \eta=\eta(\varepsilon, \kappa)的具体形式\right]$。

3-12 有若干空气在气缸中被压缩，空气的初态为：$p_1=0.2\text{MPa}$，$t_1=115℃$，$V=0.14\text{m}^3$，活塞缓慢移动将空气压缩到 $p_2=0.6\text{MPa}$，已知压缩过程中空气体积变化按照如下规律：$V=0.16-0.001p$（V，m^3；p，MPa），空气 $R_g=0.287\ \text{kJ/(kg·K)}$，$c_V=0.717\ \text{kJ/(kg·K)}$，求：①空气质量；②对空气做的功量；③压缩终了的温度；④过程吸热量。

3-13 空气的初参数为 $p_1=0.5\text{MPa}$ 和 $t_1=50℃$，此空气流经阀门发生绝热节流作用，并使空气容积增大到原来的两倍。求节流过程中空气的熵增，并求其最后的压力。若环境温度为 20℃，空气经节流后做功能力减少了多少？

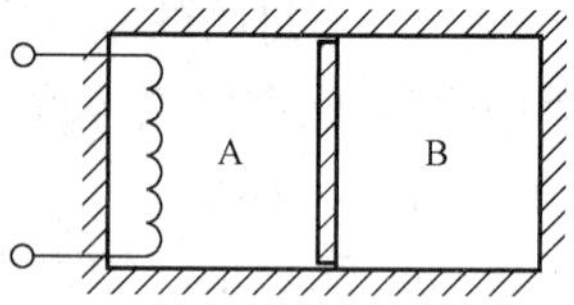

图 3-24 习题 3-14

3-14 如图 3-24 所示，两端封闭而且具有绝热壁的汽缸，被可移动的、无摩擦的、绝热的活塞分为体积相同的 A、B 两部分，其中各装有同种理想气体 1kg。开始时活塞两边的温度和压力都相同，分别为 0.2MPa、10℃。现通过 A 腔气体内的一个加热线圈，对 A 腔内气体缓慢加热，使活塞向右缓慢移动，直至 $p_{A2}=p_{B2}=0.4\text{MPa}$ 时，试求：①A、B 腔内气体的终态容积各是多少？②A、B 腔内气体的终态温度各是多少？③过程中 A 腔内气体获得的热量是多少？④A、B 腔内气体的熵变各是多少？⑤整个系统的熵变是多少？⑥在 p-V 图和 T-s 图上表示出 A、B 腔气体经历的过程。已知该气体的比热容为定值，$c_p=1.01\ \text{kJ/(kg·K)}$，$c_V=0.72\ \text{kJ/(kg·K)}$。

3-15 一带回热的燃气轮机装置，用燃气轮机排出的乏气在回热器中对空气进行加热，然后将加热后的空气送到燃烧室燃烧。若空气在回热器中从 137℃定压加热到 357℃。试求每千克空气在回热器中的吸热量。①按定值比热容计算；②按空气热力性质表计算。

3-16 一具有级间冷却器的两级压缩机，吸入空气的温度是 27℃，压力是 0.1MPa，压气机将空气压缩到 $p_3=1.6\text{MPa}$。压气机的生产量为 360kg/min，两级压气机压缩过程均按 $n=1.3$ 进行。若两级压气机进气温度相同，且以压气机耗功最少为条件。试求：①空气在低压缸中被压缩所达到的压力 p_2；②压气机所耗总功率；③空气在级间冷却器所放出的热量。

3-17 温度为 800K、压力为 5.5MPa 的燃气进入燃气轮机内绝热膨胀，在燃气轮机出口测得两组数据，一组压力为 1.0MPa，温度为 485K，另一组压力为 0.7MPa，温度为 495K。试问这两组参数哪一组是正确的？此过程是否可逆？若不可逆，其做功能力损失是多少？并将做功能力损失表示在 T-s 图上。燃气的性质可看成空气处理，空气的比定压热容 $c_p=$

1.004 kJ/(kg·K)，气体常数 R_g=0.287 kJ/(kg·K)，环境温度 T_0=300K。

3-18　压气机入口空气温度为17℃，压力为0.1MPa，每分钟吸入空气5m^3，经绝热压缩后其温度为207℃，压力为0.4MPa。若环境温度为17℃，大气压力为0.1MPa，求：①压气机的实际耗功率；②压气机的绝热效率；③压缩过程的熵流和熵产；④做功能力损失。设空气的定压比热容为定值。

3-19　某理想气体循环1—2—3—1如图3-25所示，试：①画出该循环的 $T-s$ 图；②导出该循环热效率 η_t 与 $\lambda=\frac{p_2}{p_1}$ 的关系；③分析 $\lambda=\frac{p_2}{p_1}$ 对循环热效率的影响。

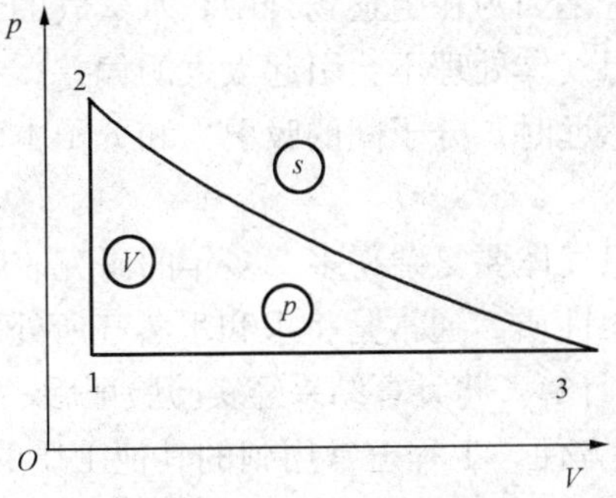

图3-25　习题3-19

第四章　水蒸气和湿空气

水和水蒸气具有分布广、易于获得、价格低廉、无毒无臭、化学性质稳定、环境友好等特点，同时具有较好的热力学特性，因此是当前火力发电厂使用最普遍的工质。

在某些条件下，水蒸气可以当成理想气体处理。例如，燃气轮机及内燃机燃气中的水蒸气、湿空气中的水蒸气等。这是因为在上述场合中，水蒸气的含量相对较少，水蒸气的分压力低，距离液态较远，按理想气体处理不会引起太大的偏差。在工程计算中，这种偏差是允许的。但是当水蒸气离液态不远时，分子间的吸引力和分子本身的体积不能忽略，此时水蒸气不能被当作理想气体看待。

水蒸气的热力性质比理想气体要复杂得多。多年的研究表明，迄今为止不能用一个代数方程同时很精确地描述它们的性质。通常是将水和水蒸气所处的状态分段，每段都有各自很复杂的状态方程，经过计算机计算，将计算结果经实验验证后，编制成各种水蒸气热力性质图表，供直接查取，使计算简捷方便。工程上常用到的其他工质的蒸气（如氨、氟利昂等蒸气）的特性及物态变化规律与水蒸气基本相同，学好水蒸气的性质可以举一反三。因此在弄清水蒸气热力性质特点的基础上，掌握水和水蒸气热力性质图表的构成和应用是本章的主要任务。

湿空气是干空气和水蒸气的混合物。烘干、采暖、空调、冷却塔等工程中都涉及湿空气的性质，无论在生产上或生活上，对湿空气的研究都有重要意义。

第一节　水的相变及相图

自然界中大多数纯物质以三种聚集态存在：固相、液相和气相。所谓相是指系统内物理和化学性质完全相同的均匀体。下面介绍纯净水的三种状态变化。

在一定压力下，对固态冰加热，冰的温度升高至融化点温度，开始融化成液态水，在全部融化之前保持融点温度不变，此过程称为融解过程。对水继续加热，温度升至沸点温度时，水开始沸腾汽化，直到全部变为水蒸气，在汽化过程中温度也保持不变。再进一步加热，蒸汽温度逐渐升高为过热水蒸气。上述过程在 p-t 图上用水平线 a—b—e—l 表示，如图 4-1 所示。线段 a—b、b—e 和 e—l 相应为冰、水和水蒸气的定压加热过程，b 点为固—液共存点（凝固点或融化点），e 点为液－汽共存点（沸点或凝结点）。AB 线为固液共存线（融解曲线），它反映了融化点与压力的关系。水在凝固时体积膨胀，从而使它的 AB 线斜率为负，其他绝大多数纯净物质的 AB 线的斜率均为正，如图 4-2 所示。从图 4-1 中可以看出，当压力增加时，冰的融化点降低。滑冰的冰刀比较锋利，在很小作用面上受到很大压力，根据冰的上述特点，冰可以在低于 0℃的温度下融化为水而产生润滑作用而使冰刀滑动流畅，冰刀使用一段时间变钝后，需要重新磨砺。

AC 线为液－汽态共存线（汽化线或凝结线）。AC 线上端点 C 是临界点，AC 线显示了沸点与压力的关系。所有纯物质的汽化曲线斜率为正，说明饱和压力随饱和温度升高而增大。

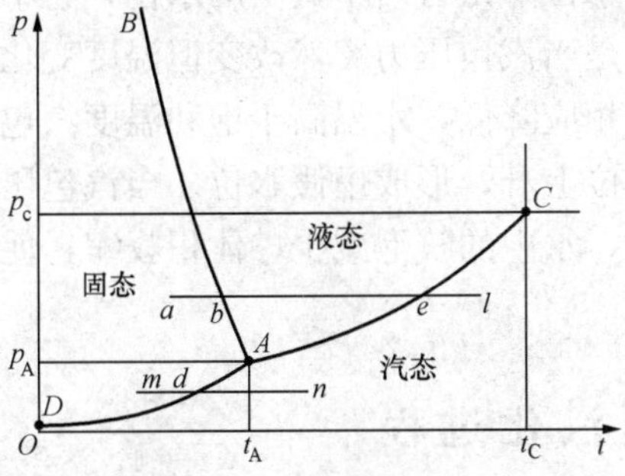

图 4 - 1　凝固时体积膨胀的物质的 p-t 图

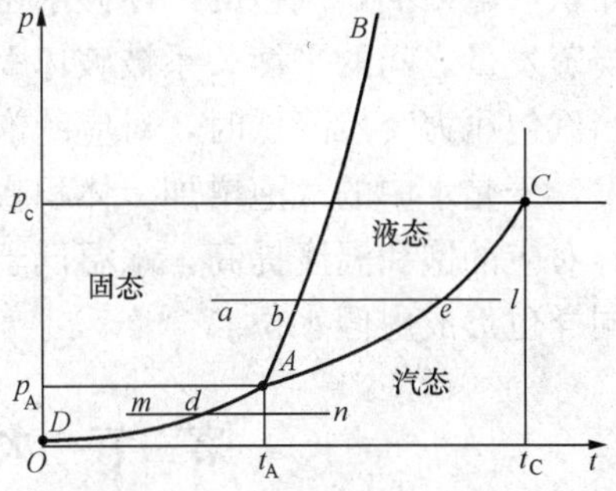

图 4 - 2　凝固时体积缩小的物质的 p-t 图

当压力降低时，AB 线和 AC 线逐渐接近，并相交于 A 点。A 点是固、液、汽三态共存的状态点，称为**三相点**。每种纯物质的三相点的压力和温度都是唯一确定的。一些物质的三相点温度和压力见表 4 - 1。

表 4 - 1　　一些物质的三相点温度和压力

物质		温度（K）	压力（Pa）	物质		温度（K）	压力（Pa）
氢	H_2	13.84	7039	水	H_2O	273.16	611.2
氧	O_2	54.35	152	硫化氢	H_2S	187.66	23 185
一氧化碳	CO	68.14	15 351	乙炔	C_2H_2	192.4	128 256
二氧化碳	CO_2	216.55	517 970	氨	NH_3	195.42	6077
甲烷	CH_4	90.67	11 692	二氧化硫	SO_2	197.69	167
乙烯	C_2H_4	104.00	120				

AD 线为固一汽态共存线（升华线或凝华线），从图中可以看出，当发生 m—d—n 过程时，冰不经过液化而直接变为气态，称为升华。升华过程只有在压力低于三相点压力时才会发生。制造集成电路就是利用低温下升华的原理将金属蒸气沉积在其他固体表面。冬季北方挂在室外冻硬的湿衣服可以晾干就是冰升华为水蒸气的缘故。秋冬之交的霜冻则是升华过程的逆过程，称为**凝华**。

众所周知，由液态转变为蒸汽的过程称为汽化，汽化是液体分子脱离液面的现象，根据剧烈程度，汽化可分为蒸发和沸腾。在水表面进行的汽化过程称为蒸发；在水表面和内部同时进行的强烈的汽化过程称为沸腾。

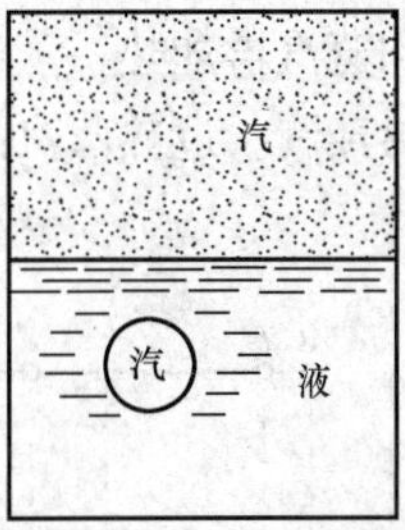

图 4 - 3　水的饱和状态

实际上，水分子脱离表面的汽化过程，同时也伴有分子回到液体中的凝结过程。在图 4 - 3 所示的密闭的盛有水的容器中，在一定温度下，起初汽化过程占优势，随着汽化的分子增多，空间中蒸汽的浓度变大，使水分子返回液体中的凝结过程加剧。到一定程度时，虽然汽化和凝结都在进行，但处于动态平衡中，空间中蒸汽的分子数目不再增加，这种动态平衡的状态成为饱和状态。在这一状态下的温度称为**饱和温度**，用 t_s 表示。由于处于这一状态的蒸汽分子动能和分子总数不再改变，因此压力也确定不变，称为**饱和压力**，用 p_s 表示。t_s 和 p_s 是一一对应的，不是相互独立的状态参数：压力增加，则对应的饱和温度升高；压力降低，对应的饱和温度也降低。处于饱和状态下的液态水称为**饱和水**，处于饱和状态下的蒸汽称为**干饱和蒸汽**，简称**饱和蒸汽**。

小知识 电站锅炉汽包的“虚假水位”:“虚假水位”是暂时不真实的水位，它不是由于给水量与蒸发量之间的平衡关系被破坏引起的，而是当汽包压力突然改变但温度变化滞后引起的。当汽包压力突然降低时，对应的饱和温度也相应降低，水温高于饱和温度汽包内的水自行蒸发，于是水中的气泡增加，体积膨胀，使水位上升，形成虚假水位。当汽包压力突然升高时，对应的饱和温度提高，水温低于饱和温度，水中的气泡减少，体积收缩，促使水位下降，同样也形成虚假水位。

第二节 水的定压汽化过程

一、水的定压汽化过程

工程上所用的水蒸气大多是由锅炉在压力不变的情况下加热而产生的，下面用图 4-4 来说明水蒸气的产生过程。设有一桶状容器中盛有 1kg 0℃的水，在水面上有一个可以移动的活塞，对容器内的水施加一定的压力 p，在容器底部对水加热。

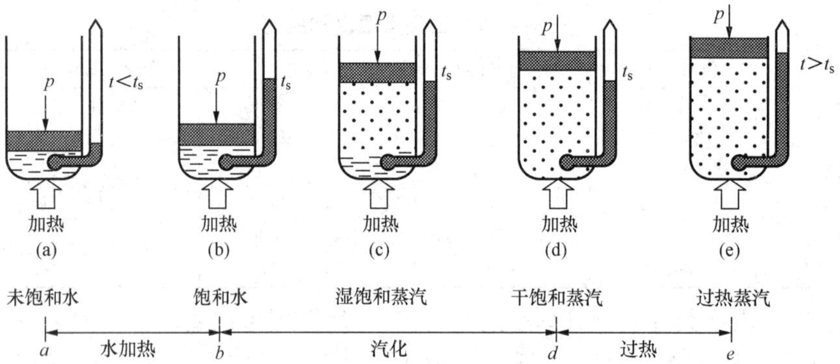

图 4-4 水的定压加热汽化过程

刚开始对水加热时，水的温度将不断上升，水的比体积则增加很少，达到沸腾之前的水称为**未饱和水**。当达到压力对应的饱和温度 t_s 时，水开始沸腾，水处于“饱和水”状态，在定压下继续加热，水将逐渐汽化，在这个过程中，水和蒸汽的温度都保持不变。当容器中最后一滴水完全蒸发，变为干饱和蒸汽时，温度仍是 t_s。水还没有完全变为干饱和蒸汽之前，容器中饱和水和饱和蒸汽共存，通常把混有饱和水的饱和蒸汽称为**湿饱和蒸汽**或简称**湿蒸汽**。如果对干饱和蒸汽再加热，蒸汽的温度又开始上升。这时，蒸汽的温度已超过饱和温度，这种蒸汽称为**过热蒸汽**。过热蒸汽的温度超过其压力对应的饱和温度 t_s 的部分称为过热蒸汽的**过热度**。

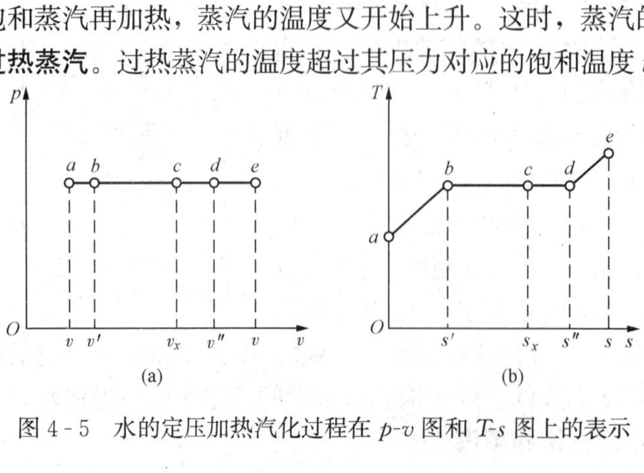

图 4-5 水的定压加热汽化过程在 p-v 图和 T-s 图上的表示

综上所述，水的定压加热汽化过程先后经历了未饱和水、饱和水、湿饱和蒸汽、干饱和蒸汽和过热蒸汽五种状态。

水的定压加热汽化过程可以在 p-v 图和 T-s 图上表示，如图 4-5 所示。其中 a 点为 0℃水的状态；b 点为饱和水状态；c 点为某种比例汽水混合的湿饱和蒸汽状态；d 点为干饱和蒸汽状态；e 点为过热蒸汽状态。

二、水蒸气的 p-v 图与 T-s 图

如果将不同压力下蒸汽的形成过程表示在 p-v 图和 T-s 图上，并将不同压力下对应的饱和水点和干饱和蒸汽点连接起来，就得到了图 4-6 中的 $b_1b_2b_3\cdots$ 和 $d_1d_2d_3\cdots$ 线，分别称为饱和水线（或下界线）和干饱和蒸汽线（或上界线）。

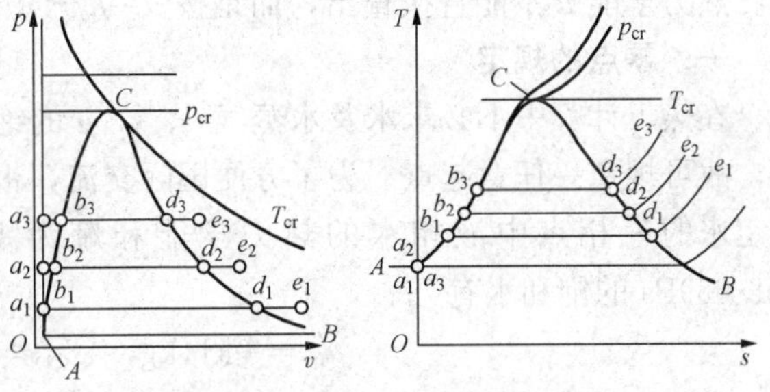

图 4-6 蒸汽的 p-v 图与 T-s 图

从图 4-6 可以清楚地看到，压力加大时，饱和水点和饱和蒸汽点之间的距离逐渐缩短。当压力增加到某一临界值时，饱和水和饱和蒸汽之间的差异已完全消失，即饱和水和干饱和蒸汽有相同的状态参数。在图中用点 C 表示，这个点称为**临界点**。这样一种特殊的状态称为临界状态。临界状态的各热力参数都加下角标“cr”，水的临界参数为 $p_{cr}=22.064\text{MPa}$，$t_{cr}=373.99℃$，$v_{cr}=0.003\,106\text{m}^3/\text{kg}$，$h_{cr}=2085.9\text{kJ/kg}$，$s_{cr}=4.409\,2\text{kJ/(kg·K)}$。

关于临界状态，可以补充以下几点：

(1) 任何纯物质都有自己唯一确定的临界状态。

(2) 在 $p\geqslant p_{cr}$ 下，定压加热过程不存在汽化段，水由未饱和态直接变化为过热态。

(3) 当 $t>t_{cr}$ 时，无论压力多高都不可能使气体液化。

(4) 在临界状态下，可能存在超流动性。

(5) 在临界状态附近，水及蒸汽有大比热容特性。

提高新蒸汽参数可以提高火力发电厂热效率。近些年，我国新投产的火电机组中有一大批超临界压力机组。超临界压力锅炉产生的新蒸汽的压力高于临界压力。在 $p>p_{cr}$ 压力下加热汽化时，饱和水和饱和蒸汽不再有区别。因此，超临界压力机组不能采用自然循环锅炉，而必须用直流锅炉。

从图 4-6 中可以看出，饱和水线 CA 和饱和蒸汽线 CB 将 p-v 图和 T-s 图分为三个区域：CA 线的左方是未饱和水区；CA 线与 CB 线之间为汽液两相共存的湿蒸汽区；CB 线右方为过热蒸汽区。

综合 p-v 图与 T-s 图，可以得到“一点、两线、三区、五态”。

一点：临界点；

两线：饱和水线和饱和蒸汽线；

三区：未饱和水区、湿蒸汽区、过热蒸汽区；

五态：未饱和水、饱和水、湿蒸汽、干饱和蒸汽、过热蒸汽。

第三节 水蒸气的状态参数和水蒸气表

如前所述，在大多数情况下，不能把水蒸气按理想气体处理，其 p、v、T 的关系不满足理想气体状态方程式 $pv=R_gT$，水蒸气的热力学能和焓也不是温度的单值函数。为了便于工程计算，将不同温度和不同压力下的未饱和水、饱和水、干饱和蒸汽和过热蒸汽的比体

积、比焓、比熵等参数列成表或绘制成线图，利用它们可以很容易地确定水蒸气的状态参数。热力学能 u 不能直接查出，而是按 $u=h-pv$ 计算得到。

一、零点的规定

在热工计算中不必求水及水蒸气 h、s、u 的绝对值，而仅需要求其增加或减少的相对数值，故可规定一任意起点。为了方便国际交流，根据国际水蒸气会议的规定，世界各国统一选定水的三相点中液相水的热力学能和熵为零，即对于 $t_0=t_{tp}=0.01℃$、$p_0=p_{tp}=611.659\text{Pa}$ 的饱和水有

$$u_0'=0\text{kJ/kg},\quad s_0'=0\text{kJ/(kg}\cdot\text{K)}$$

此时，水的比体积 $v_0'=v_{tp}=0.001\,000\,21\text{m}^3/\text{kg}$，焓可以通过 $h=u+pv$ 来计算。

$$\begin{aligned}h_0'&=u_0'+p_0v_0''\\&=0+611.659\times0.001\,000\,21=0.611\,7\text{J/kg}\approx0\end{aligned}$$

二、水蒸气表

水蒸气表分"饱和水和干饱和蒸汽表"和"未饱和水和过热蒸汽表"（见附表 7）两种。为了使用方便，"饱和水和干饱和蒸汽表"又分为以温度为序排列和以压力为序排列两种，分别见附表 5、附表 6，两表的节录分别如表 4 - 2、表 4 - 3 所示。未饱和水和过热蒸汽的热力性质表的节录见表 4 - 4。在这些表中，上标"′"表示饱和水的参数，上标"″"表示饱和蒸汽的参数。

表 4 - 2　饱和水和干饱和蒸汽热力性质表（依温度排列）

t	p	v'	v''	h'	h''	r	s'	s''
℃	MPa	m³/kg		kJ/kg			kJ/（kg·K）	
0	0.000 611 2	0.001 000 22	206.154	−0.05	2500.51	2500.6	−0.000 2	9.154 4
0.01	0.000 611 7	0.001 000 21	206.012	0.00	2500.53	2500.5	0	9.154 1
1	0.000 657 1	0.001 000 18	192.464	4.18	2502.35	2498.2	0.015 3	9.127 8
5	0.000 872 5	0.001 000 08	147.048	21.02	2509.71	2488.7	0.076 3	9.023 6
10	0.001 227 9	0.001 000 34	106.341	42.00	2518.90	2476.9	0.151 0	8.898 8
20	0.002 385	0.001 001 85	57.86	83.86	2537.20	2453.3	0.296 3	8.665 2
30	0.004 245 1	0.001 004 42	32.899	125.68	2555.35	2429.7	0.436 6	8.451 4
100	0.101 325	0.001 043 44	1.673 6	419.06	2675.71	2256.6	1.306 9	7.354 5
150	0.475 71	0.001 090 46	0.392 86	632.28	2746.35	2114.1	1.842 0	6.838 1
200	1.553 66	0.001 156 41	0.127 32	852.34	2792.47	1940.1	2.330 7	6.431 2
250	3.973 51	0.001 251 45	0.050 112	1085.3	2800.66	1715.4	2.792 6	6.071 6
300	8.583 08	0.001 403 69	0.021 669	1344.0	2748.71	1404.7	3.253 3	5.704 2
350	16.521	0.001 740 08	0.008 812	1670.3	2563.39	893.0	3.777 3	5.210 4
373.99	22.064	0.003 106	0.003 106	2085.9	2085.9	0	4.409 2	4.409 2

表 4 - 3　饱和水和干饱和蒸汽热力性质表（依压力排列）

p	t	v'	v''	h'	h''	r	s'	s''
MPa	℃	m³/kg		kJ/kg			kJ/（kg·K）	
0.001	6.969	0.001 000 1	129.185	29.21	2513.19	2484.1	0.105 6	8.973 5
0.005	32.879	0.001 005 3	28.191	137.72	2560.55	2422.8	0.476 1	8.393 0
0.010	45.799	0.001 010 3	14.673	191.76	2583.72	2392.0	0.649 0	8.148 1
0.10	99.634	0.001 043 2	1.694 3	417.52	2675.14	2275.6	1.302 8	7.358 9

续表

p	t	v'	v''	h'	h''	r	s'	s''
MPa	℃	m^3/kg		kJ/kg			kJ/（kg·K）	
1.00	179.916	0.001 127 2	0.194 38	762.84	2777.67	2014.8	2.138 8	6.585 9
5.0	263.980	0.001 286 2	0.039 439	1154.2	2793.64	1639.5	2.920 1	5.972 4
10.0	311.037	0.001 452 2	0.018 026	1407.2	2724.46	1317.2	3.359 1	5.613 9
15.0	342.196	0.001 657 1	0.010 340	1609.8	2610.01	1000.2	3.683 6	5.309 1
20.0	365.789	0.002 037 9	0.005 870	1827.7	2413.05	585.9	4.015 3	4.932 2
22.064	379.99	0.003 106	0.003 106	2085.9	2085.9	0	4.409 2	4.409 2

表 4-4　　未饱和水和过热水蒸气的热力性质表

	0.5MPa			1.0MPa		
t	v	h	s	v	h	s
℃	m^3/kg	kJ/kg	kJ/（kg·K）	m^3/kg	kJ/kg	kJ/（kg·K）
0	0.001 000 0	0.46	−0.000 1	0.000 999 7	0.97	−0.000 1
10	0.001 000 1	42.49	0.151 0	0.000 999 9	4298	0.150 9
50	0.001 011 9	209.75	0.703 5	0.001 011 7	210.18	0.703 3
100	0.001 043 2	419.36	1.306 6	0.001 043 0	419.74	1.306 2
120	0.001 060 1	503.97	1.527 5	0.001 059 9	504.32	1.527 0
140	0.001 079 6	589.30	1.739 2	0.001 079 3	589.62	1.738 6
160	0.383 58	2767.2	6.864 7	0.001 101 7	675.84	1.942 4
180	0.404 50	2811.7	6.965 1	0.194 43	2777.9	6.586 4
200	0.424 87	2854.9	7.058 5	0.205 90	2 827.3	6.693 1
300	0.522 55	3063.6	7.458 8	0.257 93	3050.4	7.121 6
320	0.541 64	3104.9	7.529 7	0.267 81	3093.2	7.195 0
360	0.579 58	3187.8	7.664 9	0.287 32	3178.2	7.333 7

三、汽化热

将 1kg 饱和水定压加热到干饱和蒸汽所需的热量称为**汽化热**，用 r 表示。汽化热不是定值，而是随 p_s（或 t_s）改变的，随着 p_s 增加，汽化热减少，当 p_s 增加到临界压力时，$r=0$kJ/kg。在定压加热过程中不做技术功，根据热力学第一定律有

$$q=\Delta h \quad 或 \quad r=h''-h'$$

显然得到

$$r=h''-h' \tag{4-1}$$

也不难得出

$$s''=s'+\frac{r}{T_s} \tag{4-2}$$

式中：T_s 为饱和压力 p_s 对应的饱和温度（热力学温度），K。

四、湿蒸汽的干度

从水蒸气表中无法直接查出湿蒸汽的状态参数，这是由于湿蒸汽是由压力、温度相同的饱和水与干蒸汽所组成的混合物，要确定其状态，除需知道它的压力（或温度）外，还需知道湿蒸汽的干度 x。

湿蒸汽中干饱和蒸汽的质量成分称为湿蒸汽的**干度**，用 x 表示，即

$$x=\frac{m_d}{m_m}=\frac{m_d}{m_e+m_d} \tag{4-3}$$

式中：m_d 为干饱和蒸汽质量；m_m 为湿蒸汽质量；m_e 为饱和水质量。

干度 x 可以理解为 1kg 湿蒸汽中含有 x（kg）干饱和蒸汽、$(1-x)$ kg 饱和水。相应地，用 x 做下角标来表示湿蒸汽的状态参数。因此

$$v_x=(1-x)v'+xv'' \tag{4-4}$$

$$h_x=(1-x)h'+xh'' \tag{4-5}$$

$$s_x=(1-x)s'+xs'' \tag{4-6}$$

$$u_x=(1-x)u'+xu'' \tag{4-7}$$

或者

$$u_x=h_x-p_s v_x \tag{4-8}$$

工程中有时也用湿度的概念，在数值上湿度等于 $1-x$。

【例 4-1】 蒸汽的状态

利用水蒸气表确定下列各点的状态和 h、s 值：

（1）$p=0.5\text{MPa}$，$v=0.001\,092\,5\text{m}^3/\text{kg}$；

（2）$p=0.5\text{MPa}$，$v=0.316\text{m}^3/\text{kg}$；

（3）$p=0.5\text{MPa}$，$v=0.434\,9\text{m}^3/\text{kg}$。

解 由饱和水和饱和蒸汽表查得，$p=0.5\text{MPa}$ 时，

$$v'=0.001\,092\,5\text{m}^3/\text{kg},\quad v''=0.374\,85\text{m}^3/\text{kg}$$

$$h'=640.35\text{kJ/kg},\quad h''=2748.59\text{kJ/kg}$$

$$s'=1.861\,0\text{kJ/(kg}\cdot\text{K)},\quad s''=6.821\,4\text{kJ/(kg}\cdot\text{K)}$$

可知，状态（1）为饱和水。

$$h=640.35\text{kJ/kg},\ s=1.861\,0\text{kJ/(kg}\cdot\text{K)}$$

状态（2）为湿饱和蒸汽。

$$v_x=(1-x)v'+xv''$$

$$0.316=(1-x)\times 0.001\,092\,5+0.374\,86x$$

解得干度 $x=0.842\,5$。

$$h_x=xh''+(1-x)h'=0.842\,5\times 2748.59+0.157\,5\times 640.35=2416.54\text{kJ/kg}$$

$$s_x=xs''+(1-x)s'=0.842\,5\times 6.821\,4+0.157\,5\times 1.861\,0=6.04\text{kJ/(kg}\cdot\text{K)}$$

状态（3）为过热蒸汽，查未饱和水和过热蒸汽表得

$$h=2876.2\text{kJ/kg},\quad s=7.103\text{kJ/(kg}\cdot\text{K)}$$

【例 4-2】 乏汽的凝结

某火力发电厂的凝汽器中，蒸汽（通常又称乏汽）压力为 0.005MPa，$x=0.95$，试求此蒸汽的 v_x、h_x、s_x。若此蒸汽定压凝结为水，试比较其容积的变化。

解 先由饱和水和饱和蒸汽表（依压力排列）查出 0.005MPa 时的各参数。

$$v'=0.001\,005\,3\text{m}^3/\text{kg},\quad v''=28.191\text{m}^3/\text{kg}$$

$$h'=137.72\text{kJ/kg},\quad h''=2560.55\text{kJ/kg}$$

$$s'=0.476\,1\text{kJ/(kg}\cdot\text{K)},\quad s''=8.393\text{kJ/(kg}\cdot\text{K)}$$

$$v_x=0.95\times 28.191+0.05\times 0.001\,005\,3=26.781\,5\text{m}^3/\text{kg}$$

$$h_x=0.95\times 2560.55+0.05\times 137.72=2439.41\text{kJ/kg}$$

$$s_x = 0.95 \times 8.383 + 0.05 \times 0.4761 = 7.988\text{kJ/(kg·K)}$$

体积缩小的倍数为

$$\frac{v_x}{v'} = \frac{26.7815}{0.0010053} = 26\,640.3\text{倍}$$

五、未饱和水及饱和水焓值的粗略计算

在热工计算中，焓值的计算最重要，应用最为广泛，通过查水蒸气表可以查出水和水蒸气在各个状态下的精确值。但是，当手头缺少必要的资料时，可以用简便公式粗略计算未饱和水及饱和水的焓，在温度和压力不太高时，误差不会太大。

0.01℃的水在定压下加热至 t_s℃时变成饱和水，所加入的热量称为**液体热**，用 q_l 表示。根据热力学第一定律有

$$q_l = h' - h_0 \approx h'$$

在温度不太高时（t_s<100℃）按水的平均比热容 c_{pm}=4.1868kJ/（kg·K）计算，饱和水的焓为

$$h' = q_l = c_{pm}(t_s - 0.01) \approx 4.1868t_s \tag{4-9}$$

对于未饱和水，在温度不太高时，也可用上式计算，只需将 t_s 换成未饱和水的温度 t 即可求得饱和水的焓

$$h = 4.1868t \tag{4-10}$$

需要指出的是，以上两式中 t 和 t_s 的单位都是℃，不能将℃转变为热力学温度 K 再计算。

第四节 水蒸气焓熵图及其应用

一、水蒸气的焓熵图

利用水蒸气表确定水蒸气的状态参数时，能得到相对精确的结果，但是它给出的数据是不连续的，常常要用到内插法。同时，在分析过程中，可能发生跨越两相的变化过程，使用水蒸气表会不方便。如果在热力参数坐标图上精确地画出标有数据的等压线、等温线等，就会更容易确定出水蒸气的状态。由于在热工计算中常常遇到绝热过程和焓差的计算，所以最常见的蒸汽图是以比焓 h 为纵坐标、比熵 s 为横坐标的所谓"焓—熵（h-s）图"，h-s 图又称莫里尔图，是德国人莫里尔在 1904 年首先绘制的，如图 4-7 所示。在 h-s 图上，液态热、汽化热、绝热膨胀技术功等都可以用线段表示，这就简化了计算工作，使 h-s 图具有很大的实用价值，成为工程上广泛使用的一种重要工具。

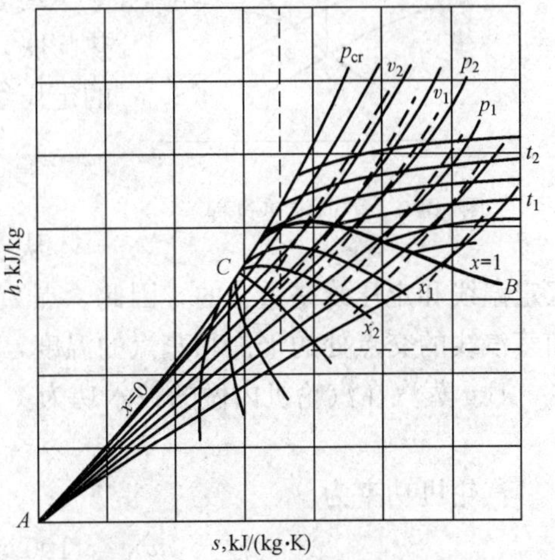

图 4-7 水蒸气的 h-s 图

图 4-7 中的粗线为 x=1 的干饱和蒸汽线，它将 h-s 图分成两个区间，其上为过热蒸汽区，其下为湿蒸汽区。在过热蒸汽区有定压线和定温线，在湿蒸汽区有定压线和定干度线，在实

际应用的 h-s 图中还有定容线，一般用红线标出，其斜率大于定压线。

由热力学理论可知

$$\delta q = \mathrm{d}h - v\mathrm{d}p = T\mathrm{d}s$$

定压时有

$$\left(\frac{\partial h}{\partial s}\right)_p = T$$

由于湿蒸汽的压力与温度是相互依赖的，所以定压线在湿蒸汽区内的斜率 $\left(\frac{\partial h}{\partial s}\right)_p$ 为定值，定压线为倾斜直线，压力越高，斜率就越大。进入过热区后，定压线的斜率要逐渐增加。定温线和定压线在上界线处开始分离，而且随温度的升高及压力的降低，定温线逐渐接近于水平的定焓线。这表明，此时过热蒸汽的性质逐渐接近理想气体。

在焓熵图中，水及 $x<0.6$ 的湿蒸汽区域里曲线密集，查图所得数据误差很大，如果需要水或干度较小的湿蒸汽参数，可以查水与水蒸气表。工程上使用的多是过热蒸汽或 $x>0.7$ 的湿蒸汽，所以实用的焓熵图只限于图 4-7 中右上方用虚线框出的部分，工程上用的 h-s 图就是这部分放大后绘制而成的。

二、h-s 图的应用举例

如果已知过热蒸汽的压力和温度，很容易通过“找交点”的方法在 h-s 图上确定蒸汽的状态，查得相应的 h 和其他参数的数据。同样的道理，若已知湿蒸汽的压力（或温度）和干度，也很容易在 h-s 图上确定其状态点，进而读出相应的参数。

【例 4-3】 水蒸气在汽轮机内膨胀做功

水蒸气进入汽轮机时 $p_1=5\text{MPa}$、$t_1=400℃$，排出汽轮机时 $p_2=0.005\text{MPa}$，水蒸气流量为 100t/h。假设水蒸气在汽轮机内的膨胀可逆绝热，求乏汽干度和温度及汽轮机的功率。

解 利用 h-s 图计算。

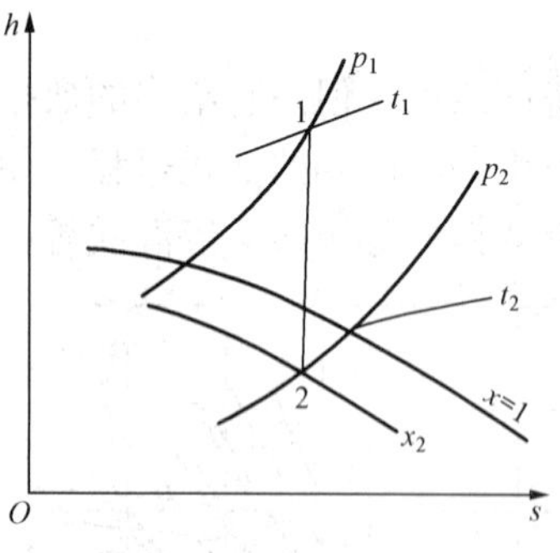

图 4-8 可逆绝热过程

初态参数：已知 $p_1=5\text{MPa}$，$t_1=400℃$，从 h-s 图上找出 $p=5\text{MPa}$ 的定压线和 $t=400℃$ 的定温线，两线的交点即为初态参数状态点 1，读得

$$h_1 = 3195\text{kJ/kg}$$

终态参数：已知终压 $p_2=0.005\text{MPa}$，因为是可逆绝热膨胀，故熵不变。从点 1 向下作垂直线交 $p=0.005\text{MPa}$ 的定压线于点 2，即终态点，直接读得

$$h_2 = 2026\text{kJ/kg}$$

$$x_2 = 0.78$$

从点 2 是不能直接读出乏汽的温度的，但是在湿蒸汽区定温线和定压线是重合的，因此，点 2 的温度等于 $p=0.005\text{MPa}$ 的定压线与 $x=1$ 的干饱和蒸汽线的交点处的干饱和蒸汽的温度，从 h-s 图上可以读出 $t_2\approx33℃$。

1kg 蒸汽在汽轮机内做的技术功为

$$w_t = h_1 - h_2 = 3195 - 2026 = 1169\text{kJ/kg}$$

汽轮机功率为

$$P = \frac{mw_t}{t} = \frac{100\times10^3\times1169}{3600} = 32\,472.2\text{kW}$$

【例 4 - 4】　蒸汽在过热器内定压加热

从锅炉汽包出来的蒸汽，其压力 $p=2\text{MPa}$，干度 $x=0.9$，进入过热器内定压加热，温度升高至 $t_2=300℃$，求每千克蒸汽在过热器中吸收的热量。

解　如图 4 - 9 所示，根据 p 和 x，在 h-s 图上确定点 1。沿定压线与 $t_2=300℃$ 相交于点 2，并查得以下参数：

$$h_1 = 2023\text{kJ/kg},\quad h_2 = 2610\text{kJ/kg}$$

蒸汽在过热器中吸收的热量为

$$q = h_2 - h_1 = 2610 - 2023 = 587\text{kJ/kg}$$

［例 4 - 3］和例［4 - 4］也可以用水蒸气热力性质表来做，过程要复杂一些，请有兴趣的读者自己完成。

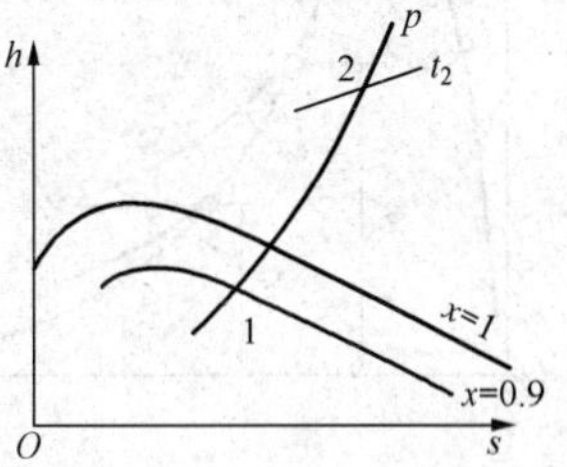

图 4 - 9　［例 4 - 4］示意

【例 4 - 5】　湿蒸汽的干度测量

工程上有时利用蒸汽节流来测定湿蒸汽的干度。图 4 - 10 所示为一节流式湿蒸汽干度测定仪（简称干度计）的示意。设湿蒸汽进入干度计前的压力 $p_1=1.5\text{MPa}$，经节流后的压力 $p_2=0.2\text{MPa}$，温度 $t_2=130℃$。试用 h-s 图确定湿蒸汽的干度。

解　如图 4 - 11 所示，根据节流后的参数 p_2 和 t_2，即可在 h-s 图上确定过热蒸汽的状态点 2。由于绝热节流前后蒸汽的焓值不变。于是由点 2 出发，沿水平线（等焓线）向左与湿蒸汽节流前的定压线 p_1 相交于点 1，从 h-s 图上可直接读出湿蒸汽的干度 $x_1=0.968$。

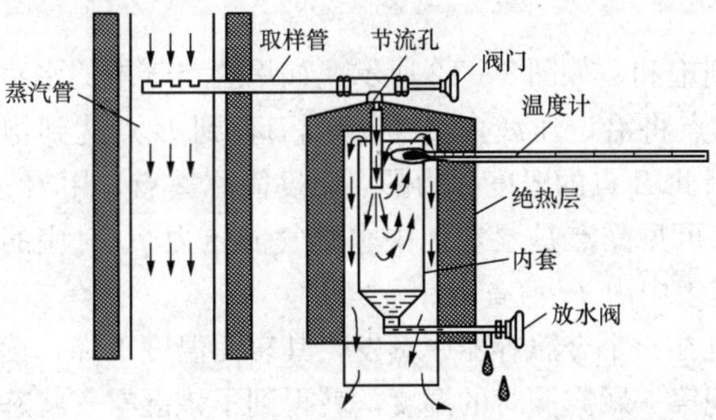

图 4 - 10　湿蒸汽干度测定装置示意

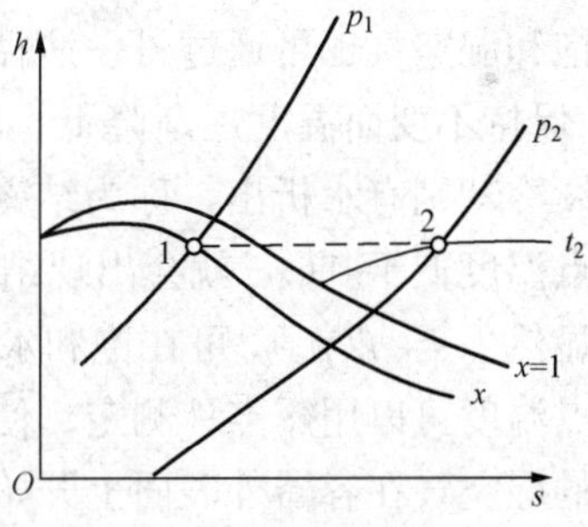

图 4 - 11　湿蒸汽的绝热节流过程

第五节　湿空气的性质

在自然界中，由于江河湖海里水的蒸发，使空气中总含有一些水蒸气。这种含有水蒸气的空气称为湿空气。完全不含水蒸气的空气称为干空气。因此，湿空气是干空气和水蒸气的混合物。湿空气中水蒸气的含量一般不多，水蒸气的分压力很低，因此，可以将湿空气当作理想气体混合物。在某些情况下往往可以忽略水蒸气的影响。但是，在干燥、暖通与空调、精密仪器和电绝缘的防潮、火力发电厂冷水塔等工程中，必须考虑空气中水蒸气的影响。

混合物各组分的温度是相同的，所以用一个温度计测量得到的湿空气的温度 t 等于湿空气中干空气的温度 t_a，也等于湿空气中水蒸气的温度 t_v，即

$$t = t_a = t_v \tag{4-11}$$

根据道尔顿分压力定律，湿空气的总压力等于干空气的分压力 p_a 和水蒸气的分压力 p_v

之和，就大气而言，湿空气的总压力为 p_b，因此写成数学式为

$$p = p_b = p_a + p_v \tag{4-12}$$

一、饱和湿空气与未饱和湿空气

若湿空气中的水蒸气处于过热状态，称这种湿空气为**未饱和湿空气**；若湿空气中的水蒸气处于饱和状态，则称这种湿空气为**饱和湿空气**。这两个概念可以从图 4-12 中得到理解。开始时，湿空气中的水蒸气处于 A 点，为过热状态。向湿空气中加入相同温度的水蒸气，则湿空气温度不变，但水蒸气含量增加，水蒸气分压力 p_v 增加，水蒸气状态点沿定温线向 C 点移动，到 C 点时达到饱和，如果再加入水蒸气将会有液滴析出。这说明，若湿空气中的水蒸气处于过热状态，即水蒸气分压力 p_v 低于湿空气温度 t 对应的饱和压力 p_s，或者说湿空气温度 t 高于水蒸气分压力 p_v 对应的饱和温度 t_s，此时湿空气还有继续吸收水蒸气的能力，因此，这种湿空气就叫未饱和湿空气。湿空气中的水蒸气处于饱和状态时，就不能再吸收水蒸气了，此时湿空气称为饱和湿空气。

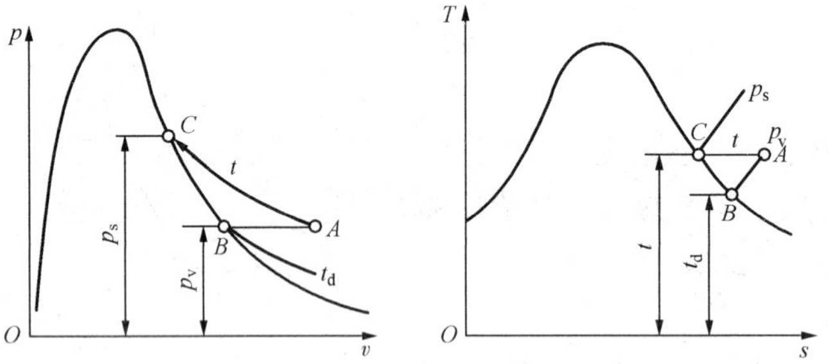

图 4-12 湿空气中水蒸气状态的 p-v 图与 T-s 图

二、露点

未饱和湿空气也可通过另一途径达到饱和。如图 4-12 所示，如果湿空气中的水蒸气分压力 p_v 保持不变而温度逐渐降低，状态点将沿定压线由 A 移动到 B，到 B 点达到饱和状态，继续冷却则有水析出，称为结露。因此 B 点的温度称为露点温度简称**露点**，用 t_d 表示。如果露点温度低于 0℃，就会出现结霜。可见露点是湿空气中水蒸气分压力 p_v 对应的饱和温度。显然 $t_d = f(p_v)$，可在饱和水蒸气表中由 p_v 值查得。

露点温度可以用露点计测定。使乙醚在一个金属容器中蒸发，其表面温度下降，读出与之接触的湿空气在容器外表面上开始呈现第一颗露滴时的温度，就得到了该湿空气状态下的露点温度。

露点温度在热力工程中有重要用途，如锅炉尾部受热面常因设计的排烟温度过低而结露，生成的水分使烟气中氮氧化物、硫氧化物变为酸性物质而引起腐蚀。因此，设计锅炉时必须保证这些部位的温度不低于露点温度。

三、绝对湿度与相对湿度

$1m^3$ 湿空气中所含水蒸气的质量称为湿空气的**绝对湿度**。绝对湿度指的是湿空气中水蒸气的密度，用符号 ρ_v 表示，其计算式为

$$\rho_v = \frac{m_v}{V} = \frac{p_v}{R_{g,v}T} \tag{4-13}$$

式中：m_v 为水蒸气质量；V 为湿空气体积；p_v 为水蒸气压力；$R_{g,v}$ 为水蒸气的气体常数；T 为湿空气的热力学温度。

湿空气中所含水蒸气的质量，与同一温度、同样总压力下饱和湿空气中所含水蒸气的质量之比称为**相对湿度**，用 φ 表示，则

$$\varphi = \frac{\rho_v}{\rho_s} = \frac{p_v}{p_s} \tag{4-14}$$

式中：ρ_s、p_s 分别为饱和湿空气的绝对湿度和湿空气温度 t 对应的饱和压力。

相对湿度 φ 的值介于 0 和 1 之间。φ 值越小，湿空气中水蒸气偏离饱和状态越远，空气越干燥，吸收水蒸气能力就越强，对于干空气，$\varphi=0$；反之，φ 值越大，则湿空气中的水蒸气越接近饱和状态，空气越潮湿，吸收水蒸气能力就越弱，当 $\varphi=1$ 时，湿空气为饱和湿空气，不具有吸收水蒸气的能力。

湿空气的相对湿度可以直接用毛发式湿度计测定。这种湿度计是利用经过严格挑选和处理过的细而匀净的毛发在不同的湿空气环境中因吸湿而伸张的原理，对湿空气相对湿度的指示事先做好合理的标定而制成的。

另一个常用的测量湿空气相对湿度的简单方法是采用干湿球温度计，这是一种近似的测量方法。如图 4-13 所示，干球温度计是一支普通的温度计，而湿球温度计头部被尾端浸入水中的湿纱布包裹。

当空气流过湿球温度计的端部时，湿纱布上的水分蒸发而吸收汽化热，使湿球温度计的温度下降。湿空气和湿球温度计测温泡之间的温差加大，湿空气向测温泡传入热量。当汽化带走的热量和传入的热量达到平衡时，湿球温度计上的读数就是湿空气的湿球温度 t_w。相对湿度 φ 越小，空气越干燥，则湿球温度计湿纱布上的水分蒸发就越多，湿球温度 t_w 就越低，干湿球温度计的读数差别也就越大；反之，相对湿度 φ 越大，空气越潮湿，湿纱布上的水分蒸发就越少，从而干湿球温度计的读数差别也就越小。当 $\varphi=1$ 时，湿空气达到饱和，无吸湿能力，此时，干湿球温度计的读数相等。这就是利用干湿球温度计测量湿空气相对湿度 φ 的基本原理。图 4-14 说明了干球温度 t、湿球温度 t_w 及相对湿度 φ 的相互关系。

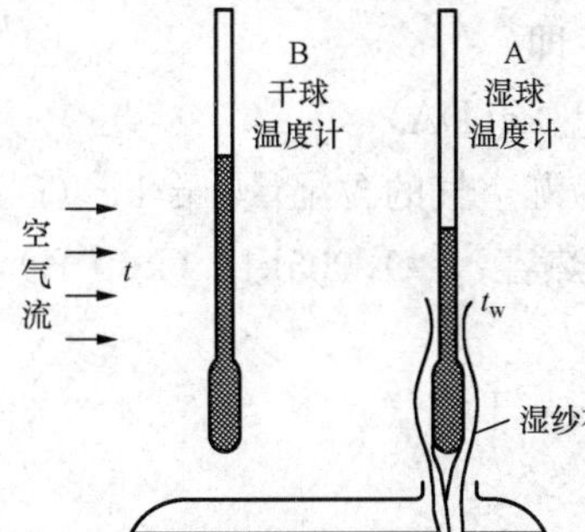

图 4-13　干湿球温度计示意

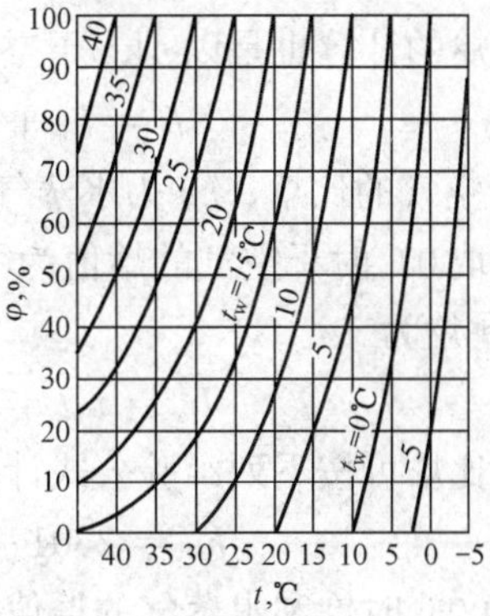

图 4-14　t、t_w 和 φ 的关系

四、含湿量

在空调或干燥过程中，湿空气中水蒸气的含量会有变化，而干空气的含量不改变。为了分析和计算上的方便，通常采用单位质量干空气作为计算基准。定义在含有 1kg 干空气的湿空气中所含水蒸气的克数为湿空气的含湿量，用 d 表示，单位为 g/kg 干空气或 g/kg（DA），即

$$d = 1000\,\frac{m_v}{m_a} = 1000\,\frac{\rho_v}{\rho_a} \tag{4-15}$$

式中：m_v、m_a 分别为水蒸气和干空气的质量；ρ_v、ρ_a 分别为水蒸气的密度（绝对湿度）和

干空气的密度。

根据理想气体状态方程式

$$\rho_v = \frac{p_v}{R_{g,v}T} \quad 和 \quad \rho_a = \frac{p_a}{R_{g,a}T}$$

其中干空气的气体常数 $R_{g,a}=287J/(kg \cdot K)$，水蒸气的气体常数 $R_{g,v}=461.5J/(kg \cdot K)$，并考虑到湿空气的总压力为 $p=p_v+p_a$，代入式（4 - 15）可得

$$d = 622\frac{p_v}{p-p_v} \tag{4-16}$$

式（4 - 16）说明，当湿空气压力 p 一定时，含湿量 d 只取决于水蒸气的分压力 p_v，即 $d=f(p_v)$。又因为 $p_v=\varphi p_s$，所以有

$$d = 622\frac{\varphi p_s}{p-\varphi p_s} \tag{4-17}$$

【例 4 - 6】 已知房间内大气压力为 0.1MPa，温度为 20℃，相对湿度 $\varphi=30\%$。试求：

（1）水蒸气的分压力和露点温度；

（2）含湿量。

解 由饱和水蒸气表查得 $t=20$℃时，$p_s=2.3385kPa$。

（1）$p_v=\varphi p_s=30\%\times2.3385\approx0.7kPa$。

再查饱和水蒸气表，0.7kPa 对应的饱和温度约为 2℃，这一温度即为露点温度，故 $t_d=$ 2℃。

（2）$d=622\frac{p_v}{p-p_v}=622\times\frac{0.7}{100-0.7}=4.385g/kg$（DA）。

五、湿空气的焓

湿空气的焓的计算也是以 1kg 干空气为基准的，即

$$h = h_a + 0.001dh_v \quad kJ/kg(DA) \tag{4-18}$$

式中：h_a 为干空气的比焓；h_v 为水蒸气的比焓；d 为湿空气的含湿量，g/kg（DA）。

工程上常取 0℃时干空气的焓值为零，其比定压热容 $c_p=1.005kJ/(kg \cdot K)$，则温度为 t 的干空气的比焓为

$$h_a = c_pt = 1.005t \quad kJ/kg(干空气)$$

水蒸气的比焓可按下列经验公式计算：

$$h_v = 2501 + 1.863t \quad kJ/kg(水蒸气)$$

式中：2501 为 0℃时饱和水蒸气的焓值；1.863 为常温下水蒸气的平均比定压热容。

于是湿空气的焓为

$$h = 1.005t + 0.001d(2501 + 1.863t) \quad kJ/kg(DA) \tag{4-19}$$

第六节　湿空气的焓－湿图

工程上为了计算方便，往往将湿空气的主要参数 h、d、φ、p_v、t 等制成焓－湿图（h-d 图，见文末附图 1），h-d 图是一种非常重要的工具。利用图中的图线既便于确定湿空气的参数，也便于对工程上常见的一些涉及湿空气的热工过程进行分析计算。

图 4 - 15 是湿空气的 h-d 示意图（$p_b=0.1$MPa）。它以含湿量 d 为横坐标，为了使图上的线段更加清晰，习惯上将 h 与 d 画成 135°夹角。h-d 图中主要有下列几条图线簇：

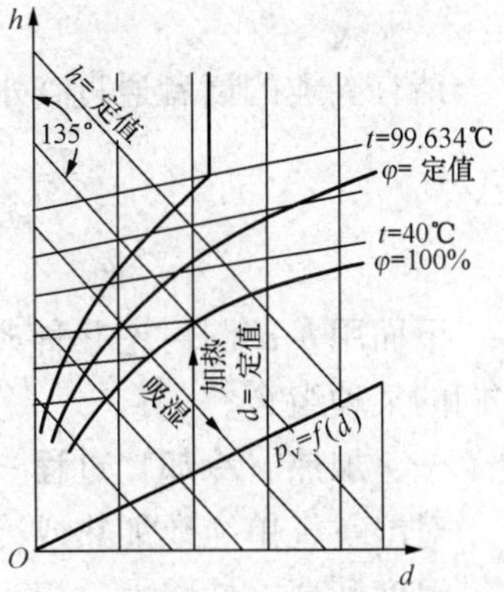

图 4 - 15 湿空气的 h-d 图

（1）定湿线簇。该线与 d 轴垂直，自左向右 d 值逐渐增加。按照式（4 - 16），在一定的总压力下，水蒸气分压力 p_v 与 d 值一一对应，因此定 d 线也就是定 p_v 线。又因为湿空气的露点 t_d 仅决定于水蒸气分压力 p_v，因此定 d 线簇又是定 t_d 线簇。

（2）定焓线簇。定焓线簇与 d 轴 135°夹角。

（3）定干球温度线簇。定 t 线是一组斜率为正的斜直线，不同的干球温度 t，其直线斜率不同，t 越高，斜率就越大。

（4）定相对湿度线。当 p_b 一定时，定 φ 线是一组上凸的曲线，其中 $\varphi=100\%$的相对湿度线将 h-d 图分成两部分。上部为未饱和湿空气区，$\varphi<100\%$；下部为雾区，而 $\varphi=100\%$ 线可以说是露点的轨迹线。不存在 $\varphi>100\%$的湿空气状态，因此湿空气状态点都在饱和曲线的上方。

若大气压力 $p_b=0.1$MPa，当 $t>99.634$℃时，其对应的饱和压力 $p_s=p_v$ 为一常数，此时，$\varphi=f(d)$ 为一条与 d 轴垂直的直线。

（5）p_v 与 d 的变换线。因为

$$d=622\frac{p_v}{p_b-p_v}$$

因此，当 p_b 一定时，$p_v=f(d)$，在图 4 - 16 中下部有 p_v 与 d 的变换线，从一定的 d 处向上作一条直线，遇到 p_v 与 d 的变换线后，有一交点，从这一交点往右作一条水平线，从右侧纵轴即可读出 d 所对应的 p_v。现在也有的 h-d 图没有在 h-d 图下部作这样的变换线，而是在 h-d 图之外的上部作一条直线，这条直线的上部和下部有两种刻度，从这条直线上也可以直接读出一定的 d 对应的 p_v。

需要指出，工程上的 h-d 图按照惯例是根据 $p_b=0.1$MPa 绘制的。在工程计算中，如果大气压力略微偏离 0.1MPa 时，利用该图计算仍不会有太大的误差。

【例 4 - 7】 利用 h-d 图求湿空气的参数

已知湿空气的压力 $p_b=0.1$MPa，温度 $t=30$℃，相对湿度 $\varphi=60\%$，试用 h-d 图求湿空气的 d、t_d、p_v、h。

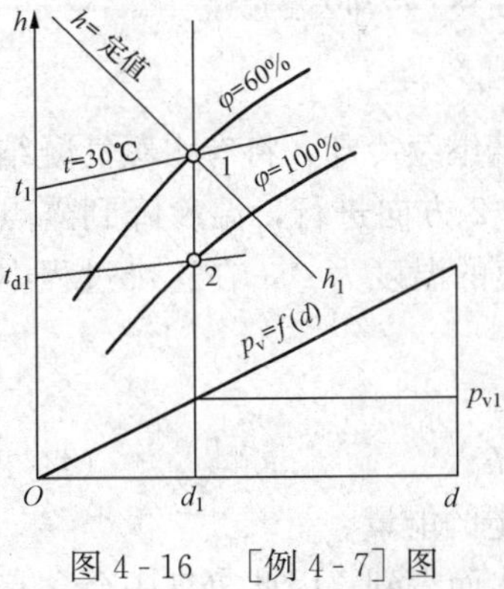

图 4 - 16 ［例 4 - 7］图

解 首先在 h-d 图上找到 $t=30$℃和 $\varphi=60\%$的交点 1，如图 4 - 16 所示，直接查得

$$d=13.6\text{g/kg(DA)},\ h=71.7\text{kJ/kg(DA)}$$

从点 1 沿定 d 线向下作一条直线和 $\varphi=100\%$的饱和湿空气线相交于点 2，点 2 的温度即为湿空气的露点，查得 $t_d=21.5$℃。

由点 1 沿定 d 线向下作一条垂直线和 $p_v=f(d)$ 线相交，从交点向右侧作水平线与纵轴相交，即可在纵轴上读出水蒸气的分压力为

$$p_v = 2.5\text{kPa}$$

请有兴趣的读者通过查水蒸气表重新做这一道题，并进行比较。

第七节 湿空气的热力过程

下面用 h-d 图讨论几种典型的湿空气热力过程。工程上遇到的较复杂的湿空气过程多是它们的某种组合。

一、加热（冷却）过程

对湿空气单纯地加热或冷却过程，其特征是过程中含湿量 d 保持不变。加热过程中湿空气温度升高，焓增大，相对湿度降低，如图 4-17 中的 1—2 过程。冷却过程反之，如图 4-17中的 1—2′过程。加热能使湿空气相对湿度降低，吸收水蒸气能力提高，这正是烘干木材、粮食，用电吹风吹干头发的基本原理所在。

根据稳定流动能量方程，湿空气加热（或冷却）过程中吸热量（或放热量）等于焓差，即

$$q = \Delta h = h_2 - h_1 \tag{4-20}$$

式中：h_1、h_2 分别为湿空气的初、终态焓值。

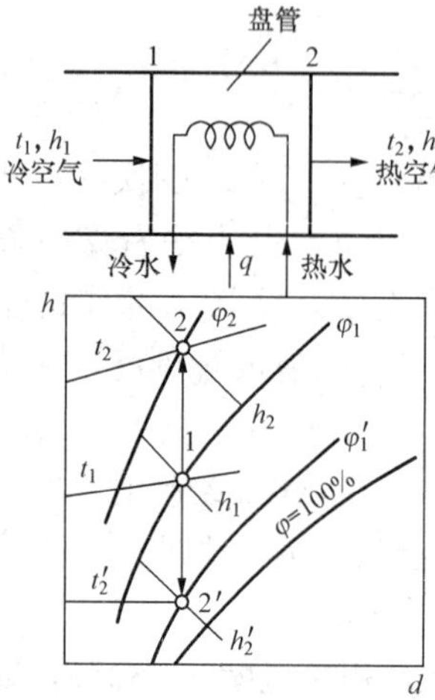

图 4-17 湿空气的加热（冷却）过程

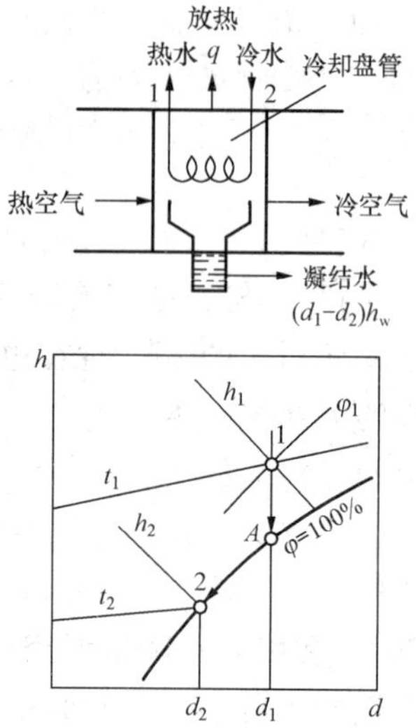

图 4-18 冷却去湿过程

二、冷却去湿过程

湿空气被定压冷却到露点温度，湿空气变为饱和状态，若继续冷却，将有水蒸气凝结析出，达到冷却去湿的目的。如图 4-18 所示，过程沿 1—A—2 方向进行，温度降到露点 A 后，沿 φ=100%的等 φ 线向 d、t 减少的方向到达 2 点，对应的温度为 t_2，在这个过程中相对于 1kg 干空气析出的水量为 $d_1 - d_2$。

通过冷却盘管带走的热量为

$$q = (h_1 - h_2) - 0.001(d_1 - d_2)h_w \tag{4-21}$$

式中：h_w 为凝结水的比焓；0.001（$d_1 - d_2$）h_w 为凝结水带走的能量。

大多数火力发电厂利用氢气冷却发电机，氢气依靠电解水而得到，因此氢气中会含有少

量水分，这会威胁到发电机的安全性，需要将氢气中含的水分减小到尽量低的水平。有的厂利用分子筛吸附的办法去除氢气中的水分，也有的厂利用冷冻法去除氢气中的水分，其基本原理就是上面讲的冷却去湿。当然，从图 4-18 中可以看出，必须将湿空气温度降至露点温度以下，才能去除部分水分。

三、冷却塔

冷却塔是利用蒸发冷却原理，使热水降温以获得工业循环冷却水的装置，在我国北方的火力发电厂中大量使用。图 4-19 所示为冷却塔装置示意，热水由塔上部向下喷淋，与自下而上的湿空气流接触。装置中装有填料，热水往下流时水流变得尽量细，从而增大了热水和湿空气的接触面积和接触时间。热水与空气间进行着复杂的传热和传质过程，总的效果是热水中一部分水分蒸发，吸收汽化热，使热水温度降低，而湿空气温度升高，相对湿度增大。冷却塔的出口处湿空气可以达到饱和状态。

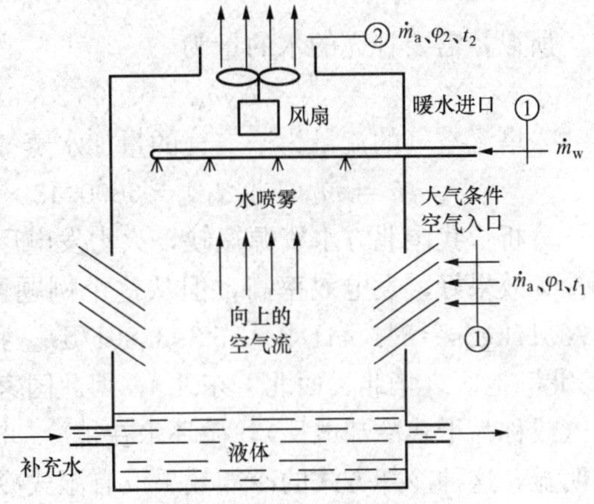

图 4-19 动力装置的冷却塔

【例 4-8】 动力装置的冷却塔

某电厂需将12 000kg/s 的循环水自 40℃冷却到 30℃。冷却塔的进口空气为 $t_1=25℃$、$\varphi_1=35\%$，并假定空气出冷却塔时为 $t_2=35℃$、$\varphi_2=90\%$，大气压力维持 $p_b=0.1\text{MPa}$。试计算空气的质量流量及所需的补充水量。

解 查水蒸气表得

$t_1=25℃$时 $p_{s1}=0.003\,168\,7\text{MPa}$

$t_2=35℃$时 $p_{s2}=0.005\,626\,3\text{MPa}$

在 0.1MPa 下，30℃时水的焓 $h_{w2}=125.77\text{kJ/kg}$

40℃时水的焓 $h_{w1}=167.59\text{kJ/kg}$

湿空气中水蒸气分压力为

$$p_{v1}=0.35\times 0.003\,168\,7\text{MPa}=0.001\,109\,045\text{MPa}$$

$$p_{v2}=0.9\times 0.005\,626\,3\text{MPa}=0.005\,063\,67\text{MPa}$$

根据式（4-16），湿空气的含湿量为

$$d_1=622\frac{p_{v1}}{p_b-p_{v1}}=622\times\frac{0.001\,109\,045}{0.1-0.001\,109\,045}=6.98\text{g/kg(DA)}$$

$$d_2=622\frac{p_{v2}}{p_b-p_{v2}}=622\times\frac{0.005\,063\,67}{0.1-0.005\,063\,67}=33.18\text{g/kg(DA)}$$

根据式（4-19），入口处和出口处湿空气的焓分别为

$$h_1=1.005\times 25+6.98\times 10^{-3}\times(2501+1.863\times 25)=42.91\text{kJ/kg(DA)}$$

$$h_2=1.005\times 35+33.18\times 10^{-3}\times(2501+1.863\times 35)=120.34\text{kJ/kg(DA)}$$

设干空气的质量流量为 $\dot{m}_a$（kg/s），则需要补充的水量（也就是循环水出口比入口减少的量）为

$$\Delta \dot{m}_w = \dot{m}_a(d_2 - d_1) = 26.2\dot{m}_a \text{g/kg(DA)} = 0.0262\dot{m}_a \text{kg/kg(DA)}$$

对冷却塔列热平衡方程，进入塔的能量=离开塔的能量

$$\dot{m}_a \times 42.91 + 12\,000 \times 167.59 = \dot{m}_a \times 120.34 + (12\,000 - 0.0262\dot{m}_a) \times 125.77$$

解之得

$$\dot{m}_a = 6800.48\text{kg/s}$$

所以，需要补充的水的量为

$$\Delta \dot{m}_w = 0.0262 \times 6800.48 = 178.17\text{kg/s}$$

入塔湿空气的流量为干空气的量加水蒸气的量。

$$\dot{m} = \dot{m}_a(1 + d_1) = 6800.48 \times (1 + 0.00698) = 6847.95\text{kg/s}$$

分析：我国北方水资源短缺，火力发电厂往往采用闭式循环水冷却系统，这种冷却方式的冷却效果好，发电效率高，但从这个例题可以看出，这种冷却方式需要补充相当的水量(178.17kg/s=641.41t/h=15 393.89t/d)。我国的煤炭资源主要集中在水资源相对贫乏的“三北”地区（华北、西北、东北），因此国家鼓励在这些“富煤而缺水”的地区发展空冷电厂（或称为干式冷却电厂），循环水在被冷却时，不与空气相接触，这样就不会有水分损失。很明显，这种冷却方式的冷却效果没有湿式冷却好。

思 考 题

4-1 压力升高后，饱和水的比体积 v' 和干饱和蒸汽的比体积 v'' 将如何变化？

4-2 $dh=c_p dT$，在水蒸气的定压汽化过程中，$dT=0$，因此焓的变化量 $dh=c_p dT=0$，这一推论正确吗？为什么？

4-3 知道了湿饱和水蒸气的温度和压力就可以确定水蒸气所处的状态吗？

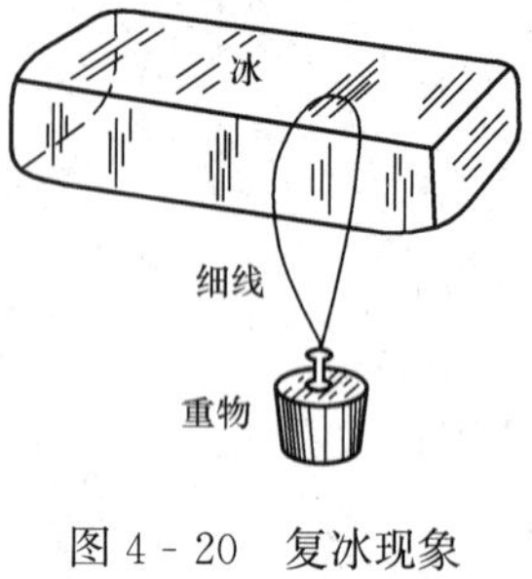

图 4-20 复冰现象

4-4 水的汽化潜热随压力如何变化？干饱和蒸汽的焓随压力如何变化？

4-5 过热水蒸气经绝热节流后，其焓、熵、温度如何变化？

4-6 一个装有透明观察孔的刚性气瓶，内储有压力为 p、温度为 130℃的过热水蒸气。如果不用压力表，试问用什么方法可以确定水蒸气的压力的大小？

4-7 如图 4-20 所示，细绳上挂一重物，我们可以观测：细绳穿冰而过，冰块却复原如初，这称为复冰现象。试用水的 p-t 图解释这个现象。

4-8 我国北方水资源缺乏，电厂冷却用循环水需经过冷却塔冷却后形成闭式供水系统，为什么湿式冷却比干式冷却的效果好？

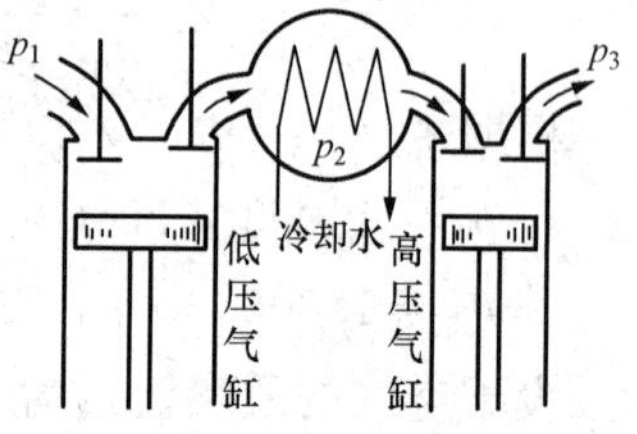

图 4-21 思考题 4-11

4-9 为什么火电厂只利用燃料的低位发热量（烟气中的 H_2O 以蒸汽形式排出，不是以液态形式排出，没有利用由蒸汽凝结为液体而释放的汽化热，故称为低位发热量）？

4-10 对于未饱和湿空气，试比较干球温度、湿球温度、露点温度三者的大小。

4-11 某电厂采用图 4-21 所示两级压缩、级间冷却方

式获得高压空气来驱动气动设备。已知低压气缸入口空气是未饱和湿空气，但是低压气缸的排气经过中间冷却器后，却有液态水析出，需要加以去除，否则会影响下一级的压缩，或者影响气动机构的执行情况。试分析，经中间冷却器后为什么会有液态水析出？

4-12 请通过互联网查找哪些情况会导致电站锅炉产生“虚假水位”？虚假水位会带来什么后果？

4-13 请通过互联网查找空冷电厂的运行原理、方式及我国空冷电厂的发展情况。

习 题

4-1 利用水蒸气表或 h-s 图，填充下表中的空白栏：

序号	p（MPa）	t（℃）	h（kJ/kg）	s［kJ/（kg·K）］	x	过热度（℃）
1	5	500				
2	1		3500			
3		400		7.5		
4	0.05				0.88	
5		300				100
6			3000	8.0		

4-2 某工质在饱和温度为200℃时汽化热为1600kJ/kg，在该温度下饱和液体的熵为0.45kJ/（kg·K），那么，5kg干度为0.8的上述工质的熵是多少？

4-3 0.1kg压力为0.3MPa、干度为0.76的水蒸气盛于一绝热刚性容器中，一搅拌轮置于容器中，由外面的电动机带动旋转，直到水全部变为饱和蒸汽。求：①水蒸气的最终压力和温度；②完成此过程所需要的功。

4-4 一刚性容器容积 $V=1\text{m}^3$，其中充有 0.01m^3 的饱和水和 0.99m^3 的饱和水蒸气，压力 $p_1=0.1\text{MPa}$。当容器内的饱和水全部汽化时，求应加入的热量。

4-5 测得一容积为 5m^3 的容器中湿蒸汽的质量为35kg，蒸汽的压力 $p=1.2\text{MPa}$，求蒸汽的干度。

4-6 260℃的饱和液态水被节流到0.1MPa，如果节流之后是湿饱和状态，试计算湿饱和蒸汽的干度，如果是过热状态，则计算其最终温度，节流之后水的比熵增加了多少？如果质量流量为3kg/s，且要求节流之后流速不能超过5m/s，那么，节流之后流过蒸汽的管道的直径至少是多少？

4-7 火力发电厂热力学系统中除氧器是一种混合式加热器，它的作用是除掉给水系统中的氧气，减少设备腐蚀，同时也作为一级回热加热器。设压力 $p_1=0.85\text{MPa}$、温度 $t_1=130$℃的未饱和水，与压力 $p_2=p_1$、温度 $t_2=260$℃的过热蒸汽在除氧器中混合成为同压力下流量为600t/h的饱和水，除氧器可看成绝热系统。求：①未饱和水的流量和过热蒸汽的流量；②混合过程的熵产。

4-8 一开水供应站使用压力为0.1MPa、干度 $x=0.98$ 的湿饱和蒸汽，和压力相同、温度为15℃的水相混合来生产开水。今欲取得2t的开水，试问需要提供多少湿蒸汽和水？

4-9 0.1kg水蒸气由活塞封闭在汽缸中，蒸汽的初态为 $p_1=1\text{MPa}$，干度 $x=0.9$，若蒸汽可逆定温膨胀至 $p_2=0.1\text{MPa}$，求蒸汽吸收的热量和对外做出的功。

4-10 锅炉每小时产生20t压力为5MPa、温度为480℃的蒸汽，水进入锅炉时的压力为 5MPa，温度为 30℃。若锅炉效率为 0.8，煤的发热量为23 400kJ/kg，试计算此锅炉每小时需要烧多少吨煤。

4-11 水蒸气进入汽轮机时 $p_1=10$MPa，$t_1=450$℃，排出汽轮机时 $p_2=8$kPa，假设蒸汽在汽轮机内的膨胀是可逆绝热的，且忽略入口和出口的动能差，汽轮机输出功率为 100MW，求水蒸气的流量。

4-12 压力为 $p_1=1.5$MPa、容积为 $V_1=0.263\text{m}^3$ 的干饱和水蒸气对其压缩使 $V_2=V_1/2$，求：①被压缩的蒸汽量；②定温压缩过程的终态参数 v_2、x_2、h_2、H_2；③如按 $p_1V_1=p_2V_2=$定值来计算，将会得到什么结果？并讨论之。

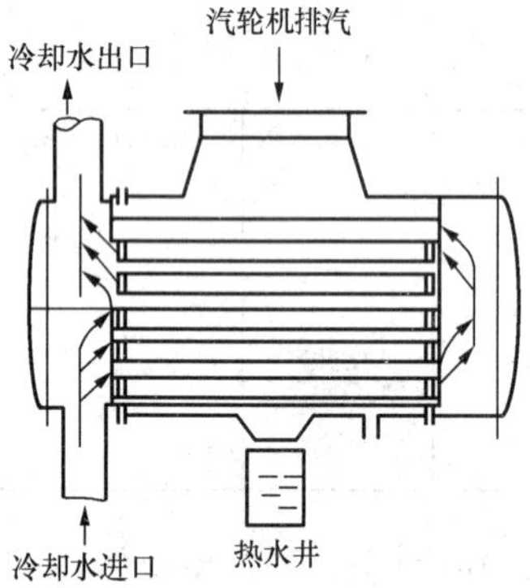

图 4-22 习题 4-13

4-13 某火电机组的凝汽器如图 4-22 所示。乏汽压力为 0.006MPa，干度 $x=0.9$，流量为 500t/h，乏汽在凝汽器中等压放热，变为饱和水，热量由循环水带走，设循环水的温升为 11℃，水的比热容为 4.187kJ/（kg·K），不考虑凝汽器的散热，也不考虑加热器疏水的影响。求循环水的流量。

4-14 在 0.1MPa 下将一壶水从 20℃烧开需要 20min，如果加热速度不变，问将这壶水烧干还需要多长时间？

4-15 给水在温度 $t_1=60$℃和压力 $p_1=3.5$MPa 下进入省煤器中被预热，然后再汽化，过热而成 $t_2=350$℃的过热蒸汽。设过程定压进行，试把过程表示在 T-s 图上，并求加热过程中的平均吸热温度。

4-16 一加热器换热量为 9010kJ/h，现送入压力 $p=0.2$MPa 的干饱和蒸汽，蒸汽在加热器内放热后变为 $t_2=50$℃的凝结水排入大气，问此换热器每小时所需蒸汽量。

4-17 有一废热锅炉每 h 可把 200kg、温度为 $t_1=10$℃的水，变为 $t_2=100$℃的干饱和蒸汽。进入锅炉的烟气温度为 $t_{g1}=600$℃，排烟温度为 $t_{g2}=200$℃，若锅炉的效率为 60%，求每小时通过的烟气流量。已知烟气的比热容为 $c_p=1.0467$kJ/（kg·K）。

4-18 在蒸汽锅炉的汽锅中储有 $p=1$MPa、$x=0.1$ 的汽水混合物共12 000kg。如果关死汽阀和给水门，炉内燃料每分钟供给汽锅35 000kJ 的热量，求汽锅内压力升到 5MPa 所需要的时间。

4-19 $p_1=5$MPa、$t_1=480$℃的过热蒸汽经过汽轮机进汽阀时被绝热节流至 $p_2=2$MPa，然后送入汽轮机中可逆绝热膨胀至 $p_3=5$kPa。求①水蒸气经过绝热节流后的温度和熵；②和不采用绝热节流相比，绝热节流后每千克蒸汽少做多少功？

4-20 压力为 1MPa、干度为 5%的湿蒸汽经过减压阀节流后引入压力为 0.5MPa 的绝热容器，使饱和水和饱和蒸汽分离，如图 4-23所示。设湿蒸汽的流入量为 200t/h，试求流出的饱和蒸汽和饱和水的流量。

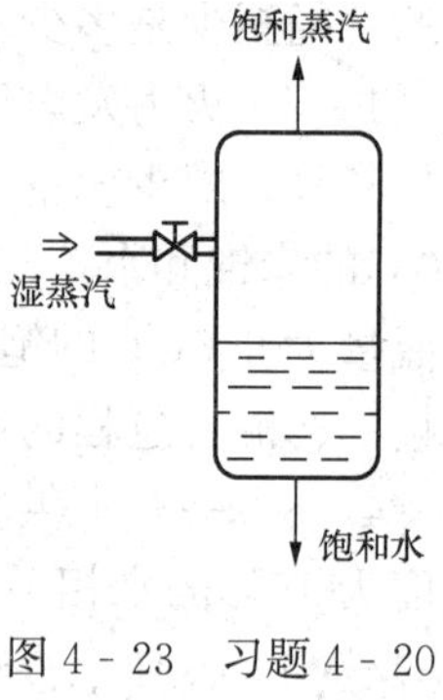

图 4-23 习题 4-20

4-21 容积为 2m^3 的刚性容器内装有 500kg 的液态饱和水，其余部分充满平衡的纯饱和水蒸汽。平衡温度为 100℃，压为为0.101 325MPa。现通过水管向容器内输入 1000kg、70℃的水。如果要使容器内的压力和温度在这一过程中保持不变，试问必须向容器内加入多少热量？

4－22　今测得湿空气的干球温度 $t=30℃$，湿球温度 $t_w=20℃$，当地大气压力 $p_b=0.1MPa$。求湿空气的 φ、d、h。

4－23　已知湿空气开始时的状态是 $p_b=0.1MPa$，温度 $t=35℃$，相对湿度 $\varphi=40\%$，求水蒸气的分压力和湿空气的露点温度；如果保持该湿空气的温度不变，而将压力提高到 $p_2=0.2MPa$，此时水蒸气的分压力和湿空气的露点温度又是多少？

4－24　已知湿空气开始时的状态是 $p_b=0.1MPa$，温度 $t=40℃$，相对湿度 $\varphi=70\%$，如果湿空气被定压冷却到 5℃，有多少水分被去除？

4－25　已知湿空气的状态是 $p_b=0.1MPa$，干球温度 $t=30℃$，露点温度 $t_d=15℃$，求其相对湿度、含湿量、水蒸气分压力。如果将该湿空气定压加热至 50℃，求相对湿度以及需要加入的热量。

4－26　有一房间地板面积为 $325m^2$，地板到天花板的高度为 2.4m，房间空气温度 $t=24℃$，相对湿度 $\varphi=50\%$，空气压力为 0.1MPa，问房间内有多少千克水蒸气？

第五章 气体和蒸汽的流动

喷管是一种使流体压力降低而流速增加的管段。与喷管相反，扩压管是将高速气流自一端引入，而在另一端得到压力较高的气体的管段。在蒸汽轮机及燃气轮机这类回转式热机中，工质先通过喷管，把热能变为工质的动能，具有很大动能的气流冲击叶轮上的叶栅，带动轴旋转输出轴功。喷管是回转式发动机的重要元件，本章将为后面学习有关专业课提供理论基础。因为气体在扩压管中所经历的过程是喷管中过程的逆过程，所以本章主要介绍气体在喷管中的流动过程。

第一节 一维稳定流动的基本方程式

稳定流动是指在流动空间中任意一点的状态参数都不随时间而变化的流动过程。如图5-1所示的喷管，如果工质在其中作稳定流动，则1—1截面以及任意 x—x 截面上所有参数均不随时间而变化。但是不同截面上的参数则是不相同的。这样，气体的参数只在流动方向上有变化，这样的稳定流动称为一维稳定流动。

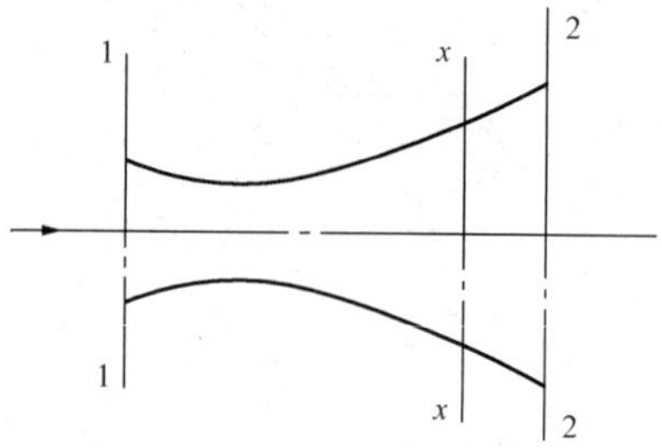

图5-1 一维稳定流动示意

一、连续性方程

设工质以速度 c 流过一个截面积为 A 的通道，该截面处工质的比体积为 v，则通过该截面的质量流量为 $\dot{m}=\dfrac{Ac}{v}$（kg/s）。在稳定流动过程中，流过各个截面的质量流量都相同，并且不随时间而变化。因此，对一维稳定流动，有

$$\dot{m}=\frac{A_1c_1}{v_1}=\frac{A_2c_2}{v_2}=\frac{Ac}{v}=\text{常数} \tag{5-1}$$

上式的微分形式为

$$\frac{\mathrm{d}A}{A}+\frac{\mathrm{d}c}{c}-\frac{\mathrm{d}v}{v}=0 \tag{5-2}$$

上式称为连续性方程，它表达了气体流经喷管时流速变化与比体积及喷管截面变化之间的制约关系，适合于任何工质的可逆与不可逆稳定流动。

二、能量方程

在第二章中已经得到了喷管中一维稳定流动的能量方程，它与工质种类及过程是否可逆无关，其表达式为

$$h_1+\frac{1}{2}c_1^2=h_2+\frac{1}{2}c_2^2=h+\frac{1}{2}c^2=\text{常数} \tag{5-3}$$

或写成微分形式

$$\mathrm{d}h+c\mathrm{d}c=0 \tag{5-4}$$

三、过程方程式

气体在喷管中的流动速度很快，可视为绝热过程，此外，工质受到的摩擦和扰动都很小，为了使问题简化，可以认为过程可逆。当气体为理想气体且比热容为常量时，喷管中的可逆绝热方程式为

$$pv^{\kappa} = 常数 \tag{5-5}$$

上式的微分形式为

$$\frac{\mathrm{d}p}{p} + \kappa \frac{\mathrm{d}v}{v} = 0 \tag{5-6}$$

四、声速与马赫数

声速与介质种类以及介质所处的物理状态有关，在状态参数为 p、ρ、s 的流体中，声速 a 的表达式为

$$a = \sqrt{\left(\frac{\partial p}{\partial \rho}\right)_s} \tag{5-7}$$

对于理想气体

$$a = \sqrt{\kappa p v} = \sqrt{\kappa R_g T} \tag{5-8}$$

可见声速是状态参数，而不是一个固定的数值，它与物质的性质及其所处状态有关，称某一状态的音速为**当地声速**。在讨论流体流动特性时，常将气流的流速 c 与当地声速 a 的比值用 M 表示，称为**马赫数**，即

$$M = \frac{c}{a} \tag{5-9}$$

按马赫数大小可将气体流动分为三种：

$M<1$，$c<a$，亚声速流动；

$M=1$，$c=a$，等声速流动；

$M>1$，$c>a$，超声速流动。

【例 5-1】　声速计算

夏天时环境温度可以高达 40℃，冬天时环境温度则可降至－20℃，试求这两个温度所对应的当地声速。

解　因为空气可视为理想气体，且认为 $\kappa=1.4$，空气的气体常数 $R_g=287\mathrm{J/(kg\cdot K)}$，根据声速公式有

夏天　$t = 40℃$ 时，$a_1 = \sqrt{\kappa R_g T_1} = \sqrt{1.4 \times 287 \times 313.15} = 354.72\mathrm{m/s}$

冬天　$t = -20℃$ 时，$a_2 = \sqrt{\kappa R_g T_2} = \sqrt{1.4 \times 287 \times 253.15} = 318.93\mathrm{m/s}$

第二节　促使流动改变的条件

气体在喷管中流动的目的在于把热能转化为动能，因此研究促使气流速度改变的条件是很重要的。

一、力学条件

对于喷管定熵稳定流动过程，$\delta q=0$，根据热力学第一定律，有

$$\mathrm{d}h = v\mathrm{d}p$$

对比式（5-4），可得

$$c\mathrm{d}c = -v\mathrm{d}p \tag{5-10}$$

由上式可见，当气体在管道内流动时，dc 和 dp 的符号总是相反的。这说明，在定熵流动中，如果气体压力降低（d$p<0$），则流速必增加（d$c>0$），这就是喷管。如果气体流速降低（d$c<0$），则压力必升高（d$p>0$），这就是扩压管。

力学条件是促使流体流动改变的内因，是决定性因素，但是只有内因还不够，为实现降压增速或减速增压的目的，还必须有适当的外部条件——管道截面积的变化来配合。

二、几何条件

几何条件就是要研究喷管截面积变化和速度变化之间的关系。推导过程如下：

由式（5-10）可得

$$\frac{\mathrm{d}c}{c} = -\frac{v\mathrm{d}p}{c^2} = -\frac{\kappa pv}{\kappa c^2}\frac{\mathrm{d}p}{p} \tag{a}$$

因为声速 $a=\sqrt{\kappa pv}$，故 $a^2=\kappa pv$，再利用马赫数的定义 $M=\frac{c}{a}$，式（a）变为

$$\frac{\mathrm{d}p}{p} = -\kappa M^2 \frac{\mathrm{d}c}{c} \tag{b}$$

将式（b）和式（5-6）对比，可得

$$\frac{\mathrm{d}v}{v} = M^2 \frac{\mathrm{d}c}{c} \tag{c}$$

将式（c）代入式（5-2），整理可得

$$\frac{\mathrm{d}A}{A} = (M^2-1)\frac{\mathrm{d}c}{c} \tag{5-11}$$

式（5-11）表明，喷管截面积与气流速度之间的变化规律与马赫数 M 有关。

（1）当 $M<1$ 时，若 d$c>0$，则 d$A<0$，说明亚声速气流若要加速，其流通截面沿流动方向应逐渐收缩，这样的喷管称为**渐缩喷管**，如图 5-2（a）所示。

（2）当 $M>1$ 时，若 d$c>0$，则 d$A>0$，说明超声速气流若要加速，其流通截面沿流动方向应逐渐扩大，这种喷管称为**渐扩喷管**，如图 5-2（b）所示。

（3）欲使气流在喷管中由亚声速（$M<1$）连续地增加到超声速（$M>1$），其截面变化应该是先收缩而后扩张，这样的喷管称为**缩放喷管**或**拉伐尔喷管**，如图 5-2（c）所示。在缩放喷管最小截面处（也称喉部），$M=1$，即流速恰好达到当地声速，此处气流处于从亚声速变为超声速的转折点，通常称为**临界截面**。临界截面处的气体参数称为**临界参数**，用下角标 cr 表示，如临界压力 p_{cr}、临界比体积 v_{cr}、临界温度 T_{cr}等。

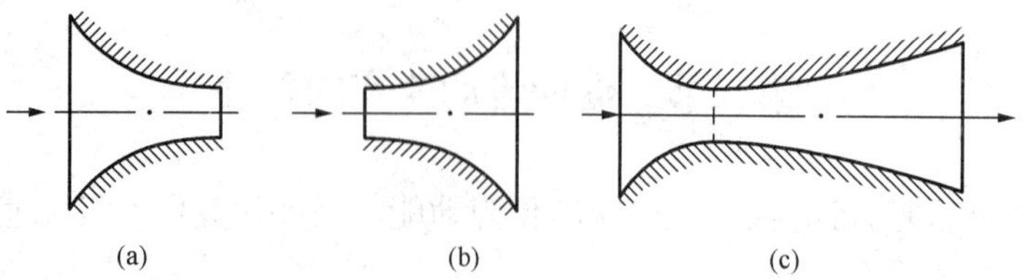

图 5-2　三种喷管形式

至于扩压管（d$c<0$，d$p>0$）形状的选择，请读者自己完成。

第三节 定熵滞止参数

在喷管的分析计算中，入口流速 c_1 的大小将影响出口状态的参数值。在定熵流动过程中为简化计算，常采用所谓定熵滞止参数作为进口的参数。

设想压力为 p、温度为 T、流速为 c 的介质，经过定熵压缩过程，使其流速降为零，这时的参数称为定熵滞止参数，简称**滞止参数**。滞止参数以下标“0”记之，如 p_0、v_0、T_0、h_0 等。

由能量方程式（5-3）得到滞止焓（也称总焓）的表达式为

$$h_0 = h_1 + \frac{1}{2}c_1^2 = h_2 + \frac{1}{2}c_2^2 = h + \frac{1}{2}c^2 \tag{5-12}$$

从式（5-12）可以看出，在定熵流动过程中，从任一截面的气流状态进行定熵滞止，其滞止后的滞止焓均相等。

其实滞止状态并不神秘，图 5-3 说明了真实压力 p 与滞止压力 p_0 的区别。另外，用温度计测量流体温度时，由于温度计前流体速度降为零，因此测得的实际上是流体的滞止温度。

一、水蒸气的滞止参数

水蒸气的滞止参数求法比较简单，可以直接利用 h-s 图求得，如图 5-4 所示。需要提请注意的是在实际运算时，如果速度 c_1 的单位是 m/s，那么 $\frac{1}{2}c_1^2$ 的单位将是 J/kg，需转化为 kJ/kg，再使用 h-s 图求解。

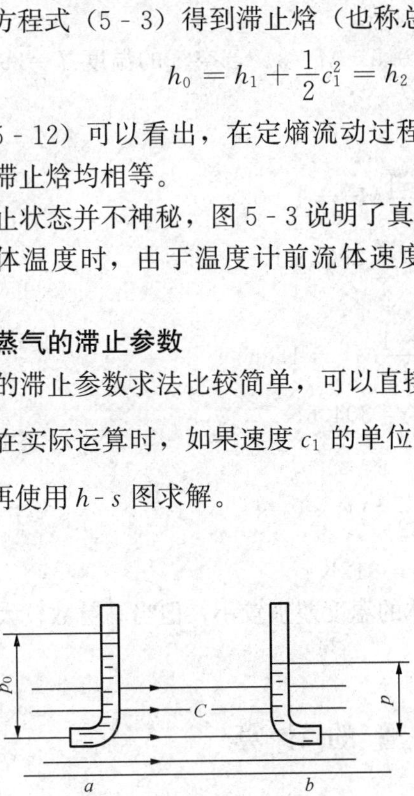

图 5-3 真实压力 p 与滞止压力 p_0 的区别

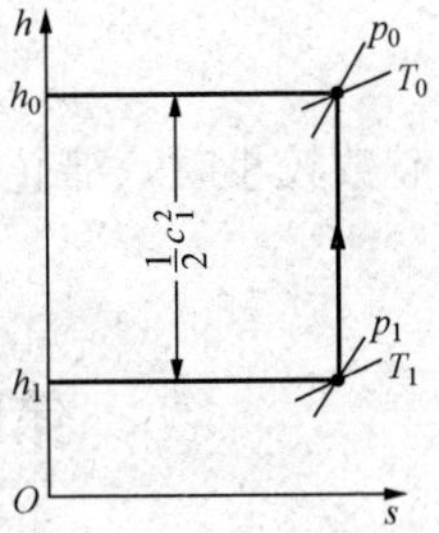

图 5-4 利用 h-s 图求水蒸气的滞止参数

二、理想气体的滞止参数

对于理想气体，如比定压热容 c_p 为定值，将 $h=c_pT$，$h_0=c_pT_0$，代入式（5-12）有

$$c_pT_0 = c_pT + \frac{1}{2}c^2 \tag{5-13}$$

利用上式即可方便地求出滞止温度 T_0，再利用定熵方程 $\frac{p_0}{p}=\left(\frac{T_0}{T}\right)^{\frac{\kappa}{\kappa-1}}$，可求出滞止压力 p_0。

另外，式（5-13）两边同时除以 c_pT，并考虑到 $c_p=\frac{\kappa}{\kappa-1}R_g$，$a=\sqrt{\kappa R_g T}$，得到

$$\frac{T_0}{T} = 1 + \frac{\kappa-1}{2}M^2 \tag{5-14}$$

可见，滞止温度 T_0 与实际温度 T 之间的差别与工质流动时的马赫数有关。工质的流速为零时，工质本身的参数就是滞止参数。当 c_1 值较小可以忽略不计时，完全可以按 $c_1=0$ 处理，不必再去计算滞止参数，而将 p_1、T_1、v_1、h_1 近似作为滞止参数。但当 $c_1 \geqslant 50\text{m/s}$，要作精确计算时，则不应忽略初速的影响。工质流速越高，工质的实际参数与滞止参数值相差就越大。航天飞机、宇宙飞船返回大气层时，马赫数 M 很大，滞止温度 T_0 与实际温度 T 相比要高出很多，需要有很好的保温措施。我国的“神舟”号飞船采用的是另一种思路，即涂有一层烧蚀层，在“神舟”号飞船返回大气层时，很高的滞止温度将飞船外的烧蚀层烧掉一部分而使飞船得以安全返航。

【例 5 - 2】　滞止温度

空气流动时马赫数分别为 $M=0.1$，$M=0.5$，$M=3$。若空气的温度 $T=290\text{K}$，绝热指数 $\kappa=1.4$。求上述三种流态下的滞止温度 T_0。

解　（1）当 $M=0.1$ 时

$$\frac{T_0}{T}=1+\frac{\kappa-1}{2}M^2=1.002$$

$$T_0=1.002T=290.58\text{K}$$

（2）当 $M=0.5$ 时

$$\frac{T_0}{T}=1+\frac{\kappa-1}{2}M^2=1.05$$

$$T_0=1.05T=304.5\text{K}$$

（3）当 $M=3$ 时

$$\frac{T_0}{T}=1+\frac{\kappa-1}{2}M^2=2.8$$

$$T_0=2.8T=812\text{K}$$

可见，当马赫数较小时，滞止温度和气体的温度差别较小，但当马赫数较大时，这一差别就很大了。

第四节　喷 管 的 计 算

一、气体的出口流速

对于回转式热动力机械，喷管出口处气体的流速 c_2 是喷管计算的核心问题。根据能量方程有

$$h_0=h+\frac{1}{2}c^2=h_1+\frac{1}{2}c_1^2=h_2+\frac{1}{2}c_2^2$$

由此可得喷管出口处气体流速的计算公式

$$c_2=\sqrt{2(h_0-h_2)} \tag{5-15}$$

式中：h_0、h_2 分别为滞止焓和喷管出口截面处的焓值。

式（5 - 15）是由能量守恒原理导出的，对工质种类及过程是否可逆并无限制，可适用于任何流体的可逆或不可逆绝热流动过程。

对于理想气体

$$c_2=\sqrt{2(h_0-h_2)}$$

$$
\begin{aligned}
&= \sqrt{2c_p(T_0 - T_2)} \\
&= \sqrt{2\frac{\kappa}{\kappa-1}R_g(T_0 - T_2)} \\
&= \sqrt{2\frac{\kappa}{\kappa-1}R_g T_0\left[1-\left(\frac{p_2}{p_0}\right)^{\frac{\kappa-1}{\kappa}}\right]} \\
&= \sqrt{2\frac{\kappa}{\kappa-1}p_0 v_0\left[1-\left(\frac{p_2}{p_0}\right)^{\frac{\kappa-1}{\kappa}}\right]}
\end{aligned} \tag{5-16}
$$

由上式可知，当滞止参数一定时，出口流速 c_2 仅随喷管出口截面压力 p_2 与滞止压力 p_0 之比 p_2/p_0 而变，而且随着 p_2/p_0 降低而升高。

二、临界压力比

前面的分析已指出，$M=1$ 的截面积称为临界截面，该截面处的压力为临界压力 p_{cr}，流速为临界流速 c_{cr}（即当地声速）。压力比 p_{cr}/p_0 称为**临界压力比**，以 β_{cr} 表示。

$$
c_{cr} = a = \sqrt{2\frac{\kappa}{\kappa-1}p_0 v_0\left[1-\left(\frac{p_{cr}}{p_0}\right)^{\frac{\kappa-1}{\kappa}}\right]} = \sqrt{\kappa p_{cr} v_{cr}}
$$

求得

$$
\beta_{cr} = \frac{p_{cr}}{p_0} = \left(\frac{2}{\kappa+1}\right)^{\frac{\kappa}{\kappa-1}} \tag{5-17}
$$

在分析喷管流动过程中临界压力比是一个很重要的数值，根据它可以很容易地算出气体的压力降到多少时流速恰好等于当地声速。一些气体的临界压力比的数值如下：

双原子理想气体　$\kappa=1.4$，　$\beta_{cr}=0.528$；

三原子理想气体　$\kappa=1.3$，　$\beta_{cr}=0.546$；

过热水蒸气　$\kappa=1.3$，　$\beta_{cr}=0.546$；

干饱和水蒸气　$\kappa=1.135$，　$\beta_{cr}=0.577$。

对于水蒸气而言 κ 值不是指 c_p/c_V，而是纯粹的经验数据而已。

在喷管设计计算时，通常已知工质的初态参数（p_1、t_1 和 c_1）和背压（喷管出口外的介质压力）p_B。此时，临界压力比提供了选择喷管外形的依据。欲使亚声速气流在喷管内实现完全膨胀，即喷管出口截面压力 p_2 等于背压 p_B，管形应选择如下：

$\frac{p_B}{p_0} \geqslant \beta_{cr}$ 时，选用渐缩喷管；$\frac{p_B}{p_0} < \beta_{cr}$ 时，选用缩放喷管。

此外，在已有喷管的情况下，将 p_B/p_0 与临界压力比 β_{cr} 比较，可以判断喷管内气流是否能进行正常的完全膨胀。

三、气体的流量计算

在稳定流动中，流经任一截面的流量相同，故可取任一截面利用 $\dot{m}=Ac/v$ 来计算流量。通常取最小截面或出口截面计算气体的质量流量。

设渐缩喷管出口截面积为 A，流速为 c_2，比体积为 v_2，则

$$
c_2 = \sqrt{2\frac{\kappa}{\kappa-1}p_0 v_0\left[1-\left(\frac{p_2}{p_0}\right)^{\frac{\kappa-1}{\kappa}}\right]}
$$

由 $p_0 v_0^{\kappa} = p_2 v_2^{\kappa}$，得到 $\frac{1}{v_2} = \frac{1}{v_0}\left(\frac{p_2}{p_0}\right)^{\frac{1}{\kappa}}$。

代入质量流量公式，得

$$\dot{m}=A\sqrt{2\frac{\kappa}{\kappa-1}\frac{p_0}{v_0}\left[\left(\frac{p_2}{p_0}\right)^{\frac{2}{\kappa}}-\left(\frac{p_2}{p_0}\right)^{\frac{\kappa+1}{\kappa}}\right]} \tag{5-18}$$

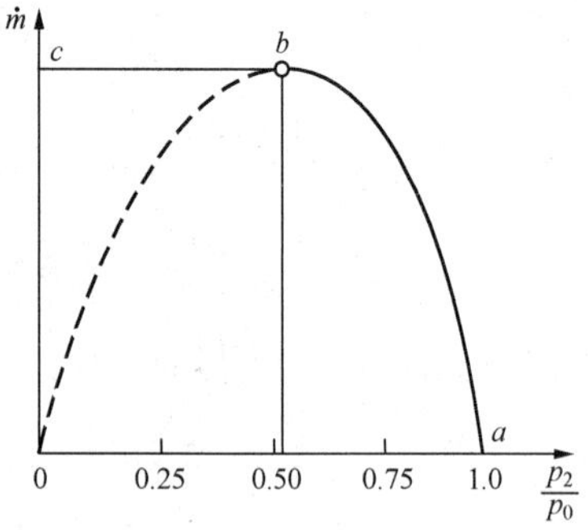

图 5-5　渐缩喷管质量流量与压比的关系

分析上式，当渐缩喷管出口截面积 A 和滞止参数 p_0、v_0 确定时，流量仅随 p_2/p_0 而改变。流量随 p_2/p_0 的变化关系如图 5-5 所示。当 $p_2/p_0=1$ 时，喷管内没有压降，缺少力学条件，流量为零。p_2/p_0 逐渐减小，流量逐渐增加，直到$p_2/p_0=\beta_{cr}$时，$\dot{m}$ 达到最大值。之后再降低背压 p_B，出口截面的压力仍维持临界压力 $p_2=p_{cr}$不变。这是因为渐缩喷管不可能使气流增速至超声速，极限是达到声速，因此压力 p_2 降至临界压力 p_{cr}后，将保持不变，流量保持最大值 $\dot{m}_{max}$。

由于缩放喷管（拉伐尔喷管）一般工作在背压 $p_B<p_{cr}$的情况下，其喉部截面上的压力总保持为临界压力 p_{cr}，其流量总保持最大值 $\dot{m}_{max}$，不随背压 p_B 的降低而增大。

四、喷管尺寸的计算

对于渐缩喷管，只需求出喷管出口截面积 A_2 即可。喷管出口截面积 A_2 的计算根据气体的质量流量及喷管出口气体的参数求得。

对于缩放喷管，需要计算喷管喉部截面积 A_{min}、出口截面积 A_2 及喷管渐扩段长度 l。缩放喷管喉部处于临界状态，因此喷管喉部截面积为

$$A_{min}=\frac{\dot{m}v_{cr}}{c_{cr}} \tag{5-19}$$

缩放喷管的渐缩段长度没有限制，一般比较短。缩放喷管的渐扩段不能太短，否则喷管内的气体膨胀太快，而形成气流与喷管壁面脱离，使气流产生有效能损失；缩放喷管的渐扩段也不能太长，否则会使气流与喷管壁面之间的摩擦增大，同样使得气流的有效能损失增加。通常对缩放喷管渐扩段的锥角限制为 10°～12°（见图 5-6），这时实际效果颇佳。故得缩放喷管渐扩段的长度为

$$l=\frac{d_2-d_{min}}{2\tan\frac{\varphi}{2}} \tag{5-20}$$

式中各量如图 5-6 所示。

【例 5-3】　理想气体流经渐缩喷管

$p_1=0.5$MPa、$t_1=300$℃的空气经渐缩喷管流入背压为 p_B 的空间，出口截面积 $A_2=10\text{cm}^2$，假设入口流速 c_1 可以不考虑。求下列情况下流经喷管的质量流量：①$p_B=0.1$MPa；②$p_B=0.3$MPa。

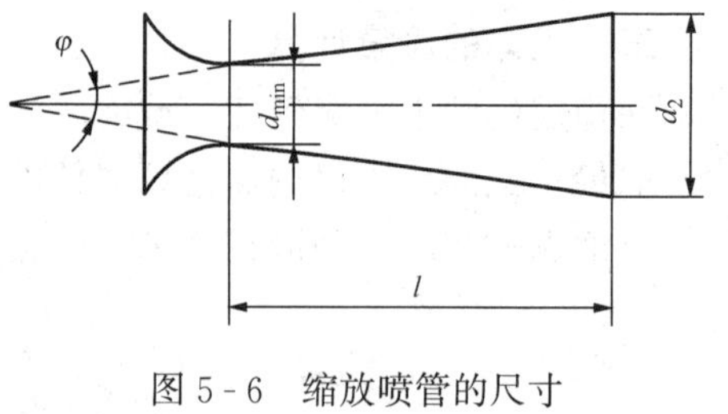

图 5-6　缩放喷管的尺寸

解　将空气看成双原子理想气体，$\beta_{cr}=0.528$。

（1）当 $p_B=0.1$MPa 时

$$\frac{p_B}{p_1}=\frac{0.1}{0.5}=0.2<0.528$$

虽然背压低，但由于渐缩喷管最多只能使气流加速至声速，在喷管内部压力也只能降至临界压力。故 $p_2=0.528p_1=0.264\text{MPa}$。

$$T_2=T_1\left(\frac{p_2}{p_1}\right)^{\frac{\kappa-1}{\kappa}}=573.15\times0.528^{\frac{0.4}{1.4}}=477.55\text{K}$$

$$v_2=\frac{R_gT_2}{p_2}=\frac{287\times477.55}{0.264\times10^6}=0.519\text{m}^3/\text{kg}$$

$$c_2=\sqrt{2c_p(T_1-T_2)}=\sqrt{2\times1004\times(573.15-477.55)}=438\text{m/s}$$

或者

$$c_2=a_2=\sqrt{\kappa R_gT_2}=\sqrt{1.4\times287\times477.55}=438\text{m/s}$$

故质量流量

$$\dot{m}=\frac{A_2c_2}{v_2}=\frac{10\times10^{-4}\times438}{0.519}=0.844\text{kg/s}$$

（2）当 $p_B=0.3\text{MPa}$ 时

$$\frac{p_B}{p_1}=\frac{0.3}{0.5}=0.6>0.528$$

可见，力学条件（内因）不好，气流不能被加速至声速。

$$p_2=p_B=0.3\text{MPa}$$

$$T_2=T_1\left(\frac{p_2}{p_1}\right)^{\frac{\kappa-1}{\kappa}}=573.15\times0.6^{\frac{0.4}{1.4}}=495.32\text{K}$$

$$v_2=\frac{R_gT_2}{p_2}=\frac{287\times495.32}{0.3\times10^6}=0.474\text{m}^3/\text{kg}$$

$$c_2=\sqrt{2c_p(T_1-T_2)}=\sqrt{2\times1004\times(573.15-495.32)}=395.3\text{m/s}$$

故质量流量

$$\dot{m}=\frac{A_2c_2}{v_2}=\frac{10\times10^{-4}\times395.3}{0.474}=0.834\text{kg/s}$$

第五节　有摩擦阻力的绝热流动

前面的论述都假定气体在喷管中的流动是没有摩擦阻力的可逆绝热流动。但实际流动中，工质内部会有扰动，工质与壁面之间也存在着摩擦，摩擦使一部分动能重新转化为热能而被工质吸收，这就造成不可逆的熵增。不可逆的程度与喷管类型、尺寸、制造精度及工质的种类有关。图 5-7 及图 5-8 中用虚线 1—2′分别表示理想气体和水蒸气在喷管中的实际有摩擦阻力的流动情况。

由于工质在喷管中的流动速度很快，因此工质与外界的热交换仍然可以忽略。满足如下能量方程：

$$h_1+\frac{1}{2}c_1^2=h_2+\frac{1}{2}c_2^2=h'_2+\frac{1}{2}c'^2_2 \tag{5-21}$$

式中：h_2、c_2 为理想定熵流动时喷管出口处的比焓和流速；h'_2 和 c'_2 为实际有摩阻时喷管出口处的比焓和流速。

由于存在摩擦阻力，必有 $c'_2<c_2$。工程上常用经验系数来考虑由于摩阻等不可逆因素引起的能量损失。定义工质实际出口速度 c'_2 与理想出口速度 c_2 之比称为喷管的速度系数，用

φ表示，即

$$\varphi=\frac{c'_2}{c_2} \tag{5-22}$$

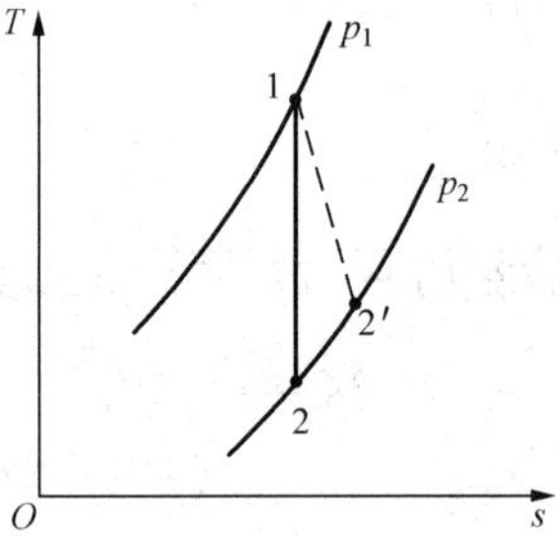

图 5-7 理想气体在喷管中的不可逆绝热流动

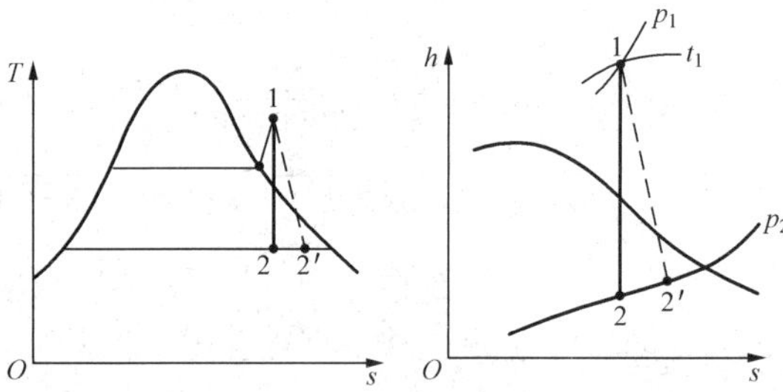

图 5-8 水蒸气在喷管中的不可逆绝热流动

大型机组喷管的速度系数一般为 0.92～0.98。

此外还可以用能量损失系数ξ来表示由于摩阻引起的动能减少。能量损失系数的定义为

$$\xi=\frac{\text{损失的动能}}{\text{理想动能}}=\frac{c_2^2-{c'_2}^2}{c_2^2}=1-\varphi^2 \tag{5-23}$$

工程上常先按理想情况求出出口流速c_2，然后再根据估定的φ值求得c'_2，即

$$c'_2=\varphi c_2=\varphi\sqrt{2(h_1-h_2)+c_1^2}=\varphi\sqrt{2(h_0-h_2)} \tag{5-24}$$

【例 5-4】 蒸汽流经渐缩喷管

p_1=1MPa、t_1=200℃的蒸汽以c_1=198m/s 的速度经渐缩喷管流向背压p_B=0.1MPa 的空间，已知喷管的速度系数φ=0.92，求喷管出口处蒸汽的实际流速。

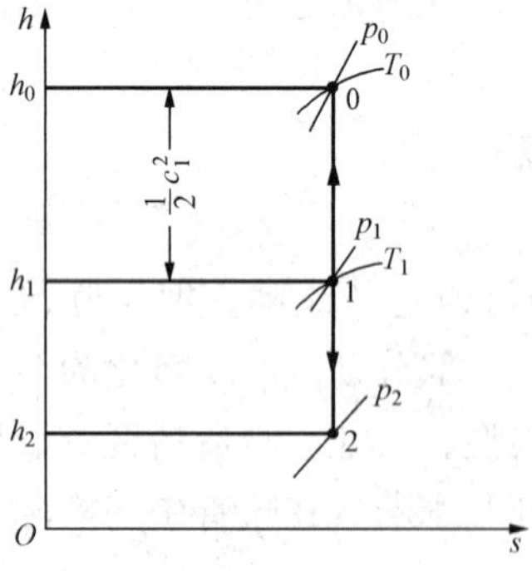

图 5-9 [例 5-4] 图

解 由p_1=1MPa、t_1=200℃查h-s图得h_1=2828kJ/kg。

入口处蒸汽的动能为

$$\frac{1}{2}c_1^2=\frac{1}{2}\times198^2=19\,602\text{J/kg}\approx19.6\text{kJ/kg}$$

蒸汽的滞止焓为

$$h_0=h_1+\frac{1}{2}c_1^2=2828+19.6=2847.6\text{kJ/kg}$$

如图 5-9 所示，在h-s图上从点 1 出发，往上作长度为 19.6kJ/kg 的线段，读得蒸汽的滞止压力p_0=1.1MPa，因为$p_B/p_0<0.546$则出口处蒸汽的压力为

$$p_2=\beta_{cr}p_0=0.546\times1.1\text{MPa}=0.6\text{MPa}$$

从点 1 出发，往下作直线，交p_2=0.6MPa 的定压线于点 2，读得h_2=2730kJ/kg。

因此，喷管出口处蒸汽的实际流速为

$$c'_2=\varphi c_2=\varphi\sqrt{2(h_1-h_2)+c_1^2}=0.92\times\sqrt{2\times(2828-2730)\times10^3+198^2}=446.18\text{m/s}$$

或者 $c'_2=\varphi c_2=\varphi\sqrt{2(h_0-h_2)}=0.92\times\sqrt{2\times(2847.6-2730)\times10^3}=446.18\text{m/s}$

思　考　题

5-1　什么是滞止参数？在给定的定熵流动中，各截面上的滞止参数是否相同？

5-2　图5-10所示的管段，在什么情况下适合作喷管？在什么情况下适合作扩压管？

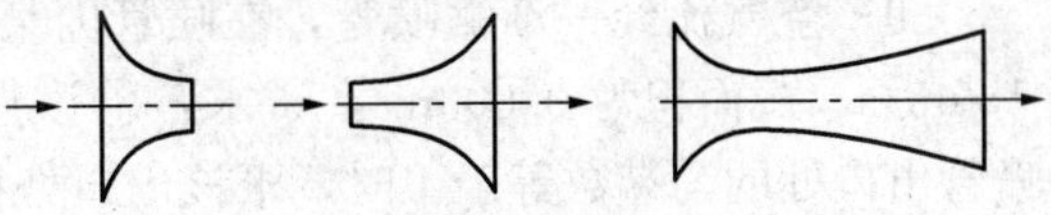

图5-10　思考题5-2

5-3　促使流动改变的有力学条件和几何条件之分。两个条件之间的关系怎样？哪个是决定性因素？不满足几何条件会发生什么问题？

5-4　声速取决于哪些因素？

5-5　为什么渐缩喷管中气体的流速不可能超过当地声速？

5-6　当有摩擦损耗时，喷管的出口处流速同样可用 $c_2=\sqrt{2(h_0-h_2)}$ 计算，似乎与无摩擦损耗时相同，那么摩擦损耗表现在哪里呢？

5-7　如何理解临界压力比？临界压力比在分析气体在喷管中流动情况方面起什么作用？

5-8　请通过互联网查找有关我国“神舟”宇宙飞船烧蚀层的情况。

习　　题

5-1　某火电厂主蒸汽管道中蒸汽的温度为540℃，压力为16MPa，流量为1000t/h，管道的内直径为800mm，求蒸汽在管道中的流速。

5-2　滞止压力 p_0 和静压力 p 可以用图5-3所示的这种叫皮托管的仪器来测量，利用测得的两种压力的数据可以求出流体的速度，试证明，对于不可压缩流体的速度可以用静压力 p、滞止压力 p_0，以下列形式表示：

$$c=\sqrt{2v(p_0-p)}$$

式中：v 为流体的比体积。

5-3　实际温度为100℃的空气以200m/s的速度沿着管路流动，用水银温度计来测量空气的温度，假定气流在温度计周围完全滞止，求温度计的读数。

5-4　一陨石以1200m/s的速度进入大气层时，大气压力为70Pa，温度为150K，求陨石下落的马赫数及空气在陨石上绝热滞止时的温度和压力。

5-5　压力 $p_1=2.5$MPa、温度 $t_1=180$℃的空气流经一出口截面积 $A_2=10\text{cm}^2$ 的渐缩喷管，喷管出口处的背压 $p_B=1.5$MPa，求空气流经喷管后的速度、质量流量以及出口处空气的状态参数 v_2、t_2。

5-6　如果进入渐缩喷管的蒸汽状态为 $p_1=2$MPa、$t_1=400$℃，喷管出口处的压力 $p_B=0.5$MPa，速度系数 $\varphi=0.95$，试求喷管出口处蒸汽的速度和比体积。

5-7　压力 $p_1=0.1$MPa、温度 $t_1=27$℃的空气流经一扩压管时，压力提高到 $p_2=0.18$MPa，问空气进入扩压管时至少应有多大流速？

5-8　进入渐缩喷管的空气的参数为 $p_1=0.5$MPa，$t_1=327$℃，$c_1=150$m/s。若喷管的

背压 $p_B=270$kPa，出口截面积 $A_2=3.0\text{cm}^2$。求：①空气在管内作定熵流动时，喷管出口截面上气流的温度 t_2、流速 c_2 及流经喷管的质量流量；②马赫数 $M=0.7$ 处的截面积 A；③简要讨论缩放喷管背压 p_B 升高（但仍小于临界压力 p_{cr}）时喷管内流动状况。设空气可作理想气体处理，比热容取定值。

5-9 空气流经一渐缩喷管，在喷管内某点处压力为 3.43×10^5Pa，温度为540℃，速度180m/s，截面积为 0.003m^2，试求：①该点处的滞止压力；②该点处的声速及马赫数；③喷管出口处的马赫数等于1时，求该出口处截面积。

5-10 喷管进口处的空气状态参数 $p_1=0.15$MPa，$t_1=27$℃，流速 $c_1=150$m/s，喷管出口背压为 $p_B=0.1$MPa，喷管流量为0.2kg/s。设空气在喷管内进行可逆绝热膨胀，试求：①喷管设计为什么形状（渐缩型、渐扩型、缩放型）？②喷管出口截面处的流速、截面积。

5-11 设计一缩放喷管，使其在出口产生马赫数 $M=4.0$ 及 $p_2=0.1$MPa 的空气流，其滞止温度为500℃，出口面积 $A_2=6\text{cm}^2$，试计算喉部截面积及质量流量。

5-12 考虑到飞机蒙皮材料在高速时能耐受的温度而对高速飞机加一些设计限制，对于一个给定的速度，飞机蒙皮的最高耐受温度就是滞止温度。若当在 $t=-45$℃、$p=0.1$MPa 的高度上飞行时，允许的最高蒙皮温度为370℃，问最大飞行速度为多少？

5-13 设计一个小型超声速风洞，其试验段的空气流参数为 $M=2.0$，$t=-45$℃，$p=14$kPa，流动面积为 0.1m^2，此空气流是用一个高压箱的排气通过一拉伐尔喷管而建立起来的，试问在箱中要求什么样的滞止参数？所需的空气质量流量为多少？并计算喷管喉部面积。

5-14 空气流经渐缩喷管出口截面时，其马赫数为1，压力 $p_2=0.12$MPa，温度 $t_2=27$℃，若喷管出口截面积 $A_2=0.4\text{cm}^2$，求流经喷管的空气的质量流量。

5-15 有一压气机试验站，为测定流经空气压气机的流量，在储气筒上装一只出口截面积为 4cm^2 的渐缩喷管，空气排向压力为0.1MPa的大气。已知储气筒中空气的压力为0.7MPa，温度为60℃，喷管的速度系数 $\Psi=0.96$，空气的定值比热容 $c_p=1.004$ kJ/(kg·K)，试求流经喷管的空气流量。

5-16 水蒸气的初态参数为3.5MPa、450℃，经调节阀门节流后压力降为2.2MPa，再进入一缩放喷管内定熵流动，出口处压力为1.2MPa，质量流量为12kg/s，喷管入口处初速可略去不计。求：①喷管出口处的流速及温度；②喷管出口及喉部截面积；③将整个过程表示在 h-s 图上。

5-17 空气以260kg/（m^2·s）的质量流率（单位面积上的质量流量）在一等截面管道内作稳定绝热流动。已知在某一截面上的压力为0.5MPa，温度为30℃，下游另一截面上的压力为0.2MPa。若比热容为定值，且 $c_p=1.004$ kJ/(kg·K)，求下游截面上空气的流速是多大。

5-18 蒸发量 $D=500$t/h 的锅炉，对外供给压力 $p=10$MPa、干度 $x=0.95$ 的湿饱和蒸汽。为了防备外界停止用汽时锅炉压力过高而发生事故，在汽包上共装有两只安全阀，要求在外界突然完全停止用汽时，足以保证将锅炉产生的蒸汽排出，从而保证锅炉内压力不变。安全阀的结构如图5-11所示，可以近似将安全阀当作一个拉伐尔喷管来处理。如果大气压力为0.1MPa，并设湿饱和蒸汽的临界压比为0.577，不计流动过程中的摩擦阻力，试求安全阀的最小截面面积。

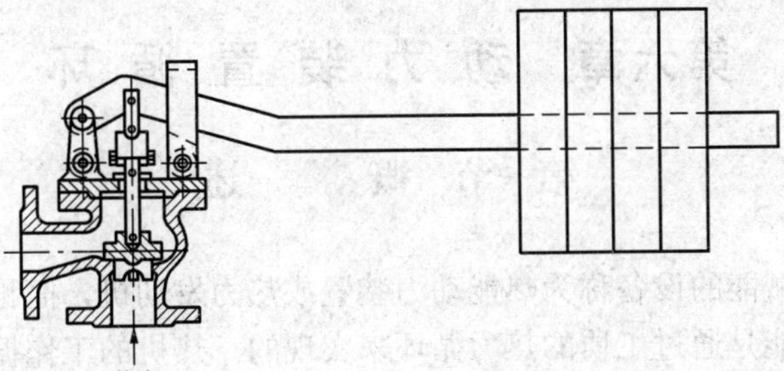

图 5 - 11　杠杆式安全阀

第六章　动力装置循环

第一节　概　　述

将热能转变为机械能的设备称为热能动力装置或热力发动机，简称热机。在热机中，热能连续地转换为机械能是通过工质的热力循环来实现的。热机的工作循环称为动力循环（或热机循环）。

根据工质的不同，动力循环可分为蒸汽动力循环（如蒸汽机、蒸汽轮机的工作循环）和气体动力循环（如燃气轮机、内燃机装置的工作循环）两大类。在蒸汽动力循环中水及水蒸气均不能参与燃烧过程，它在循环中吸收的热量只能通过换热装置从外界传入，因此蒸汽动力循环又被称为外燃式动力装置。由于工质与燃料不掺混，因此便于使用任何形态的燃料，例如各种油类、天然气、煤及核燃料等。蒸汽轮机内无往复运动设备，旋转速度快，具有效率高、功率大、运转可靠等优点。目前世界上固定式发电设备主要采用蒸汽轮机装置，本章也将重点讲述以蒸汽轮机为原动机的蒸汽动力循环。

气体动力循环主要包括燃气轮机循环、内燃机循环和喷气发动机循环三大类。它们都以燃气作为工质。本章重点介绍在火力发电厂中有重要应用的燃气轮机循环以及燃气—蒸汽联合循环，简要介绍内燃机循环。

从热力学的角度来分析热机循环，重点不在于各种热机的结构特点，而在于分析循环的热效率，并分析影响热效率的各种因素，研究提高循环热效率的途径。

实际的动力装置循环都是十分复杂，并且是不可逆的。为了抓住主要矛盾和问题的实质，需要建立实际循环的简化热力学模型，用简单、典型的可逆过程和循环代替实际的不可逆过程和循环，通过热力学分析和计算，找出其基本特性和规律。只要这种简化的热力学模型是合理的、接近实际的，那么分析和计算的结果就具有理论上的指导意义。必要时还可以进一步考虑各种不可逆因素的影响，引入必要的修正，以提高其精确度。

本章内容是对前面所学的理想气体、水蒸气的基本特性和各种热力过程的综合应用，也将为今后学习专业课程打下良好基础。

第二节　基本的蒸汽动力循环——朗肯循环

朗肯循环是最简单、最基本的理想蒸汽动力循环。热力发电厂的各种复杂蒸汽动力循环都是在朗肯循环的基础上予以改进而得到的，朗肯循环是各种复杂蒸汽动力循环的基础。

一、装置与流程

朗肯循环的蒸汽动力装置包括锅炉、汽轮机、凝汽器和给水泵四部分主要设备。其工作原理如图 6-1（a）所示：水经过给水泵绝热加压送入锅炉，在锅炉内水被定压加热汽化，形成高温高压的过热蒸汽，过热蒸汽在汽轮机中绝热膨胀做功带动发电机发电，汽轮机的排汽（称为乏汽）在凝汽器内定压放热，冷凝为凝结水，给水泵将凝结水送入锅炉开始新的循环。

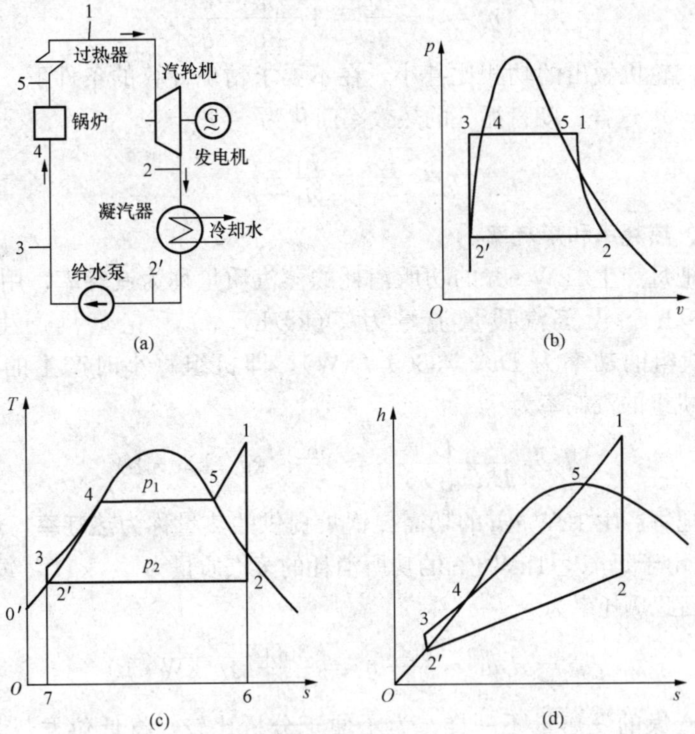

图 6-1　朗肯循环

(a) 工作原理；(b) p-v 图；(c) T-s 图；(d) h-s 图

图 6-1 中（b）、(c)、(d) 为朗肯循环的 p-v 图、T-s 图和 h-s 图。图中：

$2'\rightarrow3$ 为水在水泵中的定熵压缩过程；

$3\rightarrow4\rightarrow5\rightarrow1$ 为水在锅炉中定压加热变为过热水蒸气；

$1\rightarrow2$ 为过热水蒸气在汽轮机内可逆绝热膨胀（定熵）；

$2\rightarrow2'$ 为乏汽在凝汽器内定压放热。

由于水的压缩性很小，水在经给水泵定熵升压后温度升高很小，在 T-s 图上，一般可以认为点 $2'$ 与点 3 重合，3-4 与下界线 $2'$-4 线重合。另外，汽轮机排汽往往是湿饱和蒸汽，在这种情况下，乏汽在凝汽器内的定压放热过程 $2\rightarrow2'$ 同时也是定温放热过程。

二、朗肯循环的净功及热效率

在朗肯循环中，每千克蒸汽对外所做的净功 w_{net} 等于蒸汽流过汽轮机时所做的功 w_T 与给水在水泵内被绝热压缩消耗的功 w_P 之差。根据热力学第一定律有

汽轮机做功：$w_T = h_1 - h_2$

给水泵消耗功：$w_P = h_3 - h_2'$

在锅炉内吸热量：$q_1 = h_1 - h_3$

在凝汽器内放热量：$q_2 = h_2 - h_2'$

循环净功：$w_{net} = w_T - w_P = q_1 - q_2$

根据循环热效率的定义式，可得朗肯循环的热效率为

$$\eta_t = \frac{w_{net}}{q_1} = \frac{w_T - w_P}{q_1} = \frac{(h_1 - h_2) - (h_3 - h_2')}{h_1 - h_3} \tag{6-1}$$

或
$$\eta_t = 1 - \frac{q_2}{q_1} = 1 - \frac{h_2 - h_2'}{h_1 - h_3} \tag{6-2}$$

水泵耗功与汽轮机做出的功相比甚小，在不要求精确计算的条件下，可以忽略水泵耗功。即 $h_3 - h_2' \approx 0$。这样，朗肯循环的热效率简化为

$$\eta_t = \frac{w_T}{q_1} = \frac{h_1 - h_2}{h_1 - h_2'} \tag{6-3}$$

三、汽耗率、热耗率和煤耗率

工程上习惯把每产生 1kW·h 的功所消耗的蒸汽质量称为**汽耗率**，用符号 d 表示，单位为 kg/（kW·h）。设蒸汽质量流量为 D(kg/h)，每千克蒸汽产生的循环净功为 w_{net}(kJ/kg)，则机组的功率为 $Dw_{net}/3600$（kW），即机组每小时产生的功为 $Dw_{net}/3600$（kW·h），因此机组的汽耗率为

$$d_0 = \frac{D}{Dw_{net}/3600} = \frac{3600}{w_{net}} \text{ kg/(kW·h)} \tag{6-4}$$

工程上习惯把每产生 1kW·h 的功需要锅炉提供的热量称为**热耗率**，用 q_0 表示，单位为 kJ/(kW·h)，由于每产生 1kW·h 的功所消耗的蒸汽质量为 d_0(kg)，每千克蒸汽吸热量为 q_1(kJ/kg)，因此热耗率为

$$q_0 = d_0 q_1 = \frac{3600}{w_{net}} q_1 = \frac{3600}{\eta_t} \text{kJ/(kW·h)} \tag{6-5}$$

各个煤矿生产煤的发热量不一样，为了便于分析比较，将低位发热量为29 308kJ/kg（即 7000kcal/kg）的煤称为标准煤。火电厂把每产生 1kW·h 电能消耗的标准煤的克数称为标准煤耗率，常常简称**煤耗率**，用 b_0 表示。根据热耗率的定义，有以下平衡关系式：

$$q_0 = \frac{3600}{\eta_t} = 0.001 b_0 \times 29\,308$$

于是可以导出简单朗肯循环理想煤耗率为

$$b_0 = \frac{123}{\eta_t} \text{ g/(kW·h)} \tag{6-6}$$

实际计算火力发电厂煤耗率时，在分母上还要乘上锅炉效率、管道效率、汽轮机相对内效率、机械效率、发电机效率等。

热效率、热耗率、煤耗率都是反映机组运行状态好坏的热经济指标。而汽耗率不是直接的热经济指标，汽耗率高，不一定热效率就低。但是在功率一定的条件下，汽耗率的大小反映了设备尺寸的大小。

【例 6-1】 朗肯循环计算

某朗肯循环，新蒸汽参数为 p_1=12MPa、t_1=500℃，汽轮机排汽压力 p_2=6kPa，不计水泵功耗。求此朗肯循环的热效率、汽耗率、热耗率、煤耗率、乏汽干度。

解 朗肯循环的 T-s 图如图 6-1（c）所示。利用 h-s 图和蒸汽参数表查得

p_1=12MPa、t_1=500℃时，h_1=3348kJ/kg、s_1=6.486 8kJ/（kg·K）

p_2=6kPa 对应的饱和参数为

$$h_2' = 151.47\text{kJ/kg}, \quad h_2'' = 2566.48\text{kJ/kg}$$
$$s_2' = 0.520\,8\text{kJ/(kg·K)}, \quad s_2'' = 8.328\,3\text{kJ/(kg·K)}$$

1→2 过程为过热水蒸气在汽轮机内的可逆绝热膨胀过程，熵不变，故有

$$s_1 = s_2 = x_2 s_2'' + (1 - x_2) s_2'$$

$$6.4868 = 8.3283 x_2 + 0.5208(1 - x_2)$$

解之得　　　　　　　　　　乏汽干度 $x_2 = 0.7641$

$$h_2 = x_2 h_2'' + (1 - x_2) h'_2 = 1996.54\text{kJ/kg}$$

循环净功：$w_{net} = w_T = h_1 - h_2 = 3348 - 1996.54 = 1351.46\text{kJ/kg}$

吸热量：　$q_1 = h_1 - h_2' = 3348 - 151.47 = 3196.53\text{kJ/kg}$

热效率：　$\eta_t = \dfrac{w_{net}}{q_1} = \dfrac{1351.46}{3196.53} = 42.28\%$

汽耗率：　$d_0 = \dfrac{3600}{w_{net}} = \dfrac{3600}{1351.46} = 2.66\text{kg/(kW·h)}$

热耗率：　$q_0 = d_0 q_1 = 2.66 \times 3196.53 = 8502.77\text{kJ/(kW·h)}$

煤耗率：　$b_0 = \dfrac{123}{\eta_t} = 290.92\text{g/(kW·h)}$

四、汽轮机相对内效率

蒸汽在汽轮机内的流动速度相当快，而且汽轮机外面都有保温层，因此，工程上把汽轮机看成绝热系统。根据能量守恒原理，在不考虑蒸汽流入、流出汽轮机时动能和势能变化的前提下，汽轮机做出的功总是等于蒸汽的焓降量，而不论汽轮机的完善程度如何。因此，用焓降量和做功量进行对比，就无法得知汽轮机内的损失，也看不出汽轮机是否需要节能改进。为了表征汽轮机的完善程度，需要引入汽轮机相对内效率的概念，用 η_{ri} 表示，这个概念本质上属于热力学第二定律范畴。

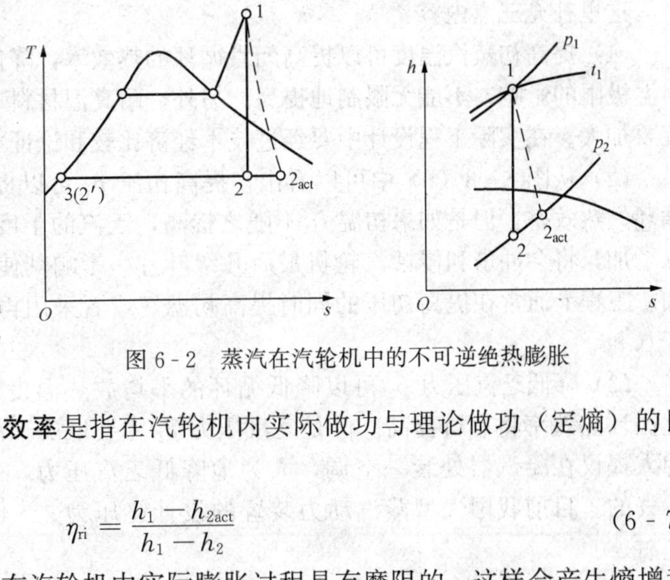

图 6-2　蒸汽在汽轮机中的不可逆绝热膨胀

如图 6-2 所示，1—2 为蒸汽在汽轮机内的可逆绝热膨胀做功过程，1—2_{act} 是蒸汽在汽轮机内的实际做功过程。**汽轮机相对内效率**是指在汽轮机内实际做功与理论做功（定熵）的比值，即

$$\eta_{ri} = \frac{h_1 - h_{2act}}{h_1 - h_2} \tag{6-7}$$

从图 6-2 中可以看出，蒸汽在汽轮机中实际膨胀过程是有摩阻的，这样会产生熵增和做功能力损失，使循环效率降低。另外，实际循环中乏汽状态为 2_{act}，实际放热过程为 2_{act}—2′，同理想循环相比，多排放热量（$h_{2act} - h_2$），而吸热量不变，故整个循环的效率降低。

五、提高朗肯循环热效率的途径

利用平均吸热温度和平均放热温度的概念，可以定性地分析如何提高朗肯循环的热效率。对于任何一个可逆循环，其热效率都可以用下式计算：

$$\eta_t = 1 - \frac{\overline{T}_2}{\overline{T}_1} \tag{6-8}$$

式中：$\overline{T}_1$、$\overline{T}_2$ 分别为平均吸热温度和平均放热温度。

从图 6 - 3 中可见，提高蒸汽初始温度［见图 6 - 3（a)］和初始压力［见图 6 - 3（b)］，可以提高平均吸热温度；降低乏汽的压力［见图 6 - 3（c)］，可以降低平均放热温度，这些措施都能提高朗肯循环热效率。现代大容量蒸汽动力装置，其初参数毫无例外地都是高温、高压的，目前国产蒸汽动力发电机组中亚临界压力（16～17MPa）的已经很普遍。华能玉环电厂在我国首次采用超超临界技术，主蒸汽压力为 26.25MPa，主蒸汽温度为 600℃，再热后的气温也达到 600℃，单机容量达 1000MW，为全国之最，设计电厂效率为 43.8%，供电煤耗率为 284g/（kW·h)。

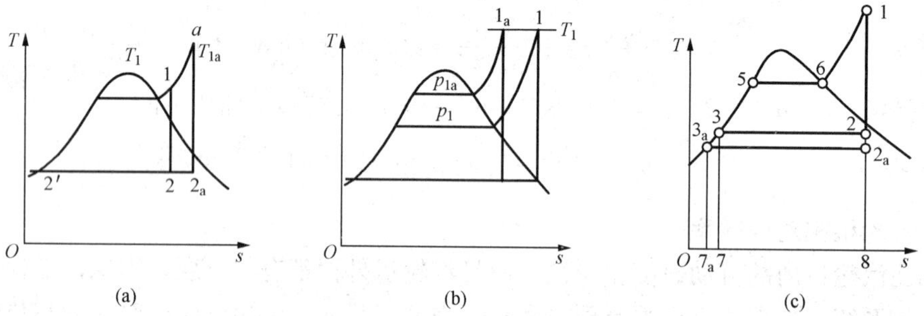

图 6 - 3　主蒸汽的 t_1、p_1 及乏汽压力 p_2 对朗肯循环热效率的影响

这里补充三点内容：

(1) 提高初蒸汽温度可以提高朗肯循环的热效率，降低煤耗。但是提高初温受金属材料耐温极限的影响，不能无限制地提高。另外，耐高温材料一般价钱都很昂贵，设备的一次投资要加大。在实际工程设计中要经过技术经济比较和论证才能决定。

(2) 从图 6 - 3（b）中可以看出，提高初压 p_1 可以提高平均吸热温度，从而提高朗肯循环的热效率。但是如果初温 t_1 不随之提高，乏汽的干度将降低，这意味着乏汽中液态水分增加，将会冲击和侵蚀汽轮机最后几级叶片，影响其使用寿命，并使汽轮机内部损失增加。工程上通常在提高初压的同时提高初温，或者采用再热措施，以保证乏汽的干度不低于 0.88。

(3) 降低乏汽压力 p_2 可以降低循环的平均放热温度，而平均吸热温度变化很小，因此循环热效率将有所提高。但是乏汽压力 p_2 主要取决于冷却水的温度（即环境温度）。有的人提议在凝汽器处装一空调，人为地降低乏汽压力，理论已经证明，这种做法是得不偿失的。目前我国大型蒸汽动力装置的设计终压为 3～4kPa，其对应的饱和温度在 28℃左右。

六、核动力系统中的蒸汽循环

从热力学的观点来看，核电厂和常规火电厂之间的差别是用反应堆中的核燃料替代锅炉的化石燃料，核电厂的常规岛部分和火电厂大体上相似。目前世界上核电站常用的反应堆有压水堆、沸水堆、重水堆和改进型气冷堆以及快堆等，但用得最广泛的是压水式反应堆。

在压水式反应堆（PWR，简称压水堆）中，水不沸腾，压力必须超过反应堆出口温度对应的饱和压力。为此，在一次回路中设有一个稳压水箱，该水箱的上部存有饱和水蒸气，下部存有饱和水，用于控制一次回路中的压力。为了驱动汽轮机，需用一个具有水蒸气发生器的二次水—水蒸气回路，如图 6 - 4 所示。我国广东大亚湾核电站、岭澳核电站、江苏田湾核电站及秦山核电站一期和二期都采用压水堆型。

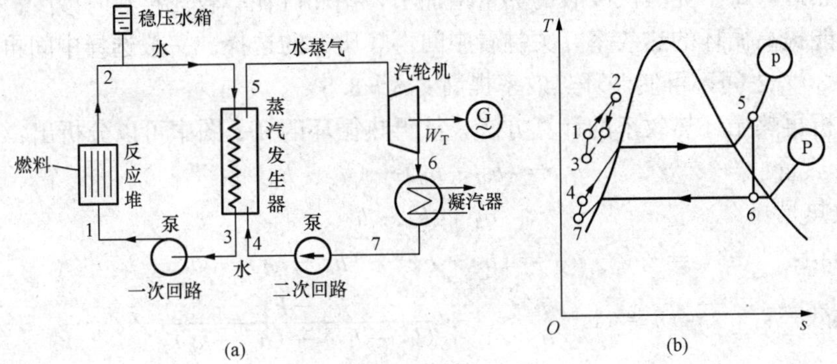

图 6-4 压水式反应堆系统

(a) 系统简图；(b) T-s 图

在沸水式反应堆（BWR，简称沸水堆）中，反应堆核心中的水允许沸腾，用一个蒸汽分离器从水中分离出饱和蒸汽。由于允许水沸腾，所以 BWR 中的压力较低，一般约为 PWR 一次回路压力的一半。和常规火电厂不同的是，BWR 机组蒸汽进入汽轮机时处于饱和状态，而不是过热状态。

在高温气体冷却反应堆（HTGR）中，用氦作为一次回路中反应堆的冷却剂，热氦通过蒸汽发生器以产生过热蒸汽供给汽轮机。

第三节 再 热 循 环

再热循环就是蒸汽在汽轮机内做了一部分功后，将它抽出来，通过管道送回锅炉再热器中，使之再加热后又送回到汽轮机低压缸里继续膨胀做功的循环。再热循环的工作原理和 T-s 图如图 6-5 所示。

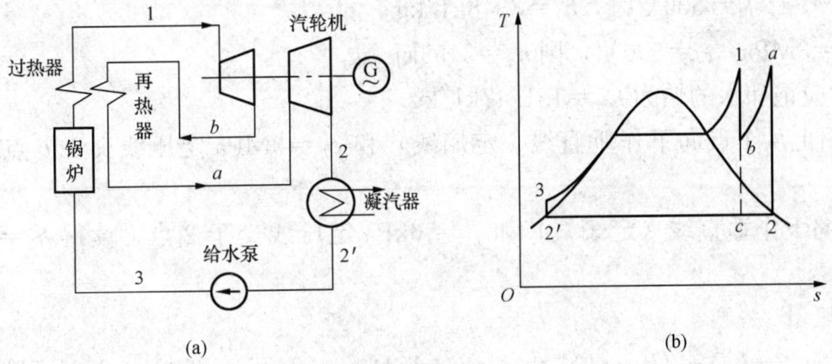

图 6-5 再热循环

(a) 工作原理；(b) T-s 图

采用再热循环主要是因为在提高蒸汽初压时，往往会使乏汽的湿度过大。如图 6-5（b）所示，如果不采用再热，蒸汽在汽轮机中将沿 1—b 线往下继续膨胀至 c 点，湿度较大。若采用再热，蒸汽膨胀到 b 点后送回锅炉再热器内加热（通常加热至初温），再送回汽轮机膨胀至 2 点处，这样就解决了单独提高初压 p_1 而引起乏汽湿度过大的问题。

采用再热后，每千克蒸汽吸收的热量增加了，循环汽耗率较无再热时减少。另外，采用再热不一定能提高循环的热效率，关键看中间再热压力的选择。一般选择中间再热压力为初压的 20%～30%之间，可使循环热效率提高 2%～3.5%。

下面分析再热循环热效率的计算方法，从再热循环的 T-s 图中可以分析出：

循环吸热量：
$$q_1 = (h_1 - h_3) + (h_a - h_b)$$

对外放热量：
$$q_2 = h_2 - h_2'$$

循环净功：
$$w_{net} = w_T - w_P = (h_1 - h_b) + (h_a - h_2) - (h_3 - h_2')$$

循环热效率：
$$\eta_t = 1 - \frac{q_2}{q_1} = 1 - \frac{h_2 - h_2'}{(h_1 - h_3) + (h_a - h_b)} \tag{6-9}$$

或
$$\eta_t = \frac{w_{net}}{q_1} = \frac{(h_1 - h_b) + (h_a - h_2) - (h_3 - h_2')}{(h_1 - h_3) + (h_a - h_b)} \tag{6-10}$$

若不计水泵耗功，即 $w_P \approx 0$、$h_2' \approx h_3$，则热效率为
$$\eta_t = \frac{w_{net}}{q_1} = \frac{w_T}{q_1} = \frac{(h_1 - h_b) + (h_a - h_2)}{(h_1 - h_2') + (h_a - h_b)} \tag{6-11}$$

再热循环需要在锅炉烟道内加装再热器，需要在汽轮机和锅炉之间加设往返蒸汽管道，这样会增加设备一次投资费用，增大散热损失和压损，使系统运行变得更加复杂。因此，对于压力不高的小机组不宜采用再热。我国的情况是在机组功率大于 125MW 时采用再热循环。

【例 6-2】 再热循环计算

某再热循环，新蒸汽参数为 p_1＝12MPa、t_1＝500℃，再热压力为 p_b＝3MPa，再热后的温度 t_a＝500℃，乏汽压力 p_2＝6kPa，不计水泵功耗。求此再热循环的热效率、汽耗率、乏汽干度。

解 此再热循环的 T-s 图如图 6-5（b）所示。

利用 h-s 图和蒸汽参数表查得

p_1＝12MPa、t_1＝500℃时，h_1＝3348kJ/kg

p_a＝p_b＝3MPa，t_a＝500℃，则 h_a＝3455kJ/kg

6kPa 对应饱和水的焓为 h_2'＝151.47kJ/kg

在 h-s 图上从 1 点向下作垂直线（定熵线）和 p_b＝3MPa 定压线交于 b 点，读得 h_b＝2990kJ/kg

从 a 点向下作垂直线（定熵线）和 p_2＝6kPa 定压线交于 2 点，读得 h_2＝2240kJ/kg，x_2＝0.86

循环吸热量
$$q_1 = (h_1 - h_2') + (h_a - h_b) = 3348 - 151.47 + 3455 - 2990 = 3661.53\text{kJ/kg}$$

循环放热量
$$q_2 = h_2 - h_2' = 2240 - 151.47 = 2088.53\text{kJ/kg}$$

循环净功
$$w_{net} = (h_1 - h_b) + (h_a - h_2) = 3348 - 2990 + 3455 - 2240 = 1573\text{kJ/kg}$$

或
$$w_{net} = q_1 - q_2 = 3661.53 - 2088.53 = 1573\text{kJ/kg}$$

循环热效率　　$\eta_t = 1 - \frac{q_2}{q_1} = 1 - \frac{2088.53}{3661.53} = 42.96\%$

汽耗率　　$d_0 = \frac{3600}{w_{net}} = \frac{3600}{1573} = 2.29\text{kg/(kW}\cdot\text{h)}$

对比例 6-1 可知，采用再热措施后，汽耗率降低，乏汽干度提高，这有利于机组的安全运行。同时，由于再热压力选择合适，循环热效率也提高了。

第四节　回　热　循　环

一、回热循环

回热循环是现代蒸汽动力装置普遍采用的循环。它在简单朗肯循环的基础上，对吸热过程加以改进而得到。回热是利用在汽轮机内做过功的蒸汽来加热锅炉给水，从而提高循环平均吸热温度，提高循环热效率。

如图 6-6 所示为两级抽汽回热循环工作原理及 T-s 图。设有 1kg 过热蒸汽进入汽轮机内膨胀做功。当压力降至 p_6 时，从汽轮机内抽出 α_1(kg) 蒸汽送入一号回热加热器，其余的 $(1-\alpha_1)$kg 蒸汽在汽轮机内继续膨胀，到压力降至 p_8 时再抽出 α_2(kg) 蒸汽送入二号回热加热器；剩余的 $(1-\alpha_1-\alpha_2)$(kg) 蒸汽则继续膨胀，直到压力降至 p_2 时进入凝汽器。乏汽在凝汽器内凝结放热变为凝结水，凝结水依次通过二号、一号回热加热器，分别和 α_2(kg) 压力为 p_8、α_1(kg) 压力为 p_6 的抽汽混合，最后给水被加热到 t_7，然后再送入锅炉吸热。从 T-s 图上可以看出，如果不采用回热，给水在锅炉内的吸热过程是 3—1；采用回热后，吸热过程是 7—1，平均吸热温度升高了，从而使循环热效率提高。因此几乎所有火力发电厂中的蒸汽动力装置都采用这种抽汽回热循环，有的甚至有七、八级抽汽。

回热加热器有两种，一种是表面式，即抽汽与凝结水不直接接触，通过换热器壁面交换热量；另一种是混合式，即抽汽与凝结水接触换热，回热加热器的出口温度达到抽汽压力下的饱和温度。为了分析方便，图 6-6 中的回热器都是混合式的。实际上，电厂除了除氧器，其他回热器大多是表面式的。

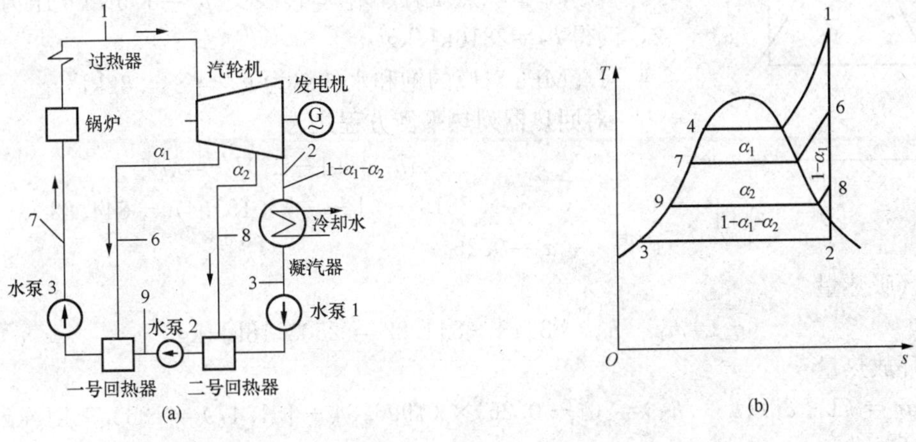

图 6-6　抽汽回热循环

(a) 工作原理；(b) T-s 图

二、回热循环计算

回热循环计算首先要确定抽汽率 α_1、α_2。为了分析方便，这里不考虑水泵耗功。

对于一号回热加热器列热平衡方程式有

$$\alpha_1 h_6 + (1-\alpha_1)h_9 = h_7$$

求得
$$\alpha_1 = \frac{h_7 - h_9}{h_6 - h_9}$$

再对二号回热加热器列热平衡方程式有

$$\alpha_2 h_8 + (1-\alpha_1-\alpha_2)h_3 = (1-\alpha_1)h_9$$

求得
$$\alpha_2 = \frac{(1-\alpha_1)(h_9 - h_3)}{h_8 - h_3}$$

下面求抽汽回热循环的热效率：

循环吸热量：
$$q_1 = h_1 - h_7$$

循环放热量：
$$q_2 = (1-\alpha_1-\alpha_2)(h_2 - h_3)$$

循环热效率
$$\eta_t = 1 - \frac{q_2}{q_1} = 1 - \frac{(1-\alpha_1-\alpha_2)(h_2-h_3)}{h_1 - h_7}$$

最后需要指出，虽然从理论上抽汽回热级数越多，给水温度就越高，从而平均吸热温度越高。但是，级数越多，设备和管路就越复杂，而每增加一级抽汽的获益就越少。因此，回热抽汽级数不宜过多。例如，国产 300MW 机组采用“三高四低一除氧”的抽汽安排，即有三个高压回热加热器，四个低压回热加热器，一个除氧器。

【例 6-3】 抽汽回热循环计算

某理想抽汽回热循环，新蒸汽参数为 p_1=12MPa、t_1=500℃，采用一级抽汽，抽汽压力为 p_2=1.5MPa，汽轮机排汽压力 p_3=6kPa，不计水泵功耗。求此抽汽回热循环的热效率、汽耗率、热耗率。

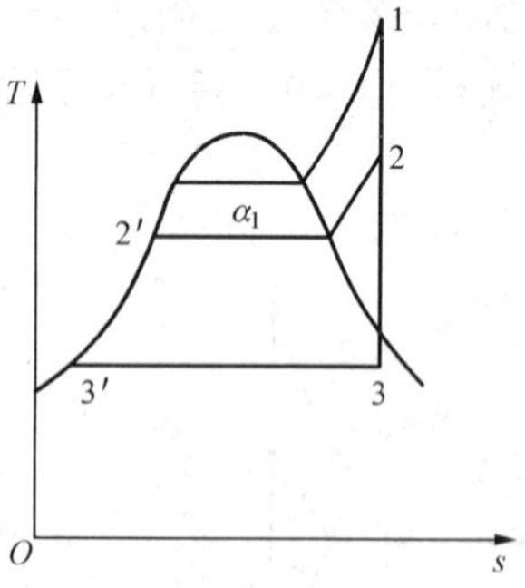

图 6-7 ［例 6-3］图

解 该一级抽汽回热循环的 T-s 图如图 6-7 所示。

由［例 6-1］可知：

$$h_1 = 3348\text{kJ/kg},\quad h_3 = 1996.54\text{kJ/kg},\quad h_3' = 1996.54\text{kJ/kg}$$

在 h-s 图从点 1 往下作垂直线交 p_2=1.5MPa 压力线于点 2，读得 h_2=2816kJ/kg

1.5MPa 对应的饱和水的焓为 $h_2' = 844.82\text{kJ/kg}$

对回热器列热平衡方程式为

$$\alpha_1 h_2 + (1-\alpha_1)h_3' = h_2'$$

$$\alpha_1 \times 2816 + (1-\alpha_1)\times 151.47 = 844.82$$

解得 $\alpha_1 = 0.26$

循环吸热量

$$q_1 = h_1 - h_2' = 3348 - 844.82 = 2503.18\text{kJ/kg}$$

循环放热量

$$q_2 = (1-\alpha_1)(h_3 - h_3') = (1-0.26)\times(1996.54 - 151.47) = 1365.35\text{kJ/kg}$$

循环净功

$$w_{net} = q_1 - q_2 = 2503.18 - 1365.35 = 1137.83\text{kJ/kg}$$

循环热效率

$$\eta_t = 1 - \frac{q_2}{q_1} = 1 - \frac{1365.35}{2503.18} = 45.46\%$$

汽耗率

$$d_0 = \frac{3600}{w_{net}} = \frac{3600}{1137.83} = 3.16\text{kg/(kW·h)}$$

热耗率

$$q_0 = d_0 q_1 = 3.16 \times 2503.18 = 7910.05\text{kJ/(kW·h)}$$

和例 6-1 对比可知，采用抽汽回热后，循环的热效率提高，热耗率降低，汽耗率增加。

第五节　热电联产循环

热电联产循环是指火力发电厂一方面生产电能，同时又向热用户提供热能的蒸汽动力循环。这种既发电又供热的电厂称为热电厂。在北方寒冷地区或者有固定热量消耗的大型工厂，热电联产的方式得到了广泛应用，是国家鼓励发展的节能措施。

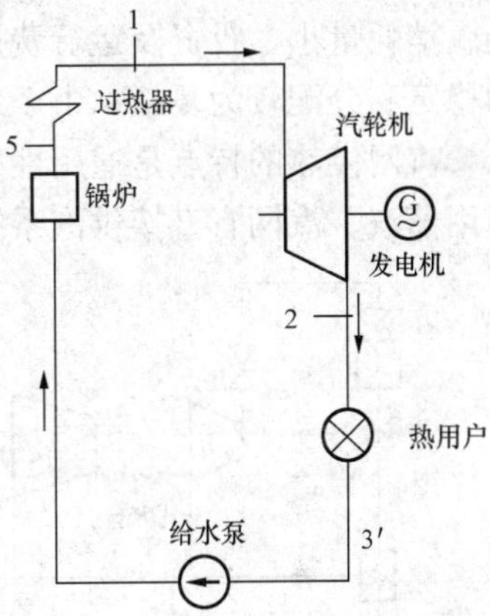

图 6-8　背压式热电联产循环

一、热电联产的方式

热电联产大体分为两种类型，一种最简单的方式是采用背压式汽轮机，如图 6-8 所示。背压式汽轮机，是指蒸汽在汽轮机中不是像纯凝汽式汽轮机那样一直膨胀到接近环境温度，而是膨胀到某一较高的压力和温度（依热用户的要求而定），然后将汽轮机全部排汽直接供给热用户。这种热电联产的优点是不通过凝汽器向环境放热，能量利用率高，理论上蒸汽能量的利用率可达 100%。能量利用率的定义式为

$$K = \frac{\text{已利用的能量}}{\text{工质从热源得到的能量}} \tag{6-12}$$

实际上，由于各种损失及热、电负荷间不协调造成的浪费，一般 $K=70\%$左右。

背压式汽轮机热电联产循环的不足之处是供热与供电相互影响，不能随意调节热、电供应比例。例如，如果热用户不需要供热了，那么整个机组就得停下。

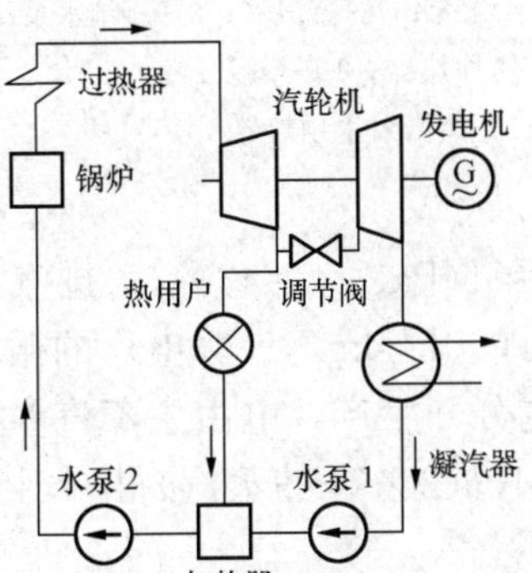

图 6-9　抽汽调节式热电联产循环

工程实际中用得较多的是另一种热电联产方式——调节抽汽式热电联产，如图 6-9 所示。这种方式的循环，供热与供电之间相互影响较小，同时可以调节抽汽压力和温度，以满足不同用户的需求。随着供热式机组的发展，又出现了单级调节抽汽机组和双级调节抽汽机组。这类机组与纯凝汽式机组在外形上一样，只是在相应于供热参数的抽汽点后面加装一个调节隔板。这是因为一般汽轮机通流部分各点上的蒸汽压力随着汽轮机的进汽量的变化而变化。当汽轮机的输出功率降低时，各抽汽点的压力都随之降低，这对于回热加热抽汽来说，是无所谓的，因为回热加热对蒸汽参数并没有特定的要求。

但对于外界需要的热负荷来说就不同了，因为供热抽汽必须满足热用户对蒸汽参数的要求。供热机组所加装的调节隔板，就是为此而装设的。这就是说，当汽轮机负荷降低时，抽汽压力随之降低，为了满足热用户的要求，不使这级抽汽压力过低，就把这级抽汽后面的调节隔板的流通孔关小，以减少穿过调节隔板的蒸汽流量而维持抽汽压力；反之，如果汽轮机功率增加，这级抽汽压力也将增加，这也不符合热用户要求，因此，就将此调节隔板的流通孔开大，以降低这级抽汽的参数。

二、供热方式

热电厂的供热系统根据载热介质的不同可分为水热网（也称水网）和汽热网（也称汽网）。

水热网是通过热网换热器，将热电厂蒸汽的热量传递给循环水供热系统。水网的优点是：输送热水的距离较远，可达 30km 左右，在绝大部分供暖期间可以使用压力较低的汽轮机抽汽，从而提高了热电厂的经济性。水网的蓄热能力较汽网高，与有返回水的汽网相比，金属消耗量小，投资及运行费用少。水网的缺点是：输送热水要消耗电能，水网的水力工况的稳定和分配较为复杂；由于水的密度大，事故时水网的泄漏是汽网的 20～40 倍。

汽网供热的特点是通用性好，可满足各种用热形式的需要，特别是某些生产工艺用热必须用蒸汽。汽网有直接供汽系统和间接供汽两种方式，分别如图 6 - 10 和图 6 - 11 所示。

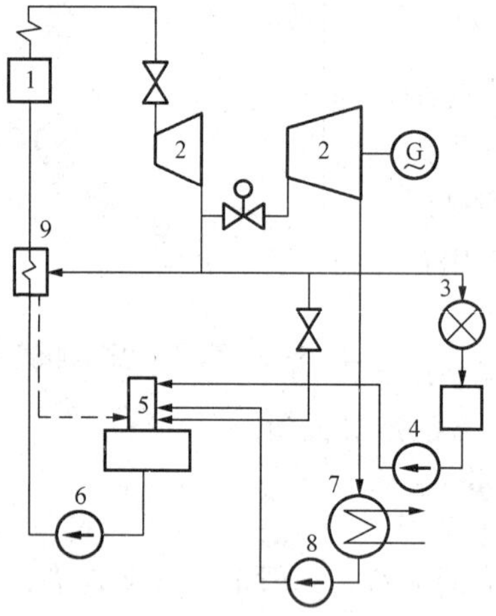

图 6 - 10　直接供汽系统

1—锅炉；2—汽轮机；3—热用户；4—热网回水泵；5—除氧器；6—给水泵；7—凝汽器；8—凝结水泵；9—高压加热器

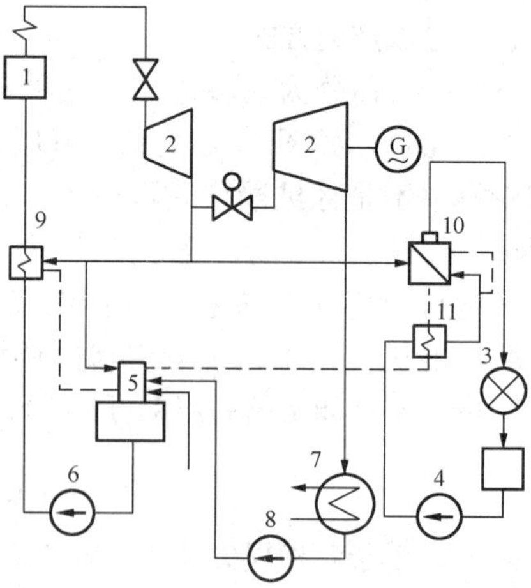

图 6 - 11　间接供汽系统

1—锅炉；2—汽轮机；3—热用户；4—热网回水泵；5—除氧器；6—给水泵；7—凝汽器；8—凝结水泵；9—高压加热器；10—蒸发器；11—蒸汽给水预热器

【例 6 - 4】　热电联产节约用煤

某热电厂发电功率为 12MW，使用背压式汽轮机，$p_1=5$MPa、$t_1=430$℃，排汽压力 $p_2=0.8$MPa，排汽全部用于供热。假设煤的低位发热值为20 000kJ/kg，计算电厂的循环热效率及每天耗煤量（t/d），设锅炉热效率为 85%。如果热、电分开生产，电由主蒸汽参数不变、乏汽压力为 $p_2=7$kPa 的凝汽式汽轮机生产，热能（0.8MPa、230℃ 的蒸汽）由单独的锅炉供应，其他条件同上，试比较其耗煤量。设锅炉效率同上。

解　(1) 在热电联产的情况下，设每天耗煤量为 m_1t。

$p_1=5$MPa、$t_1=430$℃时，查得 $h_1=3267.6$kJ/kg

$p_2=0.8$MPa 时，查得排汽的焓 $h_2=2810$kJ/kg

0.8MPa 对应的饱和水的焓为 $h_2'=721.20$kJ/kg

则循环的热效率为

$$\eta_t=\frac{w_{net}}{q_1}=\frac{h_1-h_2}{h_1-h_2'}=\frac{3267.6-2810}{3267.6-721.2}=17.97\%$$

由于是背压式机组，因此有效吸热量中另外 82.03% 的部分对外供热。

对每天做功列平衡式，有

$$m_1\times10^3\times20\,000\times85\%\times17.97\%=24\times3600\times12\times10^3\text{kJ}$$

解得 $m_1=339.39$t/d

(2) 在热电分产的情况下，设每天发电耗煤量为 m_2t，设每天供热耗煤量为 m_3t。

在主蒸汽参数不变、乏汽压力为 $p_2=7$kPa 的纯凝汽式情况下，查得乏汽焓 $h_2=2077$kJ/kg、7kPa 对应的饱和水的焓为 $h_2'=163.31$kJ/kg。

$$\eta_t=\frac{w_{net}}{q_1}=\frac{h_1-h_2}{h_1-h_2'}=\frac{3267.6-2077}{3267.6-163.31}=38.35\%$$

分别对做功和供热列平衡式，有

$$m_2\times10^3\times20\,000\times85\%\times38.35\%=24\times3600\times12\times10^3$$

$$m_3\times10^3\times20\,000\times85\%=339.39\times10^3\times20\,000\times85\%\times82.03\%$$

解得 $m_2=158.03$t/d，$m_3=278.4$t/d

热电联产与热电分产相比，每天少烧煤量为

$$\Delta m=m_2+m_3-m_1=158.03+278.4-339.39=97.04\text{t/d}$$

从［例 6-4］可以看出，热电联产方式的确可以节约大量能源。2007 年修订的中华人民共和国《节约能源法》第三十一条中明确规定：国家鼓励工业企业采用高效、节能的电动机、锅炉、窑炉、风机、泵类等设备，采用热电联产、利用余热余压发电的机组……

第六节 燃气轮机装置循环

一、概述

燃气轮机装置是一种以空气和燃气为工质的热动力设备。1872 年，侨居美国的英国工程师布雷登（G. Brayton）提出了一种把压缩缸和膨胀做功缸分开的往复式煤气机，采用定压加热循环，它与燃气轮机的简单循环是一样的，因此，不少论著中把燃气轮机循环称为布雷登循环。其实，早在公元 800～900 年，我国就有了走马灯，走马灯利用蜡烛燃烧产生的高温气体来推动纸糊的叶轮转动。从原理上讲，这就是现代燃气轮机的雏形，不同的是走马灯中仅利用自然对流来使气体流动，而没有压气机。

现代燃气轮机技术是从 1939 年德国的 Hinkel 工厂研制成功第一台航空涡轮喷气发动机和瑞士 BBC 公司研制成功第一台工业发电用燃气轮机开始的。随着人们对气体动力学等基础科学认识的深化，冶金水平、冷却技术、结构设计和工艺水平的不断提高和完善，通过提高燃气初温、增大压气机增压比、充分利用燃气轮机的排气余热、与其他类型动力机械的联合使用等途径，使得燃气轮机的性能在最近几十年中取得了巨大进步，燃气轮机发电在世界电力结构中的比例不断增加。美国早在 1987 年燃气轮机装置的生产总量就已经超过蒸汽轮机生产总量。

简单的定压燃气轮机装置主要由压气机、燃烧室和燃气轮机三大部件构成。图 6 - 12 所示为最简单的定压加热开式循环燃气轮机及其工作示意：压气机连续地吸入空气并使之增压（空气温度也相应提高），送到燃烧室的空气与燃料混合燃烧，形成高温高压的燃气；燃气在燃气轮机中膨胀做功，带动压气机和外负荷；从燃气轮机中排出的乏气排至环境中放热。通常燃气轮机产生的功 2/3 左右用来驱动压气机，其余的 1/3 左右驱动外负荷（如发电机等）。

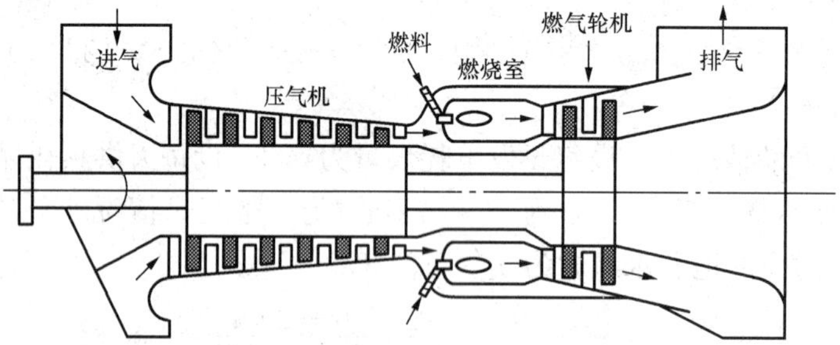

图 6 - 12　燃气轮机及其工作示意

采用燃气轮机装置发电的主要优点有：①启停快，调峰性能好，作为电网中的应急备用电源或负荷调峰机组是完全必要的；②循环效率高，燃气—蒸汽联合循环发电效率可达 60%左右；③采用油或天然气为燃料，燃烧效率高，污染小；④无需煤场、输煤系统、除灰系统，厂区占地面积比燃煤火电厂小很多；⑤耗水量少，一般燃气轮机简单循环只需火电厂 2%～10%的用水量，联合循环也只需同容量火电厂 1/3 的用水量，这对于缺水地区建电厂尤为重要；⑥建厂周期短，燃气轮机在制造厂完成了最大可能装配后才装箱运往现场，施工安装简便。

当然采用燃气轮机装置发电也有不足之处。首先是我国的能源结构是以煤为主，油和天然气资源相对短缺，直接烧油或天然气发电成本高；其次是目前我国在重型燃气轮机方面的技术水平落后，主要设备需进口，需要作出艰苦的努力，走“引进、吸收、跨越”的发展道路。

二、燃气轮机定压加热理想循环分析

为了对燃气轮机装置进行热力学分析，首先要对实际循环进行理想化处理：

（1）假定工质是比热容为定值的理想气体，燃烧之前或之后成分不变，都当作是空气；

（2）工质经历的所有过程都是可逆过程；

（3）在压气机和燃气轮机中皆为绝热过程；

（4）工质在燃烧室中视为经历的是定压加热过程；

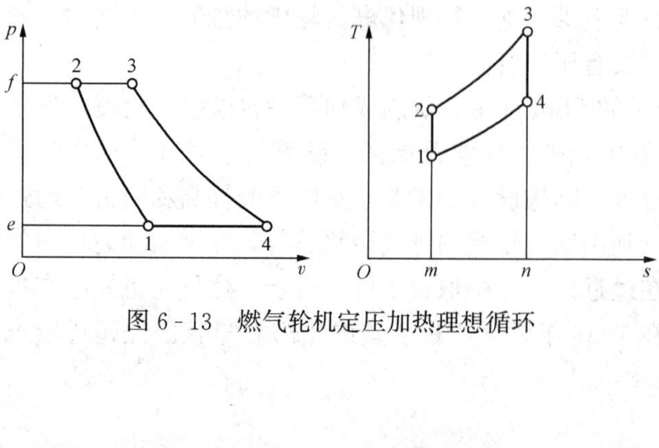

图 6 - 13　燃气轮机定压加热理想循环

（5）工质向环境放热是定压放热过程，而且放热后，进入压气机入口，构成闭式循环。

经过上述简化后，就可以得到燃气轮机定压加热理想循环，又称为布雷登循环，这个循环的 p-v 图和 T-s 图如图 6 - 13 所示。图中 1—2为空气在压气机中的可逆绝热压缩过程（定熵）；2—3 为空气在燃烧室中的可逆定压加热过程；3—4 为燃气在燃气轮机中的可逆绝热膨胀过程（定熵）；4—1 为乏气在环境中的可逆定压放热过程。

下面分析燃气轮机定压加热理想循环的热效率。

循环中工质的吸热量为

$$q_1 = c_p(T_3 - T_2)$$

工质对外界放出的热量为

$$q_2 = c_p(T_4 - T_1)$$

循环的热效率为

$$\eta_t = 1 - \frac{q_2}{q_1} = 1 - \frac{T_4 - T_1}{T_3 - T_2} \tag{6-13}$$

因为 1—2 和 3—4 都是可逆绝热过程，故有

$$\frac{T_2}{T_1} = \left(\frac{p_2}{p_1}\right)^{\frac{\kappa-1}{\kappa}}, \quad \frac{T_3}{T_4} = \left(\frac{p_3}{p_4}\right)^{\frac{\kappa-1}{\kappa}}$$

注意到 $p_2 = p_3$，$p_4 = p_1$，所以

$$\frac{p_2}{p_1} = \frac{p_3}{p_4} = \pi$$

上式中 $\pi = p_2/p_1$ 称为燃气轮机的循环增压比。

$$T_2 = T_1 \pi^{\frac{\kappa-1}{\kappa}}, \quad T_3 = T_4 \pi^{\frac{\kappa-1}{\kappa}}$$

$$T_3 - T_2 = (T_4 - T_1)\pi^{\frac{\kappa-1}{\kappa}}$$

将上述结果代入式（6-13），得

$$\eta_t = 1 - \frac{1}{\pi^{\frac{\kappa-1}{\kappa}}} \tag{6-14}$$

可见，布雷登循环的热效率决定于循环增压比 π，随着 π 增大，热效率提高。但 π 值不能太高，如果 π 值太高，一方面使压气机消耗的功增加，另一方面进入燃烧室的空气的温度 T_2 也太高，在允许进入燃气轮机的温度 T_3 一定的情况下，工质在燃烧室吸收的热量减少，最后会影响机组输出的净功。

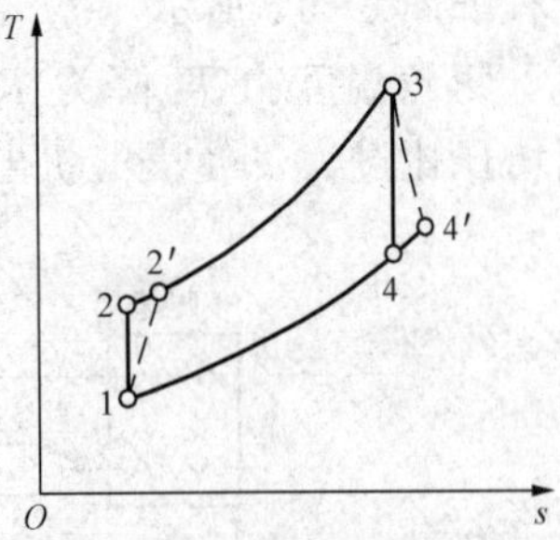

图 6-14 燃气轮机装置实际循环的 T-s 图

三、燃气轮机实际循环

燃气轮机实际循环的各个过程都存在着不可逆因素。这里主要考虑压缩过程和膨胀过程中存在的不可逆性。如图 6-14 所示，虚线 1-2′表示压气机中的不可逆绝热压缩过程，虚线 3-4′表示燃气轮机中的不可逆绝热膨胀过程。这两个过程的共同特点都是朝熵增加方向偏移。

第三章已定义了压气机的绝热效率，即

$$\eta_{C,s} = \frac{w_{C,s}}{w'_C} = \frac{h_2 - h_1}{h'_2 - h_1}$$

所以，压气机实际耗功为

$$w'_C = h'_2 - h_1 = \frac{1}{\eta_{C,s}}(h_2 - h_1) \tag{6-15}$$

燃气轮机的不可逆性用相对内效率来表示，其定义和蒸汽轮机的相对内效率是一样

的，即

$$\eta_{ri}=\frac{\text{实际膨胀做出的功}}{\text{定熵膨胀做出的功}}=\frac{w_T'}{w_T}=\frac{h_3-h_4'}{h_3-h_4} \tag{6-16}$$

所以燃气轮机实际做功为

$$w_T'=h_3-h_4'=\eta_{ri}(h_3-h_4)$$

实际循环的循环净功为

$$w_{net}'=w_T'-w_C'$$

实际循环中气体的吸热量为

$$q_1=h_3-h_2'$$

因而实际循环的热效率为

$$\eta_t=\frac{w_{net}'}{q_1}=\frac{w_T'-w_C'}{h_3-h_2'} \tag{6-17}$$

关于燃气轮机定压加热实际循环热效率的公式就推导到这里，不求详细结果，有兴趣的读者可以参考有关文献。这里只介绍相关结论：压气机中压缩过程和燃气轮机中膨胀过程的不可逆损失越小，即 $\eta_{C,s}$、η_{ri} 越大，则实际循环热效率越高；循环增温比（T_3/T_1）越大，实际循环热效率也越高；当增温比（T_3/T_1）及 $\eta_{C,s}$、η_{ri} 一定时，随着增压比 π 增大，实际循环的热效率先增大，到某一最高效率后又开始下降。

四、提高燃气轮机装置循环热效率的其他途径

1. 回热

提高平均吸热温度，降低平均放热温度，都能够提高循环热效率。简单燃气轮机循环的排气温度很高，一般高达 500℃，既浪费能量，又对环境造成热污染。采用回热可以克服这些不利因素。回热是利用燃气轮机的高温排气来加热压气机出口的空气，提高进入燃烧室的空气温度，同时也降低了乏气的排气温度，是提高循环热效率的有效方法，其流程如图 6-15 所示，T-s 图如图 6-16 所示。在回热器中，压气机出口气温由 T_2 提高到 T_5，乏汽温度由 T_4 降为 T_6，极限回热时，$T_5=T_4$，$T_2=T_6$。从图 6-16 中可以看出，当增压比过大，使压气机出口温度高于燃气轮机排气温度时，是无法采用回热的。

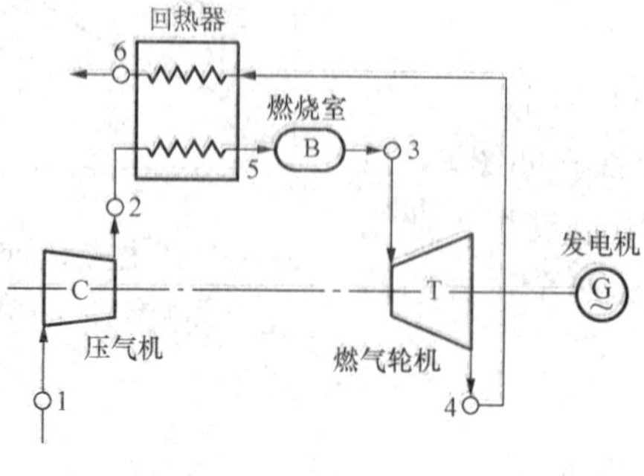

图 6-15 带回热的燃气轮机装置

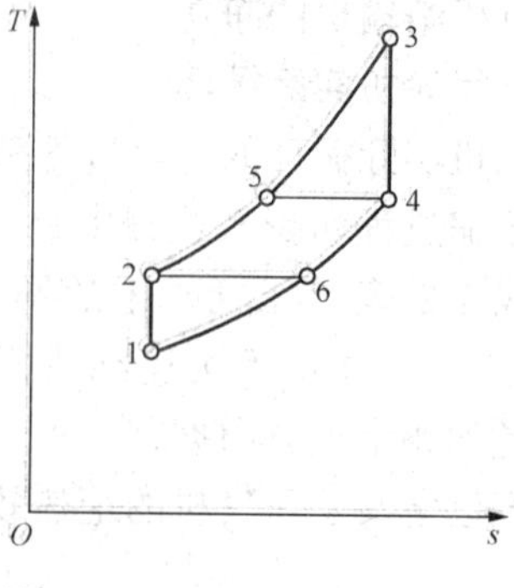

图 6-16 燃气轮机装置极限回热时的 T-s 图

2. 在回热的基础上多级压缩中间冷却

在第三章讲到压气机时，讲到过分级压缩中间冷却的好处。燃气轮机装置循环也可以在回热的基础上采用分级压缩中间冷却，如图 6-17 所示。中间冷却后，高压压气机出口温度

降低，这样会使废气排向环境的温度降低，即降低了循环的平均放热温度，而平均吸热温度不变，故可以提高循环热效率。当然，如果不采用回热，而只采用分级压缩中间冷却的措施，其结果将适得其反。请读者自己分析原因。

3. 在回热基础上分级膨胀中间再热

如图 6 - 18 所示，燃气在燃气轮机中分级膨胀，中间再加热、低压燃气轮机排出的乏气在回热器中放热后，排向大气。因而平均吸热温度提高了，而平均放热温度不变，故可提高循环热效率。

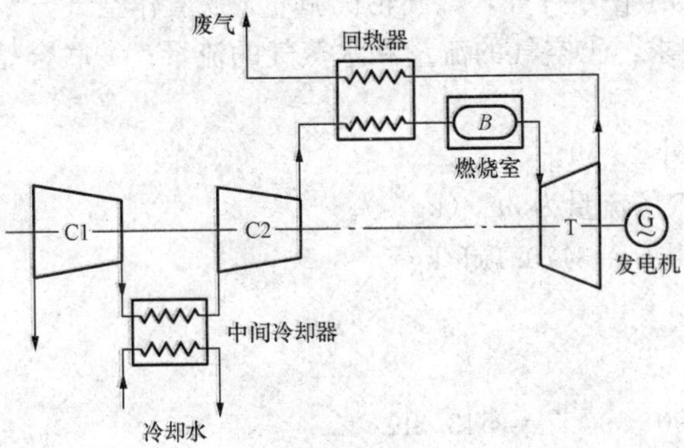

图 6 - 17　燃气轮机装置在回热的基础上多级压缩中间冷却

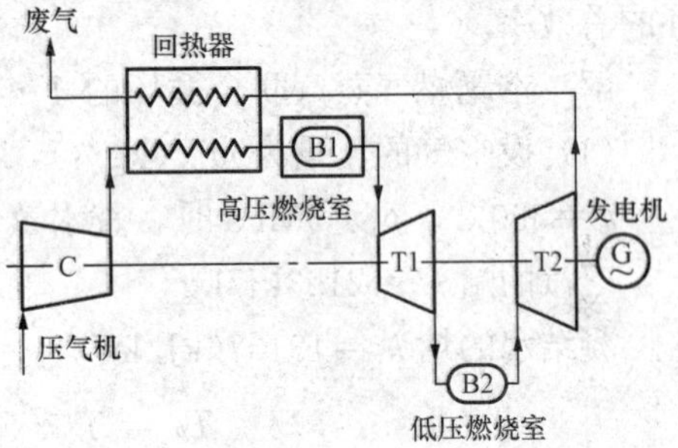

图 6 - 18　燃气轮机装置在回热基础上分级膨胀中间再热

五、燃气—蒸汽联合循环

目前，燃气轮机装置循环中燃气轮机的进气温度虽高达 1000～1300℃，但排气温度在 400～650℃范围内，故其循环热效率较低。燃气—蒸汽联合循环就是以燃气轮机装置作为顶循环，蒸汽动力装置作为底循环，分别有燃气、水蒸气两种工质做功的联合循环。如图 6 - 19 所示，燃气轮机的排气送入余热锅炉加热水，使之变为水蒸气，驱动底循环，余热锅炉内一般不用另加燃料。当然也有在余热锅炉内加燃料补燃的情况。

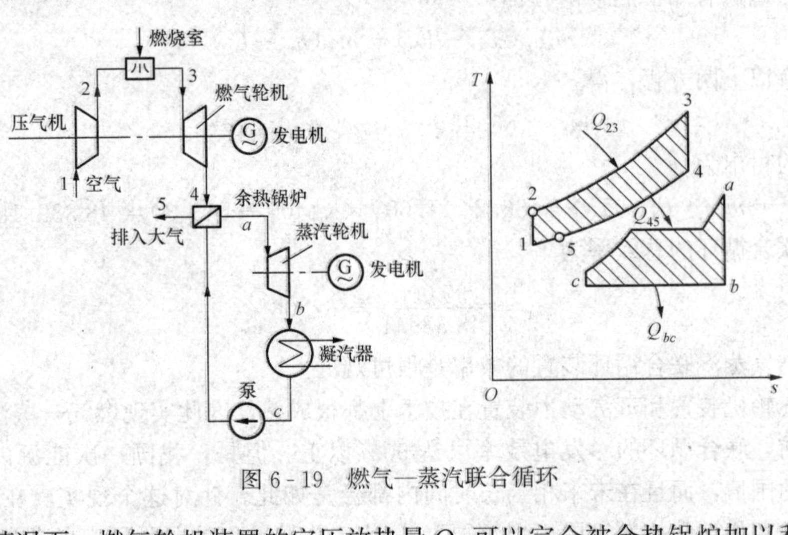

图 6 - 19　燃气—蒸汽联合循环

在理想情况下，燃气轮机装置的定压放热量 Q_{41} 可以完全被余热锅炉加以利用，产生水蒸气。实际上，由于存在传热端差，仅有过程 4-5 排放的热量得到利用，过程 5-1 仍为向大

气放热。故联合循环的热效率为

$$\eta_t = 1 - \frac{Q_2}{Q_1} = 1 - \frac{Q_{bc} + Q_{51}}{Q_{23}} \tag{6-18}$$

【例 6-5】 燃气蒸汽联合循环

一燃气蒸汽联合循环装置，总功率为30 000kW，空气进入压气机的压力 $p_1=0.1$MPa，温度 $T_1=290$K，压气机的增压比 $\pi=9$，燃气轮机废气离开余热锅炉的温度为 $T_5=420$K，燃气轮机进口温度 $T_3=1400$K。设水蒸气离开余热锅炉时的温度 $t_a=390$℃，压力 $p_a=5$MPa，凝汽器中压力 $p_b=p_c=0.01$MPa，为了便于计算，燃气轮机循环工质看作空气 $c_p=1.004$kJ/（kg·K），$k=1.4$，水泵功不计。求：①空气的流量和水蒸气的流量；②联合循环的总效率。

解 本题燃气蒸汽联合循环的 T-s 图见图 6-19。

（1）设空气的流量为 m_a（kg/s），水蒸气的流量为 m_w（kg/s）。

$t_a=390$℃，$p_a=5$MPa 时，查水蒸气表得 $h_a=3170.1$kJ/kg

乏汽的焓 $h_b=2193$kJ/kg

凝结水的焓 $h_c=191.76$kJ/kg

$$T_2 = T_1\pi^{\frac{\kappa-1}{\kappa}} = 290 \times 9^{\frac{1.4-1}{1.4}} = 543.3\text{K}$$

$$T_4 = T_3\left(\frac{1}{\pi}\right)^{\frac{\kappa-1}{\kappa}} = 1400 \times \left(\frac{1}{9}\right)^{\frac{1.4-1}{1.4}} = 747.3\text{K}$$

燃气轮机中单位质量工质做的循环净功为

$$w_{net1} = c_p[(T_3 - T_4) - (T_2 - T_1)] = 401.0\text{kJ/kg}$$

蒸汽轮机中单位质量工质做的循环净功为

$$w_{net2} = h_a - h_b = 3170.1 - 2193 = 977.1\text{kJ/kg}$$

对于总功率有如下方程：

$$401m_a + 977.1m_w = 30\,000\text{kW} \tag{a}$$

对于余热锅炉有如下热平衡方程：

$$m_a c_p(T_4 - T_5) = m_w(h_a - h_c) \tag{b}$$

联立求解以上两方程，得

$$m_a = 56.2\text{kg/s}, \quad m_w = 6.2\text{kg/s}$$

（2）总的付出为

$$Q_1 = m_a c_p(T_3 - T_2) = 56.2 \times 1.004 \times (1400 - 543.3) = 48\,339.1\text{kW}$$

因此，联合循环的总效率为

$$\eta_t = \frac{30\,000}{48\,339.1} = 62.06\%$$

可见，燃气蒸汽联合循环装置的效率是很可观的。

由于燃气轮机装置和蒸汽动力装置在技术上都很成熟，因此实现燃气—蒸汽联合循环并无困难。目前，联合循环的净发电效率可达 50%以上。但是，我国一次能源以煤为主，这是我国特有的国情，而且在未来相当长时间内都会是如此。针对这个现实，在 2005 年通过的《国家中长期科学和技术发展规划纲要》中明确说明，今后主要研究的是整体煤气化燃气—蒸汽联合循环（IGCC）。

第七节　活塞式内燃机循环简介

内燃机一般是活塞式（或称往复式）的，其共同特点是工质的膨胀和压缩以及燃料的燃烧过程都在同一个带活塞的气缸中进行。内燃机结构紧凑、重量轻、体积小、管理方便，是一种轻便、有较高热效率的热机，广泛应用于各种汽车、拖拉机、船舶、舰艇、铁路机车、地质钻探机械、土建施工机械等。

按照使用的燃料不同，内燃机可分为汽油机、柴油机、煤油机等；按照点火的方式不同，又可分为点燃式和压燃式两大类；按照完成一个工作循环活塞所经历的冲程数不同，内燃机又可分为四冲程和二冲程两大类；从热力学加热过程特点来看，又可分为定容加热循环、定压加热循环和混合加热循环。

本节将以四冲程内燃机为例，简要介绍其工作原理和循环过程。

一、定容加热循环

定容加热理想循环是汽油机实际工作循环的理想化，它是德国工程师奥托（Otto）于1876年提出的，因此又称为奥托循环。

在活塞式内燃机的气缸中，气体工质的压力和体积的变化情况可以用示功器记录下来。四冲程汽油机实际循环如图 6-20 所示。

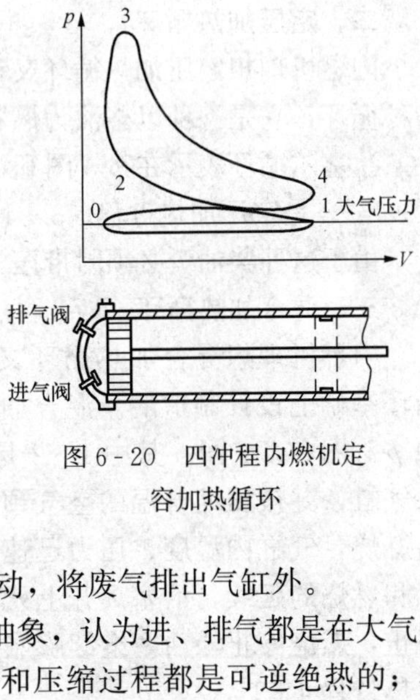

图 6-20　四冲程内燃机定容加热循环

吸气冲程 0—1：进气阀开启，活塞自左向右移动，将燃料和空气的混合物经进气阀吸入气缸中，达到下死点 1 后，进气阀关闭。

压缩冲程 1—2：活塞自右向左移动，气缸中的气体被压缩升温，接近上死点时，点火装置将可燃气体点燃，气缸内气体温度急剧升高，接近于定容下的升温升压过程。

工作冲程 3—4：活塞达到上死点 3 后，工质膨胀，推动活塞右行至下死点 4。

排气冲程 4—0：排气阀打开，同时，活塞自右向左移动，将废气排出气缸外。

为了便于理论分析，必须对上述实际循环加以合理的抽象，认为进、排气都是在大气压力下进行的；膨胀和压缩过程都是可逆绝热的；将燃料燃烧加热工质的过程看成是工质从高温热源可逆定容吸热过程；将排气过程看成是工质可逆定容地向低温热源放热的过程。

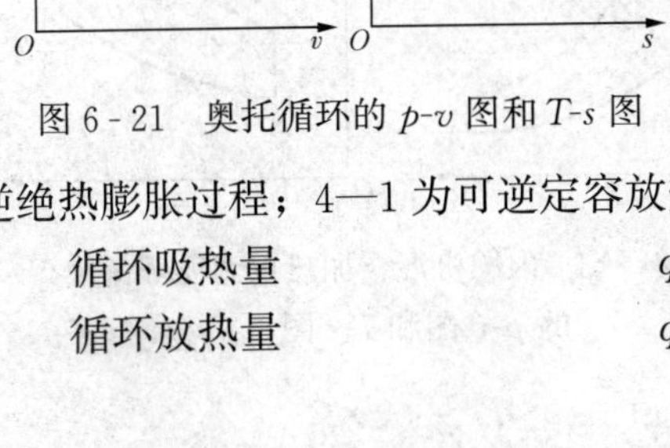

图 6-21　奥托循环的 p-v 图和 T-s 图

经过上述简化，奥托循环可以表示在 p-v 图和 T-s 图上，如图 6-21 所示。其中，1—2 为可逆绝热压缩过程；2—3 为可逆定容吸热过程；3—4 为可逆绝热膨胀过程；4—1 为可逆定容放热过程。

循环吸热量　$$q_1 = c_V(T_3 - T_2)$$

循环放热量　$$q_2 = c_V(T_4 - T_1)$$

循环热效率为

$$\eta_t = 1 - \frac{q_2}{q_1} = 1 - \frac{T_4 - T_1}{T_3 - T_2} \tag{6-19}$$

因为1-2，3-4为可逆绝热过程，故有

$$\frac{T_2}{T_1} = \left(\frac{v_1}{v_2}\right)^{\kappa-1}, \quad \frac{T_3}{T_4} = \left(\frac{v_4}{v_3}\right)^{\kappa-1}$$

因 $v_3 = v_2$，$v_4 = v_1$，且定义 $\varepsilon = v_1/v_2$，则有

$$T_3 = T_4\varepsilon^{\kappa-1}, \quad T_2 = T_1\varepsilon^{\kappa-1}$$

故有

$$T_3 - T_2 = (T_4 - T_1)\varepsilon^{\kappa-1}$$

将上式代入式（6-19），得到

$$\eta_t = 1 - \frac{1}{\varepsilon^{\kappa-1}} \tag{6-20}$$

式中：$\varepsilon = v_1/v_2$ 称为**压缩比**，表示工质在燃烧前被压缩的程度。

由式（6-20）可知，ε 越高，奥托循环的热效率也越高。但是 ε 值不能任意提高，因为压缩比过大，压缩终了温度 T_2 过高，容易产生爆燃，对于活塞和气缸造成损害。对于一般汽油机，$\varepsilon = 5 \sim 10$。

二、定压加热循环

内燃机理想定压加热循环又称为狄塞尔（Diesel）循环。早期的低速柴油机采用的就是这种循环，它是一种以柴油为燃料，空气和燃料分别压缩的压燃式内燃机。

狄塞尔循环表示在 p-v 图和 T-s 图上，如图6-22所示。其中1—2为可逆绝热压缩过程；2—3是定压加热过程；3—4为可逆绝热膨胀过程；4—1为定容放热过程。

由于这种柴油机必须附带压气机，设备庞大笨重，故已被淘汰。

三、混合加热循环

内燃机理想混合加热循环又称为萨巴德（Sabathe）循环。现行的柴油机都是在这种循环基础上设计制造的。混合加热是指既有定压加热又有定容加热。图6-23是这种循环的 p-v 图和 T-s 图。其中1—2是可逆绝热压缩过程，在活塞到达上死点稍前，柴油被喷入气缸，并被压缩升温的空气预热。活塞到达上死点2时，柴油已经被预热到着火点并开始燃烧，气缸内温度、压力迅速升高，形成一个定容加热过程2—2′。随着燃料的不断喷入和燃烧的延续，活塞离开上死点下行，于是又出现一个定压加热过程2′—3。随后喷油停止，燃烧停止，活塞继续膨胀做功至下死点4，3—4为可逆绝热膨胀过程，最后是定容放热过程4—1。

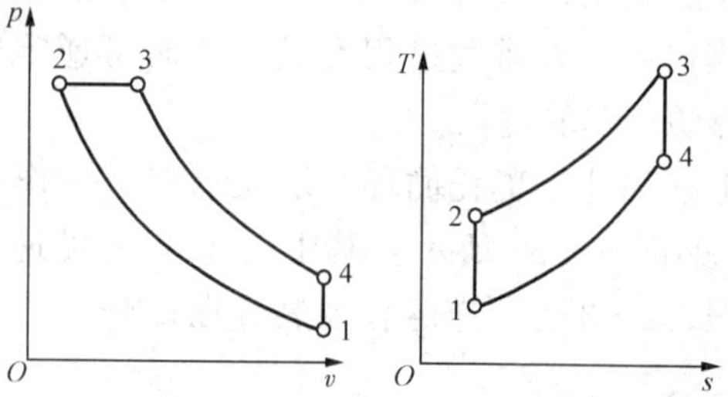

图6-22　内燃机定压加热理想循环的 p-v 图和 T-s 图

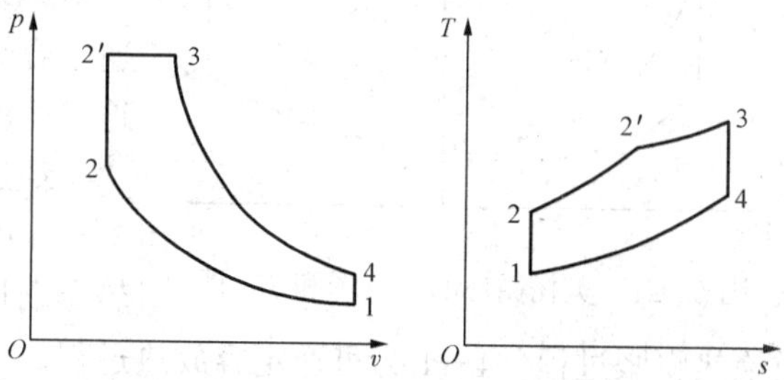

图6-23　内燃机混合加热理想循环的 p-v 图和 T-s 图

思 考 题

6-1 在相同温限之间卡诺循环的热效率最高，为什么蒸汽动力循环不采用卡诺循环？

6-2 实现朗肯循环需要哪几个主要设备？画出朗肯循环的系统图，并在 p-v 图和 T-s 图上表示出来。

6-3 中间再热的主要作用是什么？如何选择再热压力才能使再热循环的热效率比初终参数相同而无再热的机组效率高？

6-4 在计算例题 6-2 再热循环时，发现一个现象，即再热后的蒸汽的焓值比主蒸汽的焓值还要高，如 12MPa、500℃时主蒸汽的焓为 3348kJ/kg，而 3MPa、500℃的再热蒸汽的焓为 3455kJ/kg。既然如此，为什么还要发展高参数火电机组？

6-5 蒸汽动力循环热效率不高的原因是凝汽器对环境放出大量的热，能否取消凝汽器，而直接将乏汽升压再送回锅炉加热，这样不就可以大幅度地提高循环的热效率了吗？

6-6 回热是什么意思？为什么回热能提高循环的热效率？

6-7 能否在汽轮机中将全部蒸汽逐级抽出来用于回热，这样就可以取消凝汽器，从而提高循环的热效率？

6-8 对于压气机而言，定温压缩耗功小于定熵压缩，那么，在燃气轮机装置循环中，是否也应采用定温压缩？画 T-s 图分析。

6-9 燃气轮机用于动力循环有何优点？

6-10 试简述动力装置循环的共同特点。

习 题

6-1 朗肯循环中，汽轮机入口参数为：$p_1=12$MPa、$t_1=540$℃。试计算乏汽压力分别 0.005、0.01MPa 和 0.1MPa 时的循环热效率，通过比较计算结果，说明什么问题？

6-2 朗肯循环中，汽轮机入口初温 $t_1=540$℃，乏汽压力为 0.008MPa，试计算当初压 p_1 分别为 5MPa 和 10MPa 时的循环热效率及乏汽干度。

6-3 某再热循环，其新汽参数为 $p_1=12$MPa、$t_1=540$℃，再热压力为 5MPa，再热后的温度为 540℃，乏汽压力为 $p_2=6$kPa，设汽轮机功率为 125MW，循环水在凝汽器中的温升为 10℃。不计水泵耗功。求循环热效率、蒸汽流量和流经凝汽器的循环冷却水的流量。

6-4 水蒸气绝热稳定流经一汽轮机，入口 $p_1=10$MPa、$t_1=510$℃，出口 $p_2=10$kPa，$x_2=0.9$，如果质量流量为 100kg/s，求汽轮机的相对内效率及输出功率。

6-5 汽轮机理想动力装置，其新汽参数为 $p_1=12$MPa、$t_1=480$℃，采用一次再热，再热压力为 $p_a=3$MPa，再热后的温度为 480℃，乏汽压力为 $p_2=4$kPa，蒸汽流量为 500t/h，不计水泵耗功。求循环热效率及机组的功率。

6-6 汽轮机理想动力装置，功率为 125MW，其新汽参数为 $p_1=10$MPa、$t_1=500$℃，采用一次抽汽回热，抽汽压力为 2MPa，乏汽压力为 $p_2=10$kPa，不计水泵耗功。求循环热效率、主蒸汽流量、理想热耗率、煤耗率。

6-7 按照朗肯循环运行的电厂装有一台功率为 5MW 的背压式汽轮机，其蒸汽初、终

参数为 $p_1=5$ MPa、$t_1=450$℃、$p_2=0.6$MPa。排汽送到用户，返回时变成 p_2 下的饱和水送回锅炉。若锅炉效率 $\eta_b=0.85$，燃料低位发热量为26 000kJ/kg，试求锅炉每小时的燃料消耗量及每小时供热量。

6 - 8 某发电厂汽轮机进汽压力 $p_1=4$MPa，温度 $t_1=480$℃，汽轮机相对内效率 $\eta_{ri}=0.88$，夏天凝汽器中工作温度为35℃，冬季水温下降，使凝汽器温度保持在15℃。忽略给水泵的功耗。试求：①汽轮机夏季按朗肯循环工作时的理想汽耗率和实际汽耗率；②由于冬夏凝汽器温度不同而导致汽轮机的输出功和热效率的差别。

6 - 9 某小型热电厂装有一台背压式机组，已知该机组的进汽参数为 $p_1=6$MPa、$t_1=510$℃，而背压 $p_2=0.8$MPa。如果热用户需要从该热电厂获得的供热量为 2×10^8kJ/h，假定全部凝结水可以从热用户送回电厂，其返回温度为50℃。试求：①该汽轮机的理想功率；②不计水泵功时的循环热效率。

6 - 10 某热电厂装有一台功率为100MW的调节抽汽式汽轮机。已知其进汽参数为 $p_1=10$MPa、$t_1=540$℃，凝汽器中的压力 $p_2=5$kPa。在 $p_0=0.5$MPa压力下，从汽轮机中抽出一部分蒸汽，送往某化工厂作为工艺加热之用，假定凝结水全部返回热电厂，其温度为40℃。若该化工厂需从热电厂获得 7×10^7kJ/h的供热量，试求该供热式汽轮机功率理论上每小时需要的蒸汽量。

6 - 11 某燃气轮机装置理想循环，已知工质的质量流量为15kg/s，增压比 $\pi=10$，燃气轮机入口温度 $T_3=1200$K，压气机入口状态为0.1MPa、20℃，认为工质是空气，且比热容为定值，$c_p=1.004$kJ/（kg·K），$\kappa=1.4$。试求循环的热效率、输出的净功率及燃气轮机排气温度。

6 - 12 某燃气轮机定压加热理想循环采用极限回热。已知压气机入口状态为0.1MPa、25℃，增压比 $\pi=6$，燃气轮机入口温度 $t_3=1000$℃，认为工质是空气，且比热容为定值，$c_p=1.004$kJ/（kg·K），$k=1.4$。求：①循环热效率，与不采用极限回热相比，热效率提高多少？②如果 t_1、t_2、p_1 维持不变，增压比 π 增大到何值时，将不能采用回热？

6 - 13 某一地热电站，其系统和工质参数如图6 - 24所示。热水经节流阀变成湿蒸汽进入扩容器，并在此分离成干饱和蒸汽和饱和水。干饱和蒸汽进入汽轮机膨胀做功，乏汽排入凝汽器凝结为水。若忽略整个装置的散热损失和管道的压力损失，试确定：①节流后扩容器所产生的蒸汽流率（kg/s）；②已知汽轮机的相对内效率为 $\eta_{ri}=0.75$，求汽轮机发出的功率 P(kW)；③设地热电站所付出的代价为热水所能提供的热量，即热水自90℃冷却到环境温度28℃所放出的热量，求地热电站的热效率。

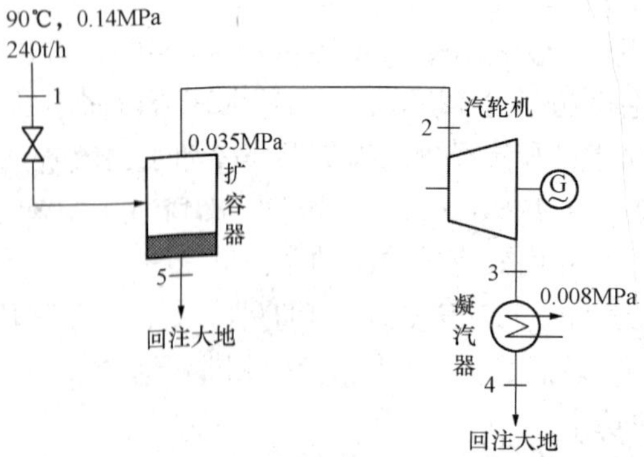

图6 - 24 地热电站示意

6 - 14 有人建议利用来自海洋的甲烷气体来发电，甲烷气作为燃气蒸汽联合循环的燃料。此装置建在海面平台上，可以将废热排入海洋中，设计条件如下：

压气机入口空气条件： 0.1MPa，20℃

压气机增压比：　　$\pi=10$

燃气轮机入口温度：　　1200℃

蒸汽轮机入口参数：　　6MPa，320℃

蒸汽冷凝温度：　　15℃

压气机效率：　　0.87

燃气轮机相对内效率：　　0.9

蒸汽轮机相对内效率：　　0.92

余热锅炉中废气排出温度：　　100℃

机组功率：　　100MW

试计算联合循环的热效率、空气和水蒸气的质量流量（t/h）。如果在 0.1MPa、20℃下燃料的低位发热量为38 000kJ/m^3，试计算为了满足输出功率，需要的 1.0MPa、50℃下燃料体积流量是多少（m^3/h）？

6-15　活塞式内燃机定容加热理想循环的工作环境为 100kPa 和 20℃，若每千克进气加热 2500kJ，当压缩比为 6 时，求循环的最高温度和理论循环热效率。

6-16　以空气为工质的理想循环，空气的初参数为 $p_1=3.45$MPa、$t_1=230$℃，定温膨胀到 $p_2=2$MPa，再绝热膨胀到 $p_3=0.14$MPa，经定压冷却后，再绝热压缩回初态。求循环净功和循环热效率，并将此循环表示在 p-v 图和 T-s 图上。设空气的比热容为定值，$c_p=1.004$kJ/(kg·K)，$\kappa=1.4$。

6-17　有一个两级绝热压缩中间冷却和两级绝热膨胀中间再热的燃气轮机装置理想循环。压气机每级增压比为 2.5，参数为 25℃、100kPa、流量为 24.4m^3/s 的空气进入第一级压气机，中间冷却至 25℃进入第二级压气机，后被加热到 1000℃，进入第一级燃气轮机，中间再热压力与中间冷却压力相同，试在 T-s 图上画出该循环，计算压气机的耗功量和燃气轮机的做功量以及采用理想回热与不采用回热时的循环热效率。

6-18　一燃气轮机装置，按等压加热循环工作。压缩机进口参数为 $t_1=27$℃，$p_1=0.1$MPa，压缩机增压比 $\pi=6$，燃气轮机进口燃气温度为 $t_3=800$℃，压缩机绝热效率 $\eta_C=0.88$，燃气轮机相对内效率 $\eta_T=0.85$。①画出此循环的 T-s 图；②求该装置的热效率；③试计算 1kg 燃气流经压气机、燃气轮机时的熵增；④若采用极限回热，计算其热效率；⑤指出提高装置热效率的热力学途径。

第七章　制冷与热泵循环

第一节　概　　述

在生产、生活实践中，为了储存医药、食品，或是为了满足某些生产工艺的特殊要求，就需要使冷藏室获得并维持低于外界环境的温度。为此，必须设法使热能不断地从低温物体排向高温物体，这就是制冷过程。制冷是通过制冷装置来实现的。

根据热力学第二定律，制冷过程不能自发进行，完成制冷必须付出代价，这个代价就是消耗机械能或高温热能。消耗机械能的即为压缩式制冷循环，它可分为压缩气体制冷循环和压缩蒸汽制冷循环两大类。消耗高温热能的主要是吸收式制冷循环和蒸汽喷射式制冷循环。以上是本章的主要内容。此外，还有吸附式制冷循环、半导体制冷等，有兴趣的读者可以参看相关文献。

完成制冷任务的工质称为制冷剂，它可以是气体，也可以是蒸汽。目前世界上运行的制冷装置绝大部分采用压缩蒸汽制冷。在 20 世纪 90 年代以前，广泛应用的制冷剂是商品名为氟利昂的氯氟烃物质 CFC（如 CFC11 或称 R11，CFC12 或称 R12）、含氢氯氟烃物质 HCFC（如 HCFC22 或称 R22）和氨等，前两者应用尤为广泛，但这两类物质对大气臭氧层的破坏很强烈。保护臭氧层是全球性的环境保护问题，为此全球几十个国家共同制订了保护臭氧层的《蒙特利尔议定书》。我国政府于 1991 年 6 月提出参加并于 1992 年 8 月起正式成为该议定书的缔约国。按照该议定书的规定，发达国家从 1996 年 1 月 1 日起禁止使用与生产 CFC 物质，并于 2030 年完全禁止 HCFC 物质。我国也将在 2010 年前禁止使用与生产 CFC 物质。因此，要积极寻求 CFC 和 HCFC 的替代工质。此外，各种对环境无害的制冷方式，如压缩气体制冷、吸收式制冷正越来越受到重视。

在第二章里我们知道，最理想的制冷循环是逆向卡诺循环，其制冷系数为

$$\varepsilon_C = \frac{q_2}{q_1 - q_2} = \frac{T_2}{T_1 - T_2} \tag{7-1}$$

式中：T_2 为冷藏室里维持的温度；T_1 为制冷装置周围的环境温度。

由上式可知，在环境温度 T_1 一定的条件下，T_2 越高，制冷系数 ε 就越大，消耗的功就越少。2006 年 8 月 6 日公布的《国务院关于加强节能工作的决定》第 27 条规定，所有公共建筑内的单位，包括国家机关、社会团体、企事业组织和个体工商户，除特定用途外，夏季室内空调温度设置不低于 26℃。

在工程上，制冷系数常用 COP（coefficient of performance）符号表示。在商业上还用“冷吨”表示制冷量的大小，1“冷吨”表示 1t 0℃的水在 24h 冷冻到 0℃冰所需要的制冷量，这个制冷量可换算为 3.86kJ/s。但是，1 美国冷吨相当于 3.517kJ/s。

热泵循环（供热循环）和制冷循环在热力学原理上没什么两样，都是消耗外部能量的逆向循环，但使用的目的和工作温度范围不同。

第二节　压缩空气制冷循环

一、压缩空气制冷循环

以空气为工质的制冷循环称为压缩空气制冷循环。它由压气机、冷却器、膨胀机和冷藏室四部分组成，如图 7 - 1 所示。压缩空气制冷循环的 p-v 图和 T-s 图见图 7 - 2，其中 T_0 为环境温度，T_C 为冷藏室温度。1—2 为空气在压气机中的绝热压缩过程；2—3 为热空气在冷却器中的定压放热过程，理论上可以将空气冷却到环境温度，即 $T_3=T_0$；3—4 为空气在膨胀机中可逆绝热膨胀过程，4 点温度低于冷藏室温度；4—1 为空气在冷藏室中的定压吸热过程。

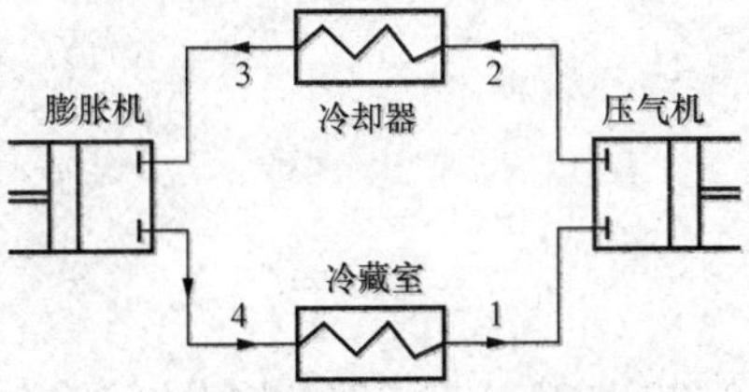

图 7 - 1　压缩空气制冷循环的系统

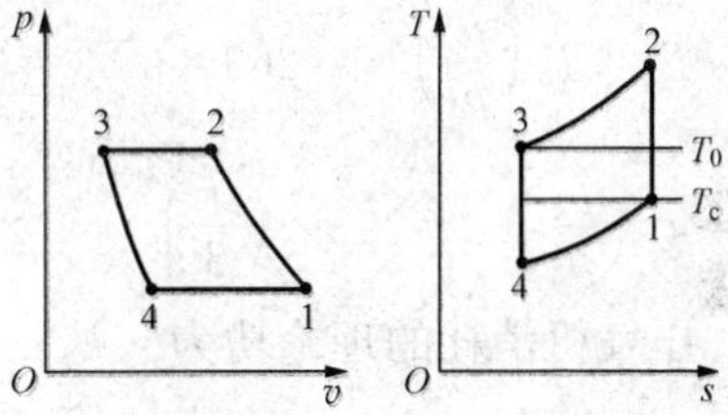

图 7 - 2　压缩空气制冷循环的 p-v 图和 T-s 图

下面分析压缩空气制冷循环的制冷系数。

1kg 工质向高温热源排放的热量为

$$q_1 = h_2 - h_3$$

1kg 工质从冷藏室中吸收的热量为

$$q_2 = h_1 - h_4$$

故制冷系数为

$$\varepsilon = \frac{q_2}{q_1 - q_2} = \frac{h_1 - h_4}{(h_2 - h_3) - (h_1 - h_4)} \tag{7 - 2}$$

如果把空气视为理想气体，并且比热容为定值，则

$$\varepsilon = \frac{T_1 - T_4}{(T_2 - T_3) - (T_1 - T_4)} \tag{7 - 3}$$

因 1-2 和 3-4 过程都是定熵的，且 $p_2=p_3$，$p_1=p_4$，故有

$$\frac{T_2}{T_1} = \left(\frac{p_2}{p_1}\right)^{\frac{\kappa-1}{\kappa}} = \pi^{\frac{\kappa-1}{\kappa}} = \left(\frac{p_3}{p_4}\right)^{\frac{\kappa-1}{\kappa}} = \frac{T_3}{T_4}$$

式中：$\pi=p_2/p_1$ 为循环增压比。

$$T_2 = T_1\pi^{\frac{\kappa-1}{\kappa}},\quad T_3 = T_4\pi^{\frac{\kappa-1}{\kappa}}$$

$$T_2 - T_3 = (T_1 - T_4)\pi^{\frac{\kappa-1}{\kappa}}$$

将上式代入式（7 - 3），有

$$\varepsilon = \frac{1}{\pi^{\frac{\kappa-1}{\kappa}} - 1} \tag{7 - 4}$$

若压缩空气制冷循环中空气的质量流量为 $\dot{m}$ kg/s，则循环的制冷量为

$$\dot{Q}_2 = \dot{m}q_2 = \dot{m}c_p(T_1 - T_4) \tag{7 - 5}$$

由式（7 - 4）可知，循环增压比 π 越低，制冷系数就越大，但是增压比减小会使单位质

量工质的制冷量 q_2 减小，再加上活塞式压缩机和膨胀机的循环工质的质量流率 $\dot{m}$ 不能太大，否则压缩机和膨胀机要造得庞大沉重。因此压缩空气制冷循环的制冷量很小。这种制冷循环在普冷范围（$t_C > -50℃$）内，除了飞机空调等场合外，在其他方面很少应用，而且飞机机舱采用的是开式压缩空气制冷，自膨胀机流出的低温空气直接吹入机舱。

【例 7-1】 压缩空气制冷循环

压缩空气制冷循环的 T-s 如图 7-2 所示。已知大气温度 $T_0 = T_3 = 293\text{K}$，冷库温度 $T_C = T_1 = 263\text{K}$，压气机增压比 $\pi = \dfrac{p_2}{p_1} = 3$。试求：①压气机消耗的理论功；②膨胀机做出的理论功；③单位质量空气的理论制冷量；④理论制冷系数。

解 $T_2 = T_1\left(\dfrac{p_2}{p_1}\right)^{\frac{\kappa-1}{\kappa}} = 263 \times 3^{\frac{1.4-1}{1.4}} = 359.98\text{K}$

$$T_4 = T_3\left(\frac{p_4}{p_3}\right)^{\frac{\kappa-1}{\kappa}} = 293 \times \left(\frac{1}{3}\right)^{\frac{1.4-1}{1.4}} = 214.07\text{K}$$

（1）压气机消耗的理论功为

$$w_C = h_2 - h_1 = c_p(T_2 - T_1) = 1.004 \times (359.98 - 263) = 97.37\text{kJ/kg}$$

（2）膨胀机做出的理论功为

$$w_T = h_3 - h_4 = c_p(T_3 - T_4) = 1.004 \times (293 - 214.07) = 79.25\text{kJ/kg}$$

（3）单位质量空气的理论制冷量为

$$q_2 = h_1 - h_4 = c_p(T_1 - T_4) = 1.004 \times (263 - 214.07) = 49.13\text{kJ/kg}$$

（4）理论制冷系数为

$$\varepsilon = \frac{q_2}{w_{net}} = \frac{q_2}{w_C - w_T} = \frac{49.13}{97.37 - 79.25} = 2.71$$

或者

$$\varepsilon = \frac{1}{\pi^{\frac{\kappa-1}{\kappa}} - 1} = \frac{1}{3^{\frac{1.4-1}{1.4}} - 1} = 2.71$$

二、回热式压缩空气制冷循环

图 7-3（a）所示为回热式压缩空气制冷循环装置示意。这个循环采用叶轮式压缩机和膨胀机以增大空气流量，再辅以回热措施，制冷量得到改善，它在深度冷冻、液化气体等方面获得了实际的应用。

图 7-3（b）所示为理想循环 1—2—3—4—5—6—1 的 T-s 图。图中：1—2 为空气在回热器中的定压预热过程；2—3 为空气在压缩机中的可逆绝热压缩过程；3—4 为空气在冷却器中的定压放热过程，4—5 为空气在回热器中的定压放热过程，它放出的热量供 1—2 过程吸热，可见是一个理想回热过程；5—6 为空气在膨胀机中的可逆绝热膨胀过程；6—1 为空气在冷藏室中的定压吸热过程，这样就完成了一个制冷循环。

图 7-3（b）中的循环 1—3′—5′—6—1 为不带回热的压缩空气制冷循环，两者的最高温度相同，$T_3 = T_3'$，增压比不同，采用回热时的增压比不采用回热时的增压比小。比较两个循环可知，每完成一个循环，二者单位质量工质的制冷量 q_2 相等，均为（$h_1 - h_6$），向高温热源排放的热量也相等（$h_3' - h_5' = h_3 - h_4$），可见两种循环的制冷系数相同。但是采用回热后，循环的增压比却从 p_3'/p_1 降为 p_3/p_1。这为采用压缩比不能很高但流量很大的叶轮式压气机和膨胀机提供了条件，替换了活塞式压气机和膨胀机后，就可以大大增加循环工质的

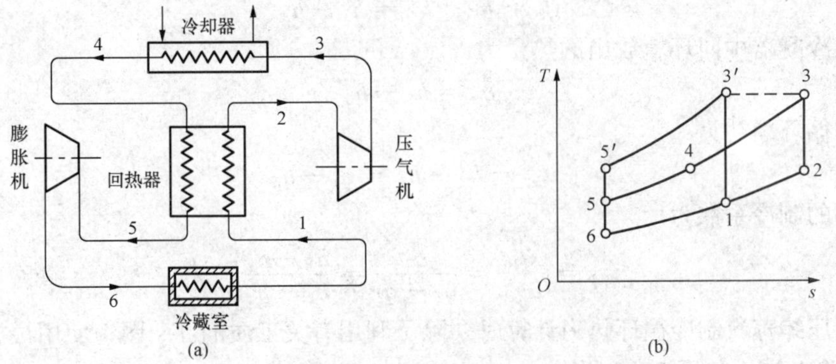

图 7－3　回热式压缩空气制冷循环

（a）回热式压缩空气制冷循环装置；（b）回热式压缩空气制冷循环的 T-s 图

质量流量，从而提高总制冷量。

第三节　压缩蒸汽制冷循环

与压缩空气制冷循环相比，压缩蒸汽制冷循环有两个显著的优点：一是饱和蒸汽定压吸热和放热过程都是定温的，因而它更接近于逆向卡诺循环，制冷系数较高；二是蒸汽的汽化热很大，因而单位质量工质的制冷量大，可以采用尺寸较小的设备。

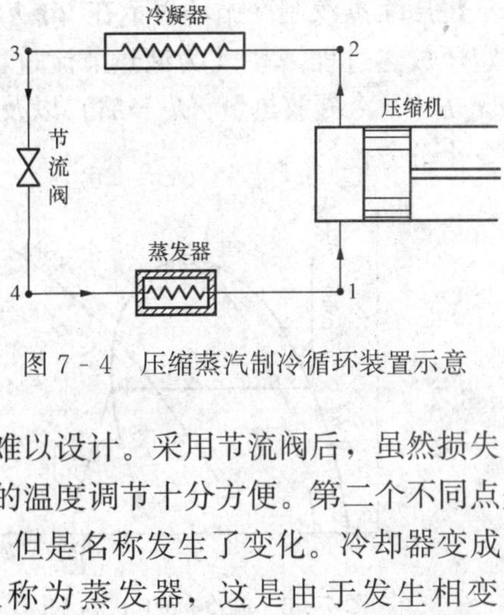

图 7－4　压缩蒸汽制冷循环装置示意

图 7－4 所示为压缩蒸汽制冷循环装置示意。与压缩空气制冷循环相比，该循环装置有两点不同：一是用节流阀取代了膨胀机。从能量利用的角度看，这是不经济的，少回收了部分机械功。但是，这是不得已的办法，因为从冷凝器出来后，工质为液态，液态工质膨胀变为湿蒸汽状态的膨胀机难以设计。采用节流阀后，虽然损失了一部分机械功，但系统变得简单了，同时也使冷藏室的温度调节十分方便。第二个不同点是虽然设备功能没有变化，但是名称发生了变化。冷却器变成了冷凝器，冷库习惯上又称为蒸发器，这是由于发生相变的缘故。

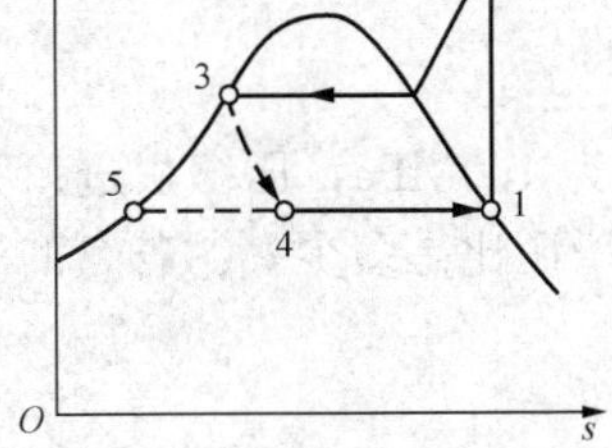

图 7－5　压缩蒸汽制冷循环的 T-s 图

图 7－5 所示为理想压缩蒸汽制冷循环在 T-s 图上的表示。1—2 为从蒸发器中出来的蒸汽在压缩机中被可逆等熵压缩的过程；2—3 为过热蒸汽在冷凝器中定压放热冷凝的过程；3—4 为饱和液体在节流阀中节流、降压、降温的过程，因为是不可逆过程，故用虚线表示，节流前后焓不变，$h_3=h_4$；4—1 为湿饱和蒸汽在蒸发器（冷库）中定压吸热、汽化的过程。

下面分析压缩蒸汽制冷循环的制冷系数。

工质在蒸发器中吸收的热量为

$$q_2 = h_1 - h_4 = h_1 - h_3$$

工质在冷凝器中向环境放出的热量为

$$q_1 = h_2 - h_3$$

消耗的循环净功为

$$w_{net} = h_2 - h_1 = q_1 - q_2$$

所以，循环的制冷系数为

$$\varepsilon = \frac{q_2}{w_{net}} = \frac{q_2}{q_1 - q_2} = \frac{h_1 - h_3}{h_2 - h_1} \tag{7-6}$$

在进行压缩蒸汽制冷循环热力计算时，除了利用有关工质的 T-s 图，使用最方便的是压焓图，即 lg$p$-h 图，如图 7 - 6 所示。

lg$p$-h 图以制冷剂的比焓为横坐标，以压力为纵坐标，但是，为了缩小图面，压力不是等刻度分格，而是采用对数分格（需要注意，从图中读的仍是压力值，而不是压力的对数值）。图上绘出了制冷剂的六种状态参数线簇，即定比焓线、定压线、定温线、定比体积线、定比熵线及定干度线。与水蒸气图类似，在 lg$p$-h 图上也绘有饱和液体（$x=0$）线和干饱和蒸汽（$x=1$）线，二者汇合于临界点 c。饱和液体线左侧为未饱和液体区，干饱和蒸汽线右侧为过热蒸汽区，$x=0$ 线和 $x=1$ 线之间为湿蒸汽区。本书附图 2 和附图 3 为氨气和 R134a 的压焓图。

将压缩蒸汽制冷循环表示在 lg$p$-h 图上，如图 7 - 7 所示。1—2 为定熵压缩过程，2—3 为定压放热过程，3—4 为绝热节流过程（$h_3=h_4$），4—1 为定压吸热过程。可见循环制冷量（h_1-h_4）、冷凝放热量（h_2-h_3）以及压缩所需的功（h_2-h_1）都可以用图中线段的长度表示，十分方便。

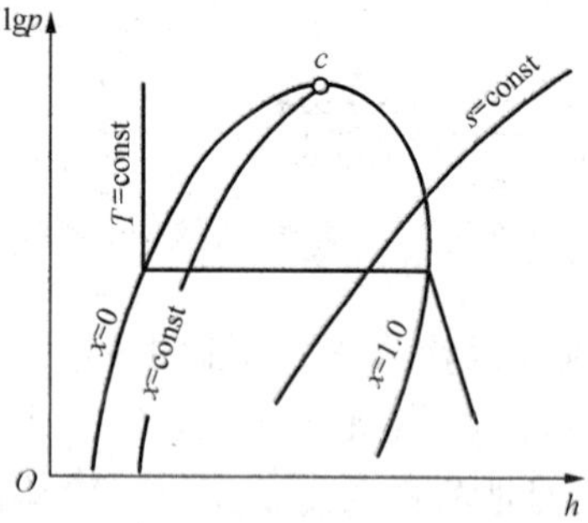

图 7 - 6　制冷剂的 lg$p$-h 图

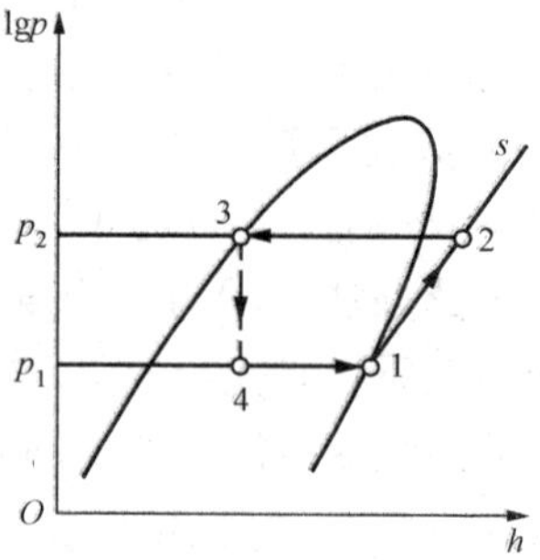

图 7 - 7　压缩蒸汽制冷循环 lg$p$-h 图

【例 7 - 2】　压缩氨气制冷循环

一台氨压缩式制冷设备，蒸发器温度为－20℃，冷凝器压力为 1.0MPa，压缩机进口为饱和氨蒸汽，压缩过程可逆绝热。求：①制冷系数；②压缩机的增压比是多少？③若氨的流量是 1.2kg/s，则该制冷机的制冷量是多少（kW）？

解：该压缩氨气制冷循环的 T-s 图如图 7 - 5 所示。

由 $t_4=t_1=-20$℃，查附图 1 可得 $p_1=0.19$MPa，$h_1=1430$kJ/kg

经过点 1 的定比熵线和 $p_2=1.0$MPa 的定压线交于点 2，读得 $h_2=1700$kJ/kg。

$p_2=1.0$MPa 的定压线交 $x=0$ 的饱和液体线于点 3，读得 $h_3=h_4=315$kJ/kg。

（1）1kg 氨气在蒸发器中的吸热量为

$$q_2 = h_1 - h_4 = 1430 - 315 == 1115\text{kJ/kg}$$

1kg 氨气在压缩机中消耗的功为

$$w = h_2 - h_1 = 1700 - 1430 = 270\text{kJ/kg}$$

所以，制冷系数为

$$\varepsilon = \frac{q_2}{w} = \frac{1115}{270} = 4.13$$

（2）压缩机增压比为

$$\pi = \frac{p_2}{p_1} = \frac{1.0}{0.19} = 5.26$$

（3）制冷机的制冷量为

$$q_2 = 1.2 \times 1115 = 1338\text{kW}$$

第四节　吸收式制冷循环

吸收式制冷以消耗热能而达到制冷的目的。图 7-8 所示为氨吸收式制冷装置系统。在此系统中氨是制冷剂，水是吸收剂。温度低时，水中能溶解的氨气多；温度升高，水中能溶解的氨气少。在氨气发生器中，浓氨水溶液被加热，饱和氨气从溶液中分离出来进入冷凝器，在冷凝器中被冷却为饱和液态氨。液态氨经过节流阀降压降温变为干度很小的湿饱和蒸汽，然后进入蒸发器中吸热变为干饱和氨蒸气，然后进入吸收器被稀氨水溶液溶解吸收，溶解时放出的热量被冷却水带走。吸收氨气之后的浓氨水溶液经过溶液泵加压进入氨气发生器继续下一个循环。在发生器中分解出氨气之后的稀氨水溶液经减压阀再回吸收器被继续利用。

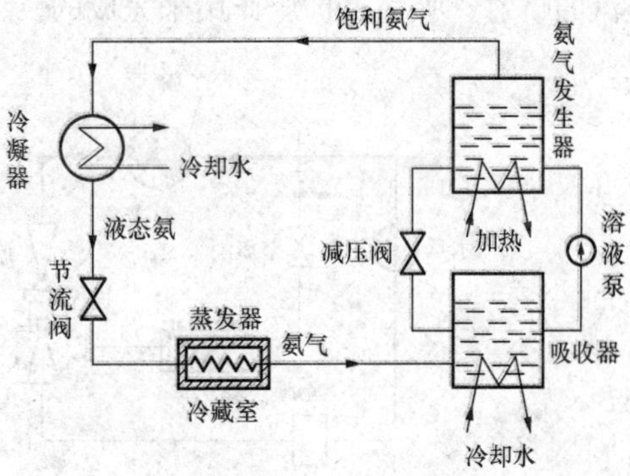

图 7-8　氨吸收式制冷装置系统

吸收式制冷机根据热能利用程度，分单效、双效和多效；根据热源不同，分热水型、蒸汽型和直燃型。

在吸收式制冷循环中，工质在发生器中从高温热源获得热量，在蒸发器中从低温热源获得热量，在吸收器和冷凝器中向外界环境放出热量，而溶液泵消耗的机械功很小。对于理想的吸收式制冷循环，如忽略溶液泵的机械功和其他热损失，则由热力学第一定律可知，加入机组中的热量等于机组向外放出的热量，则热平衡关系式为

$$Q_2 + Q_1 = Q_a + Q_k \tag{7-7}$$

式中：Q_2 为蒸发器中吸收的热量（即制冷量）；Q_1 为所消耗的高温热能，即供给发生器的热量；Q_a 为吸收器中释放的热量；Q_k 为冷凝器中对环境放出的热量。

吸收式制冷循环的性能系数用**热能利用系数** ξ 表示，其表达式为

$$\xi = \frac{\text{收获}}{\text{代价}} = \frac{Q_2}{Q_1} \tag{7-8}$$

式中：Q_2 为装置的制冷能力，即氨自蒸发器中吸收的热量；Q_1 为所消耗的高温热能，即供

给氨气发生器的热量。

吸收式制冷装置的性能系数不高，但因构造简单，造价低廉，消耗功少，可以利用温度不是很高的热能，因此在有余热可以利用的场合，对综合利用热能有实际意义。例如火力发电厂可以用抽汽冬天供暖，夏天驱动吸收式制冷循环，实现热、电、冷三联产。

吸收式制冷与热泵循环中所采用的工质是两种沸点不同的物质组成的二元混合物，通常称为“工质对”，其中沸点低的物质为制冷剂，沸点高的物质为吸收剂。目前常用的制冷剂—吸收剂工质对有氨—水溶液和水—溴化锂溶液。由于氨气有毒，且对铜有腐蚀性，在吸收式制冷循环中用得多的是溴化锂—水做工质，其中水为制冷剂，溴化锂为吸收剂。

第五节 蒸汽喷射式制冷循环

蒸汽喷射式制冷机用喷射器取代压缩式制冷机中的压缩机，它以消耗蒸汽的热能作为补偿来实现制冷的目的。蒸汽喷射制冷装置主要由锅炉、喷射器、冷凝器、节流阀、蒸发器和水泵等组成，其中喷射器由喷管、混合室和扩压管三部分组成，如图 7 - 9 所示。使低压蒸汽由蒸发器压力提高到冷凝器压力的过程不是通过压缩机的机械作用来完成，而是利用高压蒸汽的喷射、吸引及扩压作用来完成的。

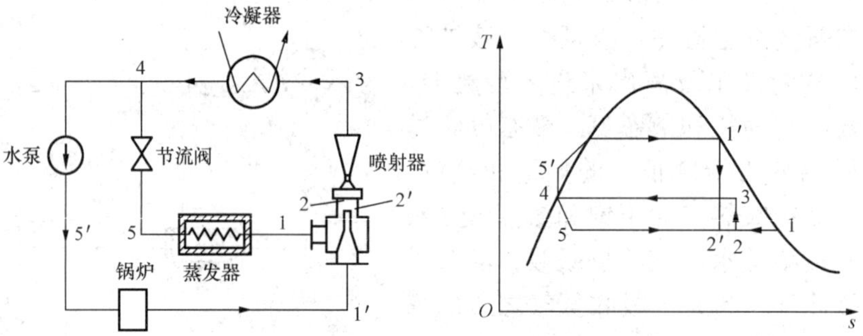

图 7 - 9 蒸汽喷射式制冷循环装置及 T-s 图

从锅炉引来的高温高压蒸汽（状态 1′）在喷管中膨胀至混合室，压力降低而获得高速汽流（状态 2′），在混合室里与从蒸发器引来的低压蒸汽（状态 1）混合，形成一股速度略低的汽流，进入扩压管减速升压（过程 2-3），然后在凝汽器中凝结（过程 3—4）。凝结后的液体分成两路：一路通过节流阀降压降温（过程 4-5）后进入蒸发器，吸热汽化变成低温低压的蒸汽（状态 1）；另一路通过水泵提高压力后（状态 5′）返回锅炉重新加热，产生工作蒸汽 1′，完成循环。

蒸汽喷射制冷循环实际上包括两个循环，一个是逆向制冷循环 1—2—3—4—5—1，另一个则是正向循环 1′—2′—2—3—4—5′—1′。喷射器在制冷循环中代替了压气机，起到了压缩蒸汽的作用。蒸汽压缩是非自发过程，它所以能实现是靠锅炉供给的高温热能所进行的自发过程作为补偿的。

蒸汽喷射制冷循环的经济性也用**热能利用系数** ξ 来衡量，即

$$\xi = \frac{\text{收获}}{\text{代价}} = \frac{Q_2}{Q_1} \tag{7 - 9}$$

式中：Q_1 为工作蒸汽在锅炉中吸收的热量；Q_2 为从低温热源吸取的热量（制冷量）。

由于蒸汽喷射式制冷机的工作介质与制冷工质通常都是同一种物质，因此就不存在工作介质与制冷工质的分离问题。由于水具有汽化热大、无毒、价廉等优越性，因此蒸汽喷射式制冷机都用水作为工质。

蒸汽喷射式制冷机的设备结构简单、不消耗机械功、金属耗量少、造价低廉、运行可靠性高、使用寿命长，一般都不需要备用设备。同时它的操作简便，维修工作量小，管理人员和管理费用都比较少。由于其消耗电能很少，故对于缺电的地区尤其适用，特别是当工厂企业有廉价的蒸汽可以利用时，就显得更为经济。另外，以水作为工质，也可节省在制冷工质方面的费用。它的缺点主要是混合过程的不可逆损失很大，因而热能利用系数较低，喷嘴加工精度要求高，工作蒸汽消耗量较大，又由于以水作为工质，故能获得的低温温度必然在0℃以上。

第六节　热　　泵

热泵装置与制冷装置的工作原理没什么差别，都按逆向循环工作，都消耗一部分高品质能量作为补偿，所不同的是它们工作的温度范围和要求的效果不同，制冷装置是将低温物体的热量传递给自然环境，以形成低温环境；热泵则是从自然环境中吸取热量，并把它输送到人们所需要的温度较高的物体中去。

根据热泵的驱动方式，热泵可分为以下几类：

（1）电驱动热泵。该类热泵是以电能驱动压缩机工作的蒸汽压缩式或空气压缩式热泵。

（2）燃料发动机驱动热泵。该类热泵是以燃料发动机，如柴（汽）油机、燃气发动机及蒸汽轮机驱动压缩机工作的机械压缩式热泵。

（3）热能驱动热泵。该类热泵有第一类和第二类吸收式热泵，以及蒸汽喷射式热泵。

根据热泵吸取热量的低温热源种类的不同，热泵可分为以下几类：

（1）空气源热泵。该类热泵是以空气为低温热源，热泵从空气中吸取热量。

（2）水源热泵。该类热泵是以水为低温热源，热泵从水中吸取热量。水源可以是地表水、地下水、生活与工业废水、中水等。

（3）土壤源热泵。该类热泵是以土壤为低温热源，热泵通过地埋管从土壤中吸取热量。

（4）太阳能热泵。该类热泵是以低温的太阳能作为低温热源。

图 7 - 10 所示为电驱动压缩式水源热泵工作原理和 T-s 图。

过程 4—1 为工质在蒸发器中吸收自然水源中的热能而变为干饱和蒸汽；1—2 为蒸汽在压缩机中被可逆绝热压缩的过程；2—3 为过热蒸汽在冷凝器中放热而凝结成饱和液体的过程，工质放出的热量被送到热用户用作采暖或热水供应等；3—4 为饱和液体在节流阀中的降压降温过程。这样就完成了一个热泵循环。

热泵循环的经济性用供热系数（热泵系数、供暖系数）来表示，即

$$\varepsilon' = \frac{\text{收获}}{\text{代价}} = \frac{q_1}{w} = \frac{q_1}{q_1 - q_2} \qquad (7-10)$$

可见，热泵的供热系数恒大于 1，相对于直接燃烧燃料或用电炉取暖来说，热泵是一种有效的节能技术。但是，对于工业欠发达国家或地区，热泵装置的造价往往比其他采暖设备

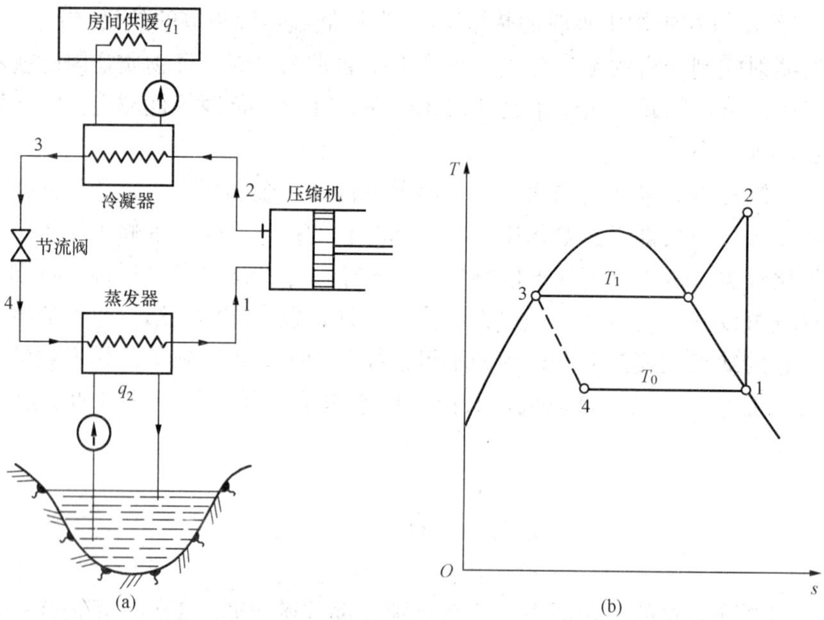

图 7 - 10　压缩式水源热泵工作原理和 T-s 图

（a）工作原理；（b）T-s 图

高出很多，如果能量价格便宜，就会造成“节能不省钱”的局面，这也影响了热泵的推广与使用。另外，在特别寒冷的地区，需要的供热量很大，但热泵的供热系数不高，热泵难以满足用户的供热要求。

图 7 - 11 所示为制冷与热泵两用装置的示意。它用一个四通换向阀来改变制冷工质在装置中的流向，就可以达到夏季对室内供冷，冬季对室内供热的目的。

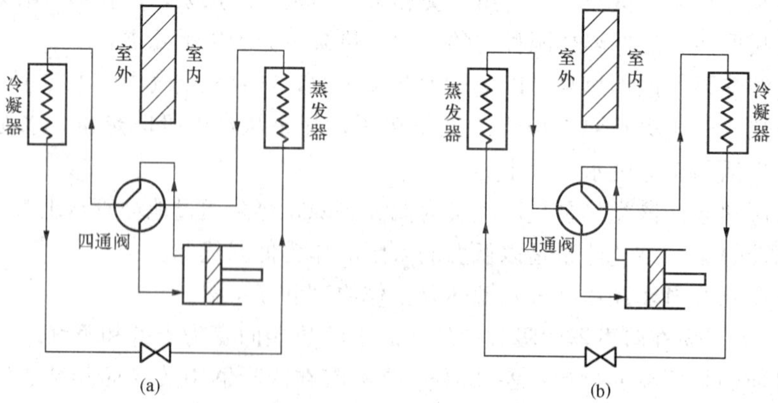

图 7 - 11　制冷与热泵两用装置的示意

（a）夏季制冷循环；（b）冬季热泵循环

思　考　题

7 - 1　压缩蒸汽制冷循环与压缩空气制冷循环相比有哪些优点？为什么有些时候还要用

压缩空气制冷循环？

7-2 压缩空气制冷循环中能否用节流阀来取代膨胀机而达到降温的目的？

7-3 在吸收式制冷循环中，吸收器的目的是使饱和蒸汽变为液体。有人提出了一个设想，即不用吸收剂，而采用大流量的低温冷却水，同样也可以使饱和蒸汽液化，再通过水泵加压后到节流阀节流。依此，同样可以达到制冷的目的。试问这个设想可以实现吗？为什么？

7-4 对逆向卡诺循环而言，冷、热源温差越大，制冷系数是越大还是越小？为什么？

7-5 如何理解压缩空气制冷循环采用回热措施后，不能提高理论制冷系数，却能提高实际制冷系数？

7-6 如图7-5所示，设想压缩蒸汽制冷循环按1—2—3—5—1运行，与循环1—2—3—4—1相比，循环的净耗功未变，仍为（h_2-h_1），而制冷量却从（h_1-h_4）增加到（h_1-h_5），这看起来是有利的。这种考虑错误何在？

习　题

7-1 证明1冷吨=3.86kJ/s。已知在1atm压力下冰的融化热为334.7kJ/kg。

7-2 一制冷机工作在250K和300K之间，制冷率为$\dot{Q}_2=20$kW，制冷系数是同温限逆向卡诺循环制冷系数的50%，试计算该制冷机耗功率P。

7-3 一压缩空气制冷循环，已知压气机入口$t_1=-10$℃，$p_1=0.1$MPa，增压比$\pi=5$，冷却器出口$t_3=20$℃，设$c_p=1.004$kJ/（kg·K），$k=1.4$。求循环的制冷系数ε和制冷量q_2。

7-4 压缩空气制冷循环中，压气机和膨胀机的绝热效率均为0.85。若放热过程的终温为20℃，吸热过程的终温为0℃，增压比$\pi=3$，空气可视为定比热容的理想气体，$c_p=1.004$ kJ/(kg·K)，$k=1.4$。求：①画出此制冷循环的T-s图；②循环的平均吸热温度、平均放热温度和制冷系数。

7-5 某压缩蒸汽制冷循环，用氨作制冷剂。制冷量为10^5kJ/h，循环中压缩机的绝热压缩效率$\eta_{cs}=0.8$，冷凝器出口为氨饱和液体，其温度为300K，节流阀出口温度为260K。试求：①每千克氨的吸热量；②氨的流量；③压气机消耗的功率；④压气机工作的压力范围；⑤实际循环的制冷系数。

7-6 一台氨压缩式制冷设备，蒸发器温度为-20℃，冷凝器压力为1.2MPa，压缩机进口为饱和氨蒸汽，压缩过程可逆绝热。求：①制冷系数；②若要求制冷量为1.26×10^6kJ/h，则制冷循环氨的流量是多少（kg/h)？

7-7 氨蒸汽压缩式制冷循环，其中蒸发器的压力为0.3MPa，冷凝器的压力为1.2MPa，压缩过程可逆绝热，压缩机进口为氨的过热蒸汽，过热度为2℃；节流阀进口为饱和液氨。试计算循环制冷量和循环制冷系数。

7-8 某制热制冷两用空调机用R134a作制冷剂。压缩机进口为蒸发温度下的干饱和蒸汽，出口为2.2MPa、105℃的过热蒸汽，冷凝器出口为饱和液体，蒸发温度为-10℃。当夏季室外温度为35℃时给房间制冷，当冬季室外温度为0℃时供暖，均要求室温能维持在20℃。若室内外温差1℃时，通过墙壁等的传热量为1100kJ/h。求：①将该循环示意图画在

lg$p$-h 图上；②制冷系数；③室外温度为 35℃时，制冷所需的制冷剂流量；④供暖系数；⑤室外温度为 0℃时，供暖所需的制冷剂流量。

7-9 一以氨为工质的压缩蒸汽理想热泵循环，要求将 30m^3/min 的室外空气（0℃，0.1MPa）定压加热至 28℃，再给室内供暖。蒸发温度为−4℃，冷凝压力为 2MPa。氨进入压气机时为干饱和蒸汽，经过冷凝器后没有过冷。求：①工质流量（kg/s）；②消耗的功率；③供热系数；④如果采用电加热元件加热，消耗的电功率又是多少？设电加热元件的加热效率为 100%。

第八章　传热学概述

第一节　绪　　论

传热学是研究由于温度差引起的热量传递规律的科学。热力学第二定律总结了热力过程进行的方向性，热量总是自发地从高温处传向低温处。在自然界和生产技术中，温差是广泛存在的，热量传递是很普遍的现象。在能源、化工、机械以及电力电子、建筑、宇航等工程技术领域，存在大量的热量传递和温度控制方面的问题，有关热量传递的理论和测试技术占有重要的地位。传热学已经成为现代工程技术科学中的主要基础学科之一，而且随着科技进步不断发展。

热力学和传热学都以热物理现象的客观规律为研究对象。热力学以热力学系统的平衡状态为基础，状态的变化也往往被理想化为可逆过程，研究热量交换与转换的规律，如数量守恒与转换深度，但不研究过程实际进行的快慢。传热学则侧重于研究热量传递的速率、热量传递系统的温度分布，探求热量传递的物理本质。热力学是进行能量系统分析与评价的基础，而在工程传热学中，传热的增强与减弱是主要的工程实际问题，如计算机的CPU芯片、内燃机的水冷系统，锅炉内的过热器、再热器、省煤器、空气预热器，汽轮机系统的回热加热器、凝汽器，都需要良好的传热。而对于蒸汽管道、飞船返回舱、储液氮的容器等，则需要良好的隔热保温。

传热现象往往较为复杂，影响因素较多。研究传热问题的传统方法主要有理论分析和试验研究两种方法。目前，传热问题的数值解法得到快速发展，在科学研究和工程实践中得到大量应用，对传热学的发展起到了很大的促进作用。流体流动与传热的数值计算问题已经形成了单独的学科，成为传热学的后继课程。

如果我们用燃气灶加热一壶水，热量就从炽热的烟气（火焰）经过壶壁传递到水中，在水沸腾之前火焰的温度基本不变，但壶壁和水的温度是逐渐升高的。水沸腾后，热量仍然从火焰传递到水中，即水汽化所需的热量，但此时火焰、壶壁和水的温度都基本上不随时间变化。如果在传热过程中，传热系统的温度分布和传热量不随时间而改变，称为**稳态传热过程**，反之则称为**非稳态传热过程**。热力设备在稳定工况下运行时的传热过程是稳态过程，而在启停、变工况时所经历的是非稳态过程。各种热力设备的设计和分析计算常常是以稳态工况为依据，同时也由于非稳态过程的分析十分复杂，本课程主要讨论稳态过程，只对相对简单的非稳态问题进行初步介绍。

第二节　传热的三种基本方式

就热量传递的机理而言，传热有三种基本方式：导热（热传导）、热对流和热辐射。工程中的传热问题往往是由几种基本传热方式按主次不同组合而成的。

一、导热

按照热力学第二定律，如果物体内或物体间存在温度梯度，就会引起热量的传递。如果物体各部分之间不发生宏观的相对位移，而由分子、原子、自由电子等微观粒子的热运动产生的热量传递现象，称为导热。一般而言，固体和静止液体中完全依靠导热传递热量。在有温差的条件下，对于流动的液体以及流动或静止的气体，导热虽然总是存在，但对流（有时还有热辐射）经常起主导作用。

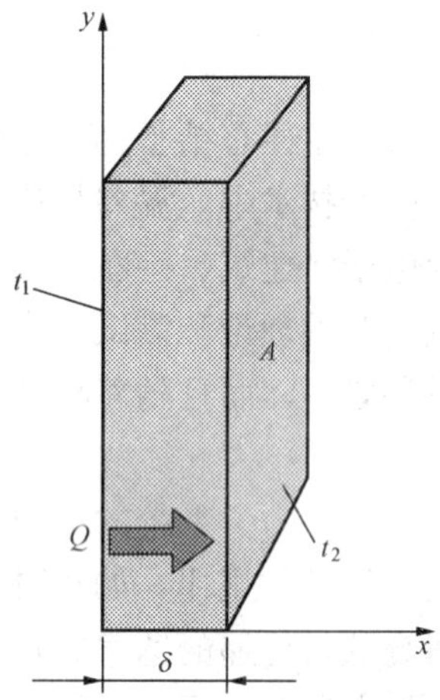

图 8 - 1　通过平板的导热

传热是热量的空间输运，因此是有方向的，也称为热流。通常在热量传递的路径上选取一个截面来研究通过这个截面的传热强度。考虑通过一块规则平壁的稳态导热（见图 8 - 1），平板的厚度 δ 远小于宽度和长度。假设平板两侧面分别保持均匀、恒定的温度 t_1、t_2，且 $t_1>t_2$，温差只存在于垂直板面的方向。经验表明，温差 $\Delta t=t_1-t_2$ 是热量传递的驱动力，单位时间内通过单位平壁面积传递的热量和平壁两侧的温差成正比，而和平壁的厚度 δ 成反比，比例系数则和平壁的材料、状态有关，其计算式为

$$q=\frac{Q}{A}=\lambda\frac{\Delta t}{\delta} \tag{8 - 1}$$

式中：Q 为**热流量**，单位时间内通过给定截面积的热量，W；A 为垂直于导热方向的截面积，m^2；q 为**热流密度**，单位时间内通过单位面积的热流量，W/m^2；Δt 为平壁两侧壁温之差，℃；δ 为平壁的厚度，m；λ 为反映物体导热能力的比例系数，称为**导热系数**，W/(m·℃)。

将上式改写为

$$q=\frac{\Delta t}{\dfrac{\delta}{\lambda}}$$

这个表达式和直流电路的欧姆定律 $I=U/R$ 类似，流量都等于流动驱动力与流动阻力之比。因此热量的传递可以和直流电路相比拟，Δt 称为温压，而 $R=\delta/\lambda$ 称为单位面积的**导热热阻**。温压、热阻的概念通常只用于稳态导热，特别是在传热的路径上有多个导热环节的时候，可以仿照简单电阻电路进行计算。稳态时，热流量沿着热量传递的方向是常数。如果是非稳态导热，例如，在某一时刻平壁左侧的温度突然由 t_1 上升到 t_1'，右侧温度不变，则平板内必然经历一个温度上升的过程，而且远离左侧壁面的地方，温度的响应滞后于接近左侧壁面的地方。在这一过程中，热流量沿着 x 方向是变化的，不能用温压、热阻的方法计算。

二、热对流

对流是指流体中温度不同的各个部分之间由于相对的宏观运动而形成的热量输运。流体中只要有温差，导热就存在，只不过在流动的情况下，对流所传递的热量通常占主导地位。

工程上常见的是流体与所接触的固体壁面之间的热量交换，称为**对流换热**。由于流体具有黏性，接近壁面的一层流体流速趋零，导热的作用相对提高，而对流的作用相对减弱。考虑温度为 t_f 的流体流过温度为 t_w 的平板形成的对流换热现象，如图 8 - 2 所示。壁面附近的速度分布如图所示。在紧贴壁面处流速为 0，热量必然是以导热的方式传递的。在壁面

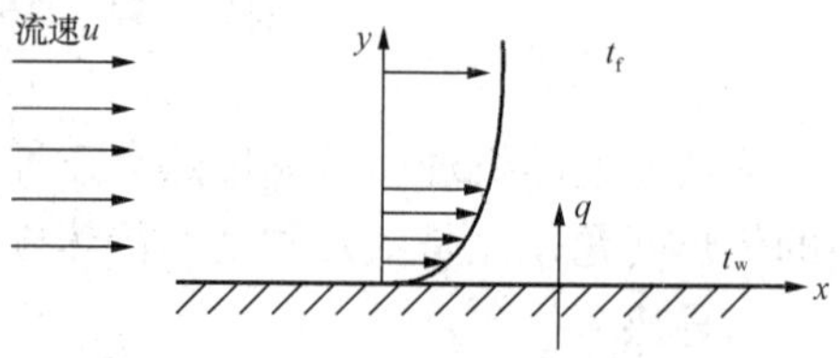

图 8 - 2　流体流过平板的对流换热

附近的流体中，温度是从 t_w 连续地变化到 t_f 的，而温度廓线的形状则取决于壁面附近的流动形态。因此，对流换热的热阻主要产生于壁面附近的薄层（称为边界层）内，热阻的大小受到流动参数、流体物理性质参数、壁面条件和换热状况等诸多因素的影响。

对流换热的热流量计算采用 1701 年牛顿提出的牛顿冷却公式，即

$$Q = hA(t_w - t_f) = \frac{\Delta t}{\frac{1}{hA}} \tag{8-2}$$

式中：A 为对流换热表面的面积，m^2；$\Delta t = t_w - t_f$ 为壁面与流体的温差，℃；h 称为**表面传热系数**（convection heat-transfer coefficient）或**对流换热系数**，表示对流换热的强度，W/(m^2 · ℃)。

由于对流换热现象比较复杂，只在简单条件下可以通过解析方式求解 h，而更多的时候则需要借助实验的方法求解。

上式表明，对流换热热阻为 $1/hA$，单位为℃/W。对于单位面积则为 $1/h$，单位为℃ · m^2/W。

部分表面传热系数的数值范围见表 8 - 1。

表 8 - 1　部分表面传热系数的数值范围

对流换热类型	表面传热系数 h[W/(m^2 · K)]	对流换热类型	表面传热系数 h[W/(m^2 · K)]
空气自然对流换热	1～10	水强迫对流换热	100～15 000
水自然对流换热	200～1000	水沸腾换热	2500～35 000
空气强迫对流换热	10～100	水蒸气凝结换热	5000～25 000

三、热辐射

物体向外发射电磁波称为辐射。物体会因各种原因向外辐射，其中因为转化本身的热能向外发射电磁辐射能的现象称为热辐射。物体发射热辐射的能力和温度有关，同时也和物体的性质和表面状况有关。

凡固体、液体和一部分气体都具有对外发射热辐射的能力，同时也具有吸收外来热辐射的能力，另一部分气体则不具有辐射和吸收的能力。物体之间通过发射和吸收辐射而传递热量的现象称为**辐射换热**。在导热和对流两种传热方式中，传热只能在物质媒介内进行，而辐射换热则可以在真空的条件下进行。同时，辐射换热还伴随着热能→电磁波能→热能的能量形式转换。

相同温度下辐射能力和吸收能力最强的理想物体称为**黑体**，它对外发射辐射的能力和其热力学温度的四次方成正比，和辐射表面积成正比，即

$$Q_e = \sigma A T^4 \tag{8-3}$$

式中：A 为辐射表面积，m^2；T 为辐射表面的热力学温度，K；σ 为黑体辐射常数或称为斯忒藩—玻尔兹曼常数，其值为 $\sigma = 5.67 \times 10^{-8}$ W/(m^2 · K^4)。

上式即为斯忒藩—玻尔兹曼（Stefan-Boltzmann）定律，或称为黑体辐射的四次方定律。实际物体发射辐射的能力也近似和热力学温度的四次方成正比，但不如黑体发射辐射的能力强。同时对外来辐射也不能全部吸收，其发射和吸收辐射的能力和物体的材料性质、表面状况等因素有关。

两个物体表面之间进行辐射换热的净热流量不仅和两表面的大小、表面状况、材料性质有关，还和两表面之间的空间位置关系有关，但总和表面热力学温度的四次方之差成正比，即

$$Q \sim \sigma(T_1^4 - T_2^4) \tag{8-4}$$

比较简单的情况是当一个面积为 A_1、热力学温度为 T_1 的凸表面被置于一个热力学温度为 T_2、面积非常大的封闭表面内的情况，此时两表面之间的辐射换热量为

$$Q = \varepsilon_1 A_1 \sigma(T_1^4 - T_2^4) \tag{8-5}$$

式中：ε_1 为表面 1 发射辐射的能力与同温度黑体表面发射辐射的能力的比值，称为表面 1 的**发射率**，也称为**黑度**。

显然，$0 \leqslant \varepsilon_1 \leqslant 1$。

上面简要介绍了传热的三种基本方式，将在后面的章节中进一步分析。工程中的传热问题常常是几种基本方式同时作用的结果。如在锅炉的炉膛中，高温烟气通过辐射和对流把热量传给水冷壁外壁，以导热方式传给水冷壁内壁，再以对流换热的方式传给管内的水。这种壁面一侧的高温流体通过固体壁面，把热量传递给壁面另一侧的低温流体的过程，称为**传热过程**。传热过程是工程技术中的一种典型热量传递过程，也将在本书中进行专门的讨论。

【例 8-1】 导热

一锅炉炉墙厚 24cm，总面积 $20m^2$，平均导热系数为 1.04W/(m·℃)，内外壁温分别是 750℃和 50℃。求通过炉墙的热损失。

解 利用式（8-1）可得

$$Q = A\lambda\frac{\Delta t}{\delta} = 20 \times 1.04 \times \frac{750 - 50}{0.24} = 60\,667\text{W}$$

【例 8-2】 热对流和热辐射

外直径 d=5cm，壁面温度保持 50℃的钢管水平穿过一个大房间，房间内壁和室内的温度都是 20℃。钢管表面的发射率为 0.8，与周围空气的表面传热系数为 6.5W/(m^2·℃)。求单位长度钢管壁的热损失。

解 钢管壁总的热损失包括对流换热和辐射换热。对流换热在钢管表面与周围空气之间进行，单位长度钢管的外表面面积为 $A=\pi d$，利用式（8-2）可得

$$\begin{aligned} Q_{l,对流} &= h\pi d(t_w - t_f) \\ &= 6.5 \times \pi \times 0.05 \times (50 - 20) \\ &= 30.63\text{W/m} \end{aligned}$$

空气可视为对辐射透明的介质，辐射换热在钢管表面与房间内壁之间进行，利用式（8-5）可得

$$\begin{aligned} Q_{l,辐射} &= \varepsilon_1 \pi d\sigma(T_1^4 - T_2^4) \\ &= 0.8 \times \pi \times 0.05 \times 5.67 \times 10^{-8} \times (323^4 - 293^4) \\ &= 25.04\text{W/m} \end{aligned}$$

总的热损失为

$$\begin{aligned} Q_l &= Q_{l,对流} + Q_{l,辐射} \\ &= 30.63 + 25.04 \\ &= 55.67\text{W/m} \end{aligned}$$

尽管钢管壁面的温度只有50℃，室内壁面温度为20℃，此时辐射换热的热损失也是很大的，不能在计算中忽略。如果壁面温度进一步升高，则辐射热损失在总热损失中所占的份额也会增大。这里要注意，辐射热损失与换热表面的热力学温度的四次方之差成正比。

思 考 题

8-1　试说明导热、热对流和热辐射三种基本传热方式的传热机理以及这三种基本传热方式之间的联系和区别。

8-2　试说明热对流和对流换热之间的联系和区别。

8-3　平壁的导热热阻和哪些因素有关？分别写出单位面积平壁的导热热阻和面积为 A 的平壁的导热热阻的表达式。

8-4　说明暖水瓶的玻璃真空内胆内的热水与外界空气之间的热量传递过程和暖水瓶玻璃真空内胆的保温原理。

8-5　室内供暖的对流式散热器通常放置在较低的位置，而分体式空调的室内机则往往安装在较高的位置，为什么？如果将供暖的散热器放置在高处，而将空调室内机放置在较低的地方，室内供暖和制冷是否会受到影响？

8-6　在深秋晴朗无风的夜晚，气温略高于0℃，清晨时草地上会出现白霜，如果是阴天或者有风，同样气温下草地上却不会出现白霜。为什么？

8-7　在寒冷的冬季，北方供暖房间内的室内温度为22℃时，在室内穿毛衫仍会觉得凉。但在炎热的夏季，室内采用空调制冷，也维持室内温度为22℃时，在室内只要穿短袖衬衫就不会觉得冷。同样的室内温度，人的感觉为什么会不一样？

习 题

8-1　一大平壁的厚度为250mm，面积为12m²，导热系数为 $\lambda=1.5\text{W/(m}\cdot℃)$，两侧表面的温度分别为 $t_1=25℃$ 和 $t_2=-5℃$，而且分别保持均匀分布，计算该大平壁的热阻、热流量和热流密度。

8-2　玻璃窗上的单层玻璃，高1.5m，宽1.2m，玻璃厚度 $\delta=5\text{mm}$，导热系数 $\lambda=1.05\text{W/(m}\cdot℃)$。冬季时测得玻璃内外表面的温度分别为15℃和5℃，试求通过玻璃窗的热损失。

8-3　夏天的阳光照射在厚为30mm的木门外表面上，用温度计测得木门外表面温度为36℃，内表面温度为30℃。用热流计测得木门内表面的热流密度为15W/m²。试估算此木门在沿厚度方向上的导热系数。

8-4　金属板上放置一个小型加热炉，为减少炉底对板面的热损失，其间放置一块导热系数为0.06W/(m·℃)的隔板，隔板上下表面温度分别保持为85℃和30℃。为使每平方米隔板的热损失小于220W/m²，试计算隔板所需的厚度。

8-5　某种机动车中机油冷却器的表面积为0.15m²，外表面温度为65℃。机动车在匀速行驶的过程中，温度为28℃的空气流过机油冷却器的外表面，空气与机油冷却器外表面之间的表面传热系数为45W/(m²·℃)。试计算机油冷却器的散热热流量。

8-6 空气横向掠过一根外直径 $d=15mm$、长度为 100mm 的导线，导线的发热功率为 9W，导线外表面的平均温度为 $t_w=60℃$，空气的温度为 $t_f=20℃$。假设导线的发热量全部通过对流换热的方式散失到空气中，试求导线外表面与空气之间的平均表面传热系数。

8-7 寒冷冬季的夜晚，保温良好的屋顶上结成一层霜，其温度为－18℃。假设霜层具有黑体的辐射能力，试计算此种有霜屋顶每单位面积所发射的辐射能。

8-8 宇宙空间可以近似看作温度为 0K 的真空空间。一宇宙飞船在太空中飞行，其外表面的平均温度为－30℃，表面发射率为 0.6，试计算该宇宙飞船单位外表面积的辐射热损失。宇宙飞船接收到的热辐射可以忽略不计。

第九章　导　　热

第一节　导热基本定律与导热微分方程

本节从宏观的角度来讨论物体内发生导热现象的基本规律和数学描述，这种数学描述的前提是连续介质假设。通常情况下的绝大多数固体、液体和气体都可以看作连续介质，但对于稀薄气体，如果分子的自由行程与研究对象的宏观尺寸相比不能忽略时，则不能视为连续介质，也不能应用本节的方法。

一、温度场和温度梯度

引起热量传递的驱动力是温度的差别、不平衡，所以研究导热必然涉及物体的温度。我们用场的概念来表示物理量的空间分布，则物体内各点的温度分布称为温度场。场可以有矢量场和标量场两种，温度场是标量场，在直角坐标系中表示为：$t=t(x, y, z, \tau)$。式中 τ 表示时间，单位为 s（秒）。

随时间变化的温度场称为非稳态温度场，此时 $\partial t/\partial\tau \neq 0$，非稳态温度场中的导热称为**非稳态导热**。不随时间变化的温度场称为稳态温度场，此时 $\partial t/\partial\tau = 0$，温度场表示为 $t = t(x,y,z)$。稳态温度场中的导热为**稳态导热**。

在某时刻，温度场中温度相同的空间坐标点构成的线或面称为等温线或等温面。通常用等温线或等温面来直观地描述物体内的温度场。显然，在某一时刻，物体内的某一空间点只有一个温度值，因此，表示不同温度的等温面（线）不可能相交。同时物体内的温度变化是连续的，等温面（线）或者在物体中形成封闭曲面（线），或终止于物体边界，不会在物体中中断。等温面（线）内不存在温度差，不会形成热量的传递，因此热量的传递总是沿着等温面（线）的法线方向。

在物体中的某点，沿不同方向的温度变化率是不同的，在等温面的切线方向为零，而沿等温面的法线方向最大。等温面法线方向的温度变化率称为温度梯度，即

$$\mathrm{grad}t = \frac{\partial t}{\partial n}\boldsymbol{n} \tag{9-1}$$

式中：$\mathrm{grad}t$ 为温度梯度，℃/m；$\partial t/\partial n$ 为等温面法线方向的温度变化率，℃/m；$\boldsymbol{n}$ 为等温面法线方向的单位矢量，指向温度升高的方向。在数值上，温度梯度表示距离为单位长度的两个空间点之间的温度差。

在直角坐标系中

$$\mathrm{grad}t = \frac{\partial t}{\partial x}\boldsymbol{i} + \frac{\partial t}{\partial y}\boldsymbol{j} + \frac{\partial t}{\partial z}\boldsymbol{k} \tag{9-2}$$

式中：$\partial t/\partial x$、$\partial t/\partial y$、$\partial t/\partial z$ 分别为温度沿 x、y、z 三个坐标方向的变化率；$\boldsymbol{i}$，$\boldsymbol{j}$，$\boldsymbol{k}$ 分别为 x、y、z 三个坐标方向的单位矢量。

某一时刻物体中的温度梯度分布形成一个温度梯度矢量场。

二、导热基本定律

导热基本定律又称为傅里叶定律，是法国数学、物理学家傅里叶通过实践和分析所提出来的，是研究导热问题最基本的定律。该定律指出：在导热体内进行单纯导热的现象中，通

过垂直于热流方向的微元面积 dA 的热流量 dQ，与该处温度梯度的绝对值成正比，而指向温度降低的方向，即

$$q=\frac{dQ}{dA}=-\lambda\frac{\partial t}{\partial n} \tag{9-3}$$

写成矢量的形式为

$$\boldsymbol{q}=-\lambda \mathrm{grad}t \tag{9-4}$$

对于各向同性材料，各个方向的导热系数 λ 都相同，热流密度矢量也可以表示为

$$\boldsymbol{q}=-\lambda\left(\frac{\partial t}{\partial x}\boldsymbol{i}+\frac{\partial t}{\partial y}\boldsymbol{j}+\frac{\partial t}{\partial z}\boldsymbol{k}\right)$$

$$q_x=-\lambda\frac{\partial t}{\partial x},\quad q_y=-\lambda\frac{\partial t}{\partial y},\quad q_z=-\lambda\frac{\partial t}{\partial z}$$

物体中的热流密度也是空间点的函数，形成热流密度场。导热热流密度的大小与温度梯度的绝对值成正比，方向与温度梯度刚好相反，即同线反向。应该说明，前述的傅里叶定律表达式只适用于各向同性物体，对于导热系数随方向变化的各向异性材料，热流密度矢量的方向不仅和温度梯度有关，还与导热系数的方向性有关，热流密度矢量和温度梯度不一定在同一条直线上。这种情况的分析较为复杂，本文中的研究只针对各向同性材料。另外，一些特殊条件下的导热过程，如极低温（接近 0K）的导热问题和极短时间内产生极大热流密度的瞬态导热过程，前述傅里叶定律的表达式也不适用。对于一般工程技术中的稳态和非稳态导热问题傅里叶定律都是适用的。

三、导热系数

导热系数 λ 是表征物质导热能力的物性参数。由傅里叶定律的数学表达式，有

$$\lambda=\frac{q}{|\mathrm{grad}t|} \tag{9-5}$$

上式是导热系数的定义式。该式表明，导热系数在数值上等于在单位温度梯度作用下，物体内所产生的热流密度。导热系数主要取决于材料的成分、内部结构、密度、湿度和含湿量等，通常由实验测定。

各种材料导热系数的差别很大，按此可以把物质区分为热的良导体、非良导体和保温材料。表 9-1 列出了一些典型材料在常温下的导热系数数值，读者可对不同类型材料的导热系数的量级有所了解。

表 9-1　　几种典型材料在 20℃ 时的导热系数数值

材料名称	λ [W/(m·℃)]	材料名称	λ [W/(m·℃)]
金属（固体）		非金属（固体）	
纯银	427	石英晶体（0℃，平行于轴）	19.4
纯铜	398	石英玻璃（0℃）	1.13
黄铜	109	大理石	2.70
纯铝	236	玻璃	0.65～0.71
铝合金（87%Al，30%Si）	162	松木（垂直木纹）	0.15
纯铁	81.1	松木（平行木纹）	0.35
碳钢（约 0.5%C）	49.8	冰（0℃）	2.22

续表

材料名称	λ［W/(m·℃)］	材料名称	λ［W/(m·℃)］
液体		气体（1个大气压）	
水（0℃）	0.551	空气	0.025 7
水银（汞）	7.90	氮气	0.025 6
变压器油	0.124	氢气	0.177
柴油	0.128	水蒸气（0℃）	0.183
润滑油	0.146		

与固体相比，气体的分子距离大，依靠分子碰撞交换能量的能力差，故其导热系数也小。一般气体多为热的非良导体，导热系数在0.01～0.6W/(m·℃)之间，同一气体的温度越高，分子运动速度就越快，导热能力就越大，导热系数值也就越大。例如，在常压下，空气在0℃和500℃时，导热系数值分别为0.024 4W/(m·℃)和0.057 4W/(m·℃)，而氢的导热系数相应为0.167 5W/(m·℃)和0.375W/(m·℃)。氢气是气体中导热系数最大的物质。

液体的分子密度比气体大得多，导热系数也相应大一些，其值在0.06～0.7W/(m·℃)之间，一般液体的导热系数随着温度升高而减小，但甘油和0～120℃的水例外。

固体中的非导电体的导热系数一般较低，并且变化范围较大，在0.025～3W/(m·℃)之间，这是因为这类材料的多孔性所致。即使同样的物质，由于其结构、密度、多孔度以及湿度不同而又有很大的差异。湿度大的材料的导热系数大于湿度小的。金属材料中的自由电子在导热过程中起主要作用，因此其导热系数都比非金属材料的大。温度升高时，金属晶格阻碍自由电子的运动，因而使导热系数减小。金属中掺入少许杂质，导热系数值会降低很多。而在低温下，纯金属具有非常高的导热系数，如在10K的温度下，纯铜的导热系数可达1200W/(m·℃)；在15K的温度下，纯铝的导热系数达700W/(m·℃)。纯金属的导热系数随温度升高而减小，而一般合金的导热系数随温度升高而增大。

国家标准GB/T 4272—2008《设备及管道绝热技术通则》中规定，将温度低于350℃时导热系数小于0.12W/(m·℃)的材料称为**保温材料**（或**绝热材料**），如膨胀塑料、膨胀珍珠岩、矿渣绵等。常温下空气的热导率为0.025 7W/(m·℃)，是很好的保温材料。不过，要实现空气的保温效果，必须抑制其流动，膨胀材料、棉花、羽绒等都是通过抑制空气流动来保温的。

四、导热微分方程

傅里叶定律表明，计算物体内的导热热流密度，需要同时求解物体内的温度场。利用傅里叶定律的数学表达式，可以求解比较简单的一维导热问题，如后面介绍的平壁和圆筒壁的导热问题。但对于一般性导热问题的求解，则需要利用描述温度场分布普遍性规律的微分方程式，也就是以傅里叶定律和能量守恒原理为基础而建立的导热微分方程式。导热微分方程是分析各种导热问题的基础工具。

1. 直角坐标系中的导热微分方程式

为了简化分析，首先做如下假设：

（1）物体是由各向同性的连续介质构成的；

（2）物体内部无宏观位移，物体与外界无功的交换；

（3）材料的物性参数为常数；

（4）物体内部可能具有内热源，如核燃料棒、电加热器等。假设内热源的强度为已知，

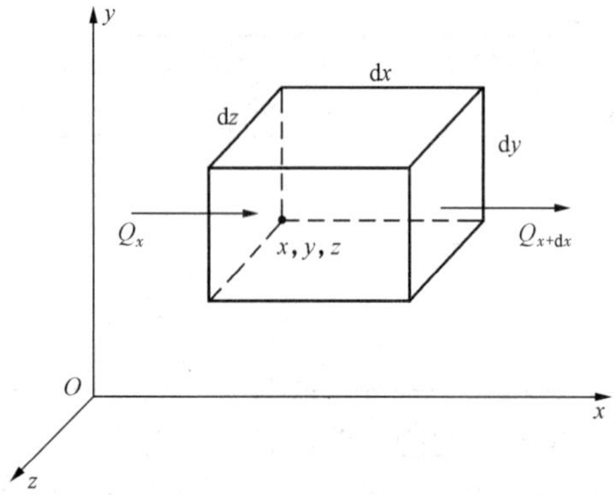

图 9 - 1　微元体的导热分析

记为 $\dot{Q}$，单位为 W/m^3，表示单位时间、单位体积内由内热源产生的热量。

在有导热现象的物体中选取一微元立方体来进行能量平衡分析，其边长分别与坐标轴平行且为 dx、dy、dz。所谓微元体，是指从数学的观点看，它的体积趋于无限小，实际为体，极限为点。但从物理的观点来看，与物质的微元尺度相比足够大，仍然可以作为连续介质处理，采用宏观的参数来描述。若微元体在三个坐标轴方向都有导热热流，根据傅里叶定律，在微元体的 x、y、z 处的三个表面，单位时间内导入微元体的热量分别为 Q_x、Q_y、Q_z，其表达式为

$$Q_x = -\lambda \frac{\partial t}{\partial x} dydz$$

$$Q_y = -\lambda \frac{\partial t}{\partial y} dxdz$$

$$Q_z = -\lambda \frac{\partial t}{\partial z} dxdy$$

式中：$dydz$、$dxdz$ 和 $dxdy$ 分别为微元体在垂直于 x、y、z 方向的微元面积。

从微元体的 $x+dx$、$y+dy$、$z+dz$ 三个表面上，单位时间内导出微元体的热量为 Q_{x+dx}、Q_{y+dy}、Q_{z+dz}，以 x 方向为例，Q_x 是连续函数，将 Q_{x+dx} 按泰勒级数展开得

$$Q_{x+dx} = Q_x + \frac{\partial Q_x}{\partial x} dx + \frac{1}{2} \frac{\partial^2 Q_x}{\partial x^2} d^2 x + \cdots$$

略去高阶无穷小量，则 $Q_{x+dx} = Q_x + \frac{\partial Q_x}{\partial x} dx$。实际上，$\frac{\partial Q_x}{\partial x}$ 的定义式可以表示为

$$\frac{\partial Q_x}{\partial x} = \lim_{dx \to 0} \frac{Q_{x+dx} - Q_x}{dx}$$

则在单位时间内，从 x 方向净导入微元体的热量为

$$Q_x - Q_{x+dx} = -\frac{\partial Q_x}{\partial x} dx = -\frac{\partial}{\partial x}\left(-\lambda \frac{\partial t}{\partial x} dydz\right) dx = \frac{\partial}{\partial x}(\lambda \frac{\partial t}{\partial x}) dxdydz$$

同样道理，单位时间内从 y、z 方向净导入微元体的热量分别为

$$Q_y - Q_{y+dy} = \frac{\partial}{\partial y}\left(\lambda \frac{\partial t}{\partial y}\right) dxdydz$$

$$Q_z - Q_{z+dz} = \frac{\partial}{\partial z}\left(\lambda \frac{\partial t}{\partial z}\right) dxdydz$$

在微元体内单位时间内由内热源产生的热量为

$$Q_V = \dot{Q} dxdydz$$

微元体的体积为 $dxdydz$，密度为 ρ，其质量为 $\rho dxdydz$。若其比热容为 c，温度为 t，则其热力学能为 $\rho dxdydzct$。由于不考虑动能和势能的变化，微元体的总储存能就是热力学能。在时间为 $d\tau$ 的微元过程中，微元体本身的热力学能的变化为

$$dU = d(\rho ct) dxdydz = \rho c dt dxdydz$$

式中：ρ 为物体的密度，$\mathrm{kg/m^3}$；c 为物体的比热容，J/(kg·℃)。

则单位时间内，在物体内没有发生运动时，微元体内热力学能增量为 $\rho c\,\dfrac{\partial t}{\partial \tau}\mathrm{d}x\mathrm{d}y\mathrm{d}z$。

在导热过程中，微元体的能量平衡关系是：单位时间内，从 x、y、z 三个方向净导入微元体的热量加上微元体内内热源生成的热量，等于微元体内热力学能的增量。将各项的表达式代入并消去 $\mathrm{d}x\mathrm{d}y\mathrm{d}z$ 得

$$\frac{\partial}{\partial x}\left(\lambda\,\frac{\partial t}{\partial x}\right)+\frac{\partial}{\partial y}\left(\lambda\,\frac{\partial t}{\partial y}\right)+\frac{\partial}{\partial z}\left(\lambda\,\frac{\partial t}{\partial z}\right)+\dot{Q}=\rho c\,\frac{\partial t}{\partial \tau}$$

在常物性的条件下，即 λ、ρ、c 均为常量时，上式成为

$$\frac{\partial t}{\partial \tau}=\frac{\lambda}{\rho c}\left(\frac{\partial^2 t}{\partial x^2}+\frac{\partial^2 t}{\partial y^2}+\frac{\partial^2 t}{\partial z^2}\right)+\frac{\dot{Q}}{\rho c} \tag{9-6}$$

该式就是导热微分方程，也就是没有物质输运条件下的能量微分方程。它建立了导热过程中物体内的温度分布随时间和空间变化的函数关系。

引入另一个物性参数 a 来表示上式中的物性参数常量群 $\dfrac{\lambda}{\rho c}$，即 $a=\dfrac{\lambda}{\rho c}$，称为热扩散率或导温系数，单位为 $\mathrm{m^2/s}$。热扩散率是对非稳态导热过程有重要影响的物性参数，a 值越大，说明物体内温度分布趋向于一致的能力越大。

导热微分方程也可以写成

$$\frac{\partial t}{\partial \tau}=a\nabla^2 t+\frac{\dot{Q}}{\rho c} \tag{9-7}$$

式中：∇ 为哈密顿算子，在直角坐标系下，$\nabla^2 t=\dfrac{\partial^2 t}{\partial x^2}+\dfrac{\partial^2 t}{\partial y^2}+\dfrac{\partial^2 t}{\partial z^2}$。

式（9-7）是常物性条件下，普遍适用的导热微分方程式。在一些特殊的情况下，还可以进一步简化，如：

（1）物体内无内热源，此时 $\dot{Q}=0$：$\dfrac{\partial t}{\partial \tau}=a\nabla^2 t$　（扩散方程）；

（2）稳态导热，$\dfrac{\partial t}{\partial \tau}=0$：$\nabla^2 t+\dfrac{\dot{Q}}{\lambda}=0$　（泊松方程）；

（3）稳态，无内热源：$\nabla^2 t=0$。

对于最简单的一维、稳态、无内热源的情况，则有 $\dfrac{\mathrm{d}^2 t}{\mathrm{d}x^2}=0$。

2. 圆柱坐标系和球坐标系中的导热微分方程

如果研究对象是圆柱状物体，则采用圆柱坐标 (r,φ,z) 比较方便。采用和直角坐标系相同的办法，分析圆柱坐标系中微元体在单纯导热过程中的热平衡，可以导出圆柱坐标系中的导热微分方程式。这里只给出结果，即

$$\frac{\partial t}{\partial \tau}=a\left(\frac{\partial^2 t}{\partial r^2}+\frac{1}{r}\,\frac{\partial t}{\partial r}+\frac{1}{r^2}\,\frac{\partial^2 t}{\partial \varphi^2}+\frac{\partial^2 t}{\partial z^2}\right)+\frac{\dot{Q}}{\rho c} \tag{9-8}$$

对于稳态、无内热源、导热系数为常数的情况有

$$\frac{\partial^2 t}{\partial r^2}+\frac{1}{r}\,\frac{\partial t}{\partial r}+\frac{1}{r^2}\,\frac{\partial^2 t}{\partial \varphi^2}+\frac{\partial^2 t}{\partial z^2}=0 \tag{9-9}$$

若在上述条件的基础上，温度只沿径向变化，则上式变为

$$\frac{d^2t}{dr^2}+\frac{1}{r}\frac{dt}{dr}=0 \tag{9-10}$$

如果研究对象为球状物体，则可以采用球坐标系（r,θ,φ）中的导热微分方程，即

$$\frac{\partial t}{\partial \tau}=a\left[\frac{1}{r}\frac{\partial^2(rt)}{\partial r^2}+\frac{1}{r^2\sin\theta}\frac{\partial}{\partial\theta}\left(\sin\theta\frac{\partial t}{\partial\theta}\right)+\frac{1}{r^2\sin^2\theta}\frac{\partial^2 t}{\partial\theta^2}\right]+\frac{\dot{Q}}{\rho c} \tag{9-11}$$

五、导热微分方程的单值性条件

导热微分方程是描述物体内温度分布随时间、空间变化的一般性公式，它适用于所有满足推导假设条件的导热问题，具有无穷多解。要得到具体导热问题的特解，还需要给出必要的**单值性条件**或称**定解条件**。导热微分方程式和单值性条件一起构成了具体导热过程的完整的数学描述。

导热问题的单值性条件一般包括几何条件、物理条件、初始条件和边界条件四个方面，它们一般是求解导热问题的已知条件。几何条件说明导热物体的形状和尺寸，分析时需要根据几何条件采用合适的坐标系。物理条件说明导热物体的物理性质，给出物性参数的数值和特点，如果物性参数是变量时，还应给出其函数关系。物体的物性参数（如 ρ、c、λ 等）通常是通过实验确定的，在工程应用中可以通过热工手册查取。稳态导热和时间无关，对于非稳态导热，还需要给出过程开始时刻物体内温度的分布情况，也就是非稳态导热过程的初始条件，即

$$t|_{\tau=0}=f(x,y,z)$$

最简单的初始条件是过程开始时物体内温度均匀分布。

边界条件是指导热物体边界上的热状态以及与周围环境之间的能量交换情况。常见的边界条件可以分为三类。

（1）第一类边界条件。给出边界上的温度分布，即

$$t_w=f(x,y,z,\tau)$$

其中最简单的情况是某一边界上的温度为定值，即 t_w=常数，式中下标 w 表示壁面。

（2）第二类边界条件。给出边界上的热流密度分布，即

$$-\lambda\left(\frac{\partial t}{\partial n}\right)_w=q_w$$

式中 n 为壁面法线方向。

在常物性的条件下，第二类边界条件相当于已知边界法线方向的温度变化率。最简单的情况是某一边界表面绝热，此时 $q_w=0$，物体内部的等温线、等温面都和该绝热表面垂直相交。

（3）第三类边界条件。给出边界表面与周围流体之间进行对流换热的换热条件，通常是给出外界流体的温度 t_f 和流体与物体表面之间的表面传热系数 h，即

$$-\lambda\left(\frac{\partial t}{\partial n}\right)_w=h(t_w-t_f)$$

第二节 通过平壁和圆筒壁的一维稳态导热

导热微分方程是求解导热问题的普遍的数学工具，不过对一些较为简单的、一维稳态无内热源的导热问题，也可以直接应用傅里叶定律来求解。在动力工程中，热力设备大部分时间处于稳定运行的状态，此时其部件内发生的导热过程为稳态导热，因此分析稳态导热的规律具有重要意义。下面的分析限于几何形状简单、壁温保持均匀一致的平壁和圆筒壁中的一维稳态导热。

一、通过平壁的稳态导热

取一厚度均匀的平壁，表面积为 A，厚度为 δ，平壁两表面的温度恒定、均匀，分别为 t_1 和 t_2，假设 $t_1>t_2$。如果平壁为无限大，或平壁的侧边绝热，则平壁内的导热是一维的（在工程实际中，当平壁的长宽尺寸都大于其厚度的 10 倍时，可视为无限大平壁）。此时平壁的两表面为等温面，平壁内的等温面与表面平行，温度梯度和热流方向垂直于平壁表面。

建立如图 9 - 2 所示的直角坐标系，则依据傅里叶定律，平壁内任意一点的热流密度为

$$q=-\lambda\frac{\mathrm{d}t}{\mathrm{d}x} \tag{9 - 12}$$

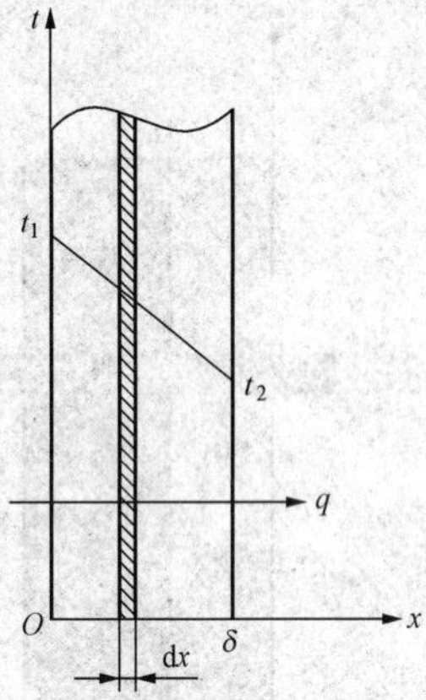

图 9 - 2　通过单层平壁的一维稳态导热

边界条件为：$x=0$ 时，$t=t_1$

$x=\delta$ 时，$t=t_2$

稳态导热时 q 为常量。对式（9 - 12）进行积分有

$$q\mathrm{d}x=-\lambda\mathrm{d}t\Rightarrow\int_0^\delta q\mathrm{d}x=\int_{t_1}^{t_2}-\lambda\mathrm{d}t$$

可得

$$q\delta=\lambda(t_1-t_2)\Rightarrow q=\frac{\lambda}{\delta}(t_1-t_2)=\frac{t_1-t_2}{\dfrac{\delta}{\lambda}} \tag{9 - 13}$$

上式就是导热系数为常量时，平壁内一维稳态导热的热流密度的计算式，其温压为壁面的温度差 $\Delta t=t_1-t_2$，单位面积平壁的热阻为 $r_t=\dfrac{\delta}{\lambda}$，单位为 $\mathrm{m^2\cdot ℃/W}$，面积为 A 的平壁的热阻为 $R_t=\dfrac{\delta}{\lambda A}$，单位为℃/W，即

$$Q=Aq=\frac{t_1-t_2}{\dfrac{\delta}{\lambda A}} \tag{9 - 14}$$

平壁内的温度分布也可以利用式（9 - 12）积分获得，即

$$q\mathrm{d}x=-\lambda\mathrm{d}t\Rightarrow q\int_0^x\mathrm{d}x=-\lambda\int_{t_1}^{t}\mathrm{d}t$$

$$\Rightarrow t=t_1-\frac{q}{\lambda}x\quad\Rightarrow t=t_1-\frac{x}{\lambda}\frac{t_1-t_2}{\dfrac{\delta}{\lambda}} \tag{9 - 15}$$

这就是导热系数为常量、稳态导热时平壁内温度分布的表达式。它表明，温度沿平壁厚度方向是线性变化的。将式（9 - 15）整理为

$$\frac{t-t_1}{t_2-t_1}=\frac{x}{\delta} \tag{9 - 16}$$

【例 9 - 1】　单层平壁的导热

平壁厚 150mm，表面积 $4\mathrm{m^2}$，导热系数 40W/(m·℃)，平壁表面温度分别为 600℃和 300℃，求稳态情况下通过该平壁的导热量。

解

$$q=\frac{t_1-t_2}{\dfrac{\delta}{\lambda}}=\frac{600-300}{\dfrac{0.15}{40}}=80\,000\mathrm{W/m^2}$$

$$Q = qA = 80\,000 \times 4 = 3.2 \times 10^5\,\text{W}$$

【例 9-2】 长棒的导热

一横截面为矩形的长棒，其侧表面被绝热。已知长棒截面积 $A=40\times40\text{mm}^2$，棒长 $\delta=200\text{mm}$，导热系数 $\lambda=2\text{W/(m·℃)}$，长棒两端面分别为等温面，$t_1=400℃$，$t_2=50℃$。求稳态时通过长棒的导热量。

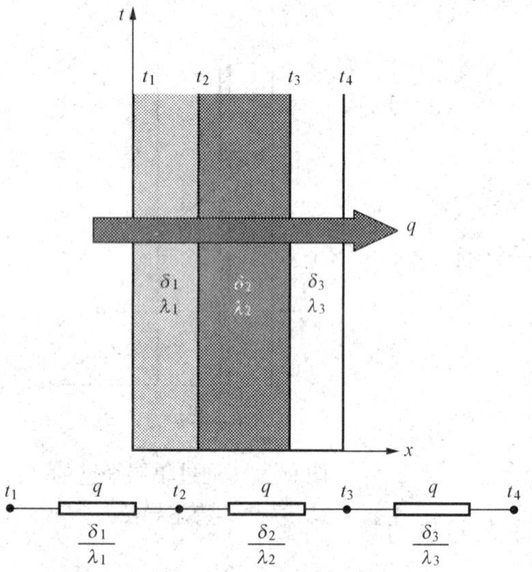

图 9-3 通过多层平壁的导热

解 由于长棒侧表面被绝热，侧表面无热流通过，长棒两端面为等温面，热流方向必垂直该端面，故为沿长棒轴线方向的一维稳态导热问题。

应用式（9-14）得

$$Q = \frac{t_1 - t_2}{\dfrac{\delta}{\lambda A}} = \frac{400-50}{\dfrac{0.2}{2\times1.6\times10^{-3}}} = 5.6\text{W}$$

上面分析的是单层平壁的情况。在工程应用上，还经常遇到多层平壁的情况，即由几层不同材料组成的平壁，如一些锅炉的炉墙为耐火砖层、隔热砖层、保温板及金属护板组成的多层平壁。板式的换热器在运行一段时间以后，板片表面上会形成水垢或积灰，也变成了多层平壁。

如果多层平壁的两外表面温度维持均匀恒定，平壁足够大或侧面绝热，则也是一维稳态导热问题。假设有如图 9-3 所示的三层平壁的情况，每层平壁材料的导热系数分别为 λ_1、λ_2、λ_3，且为常数；各层的厚度分别为 δ_1、δ_2、δ_3；多层平壁外表面的温度分别为 t_1 和 t_4，各层之间接触紧密，相互接触的两表面温度相同，没有接触热阻。则稳态时，通过每层的热流密度都相等，即 $q_1=q_2=q_3=q$，有

$$q_1 = \frac{t_1-t_2}{\dfrac{\delta_1}{\lambda_1}} \Rightarrow t_1 - t_2 = q\frac{\delta_1}{\lambda_1}$$

$$q_2 = \frac{t_2-t_3}{\dfrac{\delta_2}{\lambda_2}} \Rightarrow t_2 - t_3 = q\frac{\delta_2}{\lambda_2}$$

$$q_3 = \frac{t_3-t_4}{\dfrac{\delta_3}{\lambda_3}} \Rightarrow t_3 - t_4 = q\frac{\delta_3}{\lambda_3}$$

将上面三式左右两边分别相加整理后，可得

$$q = \frac{t_1-t_4}{\dfrac{\delta_1}{\lambda_1}+\dfrac{\delta_2}{\lambda_2}+\dfrac{\delta_3}{\lambda_3}} = \frac{\Delta t}{r_1+r_2+r_3} \tag{9-17}$$

即对于多层平壁稳态导热的情况，总热阻等于串联环节热阻之和。以此类推，对于 n 层平壁的情况，热流密度为

$$q=\frac{t_1-t_{n+1}}{\sum_{i=1}^{n}\frac{\delta_i}{\lambda_i}},\quad Q=\frac{t_1-t_{n+1}}{\sum_{i=1}^{n}\frac{\delta_i}{\lambda_i A}} \tag{9-18}$$

【例 9-3】 多层平壁的导热

两层平壁的稳态导热，接触面无接触热阻。壁面温度分别为 600℃、300℃和 100℃，高温侧平壁的厚度为 150mm，导热系数为 40W/(m·℃)，低温侧平壁的厚度为 200mm，求低温侧平壁的导热系数。

解 由第一层平壁可以计算通过两层平壁的热流密度为

$$q=\frac{t_1-t_2}{\frac{\delta_1}{\lambda_1}}=\frac{600-300}{\frac{0.15}{40}}=80\,000\,\mathrm{W/m^2}$$

由

$$q=\frac{t_2-t_3}{\frac{\delta_2}{\lambda_2}}\Rightarrow\lambda_2=\frac{q\delta_2}{t_2-t_3}=\frac{80\,000\times0.2}{300-100}=80\,\mathrm{W/(m\cdot ℃)}$$

二、导热系数随温度变化的情况

我们以单层平壁中的稳态导热为例说明导热系数随温度变化的情况，此时，$\lambda=\lambda(t)$，式 (9-12) 沿平壁厚度的积分为

$$\int_0^{\delta}q\mathrm{d}x=\int_{t_1}^{t_2}-\lambda(t)\mathrm{d}t=\int_{t_2}^{t_1}\lambda(t)\mathrm{d}t$$

$$\Rightarrow q\delta=\frac{\int_{t_2}^{t_1}\lambda(t)\mathrm{d}t}{t_1-t_2}(t_1-t_2)=\lambda_{\mathrm{m}}(t_1-t_2)$$

即

$$q=\frac{t_1-t_2}{\frac{\delta}{\lambda_{\mathrm{m}}}} \tag{9-19}$$

$$\lambda_{\mathrm{m}}=\frac{\int_{t_2}^{t_1}\lambda(t)\mathrm{d}t}{t_1-t_2} \tag{9-20}$$

λ_{m} 称为 $t_1\sim t_2$ 温度区间的平均导热系数。因此，对于导热系数随温度变化的稳态导热问题，在计算热流量时，可以用平均导热系数代替，当作定导热系数的问题处理。

工程上在考虑导热系数随温度的变化时，通常假定它与温度成线性关系，即 $\lambda=\lambda_0(1+bt)$，其中 λ_0 为将温度外推到 0℃时材料的导热系数，b 为通过实验测得的常数。此时，平壁的平均导热系数可以写成

$$\lambda_{\mathrm{m}}=\lambda_0\left(1+b\frac{t_1+t_2}{2}\right)=\lambda_0(1+bt_{\mathrm{m}})$$

式中：$t_{\mathrm{m}}=\frac{t_1+t_2}{2}$ 为平壁的算术平均温度。

图 9-4 表示当导热系数随温度线性变化时，一维稳态导热平壁内的温度分布。在 $b>0$ 时，表示平壁内导热系数的值随着温度的降低而减小，在热流密度为常数的情况下，导热系数减小意味着温度梯度绝对值的增大，因此温度分布曲线随着温度降低而斜率绝对值增大，是一条上凸的曲线。

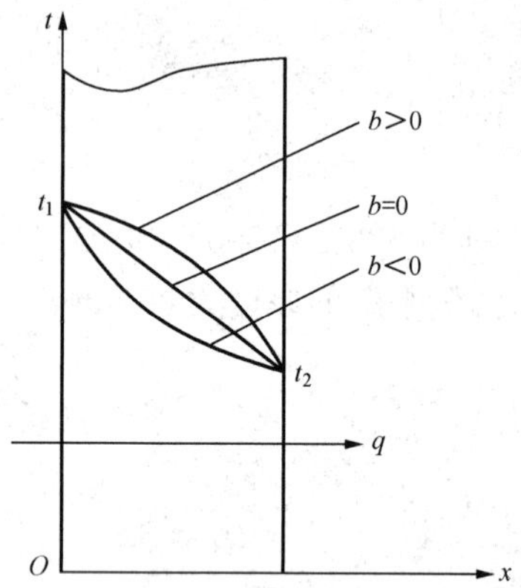

图 9-4 导热系数随温度线性变化时，平壁内的温度分布

【例 9-4】 导热系数随温度的变化

用实验测定某材料的导热系数随温度变化的关系式。已知试件厚度 $\delta=2.5\text{cm}$，面积 $A=0.1\text{m}^2$，当实验达到稳定时，测得试件导热量 $Q=1\text{kW}$，两表面温度分别是 90℃和 40℃，中间断面上的温度是 56℃，试确定这种材料导热系数随温度变化的关系式。设导热系数与温度成线性关系。

解 根据式（9-19）可得

$$\lambda_m=\frac{Q\delta}{\Delta tA}$$

因试件的两表面温度分别为 90℃和 40℃，$\delta=0.025\text{m}$，因此

$$\lambda_{m1}=\frac{1000\times0.025}{(90-40)\times0.1}=5\text{W/(m}\cdot℃)$$

又因试件中间层温度及表面温度为 56℃和 90℃，$\delta/2=0.0125\text{m}$，故

$$\lambda_{m2}=\frac{1000\times0.0125}{(90-56)\times0.1}=3.676\text{W/(m}\cdot℃)$$

已知该材料导热系数随时间成线性变化，根据式（9-20）得

$$\lambda_{m1}=\lambda_0\left(1+b\,\frac{90+40}{2}\right)=5$$

$$\lambda_{m2}=\lambda_0\left(1+b\,\frac{90+56}{2}\right)=3.676$$

将两式联立求解，得

$$\lambda_0=15.75,\quad b=-0.0105$$

所以 $\lambda=15.75\times(1-0.0105t)$ W/(m·℃)

三、通过圆筒壁的稳态导热

圆形管道在工程中的应用十分广泛，如很多换热器中的管束、蒸汽管道等。设有一单层圆筒壁，其内、外半径分别为 r_1 和 r_2，长为 L，内、外表面分别维持均匀恒定的温度 t_1 和 t_2，假设 $t_1>t_2$，圆筒壁材料的导热系数 λ 为常数，圆筒壁内没有内热源。如果圆筒壁的 L/r_2 很大（大于 10），可以忽略圆筒两端面的换热，认为壁内的温度只沿径向变化。此时，圆筒壁内的等温面是与圆筒壁同轴的圆筒面，其中的热流密度向量沿着半径方向，与圆筒面垂直。采用 r、φ、z 为变量的圆柱坐标系，则问题是径向一维导热问题。

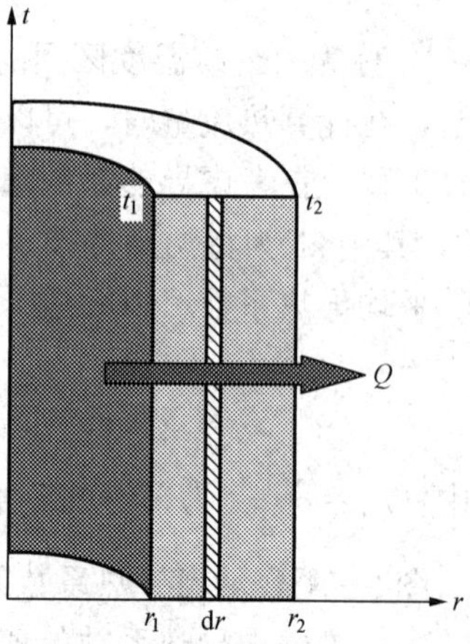

图 9-5 通过单层圆筒壁的稳态导热

按照傅里叶定律，圆筒壁内任意一点的热流密度为

$$q=-\lambda\frac{dt}{dr}\tag{9-21}$$

上式是表示圆筒壁内温度沿径向分布的微分方程表达式，其边界条件为 $r=r_1$ 时，$t=t_1$；$r=r_2$ 时，$t=t_2$。不过，

在稳态导热的情况下，通过不同半径圆筒面的热流量 Q 是常量。由于不同半径的圆筒面的面积 $A_r=2\pi rL$ 是变化的，热流密度 $q=Q/A_r$ 也是沿半径变化的，即

$$q=\frac{Q}{2\pi rL}=-\lambda\frac{dt}{dr}$$

或
$$Q=-2\pi\lambda Lr\frac{dt}{dr} \tag{9-22}$$

将上式分离变量，利用边界条件进行积分，得

$$Q\int_{r_1}^{r_2}\frac{1}{r}dr=-2\pi\lambda L\int_{t_1}^{t_2}dt$$

$$\Rightarrow Q=\frac{t_1-t_2}{\dfrac{1}{2\pi\lambda L}\ln\dfrac{r_2}{r_1}} \tag{9-23}$$

单层圆筒壁的温压是两表面的温度差，$\Delta t=t_1-t_2$，而热阻为 $R_t=\dfrac{1}{2\pi\lambda L}\ln\dfrac{r_2}{r_1}=\dfrac{1}{2\pi\lambda L}\ln\dfrac{d_2}{d_1}$，如图 9-6 所示。

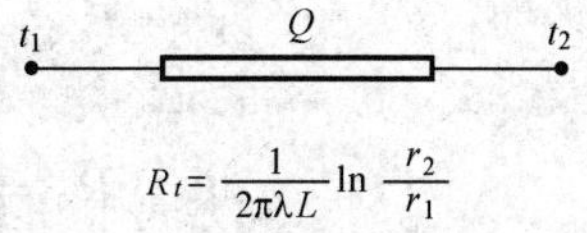

图 9-6　单层圆筒壁的导热热阻

圆筒壁内的温度分布可用下式求取：

$$\frac{Q}{2\pi\lambda L}\int_{r_1}^{r}\frac{dr}{r}=-\int_{t_1}^{t}dt$$

$$\Rightarrow t=t_1-\frac{Q}{2\pi\lambda L}\ln\frac{r}{r_1}$$

代入 Q 的表达式（9-23），可得

$$\frac{t-t_1}{t_2-t_1}=\frac{\ln\dfrac{r}{r_1}}{\ln\dfrac{r_2}{r_1}} \tag{9-24}$$

显然，圆筒壁内的温度分布沿半径方向不是线性变化的。

对于多层圆筒壁的径向一维稳态导热，各层圆筒壁成为沿热流方向的串联热阻。总导热热阻等于串联热阻之和，总温压为多层圆筒壁的内外壁温之差。每一层圆筒壁的温压，等于热流量与该层圆筒壁热阻之积。对于两层圆筒壁的情况（见图 9-7），有

$$t_1-t_2=Q\frac{1}{2\pi\lambda_1 L}\ln\frac{d_2}{d_1}$$

$$t_2-t_3=Q\frac{1}{2\pi\lambda_2 L}\ln\frac{d_3}{d_2}$$

将上述两式左右两侧分别相加，经整理可得

$$Q=\frac{t_1-t_3}{\dfrac{1}{2\pi\lambda_1 L}\ln\dfrac{d_2}{d_1}+\dfrac{1}{2\pi\lambda_2 L}\ln\dfrac{d_3}{d_2}}$$

推而广之，对于 n 层圆筒壁的情况，有

$$Q=\frac{t_1-t_{n+1}}{\sum\limits_{i=1}^{n}\dfrac{1}{2\pi\lambda_i L}\ln\dfrac{d_{i+1}}{d_i}} \tag{9-25}$$

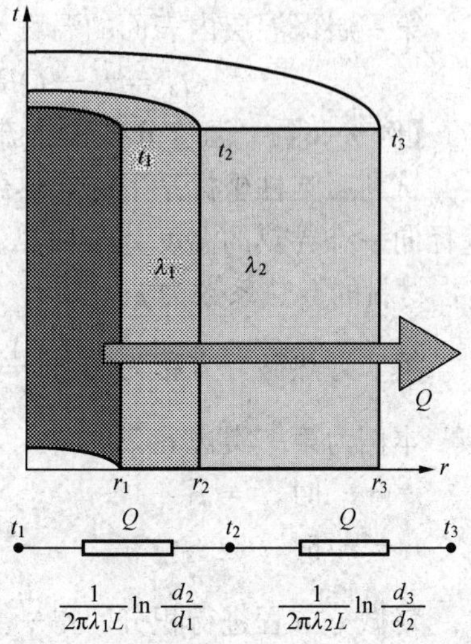

图 9-7　两层圆筒壁的一维稳态导热

前面在介绍多层平壁和多层圆筒壁导热时，我们假

设两层之间相互接触的两个表面是紧密接触的，两表面具有相同的温度。实际上，固体的表面总有一定的粗糙度，两个表面不可能完全接触，中间会有一定的空隙。尽管空隙很小，但由于空隙间的空气等气体导热能力差，也会在两表面之间形成**接触热阻**，通常接触热阻和壁面热阻相比较小，在很多场合可以忽略，则相互接触的壁面具有相同的温度。固体热阻越小，热流密度就越大，则接触热阻的影响越大。在高热流量的场合，需要考虑接触热阻的影响。接触热阻的影响因素很复杂，如接触面的粗糙度、表面的硬度以及相互接触物体表面之间的压力等，通常通过实验测定，需要时可以参考相关热工手册。

【例 9-5】 多层管壁的导热

一条蒸汽管道，内外直径分别为 200mm 和 275mm，内壁面温度为 500℃，管壁的导热系数为 50W/(m·℃)，管外包裹两层保温材料，自内向外，第一层厚度为 100mm，导热系数为 0.05W/(m·℃)，第二层厚度为 15mm，导热系数为 0.14W/(m·℃)，保温层外表面温度为 50℃。忽略各层之间的接触热阻，求单位管长的热损失以及各层之间的壁面温度。

解

$$Q=\frac{t_1-t_4}{\frac{1}{2\pi\lambda_1}\ln\frac{d_2}{d_1}+\frac{1}{2\pi\lambda_2}\ln\frac{d_3}{d_2}+\frac{1}{2\pi\lambda_3}\ln\frac{d_4}{d_3}}$$

$$R_{t1}=\frac{1}{2\pi\times 50}\times\ln\frac{0.275}{0.2}=0.001\text{m}\cdot{}^\circ\text{C/W}$$

$$R_{t2}=\frac{1}{2\pi\times 0.05}\times\ln\frac{0.475}{0.275}=1.740\text{m}\cdot{}^\circ\text{C/W}$$

$$R_{t3}=\frac{1}{2\pi\times 0.14}\times\ln\frac{0.505}{0.475}=0.0696\text{m}\cdot{}^\circ\text{C/W}$$

单位管长的热流量为

$$Q=\frac{500-50}{0.0010+1.740+0.0696}=248.5\text{W/m}$$

蒸汽管道外壁的温度为

$$t_2=t_1-QR_{t1}=500-248.5\times 0.001=499.75{}^\circ\text{C}$$

第一层保温层内表面的温度为

$$t_3=t_2-QR_{t2}=499.75-248.5\times 1.74=67.3{}^\circ\text{C}$$

【例 9-6】 温度分布和热流量

试利用圆柱坐标系下的导热微分方程，推导稳态、无内热源、常物性条件下，单层圆筒壁径向一维导热的温度分布和热流量计算式。圆筒壁的内外壁温为 t_1、t_2，内外半径为 r_1、r_2，材料的导热系数为 λ。

解 导热微分方程为$\frac{\text{d}^2t}{\text{d}r^2}+\frac{1}{r}\frac{\text{d}t}{\text{d}r}=0$，即$\frac{\text{d}}{\text{d}r}\left(r\frac{\text{d}t}{\text{d}r}\right)=0$。

本例为第一类边界条件：

$r=r_1$ 时，$t=t_1$

$r=r_2$ 时，$t=t_2$

对微分方程进行积分，得$\frac{\text{d}t}{\text{d}r}=\frac{C_1}{r}$，再次积分得

$$t=C_1\ln r+C_2$$

其中 C_1、C_2 为积分常数，由边界条件确定。代入边界条件，可得

$$C_1=\frac{t_2-t_1}{\ln\frac{r_2}{r_1}}$$

$$C_2=t_1-\frac{t_2-t_1}{\ln\frac{r_2}{r_1}}\ln r_1$$

将积分常数代入方程通解，得圆筒壁内的温度分布为

$$t=\frac{t_2-t_1}{\ln\frac{r_2}{r_1}}\ln r+t_1-\frac{t_2-t_1}{\ln\frac{r_2}{r_1}}\ln r_1$$

即

$$\frac{t-t_1}{t_2-t_1}=\frac{\ln\frac{r}{r_1}}{\ln\frac{r_2}{r_1}}$$

圆筒壁内任意一点的热流密度为

$$q=-\lambda\frac{\mathrm{d}t}{\mathrm{d}r}=\lambda\frac{t_1-t_2}{\ln\frac{r_2}{r_1}}\frac{1}{r}$$

通过长为 L 的圆筒壁的热流量为

$$Q=2\pi rLq=\frac{t_1-t_2}{\frac{1}{2\pi\lambda L}\ln\frac{r_2}{r_1}}$$

四、第三类边界条件的求解

前述的通过平壁和圆筒壁的稳态导热都是第一类边界条件的问题，即已知边界上的温度分布。对于第三类边界条件的稳态导热问题，即已知外界流体的温度和壁面与流体之间的表面传热系数的情况，可以将对流换热看作一个传热环节，而后将导热和对流换热视为串联热路来进行计算，也可以用求解导热微分方程的方法来分析。下面采用第三类边界条件来介绍微分方程的求解。

考虑一个厚度为 δ 的大平壁，左右两侧都是充满流体的大空间，左侧的流体温度恒为 t_{f1}，与壁面之间的表面传热系数为 h_1；右侧的流体温度恒为 t_{f2}，与壁面之间的表面传热系数为 h_2。平壁的导热系数为 λ，分析平壁内的温度分布和通过平壁的热流密度。

取图 9 - 2 所示的坐标系，写出一维、稳态、无内热源、常物性条件下的导热微分方程和相应的边界条件（注意左侧壁面的法线方向为-1）：

$$\frac{\mathrm{d}^2t}{\mathrm{d}x^2}=0$$

$$x=0\text{ 时},-\lambda\left(\frac{\partial t}{\partial x}\right)_{x=0}=h_1(t_{f1}-t)$$

$$x=\delta\text{ 时},-\lambda\left(\frac{\partial t}{\partial x}\right)_{x=\delta}=h_2(t-t_{f2})$$

积分微分方程可得 $t=c_1x+c_2$，其中 c_1 和 c_2 是积分常数。将其代入边界条件的表达式，可得

$$\begin{cases}-\lambda c_1 = h_1(t_{f1} - c_2)\\ -\lambda c_1 = h_2(c_1\delta + c_2 - t_{f2})\end{cases}$$

求解这个方程组，可得

$$c_1 = \frac{t_{f1} - t_{f2}}{\delta + \dfrac{\lambda}{h_1} + \dfrac{\lambda}{h_2}} = -\frac{t_{f1} - t_{f2}}{\lambda\left(\dfrac{\delta}{\lambda} + \dfrac{1}{h_1} + \dfrac{1}{h_2}\right)}$$

$$c_2 = \frac{h_1h_2\delta t_{f1} + \lambda h_1 t_{f1} + \lambda h_2 t_{f2}}{h_1h_2\delta + \lambda h_1 + \lambda h_2} = \frac{\dfrac{\delta}{\lambda}t_{f1} + \dfrac{1}{h_1}t_{f2} + \dfrac{1}{h_2}t_{f1}}{\dfrac{\delta}{\lambda} + \dfrac{1}{h_1} + \dfrac{1}{h_2}}$$

由此即可得平壁内的温度分布。通过平壁的热流密度为

$$q = -\lambda\frac{\partial t}{\partial x} = -\lambda c_1 = \frac{t_{f1} - t_{f2}}{\dfrac{1}{h_1} + \dfrac{\delta}{\lambda} + \dfrac{1}{h_2}}$$

式中分子是传热的总温压，分母则是三个串联传热环节（对流＋导热＋对流）的热阻之和。

第三节　准一维稳态导热

固体内导热形成的热流在壁面通常以对流换热的方式传递给与之接触的流体。在需要强化换热的场合，固壁一般具有较大的导热系数和较小的厚度，形成的热阻较小，而壁面与流体之间的对流换热热阻较大，流体是气体时更是如此。为了强化换热，广泛使用在换热器表面加装肋片（见图 9 - 8）从而增加换热面积的方法。这类壁面上延伸、突出的伸展体内的稳态导热问题不是典型的一维稳态导热问题，但很多时候可以经过必要的简化视为一维稳态导热来处理，称之为准一维稳态导热。下面分析等截面直肋稳态导热的分析方法。

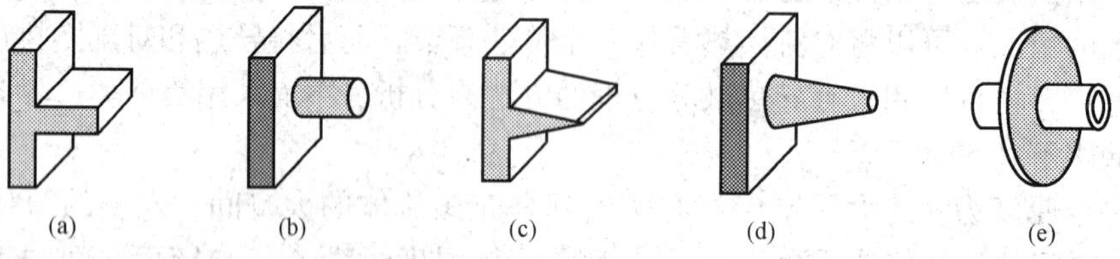

图 9 - 8　几种常见肋片的形状

(a) 矩形；(b) 圆柱形；(c) 三角形；(d) 圆锥形；(e) 圆环柱

一、等截面直肋的稳态导热

壁面上伸出的矩形、圆柱形的肋片都属于等截面直肋，分析的方法是类似的。设由壁面伸展出一长金属棒，根部维持一定的温度 t_0。棒体表面与周围的流体进行对流换热。为叙述方便，设流体温度低于棒体温度，此时，热能在棒体根部导入，在沿轴线方向向端部传导的同时，在棒体表面通过对流换热散热。严格地讲，金属棒内的温度分布不是一维的，导热不仅发生在轴线方向，也发生在径向。但是，如果棒的导热性能较好，棒表面与周围流体的对流换热热流密度又不大时，棒内径向的温差就很小，可以近似认为温度只沿轴线变化，故可以把棒内温度场看成是一维的，这样，问题就变成准一维导热了。

假设棒体沿轴线方向是等截面的，截面积为 A，截面的周长为 P。棒侧面与周围流体的表面传热系数为 h，是一个常量，周围流体的温度是均匀恒定的 t_f。棒的长度为 L，取轴线方向为 x 方向，金属棒内导热热流的方向与 x 方向相同。金属棒的导热系数为常量 λ。导热是稳态的。下面我们采用能量平衡的方法进行分析。

在 x 处，取长度为 $\mathrm{d}x$ 的一小段微元体（见图 9-9），微元体和外界的能量交换如下：

自 x 侧进入的能量为

$$Q_x = -\lambda A \frac{\mathrm{d}t}{\mathrm{d}x}$$

自 $x+\mathrm{d}x$ 侧流出的能量为

$$Q_{x+\mathrm{d}x} = Q_x + \frac{\partial Q_x}{\partial x}\mathrm{d}x$$

微元体向周围流体的散热量为

$$Q_c = hP\,\mathrm{d}x(t-t_f)$$

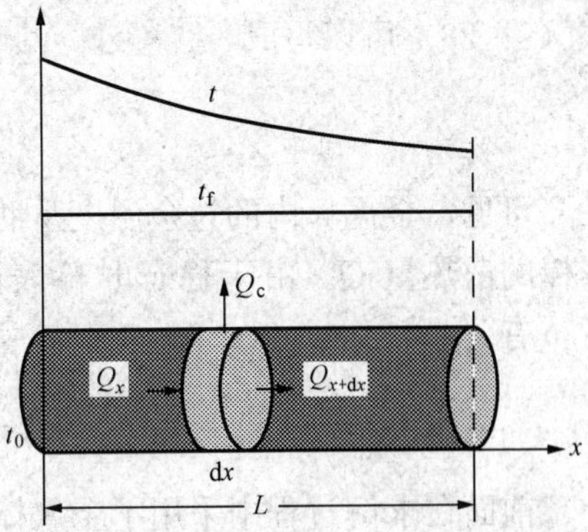

图 9-9　等截面直肋的导热

在稳态导热时微元体内的能量变化量为零，根据热力学第一定律，微元体的能量平衡关系为

$$Q_x = Q_{x+\mathrm{d}x} + Q_c$$

$$\Rightarrow \frac{\mathrm{d}^2 t}{\mathrm{d}x^2} - \frac{hP}{\lambda A}(t-t_f) = 0 \qquad (9-26)$$

令 $m=\sqrt{\dfrac{hP}{\lambda A}}$，$\theta=t-t_f$。$\theta$ 称为**过余温度**，相当于以周围流体的温度 t_f 为基准的温度，棒根部的过余温度 $\theta_0=t_0-t_f$，则微分方程成为

$$\frac{\mathrm{d}^2\theta}{\mathrm{d}x^2} - m^2\theta = 0 \qquad (9-27)$$

上式也可以利用导热微分方程得出，此时将侧面的散热看成是棒体内具有负的体热源，热源的强度为 $\dot{Q}=-\dfrac{hP}{A}(t-t_f)$。具体推导过程留给读者自己去做。

式（9-27）的通解为

$$\theta = C_1 \mathrm{e}^{mx} + C_2 \mathrm{e}^{-mx}$$

式中：C_1、C_2 为积分常数。

现在假设方程的边界条件为端部绝热，具体情况后面再做说明。

根部边界条件：$x=0$ 时，$\theta=\theta_0=t_0-t_f$

端部绝热边界条件：$x=L$ 时，$\dfrac{\mathrm{d}\theta}{\mathrm{d}x}=0$

将上述边界条件分别代入方程通解，有

$$\begin{cases} C_1 + C_2 = \theta_0 \\ \dfrac{\mathrm{d}\theta}{\mathrm{d}x} = mC_1\mathrm{e}^{mL} - mC_2\mathrm{e}^{-mL} = 0 \end{cases}$$

$$\Rightarrow C_1 = \frac{\mathrm{e}^{-2mL}}{1+\mathrm{e}^{-2mL}}\theta_0,\quad C_2 = \frac{1}{1+\mathrm{e}^{-2mL}}\theta_0$$

代回方程通解，得棒内温度分布为

$$\theta=\frac{e^{m(L-x)}+e^{-m(L-x)}}{e^{mL}+e^{-mL}}\theta_0 \tag{9-28}$$

利用双曲函数关系，即

$$\mathrm{sh}x=\frac{e^x-e^{-x}}{2},\quad \mathrm{ch}x=\frac{e^x+e^{-x}}{2},\quad \mathrm{th}x=\frac{e^x-e^{-x}}{e^x+e^{-x}}=\frac{\mathrm{sh}x}{\mathrm{ch}x}$$

式（9-28）可以写成

$$\theta=\frac{\mathrm{ch}[m(L-x)]}{\mathrm{ch}(mL)}\theta_0 \tag{9-29}$$

可见，金属棒内的过余温度从肋根开始沿伸出方向按双曲函数的规律变化。下面考察金属棒的散热量 Q。由于稳态时棒表面与周围流体的换热量必然等于通过肋根截面的导热量，有

$$Q=-\lambda A\frac{\mathrm{d}t}{\mathrm{d}x}\bigg|_{x=0}=-\lambda A\frac{(-m)\mathrm{sh}[m(L-x)]}{\mathrm{ch}(mL)}\theta_0\bigg|_{x=0}=\lambda Am\theta_0\,\mathrm{th}(mL) \tag{9-30}$$

前面在求解过程中采用了金属棒端部绝热的边界条件，采用这种边界条件的计算公式较为简单，当金属棒端面的散热量远小于侧面的散热量时，可以采用这种边界条件。为了计算更加准确，也可以将端面的面积折算到侧面上，再采用端面绝热的边界条件，即在式（9-29）、式（9-30）中，棒长采用折合长度 $L'=L+A/P$ 进行计算。

另外一种比较简单的端部边界条件是当金属棒很长时，棒末端的温度已和周围流体的温度相同，即 $x=\infty$ 时，$\theta=0$。采用这个边界条件，可得金属棒内的温度分布为

$$\theta=\theta_0 e^{-mx} \tag{9-31}$$

此时从棒表面对流换热散失的热量仍等于通过根部截面的导热热流量，即

$$Q=-\lambda A\frac{\mathrm{d}\theta}{\mathrm{d}x}\bigg|_{x=0}=-\lambda A(-m)\theta_0 e^{-mx}\big|_{x=0}$$

$$=\lambda Am\theta_0=\sqrt{hP\lambda A}\theta_0 \tag{9-32}$$

端部绝热和无限长金属棒是两种近似的、简化的端部条件，如果棒为有限长、端面散热不能忽略，且已知端面与周围流体的表面传热系数为 h_l，则端部边界条件为 $x=L$ 时，$-\lambda\frac{\mathrm{d}\theta}{\mathrm{d}x}=h_l\theta$。

将根部、端部边界条件代入通解，可得棒内的温度分布为

$$\theta=\theta_0\frac{\left(1+\frac{h_l}{m\lambda}\right)e^{m(L-x)}+\left(1-\frac{h_l}{m\lambda}\right)e^{-m(L-x)}}{e^{mL}+e^{-mL}+\frac{h_l}{m\lambda}(e^{mL}-e^{-mL})}$$

$$=\theta_0\frac{\mathrm{ch}[m(L-x)]+\frac{h_l}{m\lambda}\mathrm{sh}[m(L-x)]}{\mathrm{ch}(mL)+\frac{h_l}{m\lambda}\mathrm{sh}(mL)} \tag{9-33}$$

棒表面与周围流体的换热量为

$$Q=m\lambda A\theta_0\frac{\mathrm{th}(ml)+\frac{h_l}{m\lambda}}{1+\frac{h_l}{m\lambda}\mathrm{th}(ml)} \tag{9-34}$$

上面的分析均未考虑棒表面与周围物体的辐射换热，在温差较大的场合，辐射换热也是必须考虑的。另外，上述公式对于其他等截面直肋也同样适用。

二、忽略径向温度变化的条件

准一维稳态导热的分析方法，使问题变得简单，是一个简化分析的好方法。那么，什么条件下可以做这样的处理呢?

准一维稳态导热假定等截面直肋内的温度只沿伸展轴方向变化，与伸展轴垂直的截面上温度分布是均匀的。这样假设的前提是与伸展轴垂直的截面上温度变化很小。仍以前述金属棒的散热为例，显然任一截面上中心的温度会略高于周边的温度，那么影响这个温差的主要因素是什么?

现在我们粗略地分析一下金属棒内任一个截面上，轴心的温度与表面温度的差异。不考虑轴向的传热情况。假设侧表面的散热量是从棒的轴心以导热的方式传递到表面，再以对流换热的方式传给周围流体的。设棒轴心的温度为 t_c，表面温度为 t，棒表面与周围流体的表面传热系数为 h，棒中心到表面的距离为 δ，则稳态时近似的有

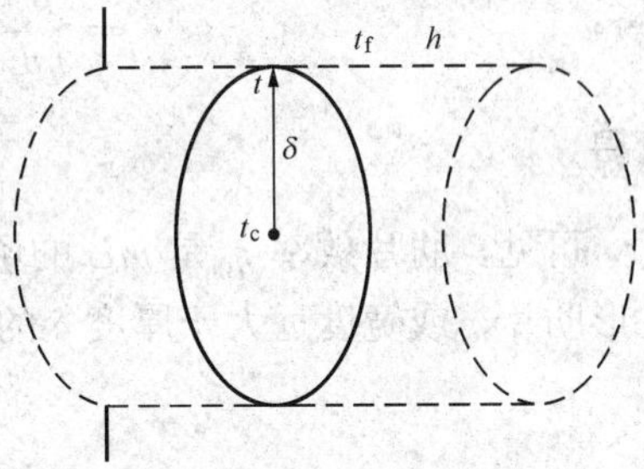

图 9-10　忽略径向温度变化的条件

$$\frac{t_c-t}{\dfrac{\delta}{\lambda}}=\frac{t-t_f}{\dfrac{1}{h}}$$

即

$$\frac{t_c-t}{t-t_f}=\frac{h\delta}{\lambda}$$

令 $Bi=\dfrac{h\delta}{\lambda}$，称为毕渥准则。它表示导热体内导热热阻与导热体表面上的对流换热热阻之比。可见，比值 $(t_c-t)/(t-t_f)$ 的大小，也就是棒内径向温差的相对大小，取决于毕渥准则。若 Bi 值较大，表明导热体内的导热热阻相对于表面上的对流换热热阻较大，导热体中心到表面的温差相对较大，此时就不能忽略与轴线垂直方向的温差，也就是不能当成准一维导热问题处理。通常情况下，$Bi<0.1$ 时，上述长棒导热当作一维导热来处理，所得的结果足以令人满意了。因此，$Bi<0.1$ 可以看成是忽略径向温度变化、适用简化方法的条件。

Bi 准则中的 δ 是导热体的一个特征尺度，对于长金属棒的情况是棒的半径。如果是厚度为 2δ 的矩形截面的大直肋，特征尺寸是其厚度的一半，即 δ。

Bi 准则是无量纲物理量，在讨论有对流换热边界条件的导热问题时常会遇到。

三、肋片效率

加装肋片的目的是提高散热量。随着肋片伸展长度的增加，散热面积增加，可以增大散热量，但由于肋片的平均过余温度随伸展长度的增加而减小，散热量的增加不会与散热面积的增加成正比。为了评价肋片散热的有效程度，引入肋片效率的概念。

肋片效率定义为肋片的实际散热量 Q 与假设整个肋片表面都具有肋根温度时的理想散热量 Q_0 之比，即

$$\eta_f=\frac{Q}{Q_0}$$

对于等截面直肋，伸展长度为 L，截面周长为 P，则

$$\eta_f = \frac{PLh(t_m - t_f)}{PLh(t_0 - t_f)} = \frac{\theta_m}{\theta_0}$$

式中：θ_m 为肋片的平均过余温度；θ_0 为肋片根部的过余温度。

假设肋片表面的表面传热系数 h 处处相等，则对于等截面直肋，有

$$\begin{aligned}\theta_m &= \frac{1}{L}\int_0^L \theta \mathrm{d}x = \frac{1}{L}\int_0^L \theta_0 \frac{\mathrm{ch}[m(L-x)]}{\mathrm{ch}(mL)}\mathrm{d}x \\ &= \frac{\theta_0}{L\mathrm{ch}(mL)}\int_0^L \left(-\frac{1}{m}\right)\mathrm{d}\{\mathrm{sh}[m(L-x)]\} \\ &= \frac{\theta_0}{mL\,\mathrm{ch}(mL)}\mathrm{sh}(mL) \\ &= \frac{\theta_0}{mL}\mathrm{th}(mL)\end{aligned}$$

可得

$$\eta_f = \frac{\mathrm{th}(mL)}{mL}$$

可见，肋片效率 η_f 是 mL 的函数，mL 越大，肋片效率就越低。对于截面半径为 δ 的圆柱形肋片，或宽度远大于厚度 δ 的矩形截面肋片，有

$$mL = \sqrt{\frac{2h}{\lambda\delta}}L$$

由此可以分析影响肋片效率的主要因素如下：

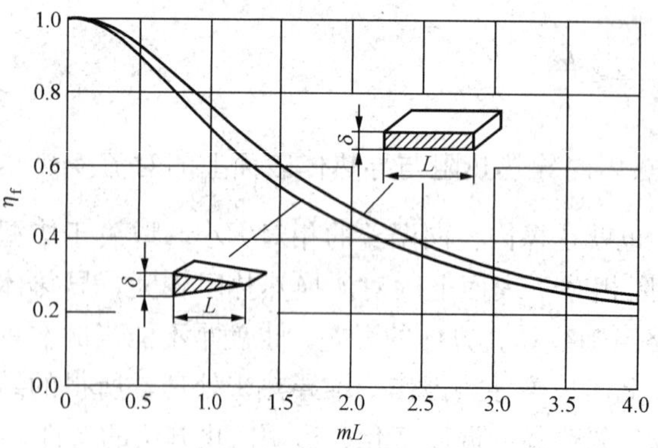

图 9 - 11　矩形肋与三角形肋的肋片效率

(1) 肋片材料的导热系数。λ 越大，肋片效率就越高。

(2) 肋片高度 L。肋片越高，肋片效率就越低。

(3) 肋片厚度 δ。肋片越厚，肋片效率就越高。

(4) 表面传热系数 h。h 越大，即对流换热越强，肋片效率就越低。

对于工程上经常采用的三角形剖面肋片，通过同样的分析，也可以由温度分布得到类似的肋片效率公式，即

$$\eta_f = \frac{\mathrm{th}(\varphi mL)}{\varphi mL}$$

式中：φ 为修正系数。

φ 可近似地表示为

$$\varphi = 0.991\,01 + 0.314\,84\frac{\mathrm{th}(0.744\,85mL)}{mL}$$

式中：$mL=\sqrt{\frac{2h}{\lambda\delta}}L$；$\delta$ 为肋根厚度。

当 $mL<5$ 时，上式的误差小于 0.05%。

【例 9 - 7】　肋片的散热

铝质等矩形截面直肋的厚、宽、长分别为 16、500、200mm，如图 9 - 12 所示。导热系

数 $\lambda=150\text{W}/(\text{m}\cdot℃)$，肋根部温度为 400℃，周围空气温度为 30℃，空气与肋表面的表面传热系数 $h=30\text{W}/(\text{m}^2\cdot℃)$，求肋片的散热量。

解　肋片的截面积为

$$A=0.016\times0.5=8\times10^{-3}\text{m}^2$$

肋片的截面周长为

$$P=2\times(0.016+0.5)=1.032\text{m}$$

可得

$$m=\sqrt{\frac{hP}{\lambda A}}=\sqrt{\frac{30\times1.032}{150\times8\times10^{-3}}}=5.08\text{m}^{-1}$$

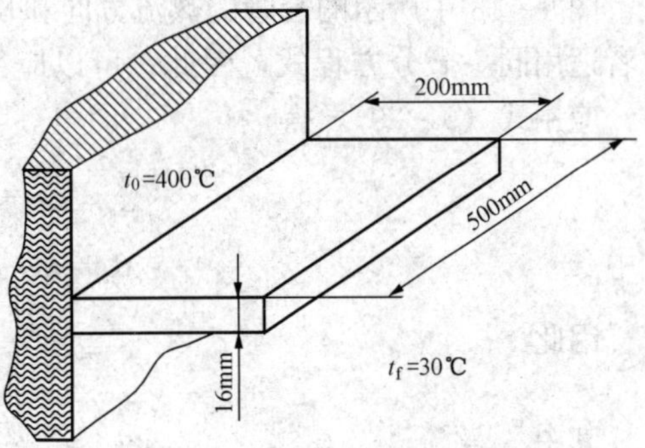

图 9-12　等截面矩形直肋片散热量的计算

设肋片端部和侧表面的换热系数相同，$h_l=h=30\text{W}/(\text{m}^2\cdot℃)$，则

$$\text{th}(mL)=\text{th}(5.08\times0.2)=0.7683$$

$$\frac{h_l}{m\lambda}=\frac{30}{5.08\times150}=0.04$$

应用式（9-34），得

$$Q=\lambda Am\theta_0\frac{\text{th}(ml)+\dfrac{h_l}{m\lambda}}{1+\dfrac{h_l}{m\lambda}\text{th}(ml)}$$

$$=150\times8\times10^{-3}\times5.08\times370\times\frac{0.7683+0.04}{1+0.04\times0.7683}$$

$$=1768.78\text{W}$$

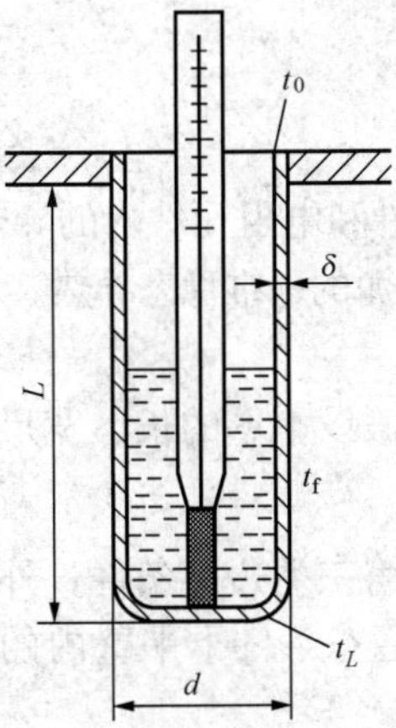

图 9-13　温度计套管对测温的影响

如果将端面展开到侧面，视为侧面的延伸，而采用端面绝热边界条件，即相当于肋的伸展长度为

$$L'=0.2+\frac{0.008}{1.032}=0.208\text{m}$$

代入式（9-30），得

$$Q=\lambda Am\theta_0\,\text{th}(mL')$$

$$=150\times8\times10^{-3}\times5.08\times370\times\text{th}(5.08\times0.208)$$

$$=1769.17\text{W}$$

两个结果的差别不大，可见采用端面绝热条件的优点。

为了说明加装肋片对换热器的影响，可作如下比较，在相同换热条件下未加装肋片的基面散热量为

$$Q=Ah(t_0-t_f)=30\times8\times10^{-3}\times(400-30)=88.8\text{W}$$

未加装肋片散热量约为加装肋片后散热量 1768.78W 的二十分之一，即加装肋片可增强换热约 20 倍。

【例 9-8】　测量误差

为了测量气罐里的气体温度，在气罐壁上装一支有充油套管保护的水银温度计（如图 9-13所示）。设套管长 $L=140\text{mm}$，壁厚 1mm，导热系数 $\lambda=50\text{W}/(\text{m}\cdot℃)$，套管的侧表面换热系数 $h=20\text{W}/(\text{m}^2\cdot℃)$。假设套管根部温度为 50℃，水银温度计指示的温度为

100℃，试确定测量的误差。

解 如图所示的温度测量装置，可认为水银温度计指示的是套管端部的温度。

图 9 - 13 中所示的套管的热流方向和长棒导热分析的热流方向相反，热平衡分析表明，二者适用同一微分方程式，因此，可以应用长棒导热分析的结论。当忽略套管端面换热量时，应用式（9 - 29），得

$$\theta_L = \frac{1}{\mathrm{ch}(mL)}\theta_0$$

式中
$$\theta_L = t_f - t_L, \quad \theta_0 = t_f - t_0$$

因此
$$t_f = \frac{t_0 - t_L \mathrm{ch}(mL)}{1 - \mathrm{ch}(mL)}$$

其中
$$mL = \sqrt{\frac{hP}{\lambda A}}L = \sqrt{\frac{h\pi d}{\lambda \pi d\delta}}L$$
$$= \sqrt{\frac{20}{50 \times 0.001}} \times 0.14$$
$$= 2.8$$
$$\mathrm{ch}(mL) = 8.25$$

因此得
$$t_f = \frac{50 - 100 \times 8.25}{1 - 8.25} = 106.9℃$$

测量误差
$$\Delta t = t_f - t_L = 106.9 - 100 = 6.9℃$$

为了减少测量误差，可以增加套管长度，强化套管表面换热。此外，对套管根部加以保温，提高 t_0，也可以减少测量误差。

第四节　具有内热源的一维稳态导热

有一些导热问题的分析需要考虑导热体内热源的影响，如核燃料元件和电阻元件内的导热，就需要分别考虑核反应放热和电流通过时的发热。本节讨论具有均匀内热源的一维稳态导热。

一、平壁的情况

考虑图 9 - 14 所示的具有均匀内热源的大平壁，平壁厚度为 2δ，假设平壁的长、宽尺寸远大于厚度，或侧面绝热，则导热是一维的。

平壁的物性参数为常量，具有均匀的体热源 $\dot{Q}$。已知平壁表面是第三类边界条件，外界流体的温度为 t_f，两壁面与流体之间的表面传热系数均为 h。试分析稳态条件下平壁内的温度分布和热流密度。

建立如图 9 - 14 所示的坐标系，由于对称性，只考虑 x 正方向的一半。该问题的微分方程和边界条件为

$$\begin{cases} \dfrac{\mathrm{d}^2 t}{\mathrm{d}x^2} + \dfrac{\dot{Q}}{\lambda} = 0 \\ x = 0 \text{ 时}, \dfrac{\mathrm{d}t}{\mathrm{d}x} = 0 \\ x = \delta \text{ 时}, -\lambda \dfrac{\mathrm{d}t}{\mathrm{d}x} = h(t - t_f) \end{cases} \tag{9 - 35}$$

对微分方程进行两次积分，得

$$t=-\frac{\dot{Q}}{2\lambda}x^2+c_1x+c_2$$

代入边界条件来确定积分常数，有

$$\begin{cases}c_1=0\\ -\lambda\left.\frac{\mathrm{d}t}{\mathrm{d}x}\right|_{\mathrm{w}}=\dot{Q}\delta=h\left(-\frac{\dot{Q}}{2\lambda}\delta^2+c_2-t_{\mathrm{f}}\right)\end{cases}$$

$$\Rightarrow\begin{cases}c_1=0\\ c_2=\frac{\dot{Q}}{2\lambda}\delta^2+\frac{\dot{Q}\delta}{h}+t_{\mathrm{f}}\end{cases}$$

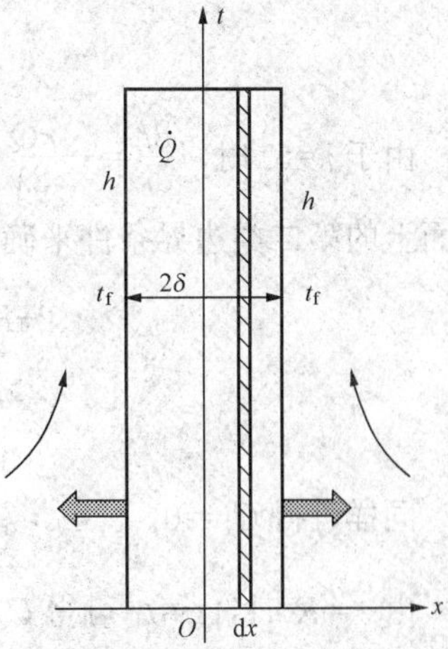

图 9-14　平壁内具有均匀内热源的一维稳态导热

代入方程通解，可得平壁内的温度分布为

$$t=\frac{\dot{Q}}{2\lambda}(\delta^2-x^2)+\frac{\dot{Q}\delta}{h}+t_{\mathrm{f}} \tag{9-36}$$

x 处的热流密度为

$$q=-\lambda\frac{\mathrm{d}t}{\mathrm{d}x}=\dot{Q}x \tag{9-37}$$

可见，平壁内的温度分布是抛物线。上面给出的是第三类边界条件的情况，如果是第一类边界条件，并且壁温恒定为 t_{w}，相当于是第三类边界条件中 h 趋于无穷大、$t_{\mathrm{w}}=t_{\mathrm{f}}$ 的情况，即

$$t=\frac{\dot{Q}}{2\lambda}(\delta^2-x^2)+t_{\mathrm{w}} \tag{9-38}$$

应该指出，前面在一维稳态导热中使用了温压、热阻的概念，但在导热体中同时存在内热源的条件下，由于沿热流方向热流量是变化的，因而不能应用温压、热阻的概念来进行分析。

二、圆柱的情况

考虑一个具有均匀内热源的长圆柱，假设圆柱的物性参数为常数，长为 L，半径为 R，体热源为 $\dot{Q}$，外表面的温度为 t_1。为简单起见，忽略沿轴向的传热，只考虑沿径向的传热，试分析圆柱内的径向温度分布。

稳态、一维、常物性、有内热源的圆柱坐标系下的导热微分方程为

$$\frac{\mathrm{d}^2t}{\mathrm{d}r^2}+\frac{1}{r}\frac{\mathrm{d}t}{\mathrm{d}r}+\frac{\dot{Q}}{\lambda}=0 \tag{9-39}$$

边界条件为在轴心处，即 $r=0$ 时，$\frac{\mathrm{d}t}{\mathrm{d}r}=0$；$r=R$ 时，$t=t_1$。同时注意，在稳态时，圆柱表面的热流量等于圆柱内生成的热量。

将上式进行积分，由于

$$r\frac{\mathrm{d}^2t}{\mathrm{d}r^2}+\frac{\mathrm{d}t}{\mathrm{d}r}=\frac{\mathrm{d}}{\mathrm{d}r}\left(r\frac{\mathrm{d}t}{\mathrm{d}r}\right)$$

微分方程可写为 $\frac{\mathrm{d}}{\mathrm{d}r}\left(r\frac{\mathrm{d}t}{\mathrm{d}r}\right)=-\frac{r\dot{Q}}{\lambda}$

经过两次积分后，得方程通解为

$$t=-\frac{r^2\dot{Q}}{4\lambda}+C_1\ln r+C_2$$

由于 $r=0$ 时，$\frac{\mathrm{d}t}{\mathrm{d}r}=-\frac{r\dot{Q}}{2\lambda}+\frac{C_1}{r}=0$，可知 C_1 必为 0。这里 r 在分母上，我们也可以采用柱面上的第二类边界条件来确定 C_1，即圆柱表面的散热量等于圆柱体内生成的热量。

$$2\pi RL\left(-\lambda\frac{\mathrm{d}t}{\mathrm{d}r}\bigg|_{r=R}\right)=\pi R^2L\dot{Q}$$

$$=2\pi RL\left(\frac{R\dot{Q}}{2}+\frac{\lambda C_1}{R}\right)$$

同样可得 $C_1=0$。

由 $r=R$ 时，$t=t_1$ 可得 $C_2=t_1+\frac{R^2\dot{Q}}{4\lambda}$，则圆柱内径向温度分布为

$$t-t_1=\frac{(R^2-r^2)}{4\lambda}\dot{Q} \tag{9-40}$$

轴心温度与表面温度之差为

$$t_0-t_1=\frac{R^2\dot{Q}}{4\lambda} \tag{9-41}$$

式中：t_0 为轴心温度。

上式也可以直接通过控制体能量平衡来得出。我们在圆柱内取长为 l、半径为 r 的一块为控制体（见图 9-15），在一维、稳态的情况下，根据能量平衡，控制体内生成的热量等于通过控制面而导出的热量，即

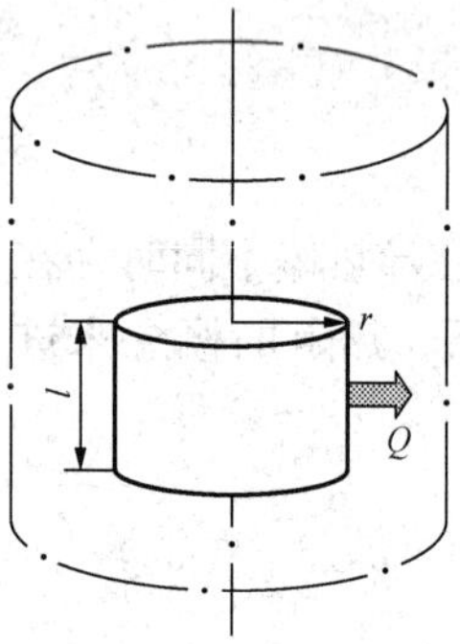

图 9-15 长圆柱内的控制体

$$-\lambda\frac{\mathrm{d}t}{\mathrm{d}r}2\pi rl=\dot{Q}\pi r^2l \tag{9-42}$$

$$\Rightarrow \mathrm{d}t=-\frac{\dot{Q}}{2\lambda}r\,\mathrm{d}r$$

$$\Rightarrow \int_{t_0}^{t_1}\mathrm{d}t=-\frac{\dot{Q}}{2\lambda}\int_0^R r\,\mathrm{d}r$$

$$\Rightarrow t_0-t_1=\frac{R^2\dot{Q}}{4\lambda}$$

可见，采用控制体能量平衡的方法分析概念更为简洁，是导热问题分析的基本方法。

【例 9-9】 圆柱的导热

核燃料棒径向传热的简化模型（见图 9-16）。设有一半径 $R_1=3$cm、导热系数 $\lambda_1=35$W/(m·℃)的长燃料棒，内有 $\dot{Q}=1.2\times10^7$W/m^3 的体热源。燃料棒外包同轴的圆筒壁金属包壳，内半径 $R_2=3.3$cm，外半径 $R_3=4$cm，导热系数 $\lambda_2=90$W/(m·℃)。燃料棒与包壳之间为厚 3mm 的气隙，气隙的平均半径 $R_g=3.15$cm，气隙的综合换热系数 $h_g=5800$W/(m^2·℃)。包壳外的流体温度为 $t_f=200$℃，流体与包壳之间的表面传热系数 $h=3500$W/(m^2·℃)。忽略轴向传热，试计算稳态时燃料棒轴心的温度 t_0。

解 在一维、稳态的条件下，在燃料棒外表面之外、包壳外表面之内的区域，通过与燃料棒同轴的单位长度圆筒面的热流量相等，等于燃料棒的发热量。取单位长度，对于包壳外

流体与包壳外表面之间的换热，有

$$h \cdot 2\pi R_3 (t_3 - t_f) = \pi R_1^2 \dot{Q}$$

$$t_3 - t_f = \frac{R_1^2 \dot{Q}}{2hR_3} = \frac{0.03^2 \times 1.2 \times 10^7}{2 \times 3500 \times 0.04} = 38.57℃$$

包壳内的导热为

$$\frac{t_2 - t_3}{\frac{1}{2\pi\lambda_2}\ln\frac{R_3}{R_2}} = \pi R_1^2 \dot{Q}$$

$$t_2 - t_3 = \frac{R_1^2 \dot{Q}}{2\lambda_2}\ln\frac{R_3}{R_2} = \frac{0.03^2 \times 1.2 \times 10^7}{2 \times 90} \times \ln\frac{4}{3.3}$$

$$= 11.54℃$$

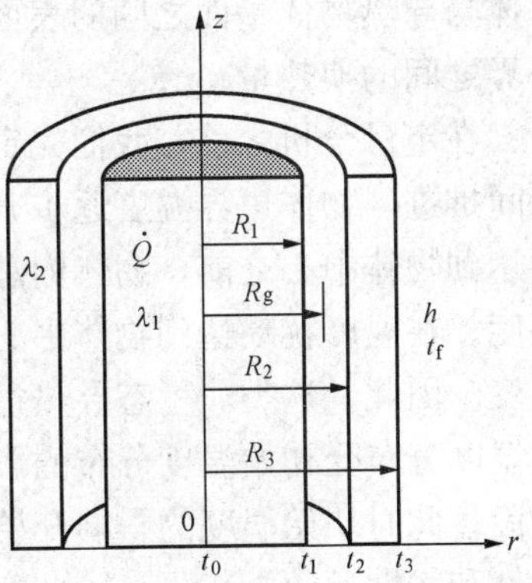

图 9-16 核燃料棒径向传热的简化模型

由于气隙很薄，气隙的传热按平面计算，有

$$h_g 2\pi R_g (t_1 - t_2) = \pi R_1^2 \dot{Q}$$

$$t_1 - t_2 = \frac{R_1^2 \dot{Q}}{2h_g R_g} = \frac{0.03^2 \times 1.2 \times 10^7}{2 \times 5800 \times 0.0315} = 29.56℃$$

按式（9-41)，可得

$$t_0 - t_1 = \frac{R_1^2 \dot{Q}}{4\lambda} = \frac{0.03^2 \times 1.2 \times 10^7}{4 \times 35} = 77.14℃$$

轴心温度为

$$t_0 = t_f + 77.14 + 29.56 + 11.54 + 38.57$$

$$= 356.81℃$$

由上面的计算可知，燃料棒轴心与冷却介质之间的温度差和燃料棒内的体热源强度成正比。

第五节 非稳态导热

一、概述

物体内的温度场随时间而变化的导热过程是非稳态导热过程。热动力设备在启动、停机和变工况阶段的导热过程就是非稳态导热过程。通常研究非稳态导热问题的目的有两个：一是在加热或冷却时，确定物体内某点达到预定温度所需要的时间和总共需要的热量；二是物体内部的温度分布随时间变化的规律，据此计算物体内的热应力，验算是否满足工作条件所需要的强度要求。例如电厂锅炉在启动过程中，随着水温的升高，汽包壁的温度随之升高，若水温提升速度过快，会引起汽包内外壁温差过大，热应力加大，从而承受汽包内蒸汽压力的能力降低。

原来处于稳态温度场的物体，可能由于内热源或者边界上温度、换热条件的改变而进入非稳态导热过程，这些改变因素可能是阶跃性的，即突然改变之后持续稳定，也可能是随时间连续变化的（常见的是周期性变化）。本节以无内热源的导热物体外部条件阶跃变化的情况为例，来分析非稳态导热的特点。具体问题的描述是：在 $\tau=0$ 时刻，物体内的温度分布是均匀的，即 $t = f(x,y,z,0) = t_0$ ，此时外界流体的温度为 t_f，而且流体温度持续稳定，流体与导热物体壁面之间的表面传热系数为 h。分析物体内温度场随时间的变化以及物体与外界之间的换热量。

在定量分析之前，我们先定性分析一下物体内温度场变化的特点。假设 $t_f > t_0$，则随着时间推进，物体边界温度逐步升高，这个温度升高的扰动也逐步向物体内部推进，在温度扰动达到物体中心之前，物体内总有部分区域是感受不到边界条件变化的，而是仍保持原来的温度。在温度扰动达到物体中心以后，物体内各点的温度都能感受到边界条件的变化而逐步改变。因此，这类非稳态导热过程经历两个阶段，先是**非正规状况阶段**，这一阶段，物体内的温度分布受初始温度分布的影响很大，部分区域尚未感受外界条件的改变；再是**正规状况阶段**，此时初始温度的影响开始逐渐减弱，物体中不同时刻的温度分布状况主要取决于边界条件和物性参数。

在第三类边界条件下，物体经历非稳态导热时温度场变化的特点与物体内部导热热阻和物体边界上的对流换热热阻有关。在准一维稳态导热问题的分析中，介绍了毕渥准则，即

$$Bi = \frac{h\delta}{\lambda} = \frac{\dfrac{\delta}{\lambda}}{\dfrac{1}{h}} = \frac{\text{导热热阻}}{\text{对流换热热阻}}$$

式中：δ 为导热物体的特征尺度，对于两侧换热、厚度为 2δ 的平壁，特征尺度是其厚度的一半，即 δ；对于长圆柱，$\delta=R$；对于圆球，$\delta=R$；对于其他形状的导热体，特征尺度与体积对表面积的比值 V/A 有关。

Bi 数是无量纲数，这里它可以表征非稳态导热过程的特征：

(1) $Bi\to\infty$。表示物体内的导热热阻远大于边界上的对流换热热阻，相当于第一类边界条件，即 $t_w = t_f$。

(2) $Bi\to 0$。表示物体内的导热热阻远小于边界上的对流换热热阻，任意时刻物体内的温度分布接近均匀一致。

(3) Bi 准则数介于两种极端情况之间。表示物体内的导热热阻与边界上的对流换热热阻相比相差不是特别大，是一般的情况。

二、集总参数法

在 $\tau=0$ 时刻将温度均匀且为 t_0 的常物性、无内热源的导热物体置于温度恒为 t_f 的流体中，物体壁面与流体之间的表面传热系数为 h，则 $\tau>0$ 时物体内的温度场逐步改变，最终达到 t_f。如果 Bi 数很小，物体内导热热阻很小，物体内部的温差也很小。极限的情况下，$Bi\to 0$，即 $\lambda\to\infty$时，尽管物体的温度随时间变化，但任一时刻，物体内各点的温度总是保持均匀一致的，物体内的温度随时间变化而不沿空间坐标变化，即成为**零维非稳态导热问题**。这种忽略物体内部导热热阻的简化分析方法称为**集总参数法**。

假设在本问题中物体具有任意形状，其体积为 V，表面积为 A，无内热源，物体的密度为 ρ，比热容为 c，导热系数为 λ。为叙述方便，假设物体被冷却，即 $t_0 > t_f$，且 $Bi\to 0$，利用集总参数法来分析物体的温度随时间变化的规律。

首先依据能量守恒原理建立描述物体温度变化的微分方程。设物体当前的温度为 t，在微元时间段 $\mathrm{d}\tau$ 时间内，物体表面的对流换热量为

$$Q\mathrm{d}\tau = hA(t - t_f)\mathrm{d}\tau$$

该时段内物体温度变化为 $\mathrm{d}t$，则物体内能的变化量为

$$dU = \rho Vc\,dt$$

注意，物体被冷却时 $dt<0$，即内能减少量的绝对值为 $-\rho Vc dt$。按能量守恒，$d\tau$ 时段物体的放热量应等于内能减少量，即

$$-\rho Vc\,dt = hA(t-t_f)\,d\tau$$

即

$$\frac{dt}{d\tau} = -\frac{hA}{\rho Vc}(t-t_f) \tag{9-43}$$

这就是适用于本问题的微分方程。如果将物体的表面散热视为物体的体热源，也可以直接利用导热微分方程得到式（9-43）。

引入过余温度 $\theta=t-t_f$，则式（9-43）变为

$$\frac{d\theta}{d\tau} = -\frac{hA}{\rho Vc}\theta$$

方程的定解条件为 $\tau=0$ 时，$\theta_0=t_0-t_f$。先分离变量，再对方程从 $0\sim\tau$ 进行积分，得

$$\frac{d\theta}{\theta} = -\frac{hA}{\rho Vc}d\tau \Rightarrow \int_{\theta_0}^{\theta}\frac{d\theta}{\theta} = \int_0^{\tau} -\frac{hA}{\rho Vc}d\tau \Rightarrow \ln\frac{\theta}{\theta_0} = -\frac{hA}{\rho Vc}\tau$$

$$\Rightarrow \frac{\theta}{\theta_0} = e^{-\frac{hA}{\rho Vc}\tau} \text{ 或 } \theta = \theta_0 e^{-\frac{hA}{\rho Vc}\tau} \tag{9-44}$$

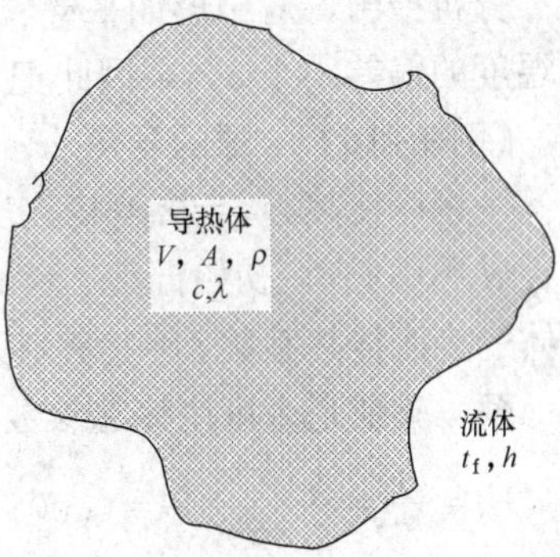

图 9-17　集总参数法分析示意

上式表明，物体的过余温度将按指数规律随时间 τ 变化，变化速度的快慢，取决于指数中 $\frac{hA}{\rho Vc}$ 的大小，该数越大，θ 变化得越快。当 $\tau=\frac{\rho Vc}{hA}$ 时，有

$$\frac{\theta}{\theta_0} = e^{-1} = 36.8\%$$

此时物体的过余温度已达初始过余温度的 36.8%。$\frac{\rho Vc}{hA}$ 的数值反映了物体内温度对外界温度变化反应的快慢程度，称为**时间常数**，记为 $\tau_c=\frac{\rho Vc}{hA}$。显然 τ_c 越小，物体温度对外界温度变化的反应就越快。

通常，用于测量流体温度所用的热电偶的体积较小，导热系数又很大，所以应用集总参数法来分析它在非稳态过程中的温度变化规律是相当准确的。将热电偶突然置于欲测温度的流体环境中，若利用其非稳态过程的规律，可以在热电偶温度达到流体温度之前即推算出流体温度，加快测温速度。特别是当流体温度较高，测温元件不宜承受这样的高温时，也可以根据测温元件的短期读数来推算流体温度，从而大大提高测温元件适用的极限温度。不过需要注意，在气体环境中测温通常还要考虑辐射换热的影响。

在 τ 时刻，物体与外界之间的瞬时换热热流量为

$$Q = hA(t-t_f) = hA\theta = hA\theta_0 e^{-\frac{hA}{\rho Vc}\tau} \tag{9-45}$$

$0\sim\tau$ 时间段内的累积换热量为物体在该时段内内能的总共减少量，即

$$Q_\tau = \rho Vc(t_0-t) = \rho Vc(\theta_0-\theta) = \rho Vc\theta_0\left(1-\frac{\theta}{\theta_0}\right)$$

$$= \rho V c \theta_0 (1 - e^{-\frac{hA}{\rho V c}\tau}) \tag{9-46}$$

上式也可以通过对瞬时换热热流量进行积分得到。

$$\begin{aligned} Q_\tau &= \int_0^\tau Q \mathrm{d}\tau \\ &= \int_0^\tau hA\theta_0 e^{-\frac{hA}{\rho V c}\tau} \mathrm{d}\tau \\ &= hA\theta_0 \left(-\frac{\rho V c}{hA} e^{-\frac{hA}{\rho V c}\tau} \bigg|_0^\tau \right) \\ &= \rho V c \theta_0 (1 - e^{-\frac{hA}{\rho V c}\tau}) \end{aligned}$$

分析指出，对于形如平壁、长圆柱和球这一类的物体，当 $Bi \leqslant 0.1$ 时，物体中各点间过余温度的偏差小于 5%，因此把 $Bi \leqslant 0.1$ 作为适用集总参数法分析的条件。

【例 9-10】 球的导热

一钢球比热容 $c=0.46\text{kJ/(kg}\cdot℃)$，密度 $\rho=7800\text{kg/m}^3$，导热系数 $\lambda=35\text{W/(m}\cdot℃)$，直径 $d=0.06\text{m}$，初始温度 $t_0=450℃$，突然置于温度 $t_f=80℃$ 的气体环境中，球表面与外界气体的表面传热系数 $h=10\text{W/(m}^2\cdot℃)$。计算球体温度达到 200℃时所需要的时间。

解 验证是否可用集总参数法计算。对于球体，特征尺度为其半径。

$Bi = \dfrac{hR}{\lambda} = \dfrac{10 \times 0.03}{35} = 0.008\ 57 < 0.1$，可以采用集总参数法

本问题中 $\theta_0 = t_0 - t_f = 450 - 80 = 370℃$

$\theta = t - t_f = 200 - 80 = 120℃$

由 $\dfrac{\theta}{\theta_0} = e^{-\frac{hA}{\rho V c}\tau} \Rightarrow \tau = -\dfrac{\rho V c}{hA} \ln \dfrac{\theta}{\theta_0} = -\dfrac{\rho \dfrac{4}{3}\pi R^3 c}{h 4\pi R^2} \ln \dfrac{\theta}{\theta_0} = -\dfrac{1}{3}\dfrac{\rho R c}{h} \ln \dfrac{\theta}{\theta_0}$

代入数据，得

$$\tau = -\frac{1}{3} \times \frac{7800 \times 0.03 \times 460}{10} \times \ln \frac{120}{370} = 4040\text{s} = 1.12\text{h}。$$

【例 9-11】 热电偶

直径为 2mm 的热电偶（可视为圆柱体，两端不换热），密度 8900kg/m^3，比热容 $400\text{J/(kg}\cdot℃)$，导热系数 $30\text{W/(m}\cdot℃)$，初始温度 25℃。将热电偶突然置于温度为 200℃ 的流体中，流体与热电偶之间的表面传热系数为 $50\text{W/(m}^2\cdot℃)$。计算热电偶的过余温度达到初始过余温度 10%所需的时间及此时热电偶温度。

解 先验算 Bi 数的范围，即

$$Bi = \frac{hR}{\lambda} = \frac{50 \times 0.001}{30} = 0.001\ 67 < 0.1$$

可以应用集总参数法进行计算。

由
$$\frac{\theta}{\theta_0} = e^{-\frac{hA}{\rho V c}\tau} = 0.1 \Rightarrow \tau = -\frac{\rho V c}{hA} \ln \frac{\theta}{\theta_0}$$

其中，$\dfrac{V}{A} = \dfrac{\pi R^2 l}{2\pi R l} = \dfrac{R}{2}$（$l$ 为热电偶长度），代入上式得

$$\tau = -\frac{8900 \times 400}{50} \times \frac{0.001}{2} \times \ln 0.1 = 82\text{s}$$

由$\frac{t-t_f}{t_0-t_f}=0.1$，得$t=t_f+0.1\times(t_0-t_f)=200+0.1\times(25-200)=182.5℃$

三、一维非稳态导热的分析解

当毕渥准则数$Bi>0.1$时，采用集总参数法进行分析将带来比较大的误差。对于一些较为简单的问题，即非稳态、一维、常物性且无内热源的问题，可以采用分析法进行研究。对于较为复杂的非稳态导热问题，目前工程技术上可以应用数值解法来进行研究，有兴趣的读者可以阅读专门的数值传热学书籍。本节只以第三类边界条件的一维问题为例，简单说明微分方程的分析解及其意义。

设有一厚度为2δ的无限大平壁，材料的导热系数λ、热扩散率a为常数，无内热源，初始温度均匀且为t_0。在$\tau=0$时刻，突然置于温度恒为t_f的流体当中，壁面与流体之间的表面传热系数均匀且恒为h。假设$t_0>t_f$，分析平壁内的温度分布随时间的变化。

由于对称性，取平壁的一半进行研究。建立坐标系如图9-18所示。描述平壁内温度场分布的导热微分方程和定解条件为

$$\frac{\partial t}{\partial \tau}=a\frac{\partial^2 t}{\partial x^2},x\in[0,\delta],\tau\in[0,\infty]$$

初始条件：$\tau=0$时，$t(x,0)=t_0$，$x\in[0,\delta]$

中心对称面边界条件：$x=0$时，$\left.\frac{\partial t}{\partial x}\right|_{x=0}=0$，$\tau\in[0,\infty]$

壁面第三类边界条件：$x=\delta$时，$-\lambda\left.\frac{\partial t}{\partial x}\right|_{x=\delta}=h[t(\delta,\tau)-t_f]$，$\tau\in[0,\infty]$

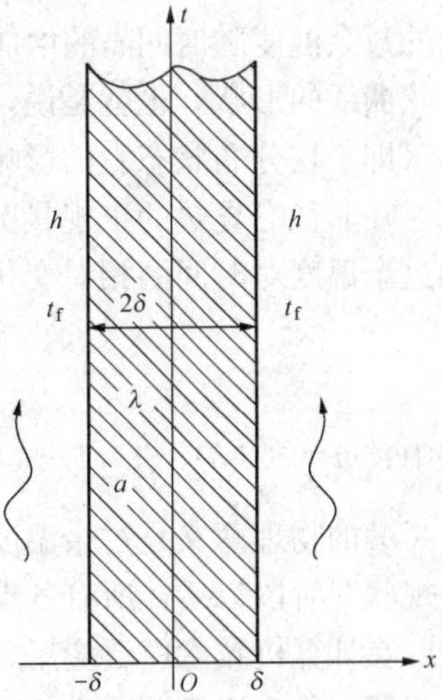

图9-18　无限大平壁的一维非稳态导热

引入过余温度$\theta=t-t_f$，上述方程表示为

$$\frac{\partial \theta}{\partial \tau}=a\frac{\partial^2 \theta}{\partial x^2},\quad x\in[0,\delta],\quad \tau\in[0,\infty]$$

$$\theta(x,0)=\theta_0,\quad x\in[0,\delta]$$

$$\left.\frac{\partial \theta(x,\tau)}{\partial x}\right|_{x=0}=0$$

$$-\lambda\left.\frac{\partial \theta}{\partial x}\right|_{x=\delta}=h\theta(\delta,\tau)$$

微分方程的解为

$$\frac{\theta(x,\tau)}{\theta_0}=\sum_{n=1}^{\infty}\mathrm{e}^{-(\beta_n\delta)^2\cdot\frac{a\tau}{\delta^2}}\frac{2\sin(\beta_n\delta)}{\beta_n\delta+\sin(\beta_n\delta)\cos(\beta_n\delta)}\cos\left[(\beta_n\delta)\frac{x}{\delta}\right]\tag{9-47}$$

式中：离散量β_n是待定系数，由边界条件确定。

β_n是下面超越方程的根，称为特征值：

$$\tan(\beta_n\delta)=\frac{Bi}{\beta_n\delta},n=1,2,3\cdots\tag{9-48}$$

式中：$Bi=\frac{h\delta}{\lambda}$，是以平壁厚度一半，即$\delta$为特征尺度的毕渥准则。

引入另一个无量纲准则数$Fo=\frac{a\tau}{\delta^2}$，$Fo$称**傅里叶准则或傅里叶数**。由于$Fo=\frac{a\tau}{\delta^2}=\frac{\tau}{\delta^2/a}$，

分子为非稳态导热过程经历的时间，分母 δ^2/a 也具有时间的量纲，可以理解为温度变化波及到 δ^2 面积所需的时间。所以 Fo 为非稳态导热过程的无量纲时间。观察式（9-47）和式（9-48）可知，平壁中的无量纲过余温度 θ/θ_0 是三个无量纲数——即毕渥准则数 Bi、傅里叶准则 Fo 和无量纲尺度 x/δ 的函数，即

$$\frac{\theta}{\theta_0}=f\left(Bi,Fo,\frac{x}{\delta}\right) \tag{9-49}$$

式（9-47）是无穷级数，计算量较大。如果采用计算机计算，可以取其前几项即可。实际计算表明，当傅里叶数 $Fo>0.2$ 以后，采用该级数第一项与采用完整级数计算平壁中心温度的差额小于0.1%，这在工程应用中已足够准确。此时可以简化结果为

$$\frac{\theta}{\theta_0}=e^{-(\beta_1\delta)^2\cdot\frac{a\tau}{\delta^2}}\frac{2\sin(\beta_1\delta)}{\beta_1\delta+\sin(\beta_1\delta)\cos(\beta_1\delta)}\cos\left[(\beta_1\delta)\frac{x}{\delta}\right] \tag{9-50}$$

在给定条件下，a、δ 和 β_1 是定值。由上式可知，在 $Fo>0.2$ 之后，平壁中任意位置 x 处的过余温度随时间 τ 的增加按指数规律衰减；而在任一时刻 τ，平壁中的过余温度分布呈余弦曲线的形状，也就是说，$Fo>0.2$ 之后，平壁中过余温度的分布已逐渐脱离初始温度分布（即平均分布状态）的影响，而进入非稳态导热的正规状况阶段。

在非稳态导热的正规状况阶段，即 $Fo>0.2$ 时，由式（9-50）可知，物体内任意一点的过余温度对时间的相对变化率为

$$\frac{1}{\theta}\frac{\partial\theta}{\partial\tau}=-(\beta_1\delta)^2\frac{a}{\delta^2}=-m \tag{9-51}$$

式中：$m=(\beta_1\delta)^2\frac{a}{\delta^2}$，1/s。

m 的物理意义是过余温度对时间的相对变化率，称为冷却率或加热率。非稳态导热进入正规状况阶段以后，所有各点的冷却率都相同，且不随时间变化。

在计算机技术广泛应用之前，工程技术界曾广泛采用按分析解的级数第一项而绘制的一些图线（称为诺谟图）进行工程计算，其中用以确定温度分布的图线称为海斯勒（Heisler）图。以大平壁为例，采用海斯勒图确定物体中任意一点 x 在时刻 τ 的过余温度 θ 需要以下两个步骤：第一步，确定时刻 τ 平壁中心过余温度与初始过余温度的比值，即 θ_m/θ_0；第二步，确定点 x 处过余温度与平壁中心过余温度的比值，即 θ/θ_m。点 x 处过余温度可以写为

$$\frac{\theta}{\theta_0}=\frac{\theta_m}{\theta_0}\frac{\theta}{\theta_m} \tag{9-52}$$

这里 θ_m 表示平壁中心的过余温度，将 $x=0$ 代入式（9-50），可得

$$\frac{\theta_m}{\theta_0}=e^{-(\beta_1\delta)^2\frac{a\tau}{\delta^2}}\frac{2\sin(\beta_1\delta)}{\beta_1\delta+\sin(\beta_1\delta)\cos(\beta_1\delta)}=f_1(Bi,Fo) \tag{9-53}$$

比较式（9-50）和式（9-53）可得

$$\frac{\theta}{\theta_m}=\cos\left[(\beta_1\delta)\frac{x}{\delta}\right]=f_2\left(Bi,\frac{x}{\delta}\right) \tag{9-54}$$

图9-19是根据式（9-53）绘制的用来计算平壁中心 θ_m/θ_0 的线算图。查图时首先确定 $1/Bi$ 和 Fo，再到图中查到对应的 θ_m/θ_0。图9-20是根据式（9-54）绘制的用来确定 θ/θ_m 的线算图，已定参数为 $1/Bi$ 和 x/δ。图中 $1/Bi$ 的范围是 0～100，其中 $1/Bi\to0$ 时相当于 $h\to\infty$，此时相当于是 $t_w=t_f$ 的第一类边界条件的情况。而在 $1/Bi>10$（即 $Bi<0.1$）之后，由图9-20可以看出，θ 与 θ_m 的差别已经很小，可以采用集总参数法进行求解。

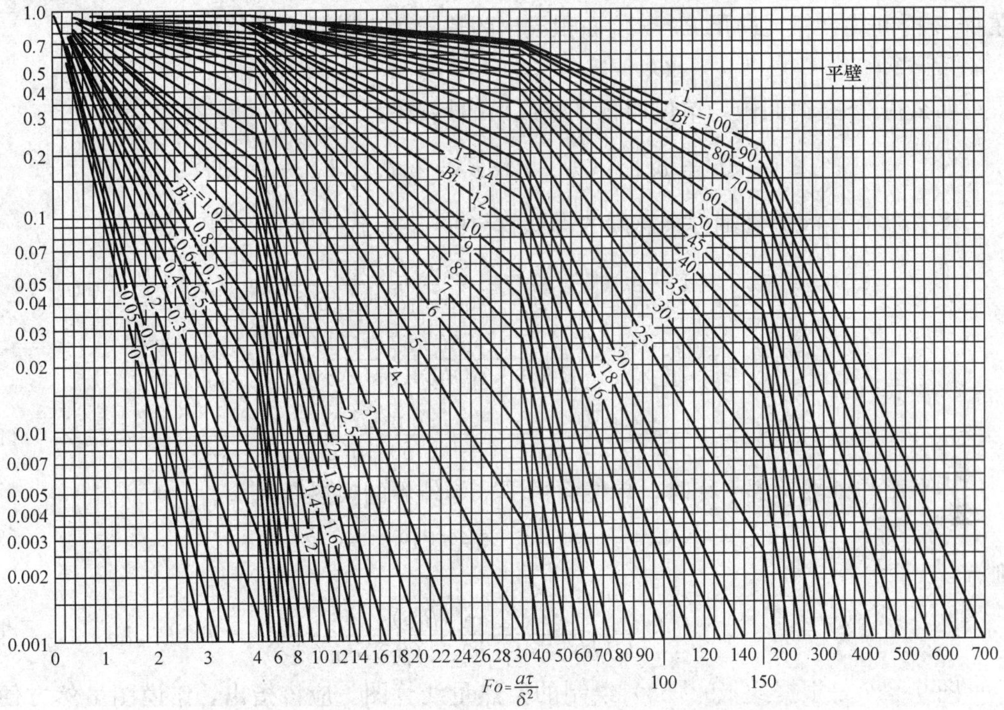

图 9 - 19　大平壁中心相对过余温度 θ_m/θ_0 的诺谟图

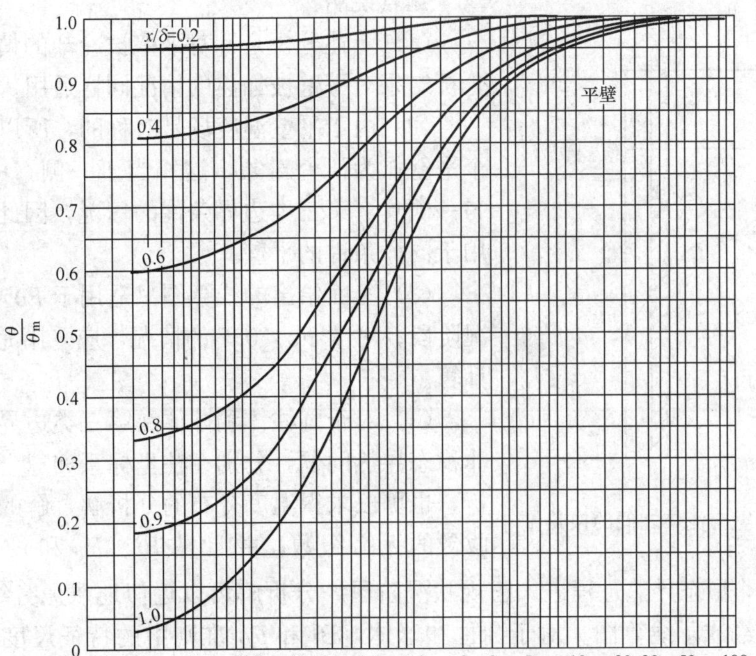

图 9 - 20　大平壁的 θ/θ_m 曲线

下面分析在 $0\sim\tau$ 时间内，大平壁与周围流体之间的换热量。在平壁中取微元薄层 $\mathrm{d}x$，在 $0\sim\tau$ 时间内，微元薄层 $\mathrm{d}x$ 单位面积放出的热量等于其热力学能的变化，即

$$\mathrm{d}Q_\tau=\rho c\,\mathrm{d}x(\theta_0-\theta)=\rho c(\theta_0-\theta)\mathrm{d}x$$

那么在 $0\sim\tau$ 时间内，单位面积平壁放出的热量为

$$Q_\tau=\rho c\int_{-\delta}^{\delta}(\theta_0-\theta)\mathrm{d}x=2\rho c\theta_0\int_0^{\delta}\left(1-\frac{\theta}{\theta_0}\right)\mathrm{d}x \tag{9-55}$$

将 $Fo>0.2$ 时无量纲过余温度的近似解（9 - 50）代入上式，得

$$\begin{aligned}Q_\tau&=2\rho c\theta_0\int_0^{\delta}\left\{1-\mathrm{e}^{-(\beta_1\delta)^2\frac{a\tau}{\delta^2}}\frac{2\sin(\beta_1\delta)}{\beta_1\delta+\sin(\beta_1\delta)\cos(\beta_1\delta)}\cos\left[(\beta_1\delta)\frac{x}{\delta}\right]\right\}\mathrm{d}x\\&=2\rho c\theta_0\left[x-\mathrm{e}^{-(\beta_1\delta)^2\frac{a\tau}{\delta^2}}\frac{2\sin(\beta_1\delta)}{\beta_1\delta+\sin(\beta_1\delta)\cos(\beta_1\delta)}\frac{1}{\beta_1}\sin(\beta_1x)\right]\Bigg|_0^{\delta}\\&=2\rho c\theta_0\delta\left[1-\mathrm{e}^{-(\beta_1\delta)^2\frac{a\tau}{\delta^2}}\frac{2\sin^2(\beta_1\delta)}{(\beta_1\delta)^2+(\beta_1\delta)\sin(\beta_1\delta)\cos(\beta_1\delta)}\right]\end{aligned} \tag{9-56}$$

当平壁与外界达到平衡时，单位面积平壁与外界的换热量为

$$Q_0=2\rho c\theta_0\delta \tag{9-57}$$

则有

$$\frac{Q_\tau}{Q_0}=1-\mathrm{e}^{-(\beta_1\delta)^2\frac{a\tau}{\delta^2}}\frac{2\sin^2(\beta_1\delta)}{(\beta_1\delta)^2+(\beta_1\delta)\sin(\beta_1\delta)\cos(\beta_1\delta)}=f_3(Bi,Fo) \tag{9-58}$$

图 9 - 22 是根据式（9 - 58）绘制的换热量线算图。应该指出，诺谟图虽然方便简捷，但精度不高，目前在工程中应尽量直接应用分析解求解。

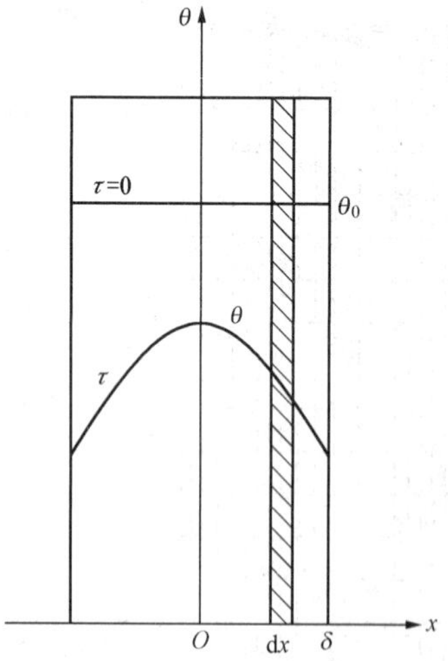

图 9 - 21　平壁与流体之间的换热量

几点说明：

（1）上述分析是针对平壁被冷却的情况进行的，但分析结果对平壁被加热的情况同样适用。

（2）由于平壁温度场是对称的，所以分析时只取半个平壁作为研究对象，这相当于一侧（中心面）绝热、另一侧具有第三类边界条件的情况，因此分析结果也适用于同样条件的平壁。

（3）上面给出的线算图只适用于 $Fo>0.2$ 的正规状况阶段；对于 $Fo<0.2$ 的情况，应采用完整的级数进行计算。

（4）对于圆柱体和球体在第三类边界条件下的一维非稳态导热问题，分别在柱坐标系和球坐标系下进行分析，也可以求得温度分布的分析解，解的形式也是快速收敛的无穷级数，并且是 Bi、Fo 和 r/R 的函数。当 $Fo>0.2$ 时，非稳态导热过程进入正规状况阶段，分析解可以近似地取无穷级数的第一项，近似结果也被绘成了线算图。对于圆柱和球体，Bi 和 Fo 准则中的特征尺度是圆柱或球的半径。

（5）利用一维非稳态导热问题的分析解，还可以进一步求解一些物体的二维、三维非稳态导热问题。例如，无限长的长方体可以看成是两个无限大平壁垂直相交而成，立方体可以看成是三个无限大平壁互相垂直相交而成的，而短圆柱可以看成是无限长圆柱与无限大平壁

垂直相交而成的。以无限长方柱为例，物体中任一点(x,y)在时刻τ的过余温度$\theta(x,y,\tau)$，可以利用两个大平壁的一维非稳态导热的结果，即

$$\frac{\theta(x,y,\tau)}{\theta_0}=\frac{\theta(x,\tau)}{\theta_0}\frac{\theta(y,\tau)}{\theta_0} \tag{9-59}$$

对于立方体，则有

$$\frac{\theta(x,y,z,\tau)}{\theta_0}=\frac{\theta(x,\tau)}{\theta_0}\frac{\theta(y,\tau)}{\theta_0}\frac{\theta(z,\tau)}{\theta_0} \tag{9-60}$$

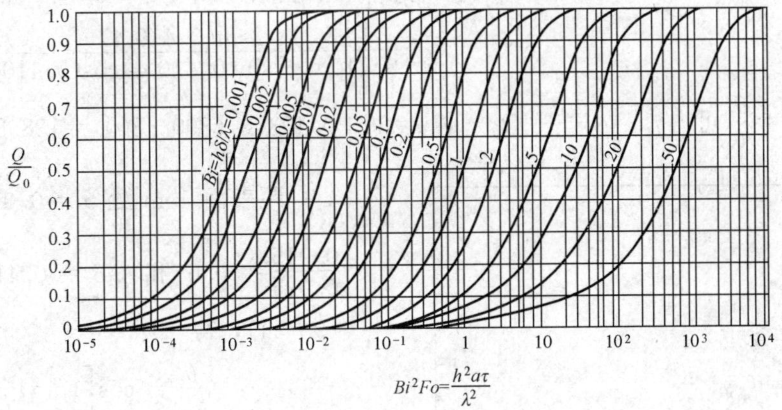

图 9-22 大平壁的换热量线算图

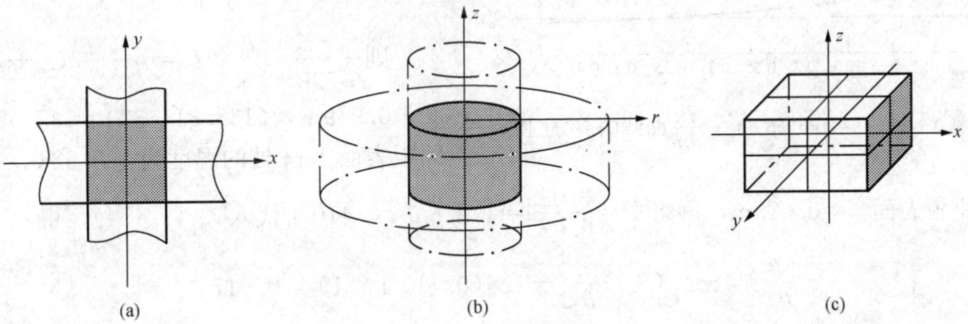

图 9-23 多维非稳态导热问题的简易求解方法

(a) 无限长方柱；(b) 短圆柱；(c) 立方体

【例 9-12】 平壁的非稳态导热

一块大钢板，初始温度为 300℃，厚度为 5cm，导热系数为 42W/(m·℃)，热扩散率为 $1.158\times10^{-5}\,m^2/s$，密度为 $7800kg/m^3$，比热容为 465J/(kg·℃)，突然被置于温度为 30℃的大气环境中，钢板两侧与环境空气间的表面传热系数 $h=300W/(m^2\cdot℃)$。求 5min 后钢板中心及距表面 1cm 处和钢板表面的温度。

解 钢板两侧换热，$\delta=\frac{0.05}{2}=0.025m$

计算 Bi 数：$Bi=\frac{h\delta}{\lambda}=\frac{300\times0.025}{42}=0.1786>0.1$

因此本题不宜采用集总参数法。由于

$$Fo=\frac{a\tau}{\delta^2}=\frac{1.158\times10^{-5}\times5\times60}{0.025^2}=5.58>0.2$$

因此可以采用近似方法计算或查诺谟图。这里我们采用无穷级数第一项求解。

求解方程 $y=\tan(\beta_n\delta)-\frac{Bi}{\beta_n\delta}=0$，如图 9 - 24 所示，可得方程的第一个根为 $\beta_1\delta=0.4104$，代入式（9 - 53），可得

$$\frac{\theta_m}{\theta_0}=e^{-(\beta_1\delta)^2\cdot\frac{a\tau}{\delta^2}}\frac{2\sin(\beta_1\delta)}{\beta_1\delta+\sin(\beta_1\delta)\cos(\beta_1\delta)}$$

$$=e^{-0.4104^2\times5.58}\frac{2\sin(0.4104)}{0.4104+\sin(0.4104)\cos(0.4104)}=0.4030$$

由 $\frac{t_m-t_f}{t_0-t_f}=\frac{\theta_m}{\theta_0}$ 可得 $t_m=t_f+\frac{\theta_m}{\theta_0}(t_0-t_f)=30+0.403\times(300-30)=138.81℃$

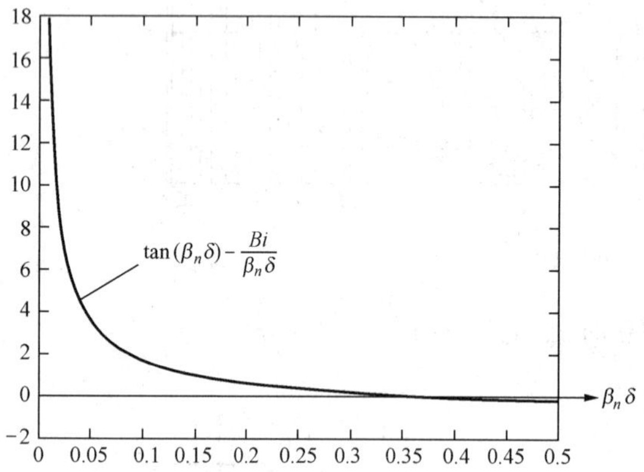

图 9 - 24 $y=\tan(\beta_n\delta)-\frac{Bi}{\beta_n\delta}$ 曲线的部分图形

距表面 1cm 处 $x=0.015$m，将 $\frac{x}{\delta}=\frac{0.015}{0.025}=0.6$ 和 $\beta_1\delta=0.4104$ 代入式（9 - 54），得

$$\frac{\theta}{\theta_m}=\cos\left[(\beta_1\delta)\frac{x}{\delta}\right]=\cos(0.4104\times0.6)=0.9698$$

则 $\frac{t_x-t_f}{t_m-t_f}=\frac{\theta}{\theta_m}\Rightarrow t_x=t_f+\frac{\theta}{\theta_m}(t_m-t_f)=30+0.9698\times(138.81-30)=135.52℃$

即距表面 1cm 处的温度为 135.52℃。

钢板表面 $x=0.025$m，再将 $\frac{x}{\delta}=\frac{0.025}{0.025}=1$ 和 $\beta_1\delta=0.4104$ 代入式（9 - 54），得

$$\frac{\theta}{\theta_m}=\cos\left[(\beta_1\delta)\frac{x}{\delta}\right]=\cos(0.4104\times1)=0.9170$$

则

$$t_\delta=t_f+\frac{\theta}{\theta_m}(t_m-t_f)=30+0.9170\times(138.81-30)=129.78℃$$

思 考 题

9 - 1 何谓温度场、等温面、等温线、温度梯度？

9 - 2 物体内代表不同温度的等温线能否相交，为什么？

9 - 3 试写出傅里叶定律的一般形式，说明其中各个符号的意义。

9 - 4 试写出导热系数的定义式，说明其物理意义。

9 - 5 推导导热微分方程所依据的基本定律有哪些？

9 - 6 何谓热扩散率？它表示物质哪方面的物理性质？

9-7　分别用数学语言和传热学术语说明导热问题三种类型的边界条件。

9-8　导热问题的第三类边界条件可表示为$-\lambda(\partial t/\partial n)|_w = h(t_w - t_f)$，在什么情况下，第三类边界条件可转变为第一类边界条件？

9-9　壁面敷设肋片的目的何在？敷设时应如何考虑？

9-10　试述肋片效率的定义和作用。

9-11　何谓非稳态导热问题的集总参数法？使用集总参数法的条件是什么？

9-12　说明Bi数的物理意义。$Bi\to 0$与$Bi\to\infty$各代表何种换热条件？

习　　题

9-1　一大平壁厚80mm，两表面温度分别保持恒定的120℃和20℃，试计算当大平壁的导热系数为0.12W/(m·℃)时的热流密度。当大平壁的导热系数为12W/(m·℃)时，热流密度又是多少？

9-2　厚度为8mm的大钢板，导热系数为45W/（m·℃）。钢板左侧接受热辐射照射，辐射换热的热流密度为6200W/m^2，假设钢板左侧没有其他方式的热传递，现测得钢板右侧表面温度为30℃，试问当传热为稳态时，钢板左侧表面温度是多少？

9-3　有一厚度为50mm的平面墙，墙体材料的导热系数为2.5W/(m·℃)，在其外侧覆盖了一层导热系数为0.12W/(m·℃)的保温材料。复合墙壁两侧的温度分别为650℃和50℃，为使每平方米墙面的热损失不超过1300W，求需要的保温层的厚度。

9-4　锅炉炉墙由耐火砖和红砖两层砌成，厚度均为250mm，导热系数分别为0.68W/(m·℃)和0.52W/(m·℃)，炉墙内、外表面温度分别为760℃和80℃。求：

(1) 通过炉墙的热流密度。

(2) 若把红砖换成导热系数为0.052W/(m·℃)的珍珠岩保温混凝土，若要保持原来的散热热流密度不变，则珍珠岩保温混凝土层的厚度应为多少？

9-5　有三层平壁，各层材料的导热系数分别为常数，接触面无接触热阻。现测得各个壁面温度分别为$t_{w1}=620$℃，$t_{w2}=520$℃，$t_{w3}=280$℃，$t_{w4}=60$℃，试比较各层导热热阻的大小，绘出各层平壁内温度分布的示意图。

9-6　玻璃窗高1.2m，宽0.6m，采用厚度均为5mm的双层玻璃，玻璃的导热系数为0.8W/(m·℃)，玻璃层之间是厚度为6mm的空气间层，忽略空气间层的对流作用，空气的导热系数为2.44×10^{-2}W/(m·℃)，已知室内外玻璃表面的温度分别为18℃和-15℃，试确定该玻璃窗的热损失。如果采用单层玻璃，其他条件不变，则热损失是双层玻璃的多少倍？

9-7　为测定一种材料的导热系数，用该材料做成厚8mm的大平板（长和宽均大于厚度的10倍）。在稳定状态下，保持平板两表面间的温差为36℃，并测得通过平板的热流密度为5300W/m^2。试确定该材料的导热系数。

9-8　外直径为70mm的蒸汽管道，外面包裹两层保温材料，内层是厚22mm、导热系数为0.11W/(m·℃)的石棉，外层是厚80mm、导热系数为0.05W/(m·℃)的超细玻璃棉。已知蒸汽管道外表面温度为500℃，保温层最外表面温度为56℃，求每米管长的热损失以及两保温层交界处的温度。

9-9　上题中，如果在安装过程中所用的保温材料次序颠倒，而其他条件不变，蒸汽管道和保温层最外表面温度也保持不变，那么每米管长的热损失是否发生变化？

9-10　有一根外直径为0.5m的水蒸气管道，管道内水蒸气的温度为400℃，管道外壁的温度等于蒸汽温度。管道外包裹两层材料，第一层材料的厚度为0.03m，第二层材料的厚度为0.05m，导热系数为$\lambda_2=0.12$W/(m·℃)。现测得第二层材料的外表面温度为30℃，内表面温度为200℃，试计算管道的热损失和第一层材料的导热系数λ_1。

9-11　外直径为120mm的蒸汽管道，其外用导热系数为0.052W/(m·℃)的超细玻璃棉毡保温，已知蒸汽管道外壁面温度为500℃，当保温层外表面温度为50℃时，若要求每米管长热损失不超过260W，试求所需的保温层厚度。

9-12　表面温度为180℃的钢板上垂直伸出一个直径为20mm、长为200mm的钢质直圆柱杆，伸入到温度为26℃的气流中。若圆柱杆表面与气流之间的表面传热系数为12W/(m^2·℃)，圆柱杆的导热系数$\lambda=60$W/(m·℃)。试计算圆柱杆顶端的温度以及每小时由圆柱杆表面向周围气流散失的热量。

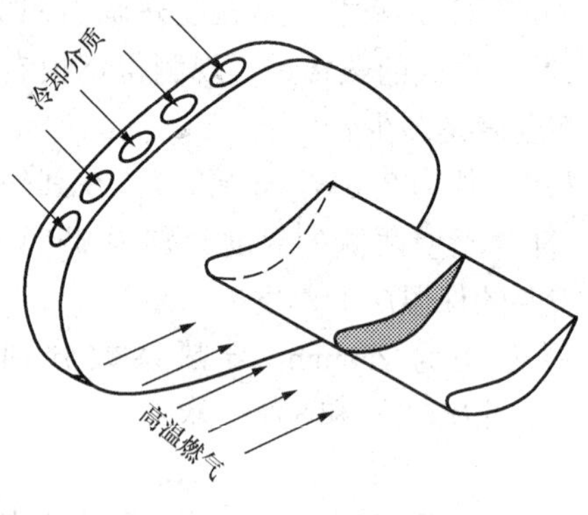

图9-25　题9-13

9-13　用一个翼型截面的直柱体来模拟燃气涡轮叶片的散热过程（见图9-25）。柱体的长$L=9$cm，截面周长$P=6.6$cm，截面积$A=1.65$cm^2，柱体的根部被冷却到$t_0=300$℃，温度$t_f=900$℃的高温燃气吹过该柱体。假设柱体表面的表面传热系数是均匀的且$h=22$W/(m^2·℃)，柱体材料的导热系数$\lambda=55$W/(m·℃)，柱体的自由端面按绝热处理，求：

(1) 柱体中间截面和端面的平均温度；

(2) 柱体表面与高温燃气之间的换热热流量。

9-14　一初始温度为t_0的固体，在$\tau=0$时刻被突然置于室内空气温度为t_∞的大房间内，物体表面的发射率为ε，表面与空气之间的表面传热系数为h，物体的体积为V，换热表面积为A，比热容和密度分别为c和ρ。物体内部的导热热阻可以忽略不计，试给出物体内温度随时间变化的微分方程式和定解条件［物体单位面积的辐射换热量为$\varepsilon\sigma(T^4-T_\infty^4)$］。

9-15　一个热电偶的热接点可以近似看成球体，其导热系数$\lambda=25$W/(m·℃)，比热容$c=400$J/(kg·℃)，密度$\rho=8500$kg/m^3。热接点的初始温度为20℃，突然置于温度为300℃的烟气流中，热接点表面与烟气流之间的表面传热系数为200W/(m^2·℃)。要使热接点的时间常数为$\tau_c=1$s，热接点的直径应该多大（忽略热接点引线的影响）？

9-16　将初始温度为500℃、直径为20mm的金属球突然置于温度为15℃的空气中。已知金属球表面与周围空气环境之间的表面传热系数$h=40$W/(m^2·℃)，金属球的物性参数为$\rho=2700$kg/m^3，$c_p=0.9$kJ/(kg·℃)，$\lambda=260$W/(m·℃)。忽略金属球的辐射换热，试确定该金属球由500℃降至60℃所需要的时间。

9-17　一块厚度为$2\delta=18$mm的大钢板，导热系数为$\lambda=45$W/(m·℃)，热扩散率为$a=1.37\times10^{-5}$m^2/s。将钢板加热到520℃以后置于温度为25℃的空气中冷却，在冷却过程中钢板两侧表面与周围空气之间的表面传热系数维持为30W/(m^2·℃)。问将钢板冷却到

30℃所需要的时间。

9-18　将初始温度为150℃、直径为16mm的长直金属棒突然置于气温为25℃、流速为12m/s的风洞之中，6min后金属棒的温度降到60℃，试计算此过程中空气和金属棒表面之间的表面传热系数。金属棒的物性参数为密度$\rho=8950kg/m^3$，$c_p=383J/(kg\cdot℃)$，$\lambda=386W/(m\cdot℃)$。

第十章 对 流 换 热

第一节 对流换热过程分析

流体和与之接触的固体壁面之间的换热称为**对流换热**。在前面导热问题的分析中，对流换热是作为第三类边界条件介绍的，本章中将研究计算表面传热系数 h 的方法。实际上，我们通常所说的表面传热系数 h，是指流体和壁面之间的平均表面传热系数，局部的表面传热系数 h_x 可能是各不相同的，两者之间的关系是

$$h = \frac{1}{A}\int_A h_x \mathrm{d}A \tag{10-1}$$

对流换热过程比较复杂，需要分类研究。按照流体产生流动的原因，可以分为**受迫对流换热**（或称为**强制对流换热**）和**自然对流换热**。流体在外力的驱动下流过固体壁面就是受迫流动，或称为强制流动，此时流体和壁面之间由于温度不同而产生的换热就是受迫对流换热。在没有外力驱动的情况下，流体自身也会因温度差形成密度不均，从而在浮升力的作用下产生流动，称为自然对流，此时发生的流体和壁面之间的换热，就是自然对流换热。按照在换热过程中流体有无相变，又可分为**无相变的对流换热**和**有相变的对流换热**，其中后者包括沸腾和凝结两种换热方式。由于涉及流体的流动甚至相变，对流换热要比单纯的导热更加复杂，本节分析对流换热的基本规律和影响表面传热系数的主要因素。

一、流动边界层

设有流体以恒定的、均匀一致的流速 u_∞ 沿 x 方向流动，在 $x=0$ 处开始流经一静止大平壁的表面，表面法线方向为 y 坐标方向。由于实际的流体都是有黏性的，在壁面附近的区域，会形成一个黏滞力作用明显的流体薄层，薄层内沿 y 方向流体的速度变化明显，其中紧贴壁面的流体被完全阻滞，速度为 0（见图 10 - 1）。黏滞力的作用体现为不同速度层流体之间的剪切应力（用 τ 表示），τ 与 y 方向的速度梯度成正比，即

$$\tau = \mu \frac{\mathrm{d}u}{\mathrm{d}y} \tag{10-2}$$

式中：比例常量 μ 为流体的动力黏度或动力黏性系数，$\mathrm{N \cdot s/m^2}$ 或 $\mathrm{Pa \cdot s}$。

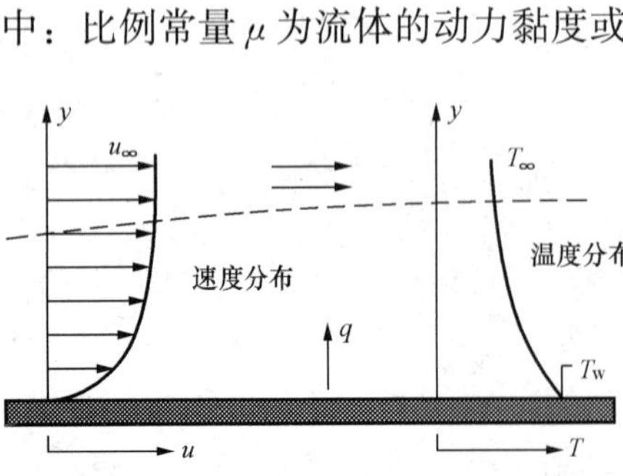

图 10 - 1　流体流过壁面形成流动边界层

剪切应力作用在流体中任意假想的流层界面的切线方向，可以视为速度快的流层对邻近的速度慢的流层的拖动力，或速度慢的流层对邻近的速度快的流层的阻滞力，显然这两个力是相作用力，大小相等、方向相反。壁面对流体的阻滞作用就是通过黏性应力传递到流体中的。因此，流体的黏性会影响壁面附近的流动形态，从而影响流体和壁面之间的对流换热。

壁面附近黏性应力作用明显的区域称为流动边界层（或速度边界层），如图 10 - 2 所示。通常规定从壁面到流体速度达到 $0.99u_\infty$ 处的流

体厚度为流动边界层的厚度，记为 δ。δ 随流层 x 的增加而加厚，但边界层的厚度一般较小，与平板的长度 L 相比相差一个数量级以上。

由于流动边界层的存在，流场可以划分为两个区域：边界层区（$0 \leqslant y \leqslant \delta$）和主流区（$y > \delta$）。流动边界层内速度梯度和黏性力作用都很明显；而在主流区，速度梯度趋近于零，黏性力的作用往往可以忽略，流体可视为无黏性的理想流体。

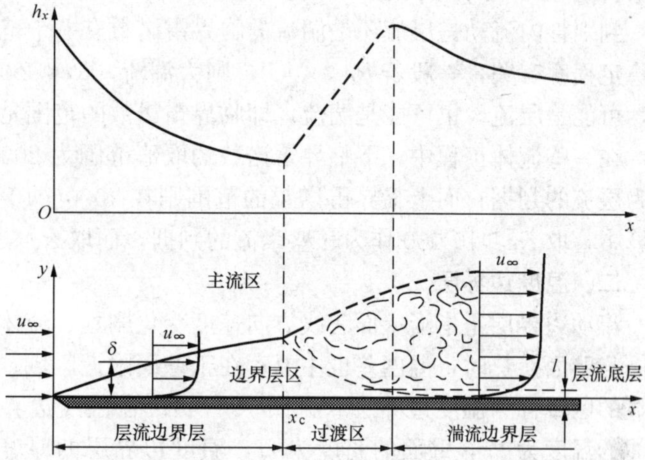

图 10 - 2　流体横掠平板时速度边界层的流动形态、速度分布和局部对流换热系数的变化示意

在 x 方向，边界层开始为层流状态，在一段流程之后，由于边界层区不断吸收主流区的动量而转变为湍流的状态。不过即使在湍流边界层区，也仍然保留有层流底层。对于流体横掠平板的情况，边界层内的流动状态从层流转变为湍流的条件可表示为

$$\frac{u_\infty x}{\nu} = \frac{\rho u_\infty x}{\mu} > 5 \times 10^5$$

式中：u_∞ 为主流区（来流）的流速，m/s；x 为沿流动方向的距离，m；$\nu = \mu/\rho$ 为运动黏度或称为运动黏性系数，m^2/s。

上述参数的组合即是无量纲准则数——雷诺数，即

$$Re_x = \frac{u_\infty x}{\nu} \tag{10 - 3}$$

边界层内的流动状态从层流向湍流转变的雷诺数称为**临界雷诺数**，用 Re_c 表示。不同类型的流动临界雷诺数不同，对于流体横掠平板的流动，Re_c 的数值范围在 $5 \times 10^5 \sim 10^6$ 之间，取决于壁面的粗糙程度和主流区的湍流程度，但一般的分析都可以取 $Re_c = 5 \times 10^5$。

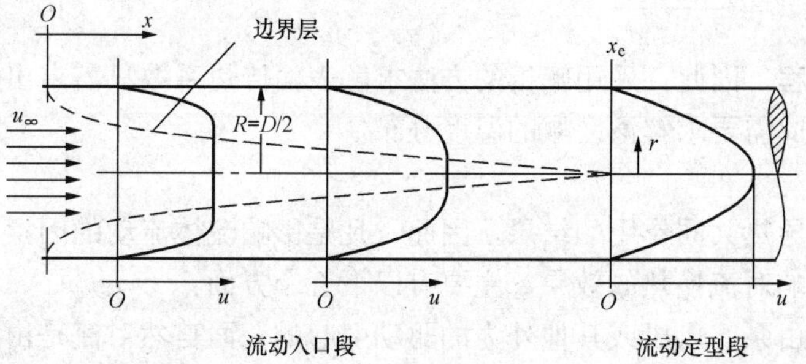

图 10 - 3　圆管内流体的流动

如果流体以均匀的流速进入圆管，也会在壁面附近形成流动边界层，最终边界层可能会充满整个圆管，此后管截面上的速度分布形态沿轴线不变，称流动进入充分发展段或流动定型段，之前则称为流动入口段（见图 10 - 3）。管内的流动也有层流和湍流之分，层流时流体分层流动，截面上的速度分布呈抛物线形；而湍流时流体微团之间的相互掺混显著增强，在壁面附近速度梯度很大，而在中心区域速度梯度较小。管内流动的雷诺数为

$$Re = \frac{u_m d}{\nu} \tag{10-4}$$

式中：u_m 为管内平均流速，m/s。

判别管内流动是层流还是湍流的临界雷诺数有一个范围，主要和管壁的粗糙度以及来流的稳定程度有关，一般若 $Re>4000$，则为湍流，$Re<2300$，则为层流，在此之间，为过渡区，可能是层流，也可能是湍流，即临界雷诺数的范围是 $2300<Re<4000$。

在一些流体工程中，下临界雷诺数的取值范围为 2000～2320，保守计算时以 $Re<2000$ 作为层流的判据；而上临界雷诺数的范围则在 4000～10 000 之间，甚至更高。通常在传热计算中，取 $Re\geqslant 10\,000$ 作为旺盛紊流的判据，而取 $Re\leqslant 2300$ 作为层流的判据。

二、温度边界层

流动边界层是指沿壁面法线方向速度变化剧烈、流体黏性作用明显的区域。类似地，当流体与壁面换热时，温度差也主要存在于壁面附近区域。我们把沿壁面法线方向温度变化率明显的区域称为温度边界层（见图 10 - 4）。在温度边界层的上边界以及温度边界层以外，流体的温度为 t_∞，壁面的温度为 t_w，温度边界层的厚度为 δ_t。对于流体外掠平板的情况，一般是以 $t-t_w=0.99\ (t_\infty-t_w)$ 作为温度边界层的上界。除了液态金属和高黏性流体，温度边界层的厚度 δ_t 是与流动边界层厚度 δ 数量级相当的小量。

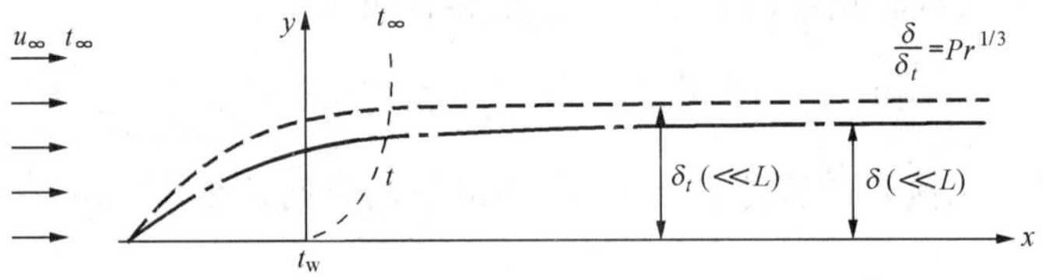

图 10 - 4　温度边界层内的温度分布

在紧贴壁面的地方，即 $y=0$ 时，流体的速度为 0，热量的传递必然是通过导热进行的，即

$$q = h(t_w - t_\infty) = -\lambda \left.\frac{\partial t}{\partial y}\right|_{y=0}$$

或

$$h = -\frac{\lambda}{t_w - t_\infty}\left.\frac{\partial t}{\partial y}\right|_{y=0} \tag{10-5}$$

上式称为**对流换热过程微分方程**。因此，采用解析的方法求解表面传热系数只需求出紧贴壁面的流体层内的温度梯度，为此需要求解该区域的温度分布。

三、对流换热的影响因素

由前所述，对流换热是对流和导热共同作用的结果，因此，凡是影响流体流动的因素和影响流体中热量传递的因素都会影响对流换热的效果。主要有以下五个方面：

（1）流动的起因。强制对流是由泵、风机或其他外力的驱动引起的，而自然对流是由于流体内部的密度差引起的，两种流动的成因不同，因此换热规律也不同。

（2）流体有无相变。无相变的对流换热是由于流体显热的变化而引起的，而对于有相变的对流换热（沸腾和凝结），流体相变热（潜热）的吸收和释放常常起主要作用，换热规律也和无相变时不同。对于沸腾换热，换热规律还受到气泡扰动的影响。

（3）流动的状态。黏性流体的流动存在层流和湍流两种流动状态。层流时流体宏观上分层流动，对流较弱；湍流时流体微团发生剧烈的混合，因而在其他条件相同时，湍流换热的强度要比层流时强烈。

(4) 换热表面的几何因素。换热表面的形状、大小、表面状况以及流体与换热表面之间的相互位置关系都会对换热产生影响。如管内强制对流流动与流体横掠圆管的强制对流就有很大不同，前者为内部流动，而后者为外部流动。

(5) 流体的物理性质。流体的热物理性质（物性参数）对对流换热影响很大。对于无相变的强制对流换热，涉及的主要物性参数有流体的导热系数 λ、密度 ρ、比定压热容 c_p、运动黏度 ν 等。对于自然对流，还有体胀系数（容积膨胀系数）α，其计算式为

$$\alpha=\frac{1}{v}\left(\frac{\partial v}{\partial t}\right)_p=-\frac{1}{\rho}\left(\frac{\partial \rho}{\partial t}\right)_p$$

式中：v 为流体的比体积；α 为在定压条件下，单位温度变化引起的容积相对变化率，对于理想气体，有 $\alpha=1/T$。

在以上参数中，流体的导热系数 λ 越大，对流换热就越强烈；密度和比热容的乘积 ρc 则反映单位体积流体热容量的大小，其数值越大，对流换热越强烈；运动黏度 ν 则影响流体的速度分布和流态，其数值越大，则对流就越弱，对流换热就越弱。

同一种流体在等压流动中，其物性参数是温度的函数。在对流换热的分析计算中，用来确定流体物性参数的温度，称为**定性温度**。通常使用的定性温度有流体的平均温度、流体与壁面的平均温度和壁面温度。

由上述分析可知，影响对流换热的因素是比较复杂的，表面传热系数是取决于多种因素的复杂函数。例如，对于一般的单相强制对流换热，表面传热系数的原则性方程可表述为

$$h=f(u,\lambda,\rho,c,\nu,L)$$

式中：L 为换热表面的一个**特征长度**，也称为**定型尺度**。

对于自然对流换热，表面传热系数的原则性方程可表述为

$$h=f(\lambda,\rho,c,v,\rho g\alpha\Delta t,L)$$

其中，$\rho g\alpha\Delta t$ 表示浮升力的大小。

获得表面传热系数的具体表达式的方法有以下几种：①**解析法**，即通过求解具体问题的微分方程及定解条件求解速度场和温度场的解析解。但由于求解困难，目前只能给出一些简单问题的解析解。②**实验法**，是目前工程技术计算中仍在普遍采用的计算依据。③**比拟法**，通过研究动量传递和热量传递的共性或类似特性，建立表面传热系数与阻力系数之间的相互关系，而后通过测量阻力系数来推算表面传热系数。这个方法目前已经很少采用。④**数值解法**，近年来，流体流动与传热的数值解法发展迅速，在科学研究和工程技术中的应用日益增多，已经发展成为一门专门的学科，在本书中不做介绍。

本章下面将简要介绍描写简单对流换热问题的微分方程，重点介绍几种典型对流换热问题的实验关联式。

第二节 对流换热问题的数学描写

一、对流换热微分方程组

采用解析的方法分析对流换热问题需要求解流体内的速度场和温度场。考虑一种简单的

情况，即流体外掠平板层流边界层的情况，为简化分析，先做如下假设：

(1) 流动是稳态的二维流动；

(2) 流体是不可压缩的连续介质；

(3) 牛顿流体、常物性；

(4) 壁面法线方向的压力变化可以忽略，壁面法线方向的剪切应力可以忽略；

(5) 无内热源，忽略由于黏性耗散产生的耗散热。

由对流换热过程微分方程可知，计算表面传热系数只需求解壁面附近的温度场和流场。为此在流体外掠平板的层流边界层内取微元控制体 $\mathrm{d}x\mathrm{d}y$，z 方向取单位长度。微元控制体必然满足的守恒方程包括：质量守恒、动量守恒和能量守恒方程。

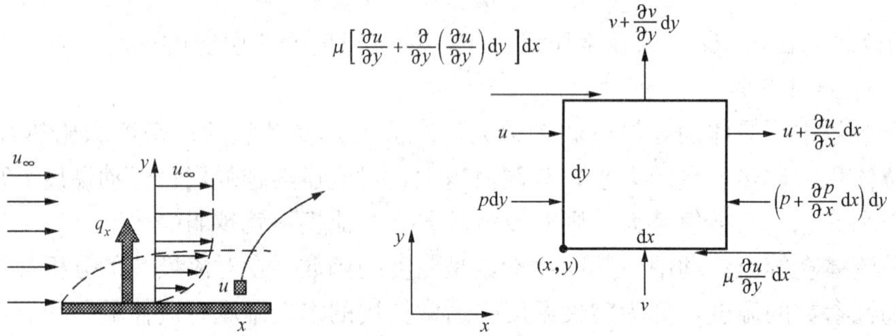

图 10 - 5 层流边界层内的微元控制体

首先介绍质量守恒方程。如图 10 - 5 所示，单位时间内自左侧进入控制体的质量流量为 $\rho u\mathrm{d}y$，式中 u 表示 x 方向的流速；自右侧离开控制体的质量流量为 $\rho\left(u+\frac{\partial u}{\partial x}\mathrm{d}x\right)\mathrm{d}y$，则单位时间内在 x 方向净进入微元体的质量流量为

$$\rho u\mathrm{d}y-\rho\left(u+\frac{\partial u}{\partial x}\mathrm{d}x\right)\mathrm{d}y=-\rho\frac{\partial u}{\partial x}\mathrm{d}x\mathrm{d}y$$

类似地，单位时间内在 y 方向净进入微元体的质量流量为

$$\rho v\mathrm{d}x-\rho\left(v+\frac{\partial v}{\partial y}\mathrm{d}y\right)\mathrm{d}x=-\rho\frac{\partial v}{\partial y}\mathrm{d}y\mathrm{d}x$$

式中：v 为 y 方向的流速。

按质量守恒，有

$$-\rho\frac{\partial u}{\partial x}\mathrm{d}x\mathrm{d}y-\rho\frac{\partial v}{\partial y}\mathrm{d}y\mathrm{d}x=0$$

即

$$\frac{\partial u}{\partial x}+\frac{\partial v}{\partial y}=0 \tag{10 - 6}$$

上式称为**连续性方程**。

其次介绍动量守恒方程。按照牛顿第二定律，质量为 m、运动速度为 V 的物体，其动量的变化率等于所受外力之和，即

$$\frac{\mathrm{d}(mV)_x}{\mathrm{d}\tau}=\sum F_x$$

上式是针对确定质量的物体而言的，因此不适合于控制体。为此我们取某一时刻微元控

制体内的微元流体块作为研究对象。这里需要注意，微元控制体和控制体内的流体块是两个不同的概念，微元控制体是确定的空间，具有确定的空间位置和体积，它本身既不流动也不受力，其空间位置（x，y）和时间 τ 无关；而微元流体块只在当前时刻与微元控制体相重合，即使在稳态的情况下，其空间位置(x,y)仍是时间 τ 的函数，其在 x 方向的流速 u 则是位置坐标(x,y)的函数，则微元流体块在 x 方向的动量变化率为

$$\frac{\mathrm{d}(\rho\mathrm{d}x\mathrm{d}yu)}{\mathrm{d}\tau}=\rho\mathrm{d}x\mathrm{d}y\left(\frac{\partial u}{\partial x}\frac{\partial x}{\partial \tau}+\frac{\partial u}{\partial y}\frac{\partial y}{\partial \tau}\right)=\rho\left(u\frac{\partial u}{\partial x}+v\frac{\partial u}{\partial y}\right)\mathrm{d}x\mathrm{d}y$$

忽略流场中的体积力，则当前时刻微元控制体内的微元流体块受压力和剪切应力的作用。左侧面压力为 $p\mathrm{d}y$，右侧面为 $-\left(p+\frac{\partial p}{\partial x}\mathrm{d}x\right)\mathrm{d}y$，则压力的合力为 $-\frac{\partial p}{\partial x}\mathrm{d}x\mathrm{d}y$；微元流体块下表面所受剪切应力为 $-\mu\frac{\partial u}{\partial y}\mathrm{d}x$，上表面所受剪切应力为 $\mu\left[\frac{\partial u}{\partial y}+\frac{\partial}{\partial y}\left(\frac{\partial u}{\partial y}\right)\mathrm{d}y\right]\mathrm{d}x$，则剪切应力的合力为 $\mu\frac{\partial^2 u}{\partial y^2}\mathrm{d}x\mathrm{d}y$。按牛顿第二定律，有

$$\rho\left(u\frac{\partial u}{\partial x}+v\frac{\partial u}{\partial y}\right)=-\frac{\partial p}{\partial x}+\mu\frac{\partial^2 u}{\partial y^2} \tag{10-7}$$

上式就是物性参数为常量的条件下，层流边界层内的动量方程，y 方向的动量方程可以忽略。上式中$\partial p/\partial x$ 的数值可按主流区的压力变化给出，通常换热器内的流动接近等压流动，在主流区为等压流的情况下，有$\partial p/\partial x=0$，则上式成为

$$u\frac{\partial u}{\partial x}+v\frac{\partial u}{\partial y}=\nu\frac{\partial^2 u}{\partial y^2} \tag{10-8}$$

上式左侧表示单位质量流体的动量变化率，称为**惯性力项**；右侧表示单位质量流体所受的剪切应力的矢量和，称为**黏性力项**。

下面介绍层流边界层内的能量方程，为此作进一步假设如下：

（1）忽略沿流动方向的导热；

（2）忽略流体动能和势能的变化。

在层流边界层内取微元控制体如图 10-6 所示，单位时间内由导热方式净导入微元控制体的热量（参见导热微分方程的推导）为

$$\lambda\frac{\partial^2 t}{\partial y^2}\mathrm{d}x\mathrm{d}y$$

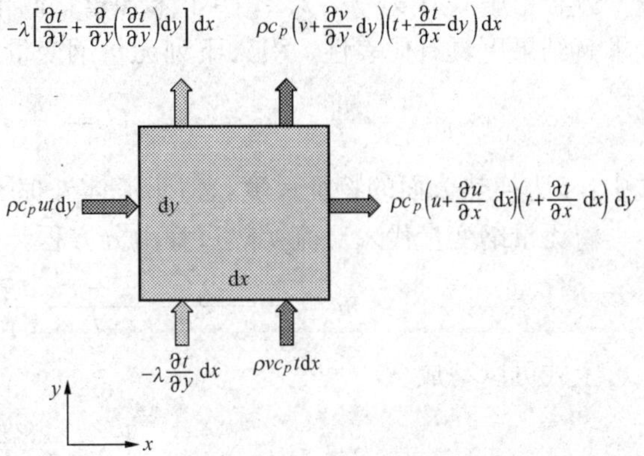

图 10-6 层流边界层内微元控制体的能量守恒

单位时间内流出流入微元控制体的焓差（略去高阶无穷小）为

$$\rho c_p\left(u\frac{\partial t}{\partial x}+v\frac{\partial t}{\partial y}\right)\mathrm{d}x\mathrm{d}y+\rho c_p t\left(\frac{\partial u}{\partial x}+\frac{\partial v}{\partial y}\right)\mathrm{d}x\mathrm{d}y$$

在稳态的条件下，微元控制体内能量的变化量为 0。考虑到连续性方程$\frac{\partial u}{\partial x}+\frac{\partial v}{\partial y}=0$，按照热力学第一定律的稳定流动能量方程，在忽略动能、势能变化时，单位时间内净导入微元控制体的热量，等于流出、流入微元控制体的焓差，即

$$u\frac{\partial t}{\partial x}+v\frac{\partial t}{\partial y}=\frac{\lambda}{\rho c_p}\frac{\partial^2 t}{\partial y^2} \tag{10-9}$$

对流换热问题的完整的数学描写还应该包括具体问题的定解条件，包括几何条件、物理条件和边界条件。其中能量微分方程的边界条件主要包括两种：第一类边界条件即给定边界上流体的温度分布，最简单的情况是定壁温的边界条件；第二类边界条件即给定边界上的热流密度。

二、对流换热的特征数方程

对于简单的情形，即常物性、无内热源、不可压缩牛顿流体平行外掠等壁温平板、层流换热的情况，对流换热微分方程组已有分析求解结果。这里我们首先分析一下结果的形式。

特征数是由一些物理量组成的无量纲数，具有一定的物理意义。理论分析表明，影响对流换热的各种因素不是单独起作用的，而是以组合的方式，即特征数的方式起作用的，如流体的流动状态是和雷诺数直接相关的，因此，对流换热微分方程组的解可以表示成特征数之间的函数形式，称之为**特征数方程**。影响对流换热的无量纲特征数可以通过相似分析或量纲分析的方法获得，也可以通过对流换热微分方程组的无量纲化导出。

将前述层流边界层内的对流换热微分方程组写出如下：

$$\begin{cases} h=-\dfrac{\lambda}{t_w-t_\infty}\left.\dfrac{\partial t}{\partial y}\right|_{y=0} \\ \dfrac{\partial u}{\partial x}+\dfrac{\partial v}{\partial y}=0 \\ u\dfrac{\partial u}{\partial x}+v\dfrac{\partial u}{\partial y}=\nu\dfrac{\partial^2 u}{\partial y^2} \\ u\dfrac{\partial t}{\partial x}+v\dfrac{\partial t}{\partial y}=\dfrac{\lambda}{\rho c_p}\dfrac{\partial^2 t}{\partial y^2} \end{cases} \tag{10-10}$$

方程组中共有 u、v、t、h 四个未知量，四个方程，方程组封闭，可以进行求解。为了让求解结果更具有代表性，引入下列无量纲变量：

$$X=\frac{x}{l},\quad Y=\frac{y}{l},\quad U=\frac{u}{u_\infty},\quad V=\frac{v}{u_\infty},\quad \Theta=\frac{t-t_\infty}{t_w-t_\infty}$$

式中：l 为换热表面的特征尺度，对于流体外掠平板的情形，为沿流动方向的板长。

将无量纲变量代入对流换热过程微分方程，得

$$h=-\frac{\lambda}{t_w-t_\infty}\frac{t_w-t_\infty}{l}\left.\frac{\partial\Theta}{\partial Y}\right|_{Y=0}=-\frac{\lambda}{l}\left.\frac{\partial\Theta}{\partial Y}\right|_{Y=0}$$

上式可以写成

$$\frac{hl}{\lambda}=-\left.\frac{\partial\Theta}{\partial Y}\right|_{Y=0} \tag{10-11}$$

其中，$Nu=\dfrac{hl}{\lambda}$就是一个无量纲特征数，它以流动方向的板长为特征尺度，且含有平均表面传热系数 h，称之为**平均努塞尔数**，上式右边是整个平板表面处流体的无量纲温度梯度，即

$$Nu=-\left.\frac{\partial\Theta}{\partial Y}\right|_{Y=0} \tag{10-12}$$

由此可见，平均努塞尔数等于紧贴壁面的流体（$Y=0$）在壁面法线方向的平均无量纲

温度梯度，其数值大小反映对流换热的强弱。

再将无量纲变量分别代入连续性方程、动量方程和能量方程，有

$$\begin{cases} \dfrac{\partial U}{\partial X}+\dfrac{\partial V}{\partial Y}=0 \\ U\dfrac{\partial U}{\partial X}+V\dfrac{\partial U}{\partial Y}=\dfrac{1}{Re}\dfrac{\partial^2 U}{\partial Y^2} \\ U\dfrac{\partial \Theta}{\partial X}+V\dfrac{\partial \Theta}{\partial Y}=\dfrac{1}{RePr}\dfrac{\partial^2 \Theta}{\partial Y^2} \end{cases} \tag{10-13}$$

式中包括两个无量纲特征数：雷诺数 $Re=\dfrac{u_\infty l}{\nu}$，普朗特数 $Pr=\dfrac{\nu}{a}$。由无量纲的连续性方程和动量方程可知，流动边界层内的无量纲速度分布可以表示为 X、Y 和 Re 的函数，即

$$U=U(X,Y,Re)$$

$$V=V(X,Y,Re)$$

而由无量纲能量微分方程可知，热边界层内的无量纲温度分布可以表示为 X、Y、U、V、Re 和 Pr 的函数，结合上面两式，可得

$$\Theta=\Theta(X,Y,Re,Pr)$$

对于整个平板而言，紧贴壁面处流体的平均无量纲温度梯度 $\left.\dfrac{\partial \Theta}{\partial Y}\right|_{Y=0}$ 与 X、Y 无关，只是 Re 和 Pr 的函数，所以由式（10 - 12）可知，Nu 只是 Re 和 Pr 的函数。

$$Nu=f(Re,Pr) \tag{10-14}$$

上式称为原则性的**特征数方程**，或**准则方程**。其中 Nu 数中包括待求的表面传热系数 h，称为**待定特征数**，Re 和 Pr 完全由已知的单值性条件组成，称为**已定特征数**。理论分析表明，所有对流换热问题的解都可以表示成特征数方程（或称为准则关联式）的形式，只不过对于不同形式的对流换热问题，涉及的特征数可能不同，关系式的具体内容也不同。只对简单的情况，特征数方程的具体结果可由数学分析给出，而对于工程技术中大量常见的对流换热问题，特征数方程是通过实验确定的。

对于 $Pr\geqslant 0.6$ 的流体外掠等壁温平板层流换热的情况，采用解析法求解方程组（10 - 10）可得特征数方程，即

$$Nu=0.664Re^{1/2}Pr^{1/3} \tag{10-15}$$

上式的定性温度为边界层的算术平均温度 $t_m=\dfrac{1}{2}(t_w+t_\infty)$，特征尺度为沿流动方向平板的长度 l，使用的条件是流体的 $Pr\geqslant 0.6$、流体外掠平板、层流（$Re<5\times10^5$）和等壁温。

在使用特征数方程求解表面传热系数时，需要特别注意三个问题：

（1）采用方程规定的特征尺度。前面已提及特征尺度，对于特征数方程而言，**特征尺度**是指包括在特征数中的几何尺度，如在 Re 数和 Nu 数中都包含特征尺度。每一个特征数方程，都必须明确给出采用的特征尺度。常用的特征尺度有：管内流动通常取管的内直径，外掠圆管时取管的外直径，横掠平板时取沿流动方向的板长等。

（2）采用方程规定的定性温度。前已提及，定性温度是用来确定流体物性参数的温度。每个特征数方程，都需要明确所采用的定性温度。常用的有通道内部流动取进出口截面的平均温度，外部流动取主流温度或主流温度与壁面温度的平均值等。

(3) 注意特征数方程的使用条件，包括 Re 数的范围、Pr 数的范围、几何参数的范围，以及使用的温度区间、温差区间等。

用实验的方法获得的特征数方程（准则方程）也称为实验关联式。

【例 10-1】 压力为 8kPa、温度为 290℃的空气以 5m/s 的速度流过宽 1m、长 0.5m 的平壁，壁面温度维持在 30℃。试求每小时平壁与空气之间的换热量。

解 空气与壁面的平均温度为 $t_m=(290+30)/2=160$℃。附录中可查一个标准大气压下干空气的热物理性质，得 $\rho=0.815\text{kg/m}^3$，$\lambda=0.0364\text{W/(m}\cdot℃)$，$\mu=24.5\times10^{-6}\text{kg/(m}\cdot\text{s)}$，$\nu=30.09\times10^{-6}\text{m}^2/\text{s}$，$Pr=0.682$。

干空气的导热系数 λ、动力黏度 μ 和普朗特数 Pr 等物性参数受压力的影响较小，可以认为与压力无关。由于运动黏度 $\nu=\mu/\rho$，按理想气体状态方程 $\rho=p/RT$，即运动黏度和密度成反比，而密度和压力成正比，因此运动黏度和压力成反比，可知在等温不等压的条件下，运动黏度与压力之间的关系为

$$\frac{\nu_1}{\nu_2}=\frac{p_2}{p_1}\Rightarrow\frac{\nu}{30.09\times10^{-6}}=\frac{1.01325\times10^5}{0.08\times10^5}\Rightarrow\nu=3.81\times10^{-4}\text{m}^2/\text{s}$$

计算雷诺数，有 $Re=\dfrac{ul}{\nu}=\dfrac{5\times0.5}{3.81\times10^{-4}}=6,561.7<5\times10^5$

流动边界层为层流，应用式（10-15），有

$$Nu=0.664Re^{1/2}Pr^{1/3}=0.664\times6561.7^{1/2}\times0.682^{1/3}=47.34$$

由 $Nu=\dfrac{hl}{\lambda}\Rightarrow h=\dfrac{Nu\lambda}{l}=\dfrac{47.34\times0.0364}{0.5}=3.45\text{W/(m}^2\cdot℃)$

热流量为 $Q=hA\Delta t=3.45\times0.5\times1\times(290-30)=448\text{W}$

每小时的换热量为 $0.448\times3600=1613\text{kJ/h}$

第三节 受迫对流换热的特征数方程

工程上常见的单相流体的受迫对流换热问题都已经获得了用于计算表面传热系数的特征数方程，这些问题中比较典型的有管槽内的受迫对流换热、流体外掠平板或圆管（管束）的受迫对流换热等。特征数方程的形式可通过微分方程组的分析或量纲分析法获得，通常是 Re 数和 Pr 数的幂次函数的形式，最简单的情况是

$$Nu=CRe^mPr^n$$

式中：C、m、n 为待定的常数，一般通过实验得出。

对于流体外掠平板层流流动的情形，理论分析和实验研究都可以给出式（10-15）。

以无量纲特征数为变量的特征数方程的概念为研究复杂的对流换热问题带来了极大的方便，否则，通过实验的方法确定形如 $h=f(u,\lambda,\rho,c,\nu,L)$ 的函数的具体关系式是十分困难的。另外，根据相似理论，特征数方程可以适用于一类相似的对流换热问题，从而极大地扩展了实验结果的使用范围。

本节介绍几种典型受迫对流换热问题的流动与换热的特点，以及适用的特征数方程的具体内容。

一、管槽内受迫对流换热实验关联式

首先对相关的参数做一些说明。对于流体在圆管内稳定流动的情形，计算 Re 数时采用

截面平均流速作为特征速度，通常通过测定流量的方法确定，即 $u=4\dot{m}/(\rho\pi d^2)$，式中 $\dot{m}$ 为质量流量，kg/s。流体的温度则采用截面平均温度，定义为截面上流体温度的积分平均值。

$$t_f=\frac{\int_A c_p\rho t u\,\mathrm{d}A}{\int_A c_p\rho u\,\mathrm{d}A}=\frac{\text{焓流量}}{\text{热容量流量}}$$

实用上通常是在测温点之前将流体充分混合，将测到的单点温度作为流体的截面平均温度。

管槽内流体的截面平均温度是沿流动方向变化的，以流体被加热为例，在常热流密度和常壁温两种边界条件下，流体与壁面的温度变化大致如图 10 - 7 所示。流体入口的温度为 t_f'，出口温度为 t_f''，相应的入口温差为 $\Delta t'=t_w'-t_f'$，出口温差为 $\Delta t''=t_w''-t_f''$。如果已经获得了管内对流换热的平均表面传热系数 h，则对于内径为 d、长为 L 的圆管，单位时间内流体与管壁之间的换热量必然等于流出流入圆管的流体的焓差，即

$$Q=\dot{m}c_p(t_f''-t_f')=h\pi dL\Delta t_m$$

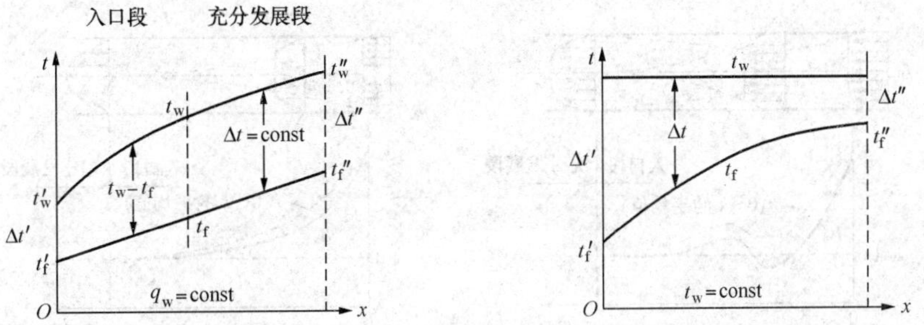

图 10 - 7 常热流密度与常壁温条件下管槽内流体温度沿流动方向的变化

Δt_m 是管内对流换热的平均温差，其具体的分析在后面的章节中介绍，这里先给出分析结果，即

$$\Delta t_m=\frac{\Delta t'-\Delta t''}{\ln\dfrac{\Delta t'}{\Delta t''}} \tag{10 - 16}$$

采用上式计算的平均温差称为**对数平均温差**。对于入、出口温差相差不大的情形，即 $0.5<\Delta t'/\Delta t''<2$ 时，也可以采用**算术平均温差**，即

$$\Delta t_m=\frac{\Delta t'+\Delta t''}{2} \tag{10 - 17}$$

前面已经介绍了管内流动的**流动入口段**和**充分发展段**的概念（见图 10 - 3 和图10 - 8)。在流动入口段，速度边界层是逐渐变化的，而进入充分发展段，截面上的速度分布沿程保持稳定。如果从温度边界层的角度分析，管内对流换热也有入口段和充分发展段之分：温度边界层从管口处开始形成、发展，沿流动方向逐渐加厚，而后在圆管的轴线处汇合，则汇合点之前称为**温度入口段**或**热入口段**，之后则称为**温度定型段**或**热充分发展段**。采用无量纲过余温度 $\Theta=\dfrac{t_w-t}{t_w-t_f}$ 来分析，其中 t_w 为壁面温度，t_f 为流体的截面平均温度，而 t 是截面上任意一点的流体的温度。在温度入口段，Θ 是轴线方向 x 和半径方向 r 的函数，而在温度定型

段，Θ 不再随着 x 方向变化，只是 r 的函数，即

$$\frac{\partial}{\partial x}\left(\frac{t_w - t}{t_w - t_f}\right) = 0 \tag{10-18}$$

按照对流换热微分方程，有

$$h_x = -\frac{\lambda}{t_w - t_f}\frac{\partial t}{\partial r}\bigg|_{r=R} = \lambda\frac{\partial}{\partial r}\left(\frac{t_w - t}{t_w - t_f}\right)_{r=R}$$

由式（10 - 18）可知，此时 h_x 不随 x 而变化，在常物性的情况下，h_x 是一个常数，用 h_∞ 表示。也就是说，常物性流体管内对流换热进入热充分发展段以后，表面传热系数沿流动的方向保持不变。这个结论不论对层流还是湍流、常壁温或常热流密度边界条件都是适用的。而在入口段，由于边界层开始很薄，h_x 开始较大，而后逐渐减小（见图 10 - 8）。因此，当管较短，温度定型段与管的总长相比不是很大时，沿整个管长的平均表面传热系数 h 将受到温度入口段的影响；当管较长，温度定型段足够长时，温度入口段的影响较小，可以忽略。通常在湍流时以管长和管内直径的比值 $L/d \geqslant 60$ 作为是否可以忽略管长影响的判据，达到这个条件，则可以认为管内平均表面传热系数与管长无关。

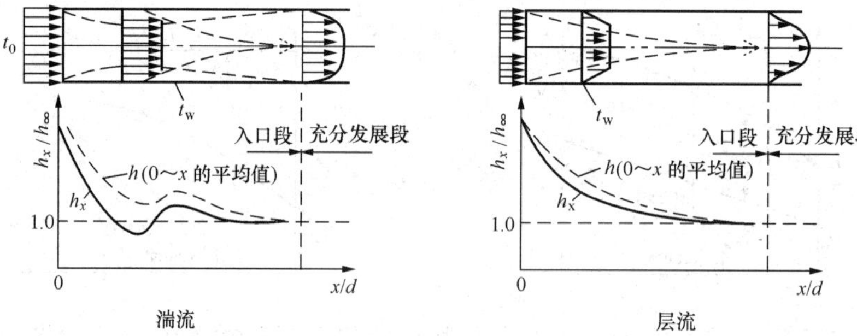

图 10 - 8　入口段和充分发展段

1. 湍流

当 $Re > 10^4$ 时，管内流动为旺盛的湍流。对于流体与管壁温度相差不大的情况（对于气体 $\Delta t = |t_w - t_f| < 50℃$，对于水 $\Delta t < 30℃$，对于油，$\Delta t < 10℃$），最简洁的特征数方程是由迪图斯和贝尔特（Dittus and Boelter）于 1930 年提出的公式：

$$Nu = 0.023 Re^{0.8} Pr^n \tag{10-19}$$

式中，流体被加热时 $n=0.4$，流体被冷却时 $n=0.3$。

上式的适用范围是：$Pr=0.6 \sim 120$，$Re=10^4 \sim 1.2\times10^5$，$L/d \geqslant 60$。定性温度采用进出口流体的截面平均温度 $t_m = (t_f' + t_f'')/2$，流速采用平均值，特征尺度为管的内径 d。

对于流体与管壁温差较大的情形，需要考虑物性场变化的影响，希德和塔特（Sieder and Tate）推荐下面的公式：

$$Nu = 0.027 Re^{0.8} Pr^{\frac{1}{3}}\left(\frac{\mu_f}{\mu_w}\right)^{0.14} \tag{10-20}$$

上式中采用了两个流体的动力黏度：μ_f 按管内流体算术平均温度确定，μ_w 则按壁面的温度确定。该式的适用范围是 $Pr=0.7 \sim 16{,}700$，$Re \geqslant 10^4$，$L/d \geqslant 60$。定性温度采用流体的平均温度 $t_m = (t_f' + t_f'')/2$，特征尺度为管的内径 d。

在不考虑管长影响的情况下，管内对流换热的特征数方程一般是针对长直圆管的。在某

些情况下，可以对上述两式乘以适当的修正系数以使其应用范围扩大。

(1) $L/d<60$ 的情况。对于短管的情况，用上述方程计算出的平均表面传热系数 h 偏小，可乘以修正系数 ε_l。ε_l 的表达式为

$$\varepsilon_l = 1 + \left(\frac{d}{L}\right)^{0.7} \tag{10-21}$$

(2) 在螺旋管中的应用。与直管相比，在螺旋管中流体流动时会产生一些附加的扰动，从而强化对流换热的效果。这时，实际的表面传热系数可在特征数方程计算的基础上，再乘以修正系数 ε_r。

对于气体：$\varepsilon_r = 1 + 1.77\dfrac{d}{R}$

对于液体：$\varepsilon_r = 1 + 10.3\left(\dfrac{d}{R}\right)^3$

式中：R 为螺旋管轴线的弯曲半径；d 为螺旋管的内直径。

(3) 非圆形管槽。对于非圆形管槽，可以采用管槽的当量直径 d_e 作为特征尺度，即

$$d_e = \frac{4A_c}{P} \tag{10-22}$$

式中：A_c 为管槽中流体的**流通截面积**；P 为流通截面上管槽被流体浸润的**润湿周长**。

例如，对于长为 a、宽为 b 的长方形截面通道，充满流体时的当量直径为

$$d_e = \frac{4ab}{2(a+b)} = \frac{2ab}{a+b}$$

2. 层流

对于常物性流体管内层流流态的充分发展段，Nu 数的数值与 Re 数无关，而为常数，数值见表 10 - 1。

表 10 - 1　　各种管道内充分发展层流换热的努塞尔数 Nu

截面形状	$Nu=hd_e/\lambda$	
	常热流边界	常壁温边界
圆形	4.364	3.657
等边三角形	3.111	2.47
正方形	3.608	2.976
正六边形	4.002	3.34
长方形（长 a、宽 b）		
$a/b=2$	4.123	3.391
$a/b=3$	4.79	3.96
$a/b=4$	5.331	4.44
$a/b=8$	6.490	5.597
$a/b=\infty$	8.235	7.541

表中采用当量直径 d_e 作为特征尺度。由表中数据可以看出，对于同一种截面的管道，常热流边界条件下的 Nu 数比常壁温边界条件下的高出 20%左右。

对于进口段可以忽略的长管，可以直接利用表 10 - 1 中的数据进行计算。如果管子较短，则层流对流换热的计算需要考虑管长的影响，推荐采用希德和塔特（Sieder and Tate）

提出的计算公式：

$$Nu = 1.86(RePr)^{1/3}\left(\frac{d}{L}\right)^{1/3}\left(\frac{\mu_f}{\mu_w}\right)^{0.14} \quad (10-23)$$

上式适用的条件是 $Re \leqslant 2300$，$Pr = 0.48 \sim 16\ 700$，$\mu_f/\mu_w = 0.004 \sim 9.75$。显然此式不适用于很长的圆管，因为 L 很大时，有 $d/L \to 0$，计算出的 h 必然很小，因此采用此式的条件是 $RePrd/L > 10$。

3. 过渡流态

$2300 < Re < 10^4$ 时的流动状态可能是层流，也可能是湍流，受外界的影响较大，称为过渡流态。过渡流态的实验结果往往差别较大，一般的工程设计都尽量避免在这一范围内工作。若需要计算过渡流态的表面传热系数，可采用式（10-24）估算：

$$Nu = 0.116(Re^{2/3} - 125)Pr^{1/3}\left[1 + \left(\frac{d}{L}\right)^{2/3}\right]\left(\frac{\mu_f}{\mu_w}\right)^{0.14} \quad (10-24)$$

式中物性参数的定性温度为流体平均温度 $t_m = (t_f' + t_f'')/2$，但 μ_w 的确定采用壁面温度 t_w。

【例 10-2】 用实验测量流体流经一圆管的平均表面传热系数。圆管长 $L=4.5$m，管内径 $d=50$mm，管壁维持温度恒定，$t_w=100$℃。管内水的流量为 $\dot{m}=0.5$kg/s，入口水温 15℃，出口水温 45℃。试求管内流体与壁面之间的平均表面传热系数。

解 按牛顿冷却定律，管内流体与壁面之间的平均表面传热系数为

$$h = \frac{Q}{A\Delta t_m}$$

为此需要确定流体与管壁之间的换热量 Q、换热面积 $A=\pi dL$ 以及换热的平均温差 Δt_m。按热力学第一定律的稳定流动能量方程，$Q=\Delta H=\dot{m}c_p\Delta t=\dot{m}c_p(t_f''-t_f')$。流体的平均温度为

$$t_f = \frac{t_f' + t_f''}{2} = \frac{15+45}{2} = 30℃$$

查饱和水的热物理性质表，知 $c_p=4174$J/(kg·℃)，于是知水侧的吸热量为

$$Q = \dot{m}c_p(t_f''-t_f') = 0.5 \times 4174 \times (45-15) = 62\ 610\text{W}$$

换热面积为 $A=\pi dL=\pi 0.05 \times 4.5 = 0.707\text{m}^2$

进、出口的温差分别为 $\Delta t' = 100-15=85$℃，$\Delta t''=100-45=55$℃，采用算术平均温差，有

$$\Delta t_m = \frac{\Delta t' + \Delta t''}{2} = \frac{85+55}{2} = 70℃$$

因此有

$$h = \frac{62\ 610}{0.707 \times 70} = 1265\text{W/(m}^2\cdot℃)$$

【例 10-3】 管内水的对流换热，入口水温 15℃，出口水温 45℃。水的平均流速 $u=0.256$m/s，管内径 $d=50$mm，管壁维持温度恒定，$t_w=50$℃。试利用特征数方程（10-19）计算水与管壁之间的平均表面传热系数。管长 L 是多少？

解 定性温度为 $t_f=(t_f'+t_f'')/2=30$℃

查水的热物理性质表，得

$$\lambda = 0.618\text{W/(m}\cdot℃), \quad \nu = 0.805\times10^{-6}\text{m}^2/\text{s}, \quad Pr = 5.42$$

$$c_p = 4174\text{J/(kg·℃)}, \quad \rho = 995.6\text{kg/m}^3$$

计算 Re 数，有

$$Re = \frac{ud}{\nu} = \frac{0.256 \times 0.05}{0.805 \times 10^{-6}} = 15\,900.6 > 10^4$$

$$Nu = 0.023Re^{0.8}Pr^{0.4} = 103.86 \Rightarrow h = \frac{Nu\lambda}{d} = \frac{103.86 \times 0.618}{0.05} = 1283.7\text{W/(m}^2\text{·℃)}$$

入口、出口的温差分别为 $\Delta t' = 50-15 = 35$℃，$\Delta t'' = 50-45 = 5$℃

采用对数平均温差，有

$$\Delta t_m = \frac{\Delta t' - \Delta t''}{\ln \dfrac{\Delta t'}{\Delta t''}} = \frac{35-5}{\ln \dfrac{35}{5}} = 15.4℃$$

由 $Q = \dot{m}c_p(t_f'' - t_f') = \rho u \dfrac{\pi d^2}{4} c_p (t_f'' - t_f') = h\pi dL\Delta t_m \Rightarrow$

$$L = \frac{\rho u d c_p (t_f'' - t_f')}{4h\Delta t_m} = \frac{995.6 \times 0.256 \times 0.05 \times 4174 \times (45-15)}{4 \times 1283.7 \times 15.4} = 20.18\text{m}$$

校验管长 $L/d = 403.6 > 60$

【例 10-4】 压力 p 为一个标准大气压、入口温度 $t_f' = 180$℃的空气流入直径 $d = 5$cm、长 $L = 3$m 的圆管被加热，空气的平均流速为 10m/s。壁面为等热流密度边界条件，沿管长方向壁面与流体之间的温差始终保持为 20℃。求每米管长的换热量和出口处空气的温度。

解 由于沿管长方向壁面与流体之间的温差始终保持为 20℃，即有 $\Delta t' = \Delta t'' = 20$℃，可知换热平均温差为 $\Delta t_m = 20$℃。由于出口温度未知，不能用计算空气吸热量的方法计算换热量，必须先计算表面传热系数 h，但此时流体的定性温度是进出口平均温度，为此可先假设一个出口温度，待最后求出出口温度之后再做修正。

先假设出口温度 $t_f'' = 220$℃，则定性温度为 $t_f = (180+220)/2 = 200$℃，查干空气的热物理性质表，得

$\rho = 0.746\text{kg/m}^3$，$c_p = 1.026\text{kJ/(kg·℃)}$，$\lambda = 3.93 \times 10^{-2}$ W/(m·℃)

$\nu = 3.485 \times 10^{-5}\text{m}^2/\text{s}$，$Pr = 0.681$

$Re = \dfrac{ud}{\nu} = \dfrac{10 \times 0.05}{3.485 \times 10^{-5}} = 1.4 \times 10^4 > 10^4$，属旺盛湍流。

采用特征数方程（10-19），空气被加热，$n = 0.4$，得

$$Nu = 0.023Re^{0.8}Pr^{0.4} = 41.725 \Rightarrow h = \frac{Nu\lambda}{d} = \frac{41.725 \times 3.93 \times 10^{-2}}{0.05} = 32.8\text{W/(m}^2\text{·℃)}$$

则管壁与流体之间的对流换热量为

$$Q = h\pi dL\Delta t_m = 32.8 \times \pi \times 0.05 \times 3 \times 20 = 309.13\text{W}$$

同时，$Q = \rho u \dfrac{\pi d^2}{4} c_p (t_f'' - t_f')$

$$\Rightarrow t_f'' = t_f' + \frac{4Q}{\rho u \pi d^2 c_p} = 180 + \frac{4 \times 309.13}{0.746 \times 10 \times \pi \times 0.05^2 \times 1026} = 180 + 20.57 = 200.57℃$$

假设出口温度 $t_f'' = 200$℃，重复上述计算，得 $Re = 1.485 \times 10^4$，$Nu = 42.88$，$h = 33.06\text{W/(m}^2\text{·℃)}$，$Q = 311.58$W，$t_f'' = 200.32$℃，此时计算结果和假设条件十分接近，可得出口温度为 200.32℃，而每米管长换热量为 $Q/L = 311.58/3 = 103.86$W/m。

二、流体横掠圆管的受迫对流换热

流体在管外受迫流动时，可能有两种情况：一种情况是沿轴线方向流动，即纵向流动。此时若是纵向流过单管，特别是管径较大时，可以按流体流过大平壁的情况处理；若是流体纵向流过管束，则可以按照流体在管槽内的流动处理。另一种情况是流体沿与轴线垂直的方向流动，称为横掠圆管。下面讨论流体横掠单管和横掠管束的对流换热状况。

1. 流体横掠单管的实验关联式

流体横掠单管时，会正面冲击单管，流动受到管的阻碍，在管的迎风点（$\varphi=0$，见图 10 - 9）速度降为零，而后分成两路沿管壁绕流而过。和流体流过大平壁时类似，从迎风点开始，流体在管壁上形成流动边界层，边界层的厚度随着 φ 角的增加而逐渐加厚。由于壁面是弯曲的，通常当 φ 角增大到某一数值时，流动边界层开始脱离管壁，流体的一部分产生回流而形成漩涡。管外绕流的具体情况和雷诺数 $Re=u_\infty d/\nu$ 的大小有关，如果 $Re<5$，则不会发生流动边界层脱体，流体平滑流过圆管表面。如果 $Re>5$，则总会形成边界层脱体现象，在背风面形成漩涡，而且脱体点的具体位置取决于 Re 数的大小：当 $5<Re<1.2\times10^5$ 时，边界层为层流，脱体点的位置在 $\varphi=80°\sim85°$处；若 $Re>1.2\times10^5$ 时，流动边界层会从层流过渡到湍流，脱体点的位置向后推移到 $\varphi=140°$处。

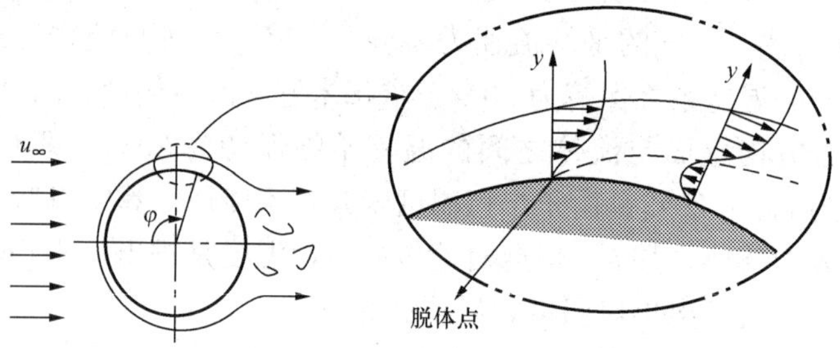

图 10 - 9　流体横掠单管时的流动形态

横掠圆管的局部表面传热系数是随着 φ 而变化的。在层流边界层区，h_φ 随着边界层加厚（φ 增加）而逐渐减小。若出现脱体，则脱体之后扰动增强，对流换热效果也会增强。若层流边界层转变为湍流边界层，则湍流边界层区的换热效果也会增强（见图 10 - 10）。

横掠圆管的对流换热现象较为复杂，在工程计算中，推荐采用以下分段幂次实验关联式来计算平均表面传热系数：

$$Nu = CRe^n Pr^{1/3} \tag{10 - 25}$$

式中常数 C 和 n 的数值见表 10 - 2。该式采用的定性温度是流体与管壁的平均温度 $t_m=(t_f+t_w)/2$；特征尺度为管的外直径 d；Re 数中的特征速度为来流速度 u_∞。

表 10 - 2　　式（10 - 25）中常数 C 和 n 的数值

Re	C	n
0.4～4	0.989	0.330
4～40	0.911	0.385
40～4000	0.683	0.466
4000～40 000	0.193	0.618
40 000～400 000	0.026,6	0.805

式（10-25）是对横掠圆管对流换热的实验数据进行分段整理得到的实验关联式。邱吉尔（S. W. Churchill）与朋斯登（M. Bernstein）针对横掠单管的对流换热提出了在整个实验范围内都适用的特征数方程，即

$$Nu = 0.3 + \frac{0.62Re^{1/2}Pr^{1/3}}{[1+(0.4/Pr)^{2/3}]^{1/4}}\left[1+\left(\frac{Re}{282\,000}\right)^{5/8}\right]^{4/5} \tag{10-26}$$

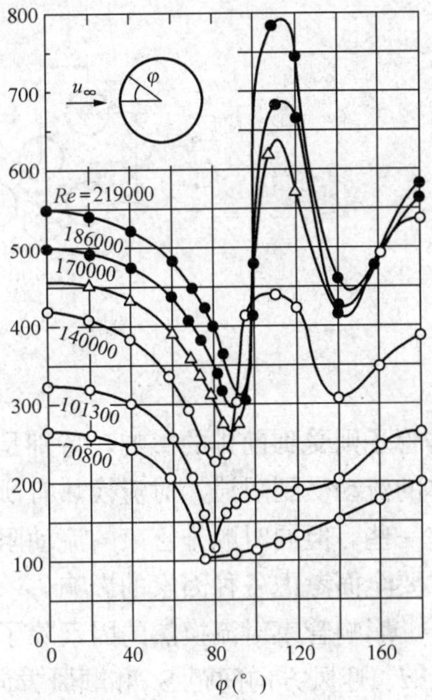

图 10-10 流体横掠单管时局部努塞尔数（Nu_φ）的变化

此式的定性温度为流体和壁面的平均温度 $t_m=(t_f+t_w)/2$，特征尺度为管的外直径 d，适用的范围是 $10^2<Re<10^7$，$RePr>0.2$。

【例 10-5】 一个标准大气压下温度为20℃的空气以 30m/s 的流速横掠一根直径 d=5mm、壁面温度 t_w=50℃的长导线。试计算每米长导线的热损失。

解 定性温度为 $t_m=(20+50)/2=35$℃

查干空气的热物理性质表，得

$$\nu = 16.48\times10^{-6}\text{m}^2/\text{s},\quad \lambda = 2.715\times10^{-2}\text{W}/(\text{m}\cdot℃),\quad Pr = 0.7$$

计算雷诺数，得 $Re=\dfrac{ud}{\nu}=\dfrac{30\times0.005}{16.48\times10^{-6}}=9101.9$

$RePr=6371.36>0.2$

因此可以采用式（10-25）或式（10-26）进行计算。先利用式（10-25），查表 10-2 可得 $C=0.193$，$n=0.618$，即

$$Nu = CRe^nPr^{1/3} = 0.193\times9101.9^{0.618}\times0.7^{1/3} = 47.937$$

$$h = \frac{Nu\lambda}{d} = 260.3\text{W}/(\text{m}^2\cdot℃)$$

$$Q_l = h\pi d\Delta t = 260.3\times\pi\times0.005\times(50-20) = 122.66\text{W}$$

若利用式（10-26）进行计算，得

$$Nu = 0.3 + \frac{0.62\times9101.9^{1/2}\times0.7^{1/3}}{[1+(0.4/0.7)^{2/3}]^{1/4}}\left[1+\left(\frac{9101.9}{282\,000}\right)^{5/8}\right]^{4/5} = 0.3+\frac{57.378}{1.14} = 50.63$$

$$h = \frac{Nu\lambda}{d} = 274.9\text{W}/(\text{m}^2\cdot℃)$$

$$Q_l = h\pi d\Delta t = 274.9\times\pi\times0.005\times(50-20) = 129.5\text{W}$$

利用两个公式计算的结果略有差异。通常实验关联式的结果偏差范围在±15%以内是比较正常的。

2. 流体横掠管束的换热实验关联式

所谓管束是指许多相同规格的管子组成的管组，在许多工业设备中都有应用，例如锅炉的过热器、再热器和省煤器等，通常都是以管束的形式布置在烟道中，锅炉烟气在管外横向流过。管束的排列方式一般有两种：叉排和顺排（见图 10-11）。

当流体横向流过管束时，第一排管子的对流换热状况和单管时没有很大差别，但后面几

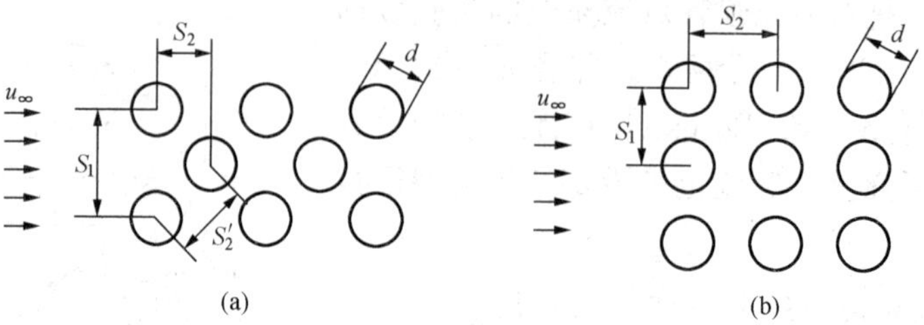

图 10 - 11　管束的排列方式

(a) 叉排；(b) 顺排

排管子则受到前排的影响，特别是在顺排的情况下，后排管子总是处于前排的涡流之中，流体的流动受到阻滞，对流换热有所削弱，所以在相同条件下，顺排比叉排的对流换热效果要差一些。但同时顺排管束的流动阻力损失要小于叉排，也更易于冲刷、清洗。因此管束的布置要全面考虑各种因素的影响。

影响管束对流换热的因素除了 Re 数和 Pr 数以外，还包括管束的排列方式和管子的直径 d、迎风方向间距 S_1 和顺风方向间距 S_2。这样，平均表面传热系数的计算仍然可以采用式（10 - 25），定性温度仍采用流体和壁面的平均温度 $t_m=(t_f+t_w)/2$。但要注意式中 Re 数的特征尺度采用管外径 d，特征流速则采用流体流过管束时的最大流速 u_{max}，即 $Re=u_{max}d/\nu$，常数 C 和 n 的数值不再按照 Re 数的不同选取，而是根据 S_1/d 和 S_2/d 的数值在表 10 - 3 中查取。采用表 10 - 3 中的数据利用式（10 - 25）计算的结果，只适用于沿流动方向有十排以上管排的情况，若管束没有达到十排，也可以先按此法计算，但所得的结果需要进行修正，修正系数 ε_n 的数值见表 10 - 4。

表 10 - 3　　流体横向流过十排以上管束时式（10 - 25）中 C 和 n 的取值

S_2/d	S_1/d							
	1.25		1.5		2.0		3.0	
	C	n	C	n	C	n	C	n
	顺排							
1.25	0.386	0.592	0.305	0.608	0.111	0.704	0.070,3	0.752
1.5	0.407	0.586	0.278	0.620	0.112	0.702	0.075,3	0.744
2.0	0.464	0.570	0.332	0.602	0.254	0.632	0.220	0.648
3.0	0.322	0.601	0.396	0.584	0.415	0.581	0.317	0.608
	叉排							
1.25	0.575	0.556	0.561	0.554	0.576	0.556	0.570	0.562
1.5	0.501	0.568	0.511	0.562	0.502	0.568	0.542	0.568
2.0	0.448	0.572	0.462	0.568	0.535	0.556	0.498	0.570
3.0	0.344	0.592	0.395	0.580	0.488	0.562	0.467	0.574

表 10-4 **沿流动方向的管排数修正系数 ε_n**

排数 n		1	2	3	4	5	6	7	8	9	≥10
ε_n	顺排	0.64	0.8	0.87	0.90	0.92	0.94	0.96	0.98	0.99	1
	叉排	0.68	0.75	0.83	0.80	0.92	0.95	0.97	0.98	0.99	1

流体横向流过管束时，最大的流速 $u_{\max}$发生在最窄的流通截面上。当顺排布置时，最小流通截面上的最大流速为

$$u_{\max} = \frac{u_\infty S_1}{S_1 - d} \tag{10-27}$$

在叉排布置时，要根据对角线方向管子的节距 S_2'的大小来判别最大流速的位置（参见图 10-11）。

(1) $(S_2' - d) > \frac{S_1 - d}{2}$时，$u_{\max}$出现在$(S_1 - d)$截面处，按式（10-27）进行计算；

(2) $(S'_2 - d) < \frac{S_1 - d}{2}$时，$u_{\max}$出现在两个$(S'_2 - d)$截面处，有

$$u_{\max} = \frac{u_\infty S_1}{2(S'_2 - d)} \tag{10-28}$$

前述计算方法都是针对流体流动的方向与管束的轴线垂直的情况，如果流体流动方向与管束轴线之间的夹角 ψ（称为冲击角）小于 90°，则流体流过管束时的扰动相应减弱，对流换热也会随之减弱。作为修正，可在式（10-25）的基础上乘以修正系数 ε_ψ，具体数值参见图 10-12。

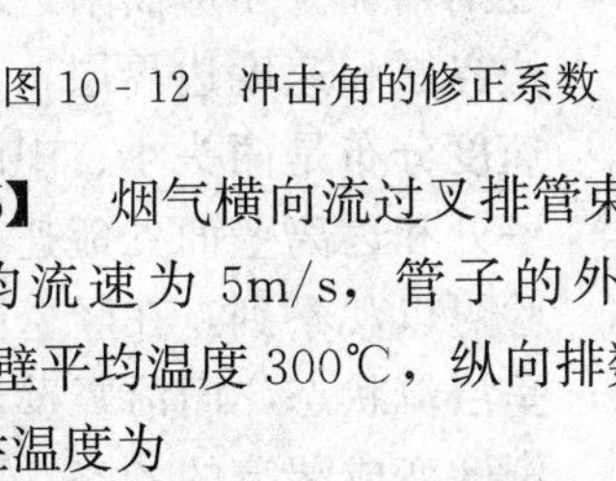

图 10-12 冲击角的修正系数

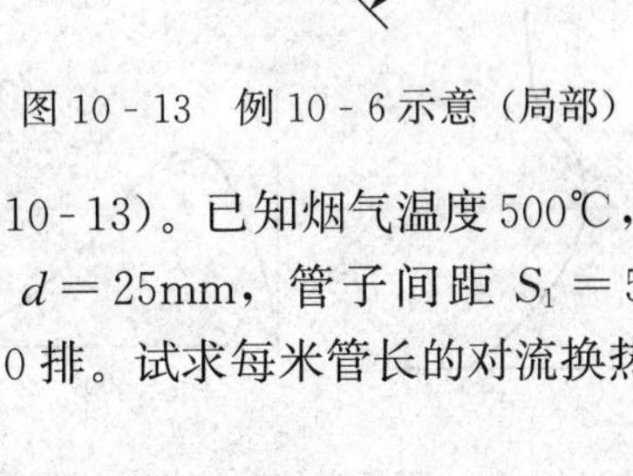

图 10-13 例 10-6 示意（局部）

【例 10-6】 烟气横向流过叉排管束（见图 10-13）。已知烟气温度 500℃，烟气进入管束之前的平均流速为 5m/s，管子的外直径为 $d = 25$mm，管子间距 $S_1 = 50$mm，$S_2 = 37.5$mm，管壁平均温度 300℃，纵向排数大于 10 排。试求每米管长的对流换热量。

解 定性温度为

$$t_m = \frac{t_f + t_w}{2} = \frac{500 + 300}{2} = 400℃$$

查烟气的热物理性质表，得

$$\nu = 60.38 \times 10^{-6} \text{m}^2/\text{s}, \quad \lambda = 5.7 \times 10^{-2} \text{W/(m·℃)}$$
$$Pr = 0.64$$

如图 10-13 所示，$S_2' = \sqrt{S_2^2 + (S_1/2)^2} = \sqrt{37.5^2 + (50/2)^2} = 45.07$mm

则 $S_2'-d=45.07-25=20.07\text{mm}$

$\frac{S_1-d}{2}=\frac{50-25}{2}=12.5\text{mm}$

即 $S_2'-d>(S_1-d)/2$，最大流速发生在 S_1-d 截面处。

$$u_{max}=\frac{u_\infty S_1}{S_1-d}=\frac{5\times 50}{50-25}=10\text{m/s}$$

$$Re=\frac{u_{max}d}{\nu}=\frac{10\times 0.025}{60.38\times 10^{-6}}=4140.44$$

由 $S_1/d=2$ 和 $S_2/d=1.5$，查表 10 - 3，得 $C=0.502$，$n=0.568$

$Nu=CRe^nPr^{1/3}=0.502\times 4140.44^{0.568}\times 0.64^{1/3}=49.04$

$\Rightarrow h=\frac{Nu\lambda}{d}=\frac{49.04\times 5.7\times 10^{-2}}{0.025}=111.82\text{W/(m}^2\cdot℃)$

由于管子的排数大于 10 排，不需要修正。每米管长的换热量为

$$Q_l=h\pi d\Delta t=111.82\times\pi\times 0.025\times(500-300)=1756\text{W/m}$$

即每米管长的对流吸热量为 1756W。在稳定的工况下，热量由管内的流体吸收、带走。

第四节 自 然 对 流 换 热

在传热过程中，流体由于自身密度变化形成浮升力而引起的流动称为**自然对流**，此时流体与壁面之间的换热为**自然对流换热**。流体内密度的不均匀是由于温度的不均匀引起的，一般情况下，不均匀的温度场只发生在靠近壁面的流体薄层之内。在紧贴壁面处，流体的温度等于壁面温度 t_w，而后逐步变化到周围环境温度 t_∞。

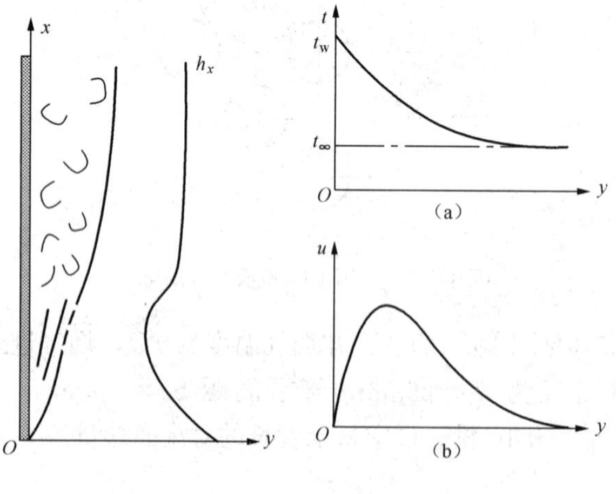

图 10 - 14 竖板自然对流换热示意

(a) 温度分布；(b) 层流速度分布

图 10 - 14 所示为竖直平板情况下自然对流换热的示意，此时 $t_w>t_\infty$，壁面附近的流体被加热，密度减小，形成浮升力而沿壁面上升，在上升过程中继续被加热，流动的流体层厚度逐渐增加。在壁面附近，也形成温度边界层和速度边界层，不过薄层内的速度分布是两头小、中间大，即在贴壁处和远离壁面处流速都为零。由实验可以观察到，在竖壁的下端，流动呈层流状态，而沿竖壁向上，流动逐渐转变成湍流的状态。不同的流动状态对换热具有决定性的影响。在层流状态，换热的热阻主要取决于薄层的厚度，沿流动方向 x，随着层流边界层厚度的增加，局部表面传热系数 h_x 逐渐减小。如果竖壁足够高，边界层内的流动就可以逐渐转变为湍流状态。研究表明，当边界层内的流动状态为旺盛湍流时，局部表面传热系数不再沿高度变化，几乎是个常数。

对于热竖壁引起的层流状态的自然对流，在常物性、无内热源、不可压缩牛顿流体、二维稳态对流换热的条件下，其数学描述为

$$h=-\frac{\lambda}{t_{\mathrm{w}}-t_{\infty}}\frac{\partial t}{\partial y}\bigg|_{y=0} \tag{a}$$

$$\frac{\partial u}{\partial x}+\frac{\partial v}{\partial y}=0 \tag{b}$$

$$\rho\left(u\frac{\partial u}{\partial x}+v\frac{\partial u}{\partial y}\right)=F_x-\frac{\mathrm{d}p}{\mathrm{d}x}+\mu\frac{\partial^2 u}{\partial y^2} \tag{c}$$

$$u\frac{\partial t}{\partial x}+v\frac{\partial t}{\partial y}=a\frac{\partial^2 t}{\partial y^2} \tag{d}$$

和流体受迫流过大平壁的微分方程组相比，只有动量微分方程（c）有所不同。在流体受迫流过大平壁时，体积力 F_x 和压力梯度 $\mathrm{d}p/\mathrm{d}x$ 都可以忽略，而对于沿竖壁的自然对流，体积力 F_x 和压力梯度 $\mathrm{d}p/\mathrm{d}x$ 对流动起主要作用。在重力场中，$F_x=-\rho g$。若忽略沿 y 方向的压力变化，则边界层内 x 方向的压力梯度就等于边界层外流体的静压力梯度，即

$$\frac{\mathrm{d}p}{\mathrm{d}x}=-\rho_{\infty}g$$

于是，动量微分方程（c）可以写成

$$\rho\left(u\frac{\partial u}{\partial x}+v\frac{\partial u}{\partial y}\right)=(\rho_{\infty}-\rho)g+\mu\frac{\partial^2 u}{\partial y^2} \tag{e}$$

式中：$(\rho_{\infty}-\rho)g$ 为重力场中由流体密度差而形成的浮升力项。

引入容积膨胀系数 α，即

$$\alpha=\frac{1}{v}\left(\frac{\partial v}{\partial t}\right)_p=-\frac{1}{\rho}\left(\frac{\partial \rho}{\partial t}\right)_p\approx-\frac{1}{\rho}\frac{\rho_{\infty}-\rho}{t_{\infty}-t}$$

式中：v 为流体的比体积。

于是可得

$$\rho_{\infty}-\rho\approx\alpha\rho(t-t_{\infty})=\alpha\rho\theta$$

代入动量方程（e），可得

$$\rho\left(u\frac{\partial u}{\partial x}+v\frac{\partial u}{\partial y}\right)=\rho g\alpha\theta+\mu\frac{\partial^2 u}{\partial y^2} \tag{f}$$

式中，浮升力项已经写成其成因——温差的形式了。

引入下列无量纲变量，将微分方程组无量纲化：

$$X=\frac{x}{l},\quad Y=\frac{y}{l},\quad U=\frac{u}{u_0},\quad V=\frac{v}{u_0},\quad \Theta=\frac{t-t_{\infty}}{t_{\mathrm{w}}-t_{\infty}}$$

式中：l 为换热表面的特征尺度，这里是竖壁的高度；u_0 为自然对流的特征流速，可以是任意选择的一个参考速度。

无量纲化之后的微分方程组［见式（10-12）和式（10-13）］为

$$Nu=-\frac{\partial \Theta}{\partial Y}\bigg|_{Y=0} \tag{g}$$

$$\frac{\partial U}{\partial X}+\frac{\partial V}{\partial Y}=0 \tag{h}$$

$$U\frac{\partial \Theta}{\partial X}+V\frac{\partial \Theta}{\partial Y}=\frac{1}{RePr}\frac{\partial^2 \Theta}{\partial Y^2} \tag{i}$$

动量微分方程成为

$$\frac{u_0^2}{l}\left(U\frac{\partial U}{\partial X}+V\frac{\partial U}{\partial Y}\right)=g\alpha\Delta t\Theta+\nu\frac{u_0}{l^2}\frac{\partial^2 U}{\partial Y^2} \tag{j}$$

式中 $\Delta t=t_w-t_\infty$，$\Delta t\Theta=\theta$。上式左右同时乘以 l^3/ν^2，得

$$\frac{u_0^2 l^2}{\nu^2}\left(U\frac{\partial U}{\partial X}+V\frac{\partial U}{\partial Y}\right)=\frac{g\alpha\Delta t l^3}{\nu^2}\Theta+\frac{u_0 l}{\nu}\frac{\partial^2 U}{\partial Y^2} \tag{k}$$

即

$$Re^2\left(U\frac{\partial U}{\partial X}+V\frac{\partial U}{\partial Y}\right)=Gr\Theta+Re\frac{\partial^2 U}{\partial Y^2} \tag{l}$$

改写为

$$U\frac{\partial U}{\partial X}+V\frac{\partial U}{\partial Y}=\frac{Gr}{Re^2}\Theta+\frac{1}{Re}\frac{\partial^2 U}{\partial Y^2} \tag{m}$$

式中：$Gr=\frac{g\alpha\Delta t l^3}{\nu^2}$称为**格拉晓夫数**，表示浮升力和黏性力的对比，反映自然对流的强弱，它在自然对流中的作用和雷诺数在受迫对流中的作用相当，Gr 数增大表明浮升力的作用相对增大，自然对流增强。

在自然对流现象中，流动的雷诺数不是一个独立的特征数，而是 $Re=f(Gr)$，是由 Gr 数决定的，所以自然对流换热的原则性特征数方程为

$$Nu=f(Gr,Pr) \tag{10-29}$$

自然对流换热可分为大空间自然对流换热和有限空间自然对流换热两大类。在实际应用中，只要自然对流的热边界层不互相干扰，都可以按照大空间自然对流来处理。下面只介绍大空间自然对流换热的实验关联式。

对于大空间自然对流换热，工程中广泛使用下面的实验关联式：

$$Nu=C(GrPr)^n \tag{10-30}$$

式中常数 C 和 n 由实验确定，见表 10-5。该式采用的定性温度为边界层平均温度 $t_m=(t_w+t_\infty)/2$，特征尺度为：对于竖壁和竖圆柱（管），取高度 H；对于横圆柱（管），取外直径 d。Gr 数中的 Δt 为 t_w 与 t_∞ 之差。

表 10-5 自然对流换热实验关联式中的 C 和 n 的数值

换热面形状及位置	流态	Gr 数范围	C	n
竖平壁和竖圆柱（管）	层流	$10^4\sim3\times10^9$	0.59	1/4
	过渡	$3\times10^9\sim2\times10^{10}$	0.029,2	0.39
	湍流	$>2\times10^{10}$	0.11	1/3
横圆柱（管）	层流	$10^4\sim5.67\times10^8$	0.48	1/4
	过渡	$5.67\times10^8\sim4.65\times10^9$	0.044,5	0.37
	湍流	$>4.65\times10^9$	0.10	1/3

对于竖圆柱，上面的关联式只适用于以下情况：

$$\frac{d}{H}\geqslant\frac{35}{Gr^{1/4}} \tag{10-31}$$

如果竖圆柱的直径与高度相比较小，则圆柱表面的弯曲效应会对自然对流换热产生影响，采用上面的实验关联式误差较大。

【例 10-7】 横放的圆管，直径为 0.1m，外壁面温度为 60℃，置于 0℃的空气中，试求每米管长的自然对流热损失。

解 这是横圆管的自然对流换热问题。定性温度为

$$t_m = \frac{t_\infty + t_f}{2} = \frac{0+60}{2} = 30℃$$

按定性温度查干空气的热物理性质表，得

$$\nu = 16.0\times10^{-6}\mathrm{m^2/s},\quad \lambda = 0.026\,7\mathrm{W/(m\cdot ℃)}$$

$$Pr = 0.701$$

计算格拉晓夫数，对于理想气体，容积膨胀系数是热力学温度的倒数，$\alpha=1/t_m$，得

$$Gr = \frac{g\alpha\Delta t d^3}{\nu^2} = \frac{g(t_w - t_\infty)d^3}{\nu^2(t_m+273.15)}$$

$$= \frac{9.81\times(60-0)\times0.1^3}{(16.0\times10^{-6})^2\times(30+273.15)}$$

$$= 7.588\times10^6$$

查表 10-5，流动处于层流区域，得 $C=0.48$，$n=1/4$，代入式（10-30），得

$$Nu = C(GrPr)^n = 0.48\times(7.588\times10^6\times0.701)^{1/4} = 23.052$$

则
$$h=\frac{Nu\lambda}{d}=\frac{23.052\times0.026\,7}{0.1}=6.15\mathrm{W/(m^2\cdot ℃)}$$

每米管长由于自然对流产生的热损失为

$$Q_l = h\pi d(t_w - t_\infty) = 6.15\pi\times0.1\times(60-0) = 116\mathrm{W/m}$$

圆管的散热除了自然对流换热以外，还应该包括辐射换热。

第五节 凝结与沸腾换热

由蒸汽动力循环可知，工质水在循环过程中需要经历沸腾和凝结的相变过程，沸腾过程发生在锅炉的水冷壁管内，而凝结过程发生在凝汽器内。此外，在常见的制冷、空调设备中，工质通常也要经历沸腾吸热和凝结放热过程。液体被加热沸腾变成蒸汽的换热过程称为沸腾换热，而蒸汽被冷却凝结成液体的换热过程称为凝结换热。对于凝结和沸腾换热过程，流体需要吸收或者释放汽化潜热，而在没有相变的对流换热过程中，流体只对壁面吸收或者放出显热，因此两者的性质和换热强度都有很大不同，凝结与沸腾换热的表面传热系数通常更高。

一、蒸汽凝结时的对流换热

当饱和蒸汽与温度低于饱和温度的固体壁面接触时，就会在壁面上凝结成水，同时释放出热量。如果凝结成饱和水，释放出的热量只有蒸汽凝结的汽化潜热；如果凝结水继续被冷却成过冷水，则释放出的热量还应包括凝结水过冷释放的显热。有两种凝结现象：如果凝结液能够很好地浸润壁面，就会在壁面上铺展成膜，这种凝结现象称为膜状凝结。此时蒸汽不能直接和壁面接触，而是在液膜的表面凝结，凝结释放的汽化潜热必须通过液膜传递给壁面。如果凝结液不能很好地浸润壁面，就会在壁面上形成水珠，这种凝结现象称为珠状凝结。此时，大部分的壁面都可以与蒸汽直接接触，凝结释放的汽化潜热可以直接传递给壁面。因此，珠状凝结换热与相同条件下的膜状凝结换热相比，表面传热系数可以大几倍甚至高出一个数量级。

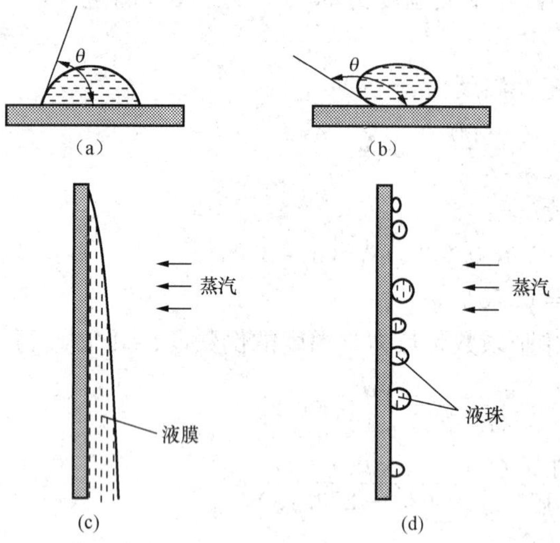

图 10-15 膜状凝结和珠状凝结
(a) 凝结液浸润壁面；(b) 凝结液不浸润壁面；
(c) 膜状凝结；(d) 珠状凝结

形成膜状凝结还是珠状凝结取决于凝结液与壁面的物理性质。如果凝结液与壁面之间的附着力大于其表面张力，称凝结液对壁面是浸润的，则形成膜状凝结；如果凝结液的表面张力大于其与壁面之间的附着力，称凝结液对壁面是不浸润的，则形成珠状凝结（见图 10-15）。珠状凝结虽然对换热更有利，但在工业设备中这种状态不易保持，目前绝大多数工业设备中的凝结换热都是膜状凝结，因此采用膜状凝结的计算式作为设计的依据，本书中也只介绍膜状凝结的特点和主要影响因素。在膜状凝结状态，液膜阻碍了蒸汽与壁面的直接接触，成为凝结换热的主要热阻。因此，如何快速排除凝结液、减小液膜的厚度是强化膜状凝结换热的主要问题。

1. 膜状凝结计算公式

1916 年，努塞尔（Nusselt）提出了简单膜状凝结换热的分析解，是近代膜状凝结理论和传热分析的基础。自 1916 年以来，各种修正或发展都是针对努塞尔分析的限制性假设而进行的，并形成了各种实用的计算方法。考虑饱和蒸汽在竖直平壁上形成膜状凝结的情况，努塞尔的分析基于下述简化假设：

（1）常物性的纯净蒸汽处于静止状态；

（2）忽略液膜的惯性力和汽、液界面上的黏性阻力；

（3）气液界面上无温差，即液膜外表面温度等于饱和温度，忽略液膜过冷度；

（4）液膜内温度线性分布，即热量转移只有导热，没有对流；

（5）忽略蒸汽密度（和液膜密度相比是无穷小量）；

（6）液膜表面平整无波动。

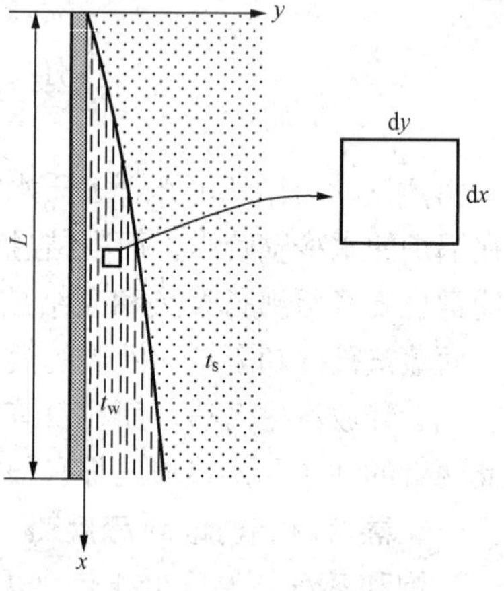

图 10-16 竖直平壁上的层流液膜

建立如图 10-16 所示的坐标系。和层流边界层的分析类似，在液膜内取微元控制体，可得液膜内的层流边界层微分方程为

$$
\begin{cases}
\dfrac{\partial u}{\partial x}+\dfrac{\partial v}{\partial y}=0 \\
\rho_L\left(u\dfrac{\partial u}{\partial x}+v\dfrac{\partial u}{\partial y}\right)=-\dfrac{dp}{dx}+\rho_L g+\mu_L\dfrac{\partial^2 u}{\partial y^2} \\
u\dfrac{\partial t}{\partial x}+v\dfrac{\partial t}{\partial y}=a_L\dfrac{\partial^2 t}{\partial y^2}
\end{cases}
$$

式中：ρ、μ、a 分别为密度、动力黏度和热扩散率；下标 L 为液膜的物性参数。

考虑努塞尔所作的简化假设可以简化微分方程。其中压力梯度$-\mathrm{d}p/\mathrm{d}x$按液膜外蒸汽的压力梯度计算，由于忽略蒸汽密度，可得$-\mathrm{d}p/\mathrm{d}x=0$；由于忽略液膜的惯性力，动量方程中的惯性力项$\rho_L\left(u\dfrac{\partial u}{\partial x}+v\dfrac{\partial u}{\partial y}\right)=0$；由于假设液膜内的温度是线性分布，热量转移只有导热，没有对流，则能量方程中的对流项$u\dfrac{\partial t}{\partial x}+v\dfrac{\partial t}{\partial y}=0$。这样，可以获得液膜内的简化微分方程为

$$\begin{cases}\rho_L g+\mu_L\dfrac{\partial^2 u}{\partial y^2}=0\\ a_L\dfrac{\partial^2 t}{\partial y^2}=0\end{cases}$$

两个微分方程，对应速度u和温度t两个未知数，方程可以求解。

对方程$\dfrac{\mathrm{d}^2u}{\mathrm{d}y^2}=-\dfrac{\rho_L g}{\mu_L}$进行积分，同时利用$y=0$时，$u=0$和$y=\delta$时，$\mathrm{d}u/\mathrm{d}y=0$（忽略汽、液界面上的黏性阻力），可得液膜内的速度分布为

$$u=-\frac{\rho_L g}{\mu_L}\left(\frac{y^2}{2}-y\delta\right) \tag{a}$$

取竖壁的宽度为1，则通过x处截面的凝结液的质量流量为

$$\dot{m}=\int_0^{\delta}\rho_L u\mathrm{d}y=\int_0^{\delta}-\frac{\rho_L^2 g}{\mu_L}\left(\frac{y^2}{2}-y\delta\right)\mathrm{d}y=\frac{\rho_L^2 g\delta^3}{3\mu_L} \tag{b}$$

式中：δ是x的函数。

上式对x求导，可得

$$\frac{\mathrm{d}\dot{m}}{\mathrm{d}x}=\frac{\rho_L^2 g\delta^2}{\mu_L}\frac{\mathrm{d}\delta}{\mathrm{d}x} \tag{c}$$

式中：$\mathrm{d}\dot{m}$为在$\mathrm{d}x$距离增量内的凝结液增量，也就是在$\mathrm{d}x$区段蒸汽凝结量。

由蒸汽凝结释放的热量$\mathrm{d}Q$必然要以导热的方式穿过液膜传递到壁面，按傅里叶定律，有

$$\mathrm{d}Q=r\mathrm{d}\dot{m}=\frac{\lambda_L}{\delta}\mathrm{d}x(t_s-t_w)=h_x\mathrm{d}x(t_s-t_w) \tag{d}$$

式中：r为凝结液的汽化潜热；λ_L为液膜的导热系数。

由上式可得

$$\frac{\mathrm{d}\dot{m}}{\mathrm{d}x}=\frac{\lambda_L}{r\delta}(t_s-t_w) \tag{e}$$

式（c）和式（e）必然相等。积分式，得

$$\int_0^{\delta}\delta^3\mathrm{d}\delta=\int_0^{x}\frac{\mu_l\lambda_L(t_s-t_w)}{r\rho_L^2 g}\mathrm{d}x$$

可得液膜厚度的计算公式为

$$\delta=\left[\frac{4\mu_L\lambda_L(t_s-t_w)x}{r\rho_L^2 g}\right]^{1/4} \tag{10 - 32}$$

由式（d）可知沿竖壁的局部表面传热系数为

$$h_x=\frac{\lambda_L}{\delta} \tag{f}$$

将式（10 - 32）代入上式，可得局部表面传热系数的表达式为

$$h_x = \left[\frac{gr\rho_L^2\lambda_L^3}{4\mu_L(t_s - t_w)x}\right]^{1/4} \tag{10 - 33}$$

对于高度为 L 的竖壁，平均表面传热系数为

$$h_V = \frac{1}{L}\int_0^L h_x \mathrm{d}x = 0.943\left[\frac{gr\rho_L^2\lambda_L^3}{\mu_L L(t_s - t_w)}\right]^{1/4} \tag{10 - 34}$$

上式对于任何单一物质的蒸汽竖壁膜状层流凝结都适用，其定性温度为汽化潜热按饱和温度 t_s 确定，液膜的物性参数 ρ_L、λ_L 和 μ_L 按液膜的平均温度 $t_m=(t_w+t_s)/2$ 确定。

实验表明，由于液膜表面实际上有所波动，凝结换热会得到强化，因此，实验值比上述理论值高 20%左右，经过实验修正的凝结换热表面传热系数公式为

$$h_V = 1.13\left[\frac{gr\rho_L^2\lambda_L^3}{\mu_L L(t_s - t_w)}\right]^{1/4} \tag{10 - 35}$$

上式适用于竖直平壁的几何条件，但对于竖直圆柱（圆管）的情况，只要竖直圆柱（圆管）的外半径远大于底部液膜的厚度，即 $R \gg \delta$，也可以采用上式计算平均表面传热系数。另外，对于倾斜竖壁的情况（见图 10 - 17），如果壁面对水平面的倾斜角度为 φ，则重力 F_g 在平行于平壁方向的分量为 $F_g\sin\varphi$，所以只要用 $g\sin\varphi$ 来代替 g，仍然可以采用式（10 - 35）计算蒸汽凝结时的平均表面传热系数 h。

膜状凝结液膜的流动状态也有层流和湍流之分，为此定义液膜的**膜层雷诺数**，以竖壁的膜状凝结换热为例，在距离顶端为 $x=l$ 处的膜层雷诺数定义为

$$Re = \frac{d_e u_l}{\nu_L} = \frac{d_e \rho u_l}{\mu_L} \tag{10 - 36}$$

式中：u_l 为 $x=l$ 处膜层内的平均流速；d_e 为 $x=l$ 处膜层截面的当量直径。

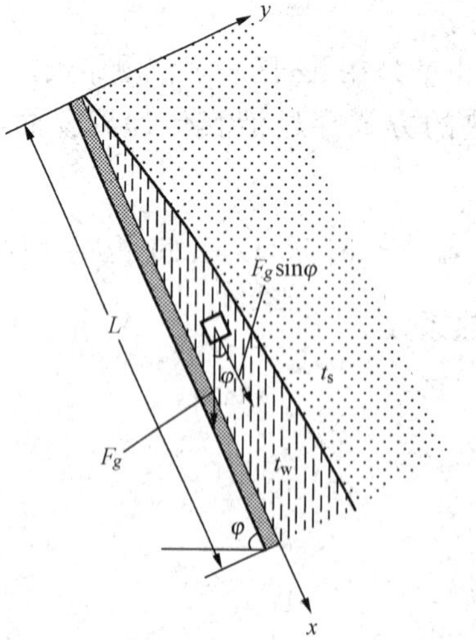

图 10 - 17 倾斜竖直平壁上的层流液膜

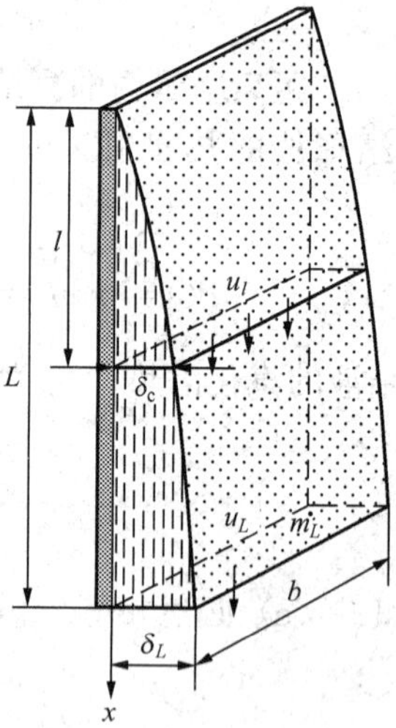

图 10 - 18 液膜雷诺数的定义

若膜层截面宽度为 b，则润湿周长 $P=b$，流通截面积 $A_c=b\delta_l$，则当量直径为 $d_e=4b\delta_l/b=4\delta_l$（见图 10 - 18）。因此，膜层雷诺数可以写成

$$Re = \frac{4\delta_l \rho u_l}{\mu_L} = \frac{4\dot{m}_l}{\mu_L} \tag{10 - 37}$$

式中：$\dot{m}_l=\delta_l\rho u_l$，为 $x=l$ 处膜层截面上单位宽度的凝结液质量流量，单位是 kg/(m·s)。

稳态时，对于整个竖壁，在 $x=L$ 处的凝结液流量 $\dot{m}_L$ 释放的汽化潜热等于高度为 L、宽度为 1m 的竖壁的换热量，即

$$r\dot{m}_L = hL(t_s - t_w)$$

代入式（10－37），则膜层雷诺数可以写成

$$Re=\frac{4\delta_l\rho u_l}{\mu_L}=\frac{4hL(t_s-t_w)}{r\mu_L} \tag{10-38}$$

上式中的物性参数 μ_L 是液膜的动力黏度，按液膜的平均温度 $t_m=(t_w+t_s)/2$ 确定，汽化潜热按 t_s 确定。

实验观察表明，膜层雷诺数 $Re<1600$ 时，液膜内为层流状态，当膜层雷诺数 $Re>1600$ 时，液膜内为湍流状态（也有的文献中推荐将液膜由层流转变为湍流的临界雷诺数取为 $Re_c=1800$，但多数实验结果倾向于 $Re_c=1600$）。

水平圆管外壁面上的凝结换热在热能动力设备中更为常见。对于水平圆管，膜层雷诺数和竖平壁的情况类似，可表示为

$$Re=\frac{4h\pi R(t_s-t_w)}{r\mu_L} \tag{10-39}$$

式中：R 为水平圆管（横管）的外半径，和式（10－38）相比，实际上是用半圆弧的长度 πR 来代替竖壁的高度 L。

液膜由层流转变为湍流的临界雷诺数也取为 $Re_c=1600$，不过水平圆管的直径通常较小，工业应用中的液膜均在层流范围内。

努塞尔所做的理论分析也可推广到水平圆管及球表面上形成层流膜状凝结的情况。分析的结果如下：

对于水平圆管

$$h_H=0.729\left[\frac{gr\rho_L^2\lambda_L^3}{\mu_L d(t_s-t_w)}\right]^{1/4} \tag{10-40}$$

对于圆球

$$h_S=0.826\left[\frac{gr\rho_L^2\lambda_L^3}{\mu_L d(t_s-t_w)}\right]^{1/4} \tag{10-41}$$

式中：d 是圆管或圆球的直径，两式的定性温度为汽化潜热按饱和温度 t_s 确定，液膜的物性参数 ρ_L、λ_L 和 μ_L 按液膜的平均温度 $t_m=(t_w+t_s)/2$ 确定，和式（10－35）相同。

比较式（10－40）和式（10－35）可知，对于长为 L、直径为 d 的圆管，水平放置和竖直放置时膜状凝结换热的平均表面传热系数的比值为

$$\frac{h_H}{h_V}=0.645\left(\frac{L}{d}\right)^{1/4}$$

当 $L/d=20$ 时，水平圆管的表面传热系数是竖直放置时的 1.36 倍。因此工业应用中普遍采用水平圆管的布置方案。

工业应用的换热器中通常是用管束。如果在垂直方向有多根水平圆管，而且管子之间的距离较近，则上层管的凝结液滴落到下层管，会对下层管的液膜产生影响，越下层凝结液越多，管外的液膜越厚。如果液膜保持层流状态，则仍然可以用式（10－40）计算管外表面的平均表面传热系数，只是要把单管计算式中的尺度 d 改为管束时的 nd，n 为竖直方向的管

排数。若是多管水平排列，则管之间没有相互影响，都按单管计算平均表面传热系数。

2. 影响膜状凝结的因素

前面的分析基于比较理想的情况，如纯净的饱和蒸汽、蒸汽无流速等，工程实际中的膜状凝结情况更为复杂，影响因素也很多，在工业设计中需要根据实际情况加以考虑。

（1）不凝结气体。如果蒸汽中含有不凝结气体，如空气，即使含量极微，也会对凝结换热产生十分不利的影响。一方面，随着蒸汽不断凝结，不凝结气体会聚集在冷凝壁附近，蒸汽要到达冷凝壁，必须先以扩散的方式穿过壁面附近的不凝结气体层，这样，不凝结气体层就增加了过程进行的阻力；另一方面，由于不凝结气体层的形成，壁面附近不凝结气体的分压力提高而蒸汽的分压力降低，蒸汽的饱和温度随之降低，减小了换热驱动力 $\Delta t=t_s-t_w$，也使换热被削弱。例如，若水蒸气中含有1%的空气，可导致凝结换热的表面传热系数降低60%。因此，在冷凝器的工作中，及时排除不凝结气体是保证换热器设计能力的重要方面。

（2）蒸汽流速。前面介绍的公式适于蒸汽流速较低的场合（忽略了汽、液界面上的黏性阻力），如果蒸汽流速较高（对于水蒸气，流速高于10m/s时），蒸汽流对液膜表面会产生明显的黏滞应力，影响到液膜的厚度和平整度。一般来讲，若蒸汽流动方向和液膜流动方向相同，向下流动，则液膜会被拉薄，表面传热系数增大；反之，则蒸汽流动阻滞液膜的流动，液膜增厚，表面传热系数减小。

（3）过热蒸汽。对于过热蒸汽，只需将前述计算式中的汽化潜热改为过热蒸汽与饱和液体的焓差，仍然采用前述公式进行计算即可。

（4）液膜过冷度。前述分析没有考虑液膜过冷度和液膜内温度分布的非线性，如果考虑这两个因素的影响，相关的研究推荐使用修正的 r' 来代替前述计算公式中的 r，即

$$r'=r+0.68c_p(t_s-t_w) \tag{10-42}$$

不过，对于一般的凝结换热，修正部分所占的比重不大，也可以不考虑液膜过冷度和液膜内温度分布非线性产生的影响。

（5）管子排数。对于在垂直方向有 n 根水平圆管的情况，理论上只是要把单管计算式中的尺度 d 改为 nd 就可以了，但很多时候这样处理过于保守，因为上排管形成的凝结液不是平静地落在下排管上，在下落时总会产生飞溅，对下层液膜形成冲击和扰动，对换热有所增强。具体情况和管子的垂直间距、流体物性参数等因素有关，设计时可以根据实际设计条件参考有关的冷凝器实验资料。

二、沸腾换热

在临界压力以下，液体与温度高于其饱和温度的壁面接触时，液体被加热汽化产生大量气泡的现象称为沸腾。沸腾分为**大容器沸腾**（或称为**池内沸腾**）和**强制对流沸腾**（也称为**管内沸腾**），又可按沸腾时液体主流是否达到饱和温度分为**过冷沸腾**和**饱和沸腾**。本书中主要介绍大容器内的饱和沸腾。

1. 大容器饱和沸腾曲线

在沸腾现象中，如果壁面加热的流体没有整体的受迫流动，而且具有自由表面，则称为大容器沸腾或池内沸腾。此时若流体的主体都达到相应压力下的饱和温度，则是大容器的饱和沸腾。壁面温度高出流体饱和温度的部分称为**沸腾温差**，$\Delta t=t_w-t_s$，也称为加热面的**过热度**。随着过热度 Δt 的增加，大容器饱和沸腾的热流密度 q 的变化曲线称为**饱和沸腾曲线。**

图10-19所示为水在一个标准大气压下（$p=1.01325\times10^5$Pa）的饱和沸腾曲线，该

曲线表征了大容器饱和沸腾的全部过程，随着过热度缓慢地逐渐增大，会依次出现4个换热规律不同的阶段自然对流、核态沸腾、过渡膜态沸腾和稳定膜态沸腾。

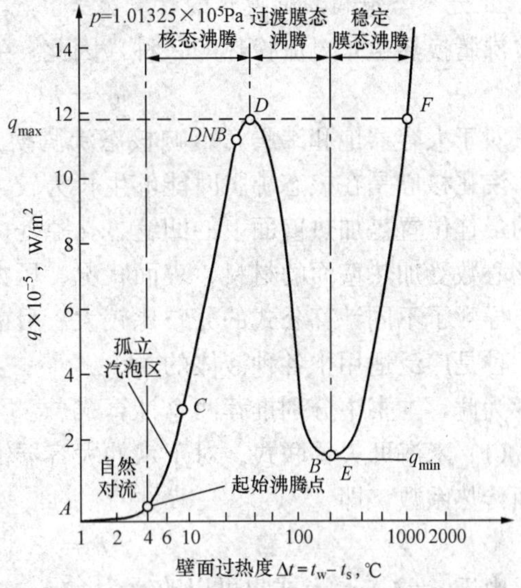

图 10 - 19 大容器饱和沸腾典型曲线

（1）自然对流。当沸腾温差 Δt 较小时（图中为1～4℃），不会出现明显的汽泡脱离壁面的沸腾现象，此时的换热主要依靠液体的自然对流（图中 AB 段），应按自然对流的规律计算。

（2）核态沸腾。随着沸腾温差慢慢增大，加热壁面上产生的汽泡会越来越多，而且脱离壁面上浮，进入汽相空间，因此这一阶段的沸腾现象称为核态沸腾，也称为泡状沸腾。此时液体的温度理论上是饱和温度，但实验表明，沸腾时液体主体的温度会比饱和温度略高一点。核态沸腾的开始点也称为**起始沸腾点**（B 点），从该点开始，随着沸腾温差的增加，汽泡越来越多，对液体的扰动越来越强，因此表面传热系数也逐渐增加，由于 $q=h\Delta t$，此时热流密度随着沸腾温差的增加而迅速增大。在开始阶段，汽泡互不相连，称为**孤立汽泡区**，即图中的 BC 段曲线。但沸腾温差增大到一定程度以后，加热壁面上产生的汽泡也越来越快，拥挤在壁面上，出现互相连接，逐渐开始阻碍液体与壁面的直接接触，表面传热系数开始随着沸腾温差的增加而减小。热流密度随着沸腾温差增加而增长的势头减缓，直到换热系数的减小足以抵消沸腾温差的增加时，热流密度达到一个峰值 q_{max}，即图 10 - 19 中 D 点，核态沸腾阶段结束。

核态沸腾阶段的换热温差小，换热强。实际应用的沸腾换热普遍选择核态沸腾区段。

（3）过渡膜态沸腾。核态沸腾末段，汽泡已经开始出现大面积互连，在达到 D 点以后，已经在加热壁面形成汽膜，完全阻碍了液体和壁面的直接接触，表面传热系数随着沸腾温差的增加而进一步迅速减小，引起热流密度反而随着沸腾温差的增大而减小，直到降低到最小值点 E，此时的热流密度为 q_{min}。从 D 到 E 这一阶段的换热状态是不稳定的，称为过渡膜态沸腾。

（4）稳定膜态沸腾。在 E 点以后，加热壁面上开始形成稳定的汽膜，液体的汽化在汽液界面上进行，从加热壁面通过汽膜到液体的热量传递包括导热、对流和辐射三种方式，而且随着沸腾温差的增大，辐射传热所占的比重越来越大。此阶段随着沸腾温差的增加，热流密度也开始增大。E 点以后的换热状态称为稳定膜态沸腾阶段。

热流密度的峰值 q_{max} 具有十分重要的意义，称为沸腾换热的**临界热流密度**，亦称**烧毁点**。如果热源具有确定的加热功率，即热功率不随沸腾温差的增加而减小，则沸腾换热达到 D 点以后，换热状态会迅速地沿虚线行进到 F 点，壁面温度急剧上升，会导致加热壁面温度过高而烧毁。因此，为了保证安全，必须严格控制热流密度低于临界热流密度。一般用核态沸腾转折点 DNB 作为警戒点，监视换热状态是否接近 q_{max}。这一点对于控制热流密度或控制壁面温度两种情况都是十分重要的。

2. 大容器饱和沸腾换热的计算公式

沸腾换热也是对流换热的一种，因此，牛顿冷却公式仍然适用，即

$$q = h(t_w - t_s) = h\Delta t$$

对于大容器饱和沸腾，影响核态沸腾换热的因素主要是加热壁面的过热度和汽化核心数。**汽化核心**是在核态沸腾时能够生长为较大汽泡的微小汽泡（即汽泡核），而形成汽化核心的最佳位置是加热壁面上的凹缝、孔隙处，这里残存着微量气体，最容易生成汽泡核。汽化核心数受加热壁面的材料、表面状况、压力等因素的影响，所以沸腾换热的情况也比较复杂，导致了不同计算公式的分歧比较大。目前存在两种计算公式，一种是针对特定液体的，另一种是广泛适用于各种液体的。

为此，本书中分别推荐两个计算式。

（1）米海耶夫关联式。对于水的大容器饱和核态沸腾，推荐使用米海耶夫公式计算平均表面传热系数，即

$$h = 0.122\Delta t^{2.33} p^{0.5} \tag{10-43}$$

由于 $q=h\Delta t$，上式也可以改写为

$$h = 0.533 q^{0.7} p^{0.15} \tag{10-44}$$

以上两式中：h 为核态沸腾换热的表面传热系数，W/(m^2·℃)；$\Delta t = t_w - t_s$，为加热壁面和流体饱和温度之差，即沸腾温差，℃；p 为沸腾的绝对压力，Pa；q 为热流密度，W/m^2。

（2）罗森诺关联式——广泛适用的核态沸腾换热公式。罗森诺（Rohsenow）通过大量实验得出了如下适应性更广的实验关联式：

$$q = \mu_L r\left[\frac{g(\rho_L - \rho_v)}{\sigma}\right]^{1/2}\left(\frac{c_{p,L}\Delta t}{C_{w,L} r Pr_l^s}\right)^3 \tag{10-45}$$

式中：q 为沸腾换热的热流密度，W/m^2；μ_L 为饱和液体的动力黏度，Pa·s；r 为汽化热，J/kg；$c_{p,L}$为饱和液体的比定压热容，J/(kg·℃)；g 为重力加速度，m/s^2；$C_{w,L}$为取决于加热表面与液体组合情况的经验常数（表 10-6）；s 为经验指数，对于水 $s=1$，对于其他液体，$s=1.7$；ρ_L、ρ_v 为分别是饱和液体和饱和蒸汽的密度，kg/m^3；σ 为汽液界面上液体的表面张力，N/m；$\Delta t = t_w - t_s$，沸腾温差，℃；

上式适用于各种液体的大容器饱和沸腾时核态沸腾换热的计算。由该式可见，$q \sim \Delta t^3$，因此，尽管有时上述计算公式得到的 q 与实验值的偏差高达 100%，但若是已知 q，计算温差时，则与实验的偏差在 33%以内。

几种液体—壁面组合的经验常数见表 10-6。

表 10-6　几种液体—壁面组合的经验常数

液体—壁面组合	$C_{w,L}$	液体—壁面组合	$C_{w,L}$
水—镍	0.006	正戊烷—铬	0.015
水—铂金	0.013	乙醇—铬	0.002 7
水—铜	0.013	异丙醇—铜	0.002 5
水—黄铜	0.006	35%的碳酸钾溶液—铜	0.005 4
四氯化碳（CCl_4）—铜	0.013	50%的碳酸钾溶液—铜	0.002 7
苯—铬	0.010	正丁醇—铜	0.003 0

（3）大容器饱和沸腾的临界热流密度。朱泊推荐采用如下经验公式来计算大容器饱和沸腾的临界热流密度：

$$q_{\max}=\frac{\pi}{24}r\rho_{\mathrm{v}}^{1/2}\left[g\sigma(\rho_{\mathrm{L}}-\rho_{\mathrm{v}})\right]^{1/4} \tag{10-46}$$

思 考 题

10-1 何谓对流换热？用简明的语言解释速度边界层和热边界层的概念。

10-2 影响对流换热的主要因素有哪些？

10-3 一盛有热水的玻璃杯置于盛有冷水的盆中，冷水的表面大约在热水高度的一半处。过一段时间后，取出杯子缓缓饮用，你会感到上部的水和下部的水温度有明显差别。试解释这种现象，此时杯中的水有无导热现象？有无剧烈的对流现象？

10-4 既然在紧贴壁面的流体边界上垂直于壁面方向的热量传递完全依靠导热进行，那么流体的流动在对流换热过程中起什么作用？

10-5 说明管槽内对流换热的入口效应。

10-6 对管内强制对流换热，为何采用短管和弯管可以强化流体的换热？

10-7 什么是大空间自然对流？何谓有限空间自然对流？

10-8 简述 Nu 数、Pr 数和 Re 数的物理意义。Nu 数和 Bi 数有什么区别？

10-9 说明膜状凝结和珠状凝结的概念。

10-10 为什么蒸汽动力装置的冷凝器上必须装设抽气装置？

10-11 对于单根横管，有哪些因素影响管外层流膜状凝结换热？它们起什么作用？

10-12 大容器饱和沸腾曲线可以分成几个区域？有哪些特性点？各个区域在换热机理上有何特点？

10-13 画出水在一个标准大气压下的大容器饱和沸腾曲线。

习 题

10-1 试计算下列情况下非圆形截面管槽的当量直径：

（1）边长为 a 和 b 的矩形通道；

（2）边长为 a 和 b 的矩形通道，但 $b\ll a$；

（3）套管的环形通道，内管外直径为 d，外管内直径为 D；

（4）在一个直径为 D 的大圆筒内沿轴向布置了 n 根外直径为 d 的圆管，流体的圆管外作纵向流动。

10-2 温度为 10℃的空气以 5m/s 的流速平行地吹过太阳能集热器的表面，该表面的平均温度为 30℃，表面积为 $1.2\times1.2\mathrm{m}^2$，计算太阳能集热器表面由于对流而散失的热量。

10-3 压力为一个标准大气压、温度为 20℃的空气以 38m/s 的流速外掠平板流动。平板垂直于气流方向的宽度为 30cm，壁面温度均匀且维持在 80℃，那么沿流动方向的板长为多少时，气流的以板长为特征尺度的流动雷诺数可以达到 5×10^5？此时平板与空气之间的对流换热量是多少？

10-4 水在直圆管内被加热，管内直径20mm，管长3m，入口水温30℃，出口水温70℃，水在管内的平均流速为1.5m/s。求水与管壁之间的平均表面传热系数。

10-5 水在长直圆管内的湍流强制对流换热过程，对流换热的准则关系式为 $Nu=0.023Re^{0.8}Pr^{0.4}$。试问：①如果流体的流动速度增加一倍，在其他条件不变时，表面传热系数如何变化？②如果流速等条件不变，而采用的圆管的管径是原来的一半，表面传热系数 h 将如何变化？

10-6 一台套管式换热器，外管的内直径为80mm，内管的外直径为60mm，换热器外壳绝热良好。水蒸气在套管式换热器的内管中凝结，使换热器内管外壁的温度保持在120℃。温度为30℃的水，以1.0kg/s的质量流量流入换热器的环形空间被加热，若要把水加热到70℃，需要的套管的长度是多少？

10-7 水在直圆管内被加热，管内直径15mm，管长2.5m，水在管内的平均流速为1.3m/s，入口水温50℃，管壁的温度均匀恒定为120℃，试求出口水温。

10-8 水以1.5m/s的平均流速流过内直径为15mm的长直圆管。①管子壁温为100℃，水从20℃被加热到80℃；② 管子壁温为10℃，水从80℃被冷却到20℃。分别计算两种情况下的表面传热系数，讨论造成差别的原因。

10-9 一条室外架空的未包裹保温材料的蒸汽管道外直径为300mm，用来输送120℃的水蒸气，可认为蒸汽管道的外壁温度等于蒸汽温度。室外空气的温度为0℃。如果空气以6m/s的流速横向掠过该蒸汽管道，计算其单位长度的对流热损失。

10-10 在锅炉中，烟气横掠一组沿流动方向大于10排的顺排管束。已知管外直径为 $d=80$mm，$S_1/d=2$，$S_2/d=2$，烟气的平均温度为 $t_f=800$℃，管束壁面的平均温度为 $t_w=160$℃，沿流动方向最窄截面处的平均流速为 $u=9$m/s。试求管束壁面与烟气之间的平均表面传热系数。

10-11 室温为20℃的大房间内有一条外直径为100mm、长度为5m的水平低压蒸汽管道，管道外壁的温度为80℃，试求管道外壁与空气之间的表面传热系数和管道的热损失。

10-12 压力为 0.7×10^5Pa 的饱和水蒸气，在0.2m高的竖直平板上发生膜状凝结，平板温度保持70℃，求蒸汽与壁面之间的平均表面传热系数以及每米宽平板的凝结液量。

第十一章　热辐射和辐射换热

第一节　热辐射的基本概念

一、热辐射和电磁波谱

物体由于内部微观粒子的热运动状态改变而激发出电磁波的现象称为热辐射（Thermal radiation）。一般来讲，只要物体的温度高于绝对零度，物体就会不断地把热能转化为辐射能，向外发出热辐射。同时，物体也会不断地吸收周围物体投射来的热辐射，把吸收的辐射能重新转变成内热能。物体之间相互辐射和吸收的总的效果，称为**辐射换热**。热辐射是热量传递的三种基本方式之一，不过，它和导热、热对流这两种方式有着本质的区别：以导热和热对流方式传递热量要依靠物体直接接触才能实现，而热辐射是依靠电磁波来传递能量的，不需要物体之间的直接接触，即使在真空中也能进行。

热辐射的电磁波具有一般辐射现象的共性。例如，各种电磁波都以光速在真空中传播，电磁波的传播速率、波长和频率之间的关系为

$$c = f\lambda \tag{11-1}$$

式中：c 为电磁波的传播速率，在真空中为 $c=3\times10^8$ m/s；f 为电磁波的频率，s^{-1}；λ 为电磁波的波长，m 或 μm（1μm$=10^{-6}$m）。

按照不同波长的电磁波所产生的效用的不同，电磁波按波长区间从大到小可以区分为无线电波、红外线、可见光、紫外线、X 射线、γ 射线等，它们的波谱范围如图 11 - 1 所示。理论上讲，物体在任何温度下发射的热辐射可以包括所有波长的电磁波，即波长从零到无穷大。但是，热辐射的能量按波长的分布是极不均匀的，在不同的温度下，这种分布又彼此不同。实际上可以认为，只有波长在 0.1～1000μm 的辐射投射到物体上时，才会引起热效应。这一波长范围大致包括红外线、可见光和部分紫外线。而在一般工业应用的温度范围内，即温度在 2000K 以下时，有实际意义的热辐射波长范围在 0.38～100μm 之间，且大部分能量位于近红外线区段的 0.76～20μm 范围内，而在可见光区段，即波长在 0.38～0.76μm 的区段，热辐射的能量比重较小。不过，如果温度再升高，热辐射的能量中可见光所占的份额也会随之增加。比如，从发射辐射的效果来看，太阳表面的温度大约为 5762K，要比工业上常见的温度高很多。太阳辐射未进入地球大气层之前，其能量主要集中在 0.2～3μm 的短波区域，其最大能量位于 $\lambda=0.48$μm 波长处，0.3～0.38μm 的区域为紫外线区，这一区段的辐射能只占太阳辐射能量的 7%；0.76～3.0μm 为红外区，约占总能量的 48%；可见光区段约占总能量的 45%。

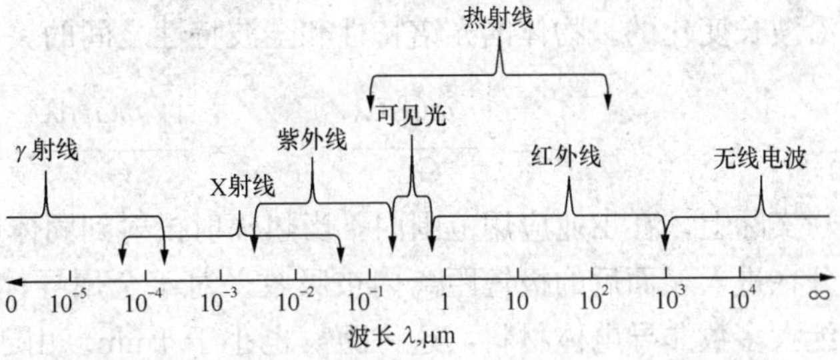

图 11 - 1　电磁波谱

二、物体对外来辐射的吸收、反射和穿透

要研究辐射换热，光要研究物体表面发射和吸收辐射的特性。单位时间内，外界投射到单位面积物体表面上的全部波长范围的辐射能量称为投入辐射，记为G，单位为W/m^2。和可见光类似，当热辐射投射到物体表面时，也会被物体吸收、反射或穿透物体继续传播（见图11-2)。设吸收的能量为G_α，反射的能量为G_ρ，穿透的能量为G_τ，则有

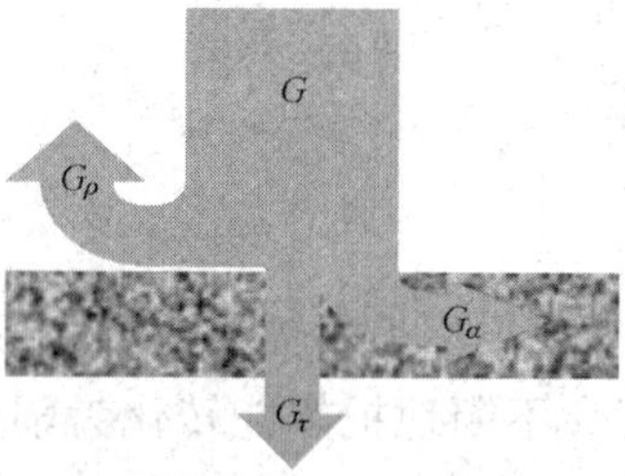

图 11-2 物体对投入辐射的吸收、反射和穿透

$$G=G_\alpha+G_\rho+G_\tau$$

或者

$$\frac{G_\alpha}{G}+\frac{G_\rho}{G}+\frac{G_\tau}{G}=1$$

式中：α、ρ、τ分别表示物体表面对外来投入辐射的吸收比、反射比和穿透比。

由$\alpha=\frac{G_\alpha}{G}$，$\rho=\frac{G_\rho}{G}$，$\tau=\frac{G_\tau}{G}$可得

$$\alpha+\rho+\tau=1 \tag{11-2}$$

考虑投入辐射中波长为λ的辐射能G_λ，它被物体表面吸收、反射和穿透的份额分别为

$$\alpha_\lambda=\frac{G_{\lambda,\alpha}}{G_\lambda},\qquad \rho_\lambda=\frac{G_{\lambda,\rho}}{G_\lambda},\qquad \tau_\lambda=\frac{G_{\lambda,\tau}}{G_\lambda}$$

式中：α_λ、ρ_λ和τ_λ分别为物体对该波长投入辐射的**光谱吸收比、光谱反射比**和**光谱穿透比，**有时也称为**单色吸收比、单色反射比**和**单色穿透比。**

α_λ、ρ_λ和τ_λ是物体本身的光谱特性参数，取决于物体的种类、温度和表面状况，一般是沿波长变化的。物体的光谱特性和全波特性之间的关系是

$$\alpha=\frac{\int_0^\infty \alpha_\lambda G_\lambda \mathrm{d}\lambda}{G},\qquad \rho=\frac{\int_0^\infty \rho_\lambda G_\lambda \mathrm{d}\lambda}{G},\qquad \tau=\frac{\int_0^\infty \tau_\lambda G_\lambda \mathrm{d}\lambda}{G}$$

实际上，在工业应用范围内，当热辐射投射到固体或液体表面时，一部分被反射，其余部分在进入表面后的极短距离内被吸收。对于金属导体，这一距离只有$1\mu m$的数量级；对于绝大多数非导电体材料，这一距离也小于1mm。由于工程中的材料厚度一般大于这一数值，可以认为热辐射不能穿透固体和液体，即对于固体和液体，$\tau=0$，其辐射和吸收都是在表面进行的，则

$$\alpha+\rho=1 \tag{11-3}$$

物体表面对投入辐射的反射也和对可见光的反射一样，可以分为**镜面反射**和**漫反射**两种情况。镜面反射的反射角等于入射角。只有那些高度磨光的物体表面，当表面的不平整程度小于投入辐射的波长时，才会形成镜面反射。对于一般工程材料，表面都不是十分光滑的，都会形成漫反射。也就是说，不论外来投入辐射来自什么方向，物体表面对它都有沿各个方向的反射。

在热辐射现象中，气体的特点与固体和液体有很大不同，需要专门加以研究。当热辐射投射到气体上时，几乎不会出现反射现象，可以认为反射比$\rho=0$。于是，对于气体，有

$$\alpha+\tau=1 \tag{11-4}$$

实际物体的吸收比α、反射比ρ和穿透比τ因具体条件的不同而千差万别，为了研究方便，需要定义几种理想物体。其中吸收比$\alpha=1$的物体定义为**黑体**；反射比$\rho=1$的物体在发

生镜面反射时称为**镜体**，在发生漫反射时称为**白体**；而穿透比 $\tau=1$ 的物体称为**透明体**。显然，黑体、镜体（白体）和透明体都是假想的理想物体。

实际物体的光谱吸收比 α_λ、光谱反射比 ρ_λ 和光谱穿透比 τ_λ 是沿波长变化的，这导致了其全波吸收比 α、反射比 ρ 和穿透比 τ 不仅和物体本身的特性有关，还和投入辐射 G 沿波长的分布有关，给辐射换热的研究带来很大的困难。为了工程应用方便，引入一个新的理想物体——**灰体**。灰体是指其光谱特性参数不随波长变化的理想物体，即 α_λ、ρ_λ 和 τ_λ 分别与波长无关，各自等于常数，即

$$\alpha_\lambda=\alpha,\quad \rho_\lambda=\rho,\quad \tau_\lambda=\tau$$

也就是说，灰体的全波吸收比 α、全波反射比 ρ 和全波穿透比 τ 与其光谱吸收比 α_λ、光谱反射比 ρ_λ 和光谱穿透比 τ_λ 分别相等，与投入辐射沿波长的分布无关，只取决于物体本身的材料、温度和表面状况等性质。从应用的角度考虑，灰体的定义也可以表述成光谱吸收比与波长无关的物体。实际工程应用中，有时需要采用对热辐射的波长具有选择性的特殊材料，如太阳能集热器的吸热板，就采用对太阳的短波辐射光谱吸收比较大，而对长波辐射光谱吸收比较小的材料。此时不能按灰体来处理。而对于其他绝大多数工程材料，都可以近似地当作灰体来处理。

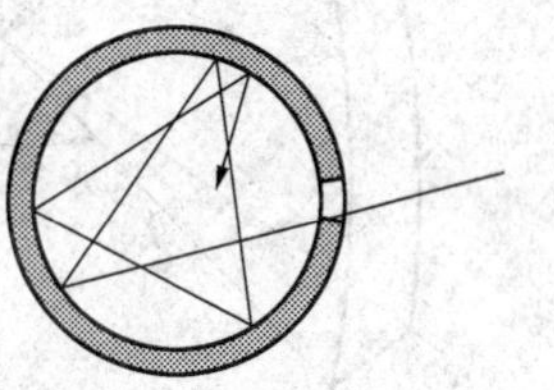

图 11 - 3　人工黑体模型

黑体是一种重要的理想物体，在所有物体中，它吸收外来投入辐射的能力最强，吸收比为 1；同时，在温度相同的物体之中，黑体发射辐射的能力也是最强的。自然界中不存在黑体，但可以制造出接近黑体的人工黑体模型（见图 11 - 3）：采用吸收比比较高的材料为内表面制作一个空腔，空腔的壁面上开一个小孔，小孔的面积远小于空腔的内表面积，再设法使空腔内表面保持均匀的温度，则此时小孔处的假想表面就是人工黑体模型。只要小孔的尺寸与空腔相比足够小，进入小孔的辐射能经历多次吸收、反射、再吸收，最后离开小孔的能量微乎其微，小孔的吸收比接近于 1。

三、辐射力和辐射强度

辐射力 E 表示物体对外发射辐射的能力。单位时间、单位辐射表面积向半球空间辐射的全部波长的辐射能的总量称为**辐射力**，单位是 W/m^2。这些辐射能是在热辐射的波谱范围内分布的，不同波长辐射能的能量份额是不同的。我们将单位时间、单位辐射表面积向半球空间辐射的波长为 λ 的辐射能，称为该物体表面的**光谱辐射力**或**单色辐射力**，符号为 E_λ，单位为 $W/(m^2 \cdot m)$ 或 $W/(m^2 \cdot \mu m)$。在辐射力中，波长从 λ 到 $\lambda+d\lambda$ 区段的能量为 $E_\lambda d\lambda$，辐射力和光谱辐射力之间的关系为

$$E=\int_0^\infty E_\lambda d\lambda \tag{11 - 5}$$

实际物体表面在对外发射热辐射时，还可能具有方向性。为了说明物体表面发射的辐射能在空间各个方向上的分布规律，需要引入**辐射强度**这个概念。为此，先介绍**立体角**的定义。

设球面上有一块联通的面积 A，从球心出发，通过该面积轮廓线的所有射线所形成的锥形面就包围了一个立体角。在平面几何中，如果一个平面角在半径为 r 的圆上所截的弧长为 s，则平面角的大小为 $\theta=s/r$，单位是弧度；立体角是空间角度，对于立体角，以其顶点为

球心做半径为 r 的球面，若立体角在球面上所截的面积为 A，则该立体角的大小为

$$\omega=\frac{A}{r^2} \tag{11-6}$$

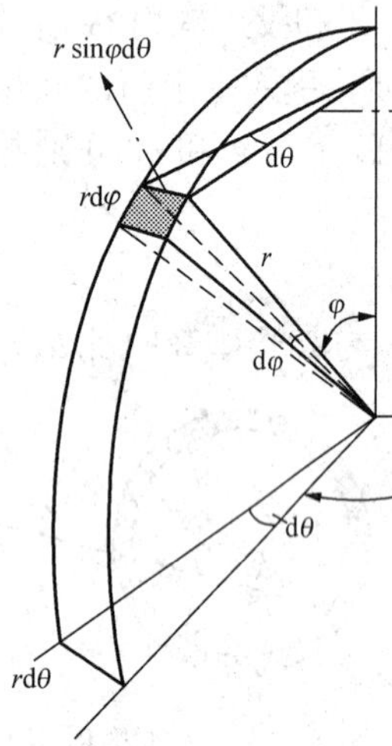

图 11-4 球面坐标系中的微元立体角

立体角的单位是球面度，用 Sr 表示。例如，对于半球空间，立体角为 $\omega=2\pi r^2/r^2=2\pi$（Sr）。

在球面坐标系中，由纬度微元角 $\mathrm{d}\varphi$ 和经度微元角 $\mathrm{d}\theta$ 所形成的微元立体角 $\mathrm{d}\omega$ 在半径为 r 的球面上所截的面积为 $\mathrm{d}A=r^2\sin\varphi\mathrm{d}\theta\mathrm{d}\varphi$（见图 11-4），则有

$$\mathrm{d}\omega=\frac{\mathrm{d}A}{r^2}=\sin\varphi\mathrm{d}\theta\mathrm{d}\varphi \tag{11-7}$$

若要比较辐射表面在不同方向的辐射能力的差别，只有基于相同的立体角才有意义。另外还需要考虑一个因素，就是在不同方向上所能看到的辐射表面的面积也是不同的。比较不同方向上的辐射能力的差别，也应该基于相同的可见表面积。对于微元表面 $\mathrm{d}A$，在与微元表面法线方向夹角为 φ 的方向所见的面积为 $\mathrm{d}A\cos\varphi$（见图 11-5）。

单位时间、单位可见辐射表面积（P 方向）在单位立体角内辐射出去的全波能量，称为辐射强度，用 L 表示，单位是 $\mathrm{W/(m^2 \cdot Sr)}$。为了表示辐射强度的方向性，通常写成 $L(\theta,\varphi)$，若与经度无关，可写成 $L(\varphi)$。辐射强度的大小取决于物体的种类、温度和表面状况，有时还与方向有关。对于各向同性的物体表面，则辐射强度与方向无关。

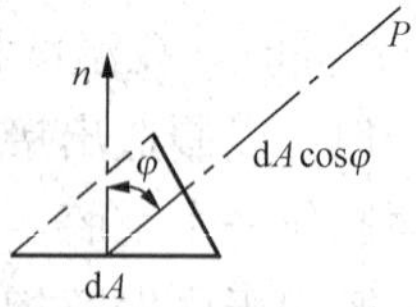

图 11-5 可见表面积

设有微元辐射表面积 $\mathrm{d}A$，在与其法线方向夹角为 φ 的方向的微元立体角 $\mathrm{d}\omega$ 内辐射出去的能量为 $\mathrm{d}Q$，则该方向的辐射强度为

$$L(\varphi)=\frac{\mathrm{d}Q}{\mathrm{d}A\cos\varphi\mathrm{d}\omega} \tag{11-8}$$

单位时间、单位辐射表面积向（θ，φ）方向单位立体角内辐射出去的能量称为定向辐射力，用 E_φ 表示，单位是 $\mathrm{W/(m^2 \cdot Sr)}$。由式（11-8）可得

$$E_\varphi=\frac{\mathrm{d}Q}{\mathrm{d}A\mathrm{d}\omega}=L(\varphi)\cos\varphi \tag{11-9}$$

辐射力与定向辐射力以及辐射强度之间的关系为

$$E=\int_{\omega=2\pi}E_\varphi\mathrm{d}\omega=\int_{\omega=2\pi}L(\varphi)\cos\varphi\mathrm{d}\omega \tag{11-10}$$

第二节　黑体辐射的基本定律

相同温度的物体中，黑体的吸收能力最大、辐射能力最强。黑体辐射力和温度之间的关系、黑体光谱辐射力沿波长的分布以及黑体辐射的方向性等辐射特性是由几个基本定律来描述的。为了明确起见，表示黑体辐射特性的一切符号，都加下角标“b”。如黑体的辐射力、光谱辐射力和辐射强度分别表示为 E_b、$E_{\mathrm{b},\lambda}$ 和 L_b。

一、普朗克定律

根据量子理论分析得到的普朗克定律揭示了黑体发射的辐射能沿波长的分布规律，即其光谱辐射力 $E_\lambda = f(\lambda, T)$ 的具体关系式：

$$E_{b,\lambda} = \frac{C_1 \lambda^{-5}}{e^{\frac{C_2}{\lambda T}} - 1} \tag{11-11}$$

式中：$E_{b,\lambda}$ 为黑体的光谱辐射力，$W/(m^2 \cdot m)$；λ 为波长，m；T 为黑体的热力学温度，K；C_1 为第一辐射常量，$C_1 = 3.742 \times 10^{-16}\ W/m^2$；$C_2$ 为第二辐射常量，$C_2 = 1.4388 \times 10^{-2}\ m \cdot K$。

图 11-6 是黑体的光谱辐射力随温度和波长而变化的示意图。由图中可以看出：温度越高，相同波长的光谱辐射力就越大；对于确定的温度 T，黑体的光谱辐射力沿波长连续变化，而且在特定的波长取得极大值；光谱辐射力 $E_{b,\lambda}$ 取得极大值时对应的波长 λ_{max} 随着温度的升高而逐渐减小。

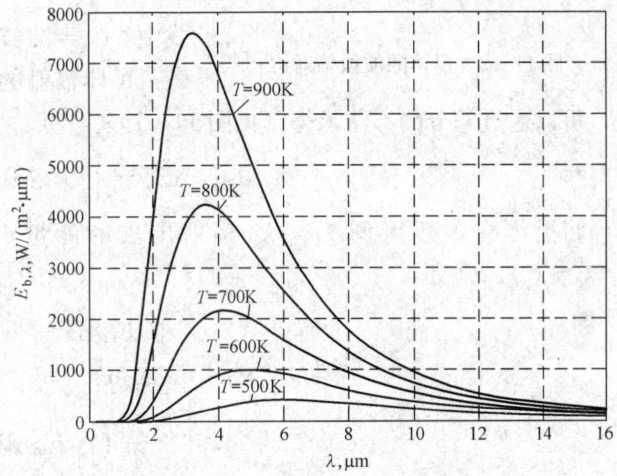

图 11-6　黑体的光谱辐射力

由 $\partial E_{b,\lambda} / \partial \lambda = 0$，可得 $E_{b,\lambda}$ 取得极大值时对应的波长 λ_{max} 将满足下式：

$$\lambda_{max} T = 2898 \mu m \cdot K \approx 2.9 mm \cdot K \tag{11-12}$$

也就是说，对于热力学温度为 T 的黑体，其光谱辐射力取得极大值的波长为 $\lambda_{max} = 2.898/T$ mm。这个规律称为**维恩（Wien）位移定律**。由图 11-6 可以看出，黑体发射辐射能的波长范围主要在 λ_{max} 附近的较窄区间，因此可以根据维恩位移定律来大致估计热辐射的波长特性。例如，太阳表面可以近似看成温度约为 5762K 的黑体，由式（11-12）可知，其光谱辐射力取得极大值的波长 $\lambda_{max} \approx 0.5\mu m$，位于可见光的区段。可见光区段的范围虽然较窄（0.38～0.76μm），但太阳辐射的能量在该区段的份额较大。温度为 1000K 的黑体光谱辐射力取得极大值的波长 $\lambda_{max} \approx 2.9\mu m$，位于红外线区段。

尽管实际物体的光谱辐射力沿波长的分布与黑体不同，但定性上是一致的。观察一块被加热的金属，随着温度的升高，金属的颜色会逐渐呈现暗红、鲜红、橘黄等颜色，温度超过 1300℃以后会出现白炽，温度再升高则越来越亮。这说明随着温度的升高，金属发射的热辐射中可见光的比例在不断增加。

二、斯忒藩—玻耳兹曼定律

黑体的辐射力可由其光谱辐射力沿波长积分得到

$$E_b = \int_0^\infty E_{b,\lambda} d\lambda \tag{11-13}$$

代入式（11-11），可得

$$E_b = \sigma_0 T^4 \tag{11-14}$$

式中：$\sigma_0 = 5.67 \times 10^{-8}\ W/(m^2 \cdot K^4)$，称为**黑体辐射常数**。

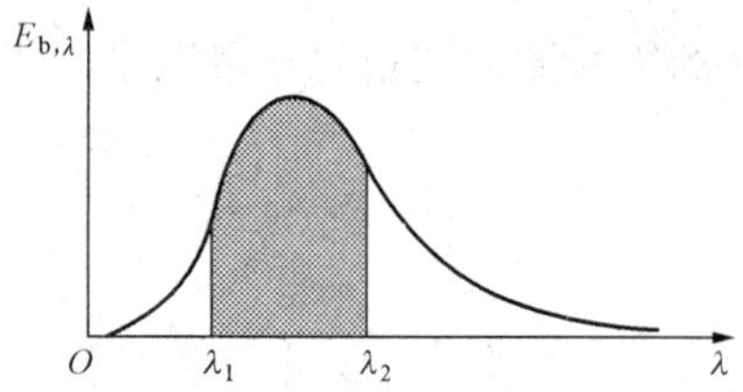

图 11-7 黑体的波段辐射力

式（11-14）称为**斯忒藩—玻耳兹曼定律**。该式表明，黑体的全波辐射力与其热力学温度的四次方成正比，通常也称为四次方定律。为了计算方便，四次方定律也可以写成

$$E_b = C_0\left(\frac{T}{100}\right)^4 \qquad (11-15)$$

式中：$C_0=5.67\text{W}/(\text{m}^2\cdot\text{K}^4)$，称为**黑体辐射系数。**

黑体辐射的能量中，波长 $\lambda_1\sim\lambda_2$ 波段区间的能量，可以通过积分的方法求得（见图 11-7）。

$$\Delta E_b = \int_{\lambda_1}^{\lambda_2} E_{b,\lambda}\,d\lambda$$

将黑体在波段区间 $\lambda_1\sim\lambda_2$ 辐射出去的能量占同温度全波辐射能的百分数记为 $F_b(\lambda_1\sim\lambda_2)$，则有

$$\begin{aligned} F_b(\lambda_1\sim\lambda_2) &= \frac{\int_{\lambda_1}^{\lambda_2} E_{b,\lambda}\,d\lambda}{\sigma_0 T^4} \\ &= \frac{1}{\sigma_0 T^4}\left(\int_0^{\lambda_2} E_{b,\lambda}\,d\lambda - \int_0^{\lambda_1} E_{b,\lambda}\,d\lambda\right) \\ &= F_b(0\sim\lambda_2) - F_b(0\sim\lambda_1) \end{aligned}$$

能量百分数 $F_b(0\sim\lambda)$ 可以表示成单一变量 λT 的单值函数的形式，即

$$\begin{aligned} F_b(0\sim\lambda) &= \frac{\int_0^{\lambda} E_{b,\lambda}\,d\lambda}{\sigma_0 T^4} \\ &= \frac{1}{\sigma_0}\int_0^{\lambda}\frac{E_{b,\lambda}}{T^5}\,d\lambda T \\ &= \frac{1}{\sigma_0}\int_0^{\lambda T}\frac{C_1(\lambda T)^{-5}}{e^{C_2/\lambda T}-1}\,d\lambda T \\ &= f(\lambda T) \end{aligned} \qquad (11-16)$$

$F_b(0\sim\lambda)=f(\lambda T)$ 称为**黑体辐射函数**，表示黑体在波段 $0\sim\lambda$ 区间的辐射能占其全波辐射能的百分数。$F_b(0\sim\lambda)$ 与 $f(\lambda T)$ 的对应关系可以按上式进行计算，也可以查表 11-1。于是，黑体的波段辐射力可以采用下式计算：

$$\Delta E_b = \int_{\lambda_1}^{\lambda_2} E_{b,\lambda}\,d\lambda = \sigma_0 T^4 F_b(\lambda_1\sim\lambda_2) = \sigma_0 T^4[F_b(0\sim\lambda_2) - F_b(0\sim\lambda_1)]$$

表 11-1 **黑体辐射函数表**

λT(μm·K)	$F_b(0\sim\lambda)$ (%)	λT(μm·K)	$F_b(0\sim\lambda)$ (%)
1000	0.032 3	1500	1.290
1100	0.091 6	1600	1.979
1200	0.214	1700	2.862
1300	0.434	1800	3.946
1400	0.782	1900	5.225

续表

λT(μm·K)	$F_b(0\sim\lambda)$ (%)	λT(μm·K)	$F_b(0\sim\lambda)$ (%)
2000	6.690	9000	89.07
2200	10.11	9500	90.32
2400	14.05	10 000	91.43
2600	18.34	12 000	94.51
2800	22.82	14 000	96.29
3000	27.36	16 000	97.38
3200	31.85	18 000	98.08
3400	36.21	20 000	98.56
3600	40.40	22 000	98.89
3800	44.38	24 000	99.12
4000	48.13	26 000	99.30
4200	51.64	28 000	99.43
4400	54.92	30 000	99.53
4600	57.96	35 000	99.70
4800	60.79	40 000	99.79
5000	63.41	45 000	99.85
5500	69.12	50 000	99.89
6000	73.81	55 000	99.92
6500	77.66	60 000	99.94
7000	80.83	70 000	99.96
7500	83.46	80 000	99.97
8000	85.64	90 000	99.98
8500	87.47	100 000	99.99

【例 11-1】 计算温度分别为 2000K 和 5800K 的黑体的辐射力以及可见光和红外线在总辐射能中所占的份额。

解 温度为 2000K 的黑体的辐射力为

$$E_{b1}=\sigma_0 T_1^4=5.67\times10^{-8}\times2000^4=907\,200\quad \text{W/m}^2$$

温度为 5800K 的黑体的辐射力为

$$E_{b2}=\sigma_0 T_2^4=5.67\times10^{-8}\times5800^4=64\,164\,532\quad \text{W/m}^2$$

可见光和红外线区段的波长范围分别为 0.38～0.76μm 和 0.76～1000μm，将上述波长分别乘以温度得到λT，再查到对应的 $F_b(0\sim\lambda)$值，最后可以计算出 $F_b(\lambda_1\sim\lambda_2)$，即可见光和红外线在辐射能中所占的份额，具体数值见表 11-2。

表 11-2　可见光和红外线在辐射能中所占的份额

λ (μm)	0.38		0.76		1000	
T (K)	λT (μm·K)	F_b (0～λ) (%)	λT (μm·K)	F_b (0～λ) (%)	λT (μm·K)	F_b (0～λ) (%)
2000	760	<0.03	1520	1.428	2×10^6	100
5800	2204	10.19	4408	55.04	5.8×10^6	100
T (K)	所占份额 $F_b(\lambda_1\sim\lambda_2)$ (%)					
	可见光			红外线		
2000	1.4			98.6		
5800	44.85			44.96		

三、兰贝特定律

理论上可以证明，黑体辐射的定向辐射强度与方向无关，即

$$L(\varphi) = L = \text{常量} \tag{11-17}$$

上式只写出了纬度方向，因为只要是各向同性材料的物体表面，辐射强度均与经度方向无关。定向辐射强度与方向无关的规律称为**兰贝特（Lambert）定律**。对于符合兰贝特定律的辐射，单位时间、单位辐射表面积在单位立体角内辐射的能量在半球空间的分布为

$$E_\varphi = \frac{\mathrm{d}Q}{\mathrm{d}A\mathrm{d}\omega} = L\cos\varphi \tag{11-18}$$

式（11-18）表明，单位时间、单位辐射表面积发射的辐射能，在不同方向单位立体角内的能量份额是不相等的，定向辐射力正比于所在方向与辐射面法线方向的夹角的余弦，所以兰贝特定律也称为**余弦定律**。余弦定律实际上说明，黑体辐射的能量在空间不同方向的分布，正比于可见面积的大小，法线方向最大，切线方向最小。

对于符合兰贝特定律的辐射，若微元辐射表面 $\mathrm{d}A$ 在微元立体角 $\mathrm{d}\omega$ 内辐射出去的能量为 $\mathrm{d}Q$，即 $\mathrm{d}Q = L\mathrm{d}A\cos\varphi\mathrm{d}\omega$，则该表面的辐射力为 $\mathrm{d}Q$ 在半球空间的积分与 $\mathrm{d}A$ 的比值，即

$$E = \int_{\omega=2\pi} \frac{\mathrm{d}Q}{\mathrm{d}A} = L\int_{\omega=2\pi} \cos\varphi\mathrm{d}\omega \tag{11-19}$$

在球面坐标系中，$\mathrm{d}\omega = \sin\varphi\mathrm{d}\theta\mathrm{d}\varphi$［见式（11-7）］，于是

$$\begin{aligned} E &= L\int_{\omega=2\pi} \cos\varphi\sin\varphi\mathrm{d}\varphi\mathrm{d}\theta \\ &= L\int_0^{2\pi}\mathrm{d}\theta\int_0^{\frac{\pi}{2}}\cos\varphi\sin\varphi\mathrm{d}\varphi \\ &= L\pi \end{aligned} \tag{11-20}$$

即辐射力等于辐射强度的 π 倍。

第三节　实际物体的表面辐射特性

实际固体和液体的表面辐射能力要比同温度的黑体小，对外来投入辐射也不能全部吸收。本节讨论实际物体的表面辐射和吸收特性、主要影响因素，以及实际物体辐射与吸收之间的关系。

一、实际物体的辐射

实际物体的辐射不同于黑体，其辐射力要比同温度黑体的辐射力小。实际物体的辐射力与同温度黑体辐射力的接近程度，可用它们的比值来表示，称为实际物体的**发射率**或**黑度**。

实际物体的光谱辐射力 E_λ 与同温度、同波长的黑体的光谱辐射力 $E_{\mathrm{b},\lambda}$ 的比值，称为实际物体的**光谱发射率**或**单色黑度**，用 ε_λ 表示，即

$$\varepsilon_\lambda = \frac{E_\lambda}{E_{\mathrm{b},\lambda}} \tag{11-21}$$

ε_λ 因辐射表面材料的不同而不同，即使是同一种材料的辐射表面，ε_λ 还与表面的温度和粗糙度等因素有关。对很多实际物体而言，ε_λ 沿波长的分布是不均匀的，如图 11-8 所示。

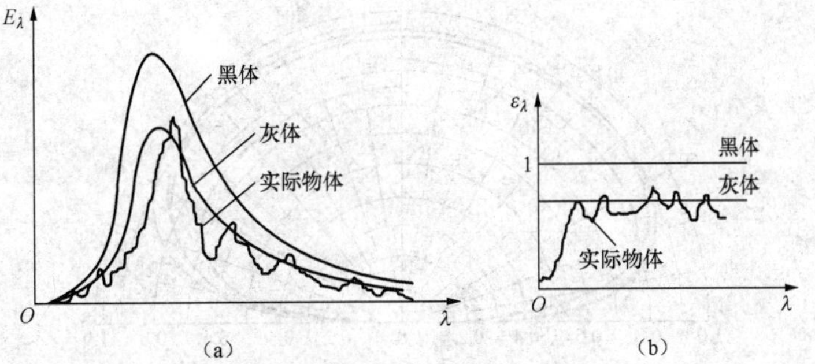

图 11-8 实际物体辐射特性与黑体和灰体的对比

(a) 实际物体的光谱辐射力；(b) 实际物体的光谱发射率

实际物体的全波辐射力 E 与同温度黑体的全波辐射力 E_b 的比值称为该物体的**全波发射率**或**全波黑度**，也经常只称为**发射率**或**黑度**，用 ε 表示，即

$$\varepsilon = \frac{E}{E_b} = \frac{\int_0^\infty \varepsilon_\lambda E_{b,\lambda} d\lambda}{\sigma_0 T^4} \tag{11-22}$$

如果已知物体的发射率，则实际物体的辐射力就可以用四次方定律来计算，即

$$E = \varepsilon E_b = \varepsilon \sigma_0 T^4 \tag{11-23}$$

实验研究表明，实际物体的辐射力不是严格地同其热力学温度的四次方成正比，但为了计算方便，仍然采用四次方定律，而将由此产生的修正计入物体的发射率，因此物体的发射率与温度有关。

在指定的方向上，实际物体的辐射强度与同温度、同方向黑体的辐射强度的比值，称为**定向发射率**或**定向黑度**，用 ε_φ 表示，即

$$\varepsilon_\varphi = \frac{L(\varphi)}{L_b} \tag{11-24}$$

对于符合兰贝特定律的物体，ε_φ 与纬度角 φ 无关。但实际物体的辐射不尽符合兰贝特定律，ε_φ 沿纬度角 φ 有一些变化。图 11-9 和图 11-10 给出了几种典型的金属材料和非金属材料的定向发射率沿方向的变化情况。在辐射换热的计算分析中，如果考虑定向发射率沿方向的变化是十分困难的。实际上，如果假定物体表面辐射的定向发射率沿不同的方向均相等，通常不会显著影响分析结果的准确性，这样的表面称为**漫射表面**。漫射表面也符合兰贝特定律，大多数工程材料都可以当作漫射表面来处理，采用定向发射率的半球平均值来进行计算。

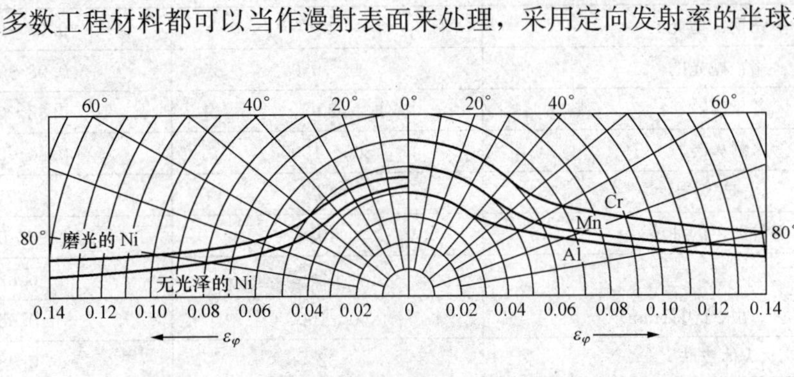

图 11-9 几种金属材料的定向发射率（t=150℃）

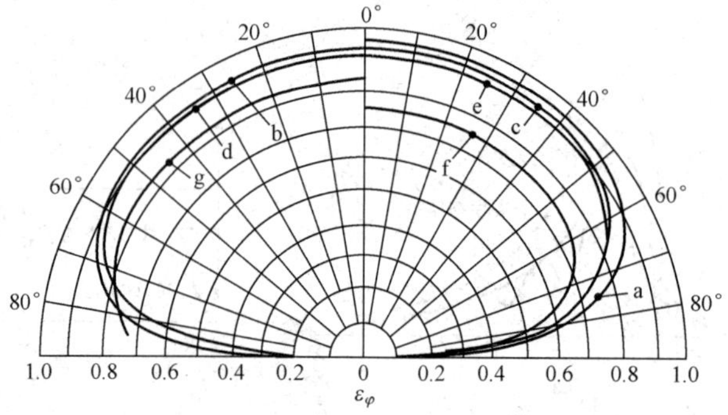

图 11-10 几种非金属材料的定向发射率（t=93.3℃）

a—潮湿的冰；b—木材；c—玻璃；d—纸；e—泥土；f—氧化铜；g—氧化铝

表 11-3 常用材料表面的法向发射率

材料类别与表面状况	温度（℃）	法向发射率 ε_n
铝：高度抛光，纯度 98%	50～500	0.04～0.06
工业用铝板	100	0.09
严重氧化的	100～150	0.2～0.31
黄铜：高度抛光的	260	0.03
无光泽的	40～260	0.22
氧化的	40～260	0.46～0.56
铜：高度抛光的电解铜	100	0.02
轻微抛光的	40	0.12
氧化变黑的	40	0.76
金：高度抛光的纯金	100～600	0.02～0.035
钢：抛光的	40～260	0.07～0.1
扎制的钢板	40	0.65
严重氧化的钢板	40	0.8
铸铁：抛光的	200	0.21
新车削的	40	0.44
氧化的	40～260	0.57～0.68
不锈钢：抛光的	40	0.07～0.17
铬：抛光的	40～550	0.08～0.27
红砖	20	0.88～0.93
耐火砖	500～1000	0.80～0.90
玻璃	40	0.94
各种颜色的油漆	40	0.92～0.96
雪	−12～0	0.82
水（厚度大于 0.1mm）	0～100	0.96
人体皮肤	32	0.98

表 11 - 3 列出了一些常用材料表面的法线发射率的数值。实验表明，常用工程材料表面的半球平均发射率 ε 与法线发射率 ε_n 的差别不大，对于金属，$\varepsilon/\varepsilon_n$ 在 1.0～1.2 之间，对于非金属，$\varepsilon/\varepsilon_n$ 在 0.95～1.0 之间，因此对于一般材料，可用法向发射率 ε_n 作为半球平均发射率 ε。

实际物体的发射率、光谱发射率和定向发射率等都是取决于物体本身材料、温度和表面状况的特性参数，而与外部条件无关，需通过实验测定。除非需做精确分析，一般工程计算中主要采用全波发射率 ε。

二、实际物体的吸收

实际物体的光谱吸收比 α_λ 也是物体表面本身的物性参数，取决于材料的种类、温度和表面状况，通常也是沿波长变化的。图 11 - 11 所示为几种金属材料在室温条件下光谱吸收比随波长的变化情况。

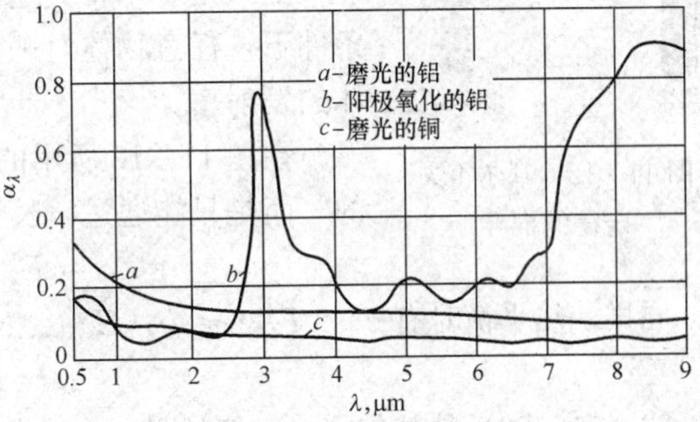

图 11 - 11　几种金属材料的光谱吸收比

设外来投入辐射沿波长的分布为 G_λ，实际物体的光谱吸收比沿波长的分布为 α_λ，则实际物体表面的全波吸收比为

$$\alpha = \frac{\int_0^\infty \alpha_\lambda G_\lambda \mathrm{d}\lambda}{\int_0^\infty G_\lambda \mathrm{d}\lambda} = \frac{\int_0^\infty \alpha_\lambda G_\lambda \mathrm{d}\lambda}{G} \tag{11 - 25}$$

上式表明，实际物体的全波吸收比不是单纯的物性参数，它不仅和物体本身的材料、温度和表面状况有关，而且还和投入辐射 G_λ 沿波长的分布有关，因为实际物体的光谱吸收比 α_λ 是沿波长变化的。实际物体的全波吸收比与投入辐射有关的特点对工程辐射换热的计算是很不方便的。实际上，在工程上的热辐射所涉及的波长范围内，多数工程材料都可以当作灰体处理，这样可以简化分析，引起的误差也是可以容许的。对于灰体，全波吸收比和投入辐射无关，此时

$$\alpha = \alpha_\lambda \tag{11 - 26}$$

物体的光谱吸收比沿波长变化的特性称为物体的吸收具有选择性。我们看到各种物体呈现不同的颜色，主要也是因为选择性吸收和辐射。在阳光下，如果物体主要反射某一波长的光而吸收其他波长的光，物体就呈现被反射波长的光的颜色。如果几乎均匀地吸收各种波长的光，物体就是灰色或者黑色。

三、基尔霍夫定律

实际物体的发射率与吸收比之间的关系，由基尔霍夫定律来表达。

考虑两块距离很近的无限大平行平板相对表面之间的辐射换热，如图 11 - 12 所示。其中表面 1 为黑体表面，其温度、辐射力、吸收比和发射率分别为 T_1、E_{b1}、$\alpha_b=1$ 和 $\varepsilon_b=1$；表面 2 为任意物体表面，其温度、辐射力、吸收比和发射率分别为 T_2、E_2、α 和 ε。现在分析两表面之间单位面积的能量交换。对表面 2，单位时间发出的能量是 E_2 且被表面 1 全部吸收；表面 1 投射过来的能量是 E_{b1}，被表面 2 吸收 αE_{b1}，其余 $(1-\alpha)E_{b1}$ 被反射回表面 1 且被表面 1 吸收。表面 2 单位面积净失去的能量为

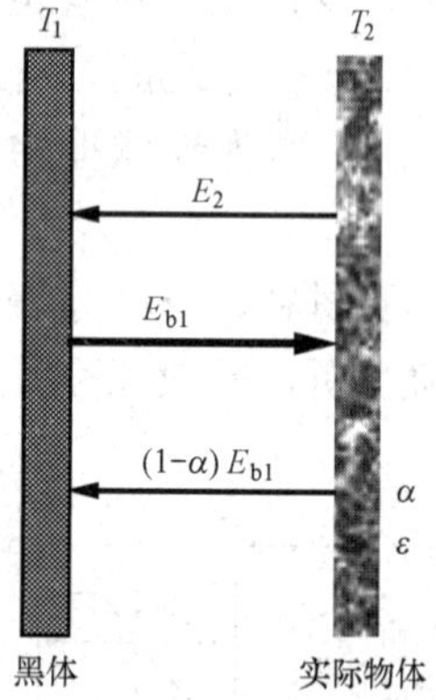

图 11 - 12 基尔霍夫定律的推导

$$q = E_2 - \alpha E_{b1} = \varepsilon E_{b2} - \alpha E_{b1} \tag{11 - 27}$$

当体系处于热平衡，即 $T_1 = T_2$ 时，有 $q=0$，$E_{b1}=E_{b2}$，则有

$$\alpha = \varepsilon$$

因此，对于任意物体表面，在与黑体表面处于辐射换热热平衡状态时，都有

$$\alpha = \varepsilon = \frac{E}{E_b} \tag{11 - 28}$$

上式是基尔霍夫定律的表达式之一，可以表述为：在热平衡的条件下，任意物体对来自黑体投入辐射的吸收比等于该温度下此物体的发射率。

在图 11 - 12 所示的模型中，假设两板之间的介质不是完全透明的，而是只能通过波长为 λ 的辐射能，则单位表面的换热量为

$$q = E_{\lambda 2} - \alpha_\lambda E_{b,\lambda 1} = \varepsilon_\lambda E_{b,\lambda 2} - \alpha_\lambda E_{b,\lambda 1}$$

同样，热平衡时有 $T_1 = T_2$，$q=0$，$E_{b,\lambda 1}=E_{b,\lambda 2}$，则有

$$\alpha_\lambda = \varepsilon_\lambda \tag{11 - 29}$$

式（11 - 29）是基尔霍夫定律的另一个表达式。由于物体的光谱发射率和光谱吸收比都是物体表面本身的特性参数，因此式（11 - 29）对于所有符合兰贝特定律的漫射表面都成立，而不需要投入辐射来自黑体以及热平衡这两个条件。而对于灰体，由于全波特性和光谱特性相同，也总有 $\alpha=\alpha_\lambda=\varepsilon_\lambda=\varepsilon$。

灰体的吸收比总等于其发射率的结论可以极大地简化辐射换热的分析计算。不过也需要注意，尽管多数工程应用中可以把材料作为灰体处理，但如果研究中涉及物体表面对太阳辐射的吸收时，一般不能把物体当作灰体，因为大多数物体对可见光的吸收表现出强烈的选择性，物体看起来有不同的颜色即因为此。对于太阳能集热器而言，更是要求其吸收表面的涂层材料对太阳辐射有高吸收比，而本身的发射率在工作温度下较小。先进涂层材料的吸收比已可以达到发射率的 8～10 倍以上。

灰体模型对于辐射换热的工程计算具有重要意义。这里我们再对灰体的辐射特性做一下总结：灰体是指光谱辐射特性不随波长变化的物体，因此有 $\alpha=\alpha_\lambda=\varepsilon_\lambda=\varepsilon$；灰体的光谱辐射力沿波长的分布服从普朗克定律，即 $E_\lambda=\varepsilon E_{b,\lambda}$；灰体的光谱辐射力取得最大值所对应的波长服从维恩位移定律；灰体的全波辐射力符合四次方定律，即 $E=\varepsilon E_b=\varepsilon\sigma_0 T^4$；漫射灰体表面的定向辐射服从兰贝特定律，各个方向的辐射强度都相等。如无特别说明，本章中后面对表面辐射换热的讨论中，均假定辐射表面是具有漫射特性的灰体表面，简称漫灰表面。

【例 11 - 2】 某材料的光谱吸收比和外来投入辐射分别为

$$\alpha_\lambda = \begin{cases} 0.5 & 0 < \lambda \leqslant 2\mu m \\ 0.3 & 2 < \lambda \leqslant 3\mu m \\ 0 & \lambda > 3\mu m \end{cases}, \quad G_\lambda = \begin{cases} 0 & 0 < \lambda \leqslant 0.5\mu m \\ 1000 & 0.5 < \lambda \leqslant 1\mu m \\ 500 & 1 < \lambda \leqslant 3\mu m \\ 0 & \lambda > 3\mu m \end{cases} \ W/(m^2 \cdot \mu m)$$

求此时该材料表面的全波吸收比。

解 $\alpha=\dfrac{\int_0^\infty \alpha_\lambda G_\lambda \mathrm{d}\lambda}{\int_0^\infty G_\lambda \mathrm{d}\lambda}$，本题中采用分段积分来计算。

$$\alpha=\frac{\int_{0.5}^{1}0.5\times1000\mathrm{d}\lambda+\int_{1}^{2}0.5\times500\mathrm{d}\lambda+\int_{2}^{3}0.3\times500\mathrm{d}\lambda}{\int_{0.5}^{1}1000\mathrm{d}\lambda+\int_{1}^{3}500\mathrm{d}\lambda}$$

$$=\frac{500\times(1-0.5)+250\times(2-1)+150\times(3-2)}{1000\times0.5+500\times2}$$

$$=0.433$$

第四节 辐射角系数

一、辐射角系数的定义

两个物体表面之间的辐射换热不仅和表面发射辐射、吸收外来投入辐射的特性有关，还和表面之间的相互位置关系有关。一个微元表面 $\mathrm{d}A$ 发出的辐射能是沿半球空间分布的，这些辐射能落在另一个表面上的份额，取决于这个表面对微元表面 $\mathrm{d}A$ 形成的可见面积的大小、方位以及 $\mathrm{d}A$ 发射辐射能的方向特性。表面 1 发射出去的辐射能落到表面 2 上的百分数称为表面 1 对表面 2 的**辐射角系数**，记为 X_{12}，也简称**角系数**。同样可以定义表面 2 对表面 1 的辐射角系数。对于表面辐射特性均匀的漫射表面而言，其定向辐射力的方向特性是确定的（余弦定律），其表面温度和发射率的变化可以改变表面发射辐射能的多少，但不改变辐射能的空间分布比例。因此，对于漫射表面，辐射角系数是单纯的几何参数。

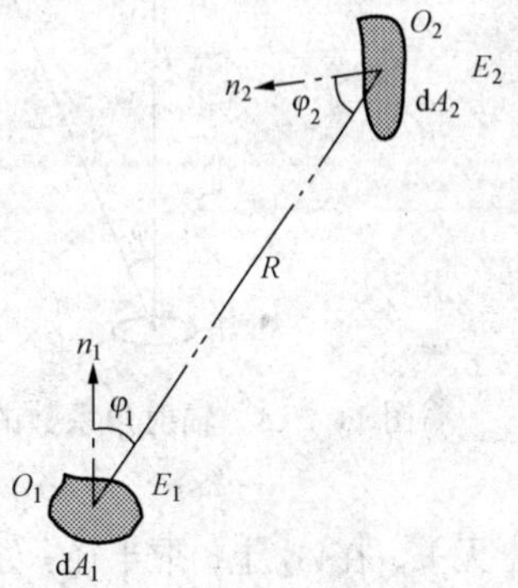

图 11-13 两个微元表面之间的辐射

设有两个漫灰表面 A_1 和 A_2，表面辐射力分别为 E_1 和 E_2，表面 1 发出的辐射能为 Q_1，落在表面 2 上的部分为 Q_{12}，则表面 1 对表面 2 的辐射角系数可写为

$$X_{12}=\frac{Q_{12}}{Q_1}=\frac{Q_{12}}{E_1A_1} \tag{11-30}$$

在两表面上分别取两块微元表面 $\mathrm{d}A_1$ 和 $\mathrm{d}A_2$，其空间位置关系的描述如图 11-13 所示。其中 R 是两微元表面之间的距离，n_1 和 n_2 是两微元表面的法线方向，φ_1 和 φ_2 分别是两微元表面之间的连线与其法线方向的夹角，O_1 和 O_2 是两微元表面的中心点，表示两微元表面的空间位置。对于漫灰表面，定向辐射强度与方向无关，且有 $L_1=E_1/\pi$；从微元表面 $\mathrm{d}A_2$ 处（O_2 点）看微元表面 $\mathrm{d}A_1$ 所看到的可见面积为 $\mathrm{d}A_1\cos\varphi_1$；而微元表面 $\mathrm{d}A_2$ 对微元表面 $\mathrm{d}A_1$（O_1 点）形成的微元立体角为

$$\mathrm{d}\omega_1=\frac{\mathrm{d}A_2\cos\varphi_2}{R^2}$$

若从 $\mathrm{d}A_1$ 发出落在 $\mathrm{d}A_2$ 上的辐射能为 $\mathrm{d}Q_{12}$，则有

$$\mathrm{d}Q_{12}=L_1\mathrm{d}A_1\cos\varphi_1\mathrm{d}\omega_1$$

或

$$dQ_{12}=\frac{E_1}{\pi}dA_1\cos\varphi_1\frac{dA_2\cos\varphi_2}{R^2}$$

$$=E_1\frac{\cos\varphi_1\cos\varphi_2}{\pi R^2}dA_1dA_2 \tag{11-31}$$

从表面 1 发出落在表面 2 上的辐射能 Q_{12} 可通过上式的积分求得

$$Q_{12}=E_1\int_{A_1}\int_{A_2}\frac{\cos\varphi_1\cos\varphi_2}{\pi R^2}dA_1dA_2 \tag{11-32}$$

则表面 1 对表面 2 的辐射角系数为

$$X_{12}=\frac{Q_{12}}{E_1A_1}=\frac{1}{A_1}\int_{A_1}\int_{A_2}\frac{\cos\varphi_1\cos\varphi_2}{\pi R^2}dA_1dA_2 \tag{11-33}$$

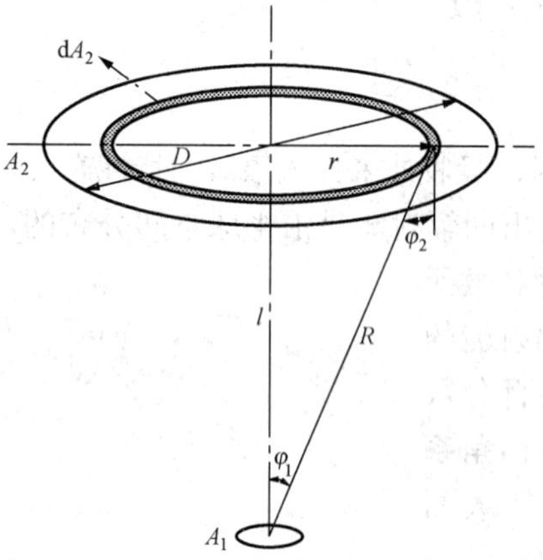

图 11 - 14　辐射角系数的计算

同样的方法可以得到表面 2 对表面 1 的辐射角系数为

$$X_{21}=\frac{Q_{21}}{E_2A_2}=\frac{1}{A_2}\int_{A_2}\int_{A_1}\frac{\cos\varphi_2\cos\varphi_1}{\pi R^2}dA_2dA_1 \tag{11-34}$$

【例 11 - 3】　图 11 - 14 所示的两个同轴相对、互相平行的圆形漫射表面 A_1 和 A_2，圆心距离为 l，A_2 的直径为 D，A_1 的面积远小于 A_2，试求 A_1 对 A_2 的辐射角系数 X_{12}。

解　利用式 (11 - 33)，可得

$$X_{12}=\frac{1}{A_1}\int_{A_1}\int_{A_2}\frac{\cos\varphi_1\cos\varphi_2}{\pi R^2}dA_1dA_2$$

这里 $A_1 \ll A_2$，可认为 φ_1、φ_2 都只和 A_2 有关，而和 A_1 无关。在 A_2 上，取半径 r 处、宽为 dr 的微元环带为 dA_2，则有 $dA_2=2\pi r dr$，此时 $R=\sqrt{r^2+l^2}$，$\cos\varphi_1=\cos\varphi_2=l/R$，$r$ 的取值区间为 $0\sim D/2$，代入上式，得

$$X_{12}=\frac{1}{A_1}\int_{A_1}dA_1\int_{A_2}\frac{\cos^2\varphi_1}{\pi R^2}dA_2$$

$$=\int_0^{\frac{D}{2}}\frac{\left(\frac{l^2}{r^2+l^2}\right)}{\pi(r^2+l^2)}2\pi r dr$$

$$=\int_0^{\frac{D}{2}}\frac{(l^2)}{(r^2+l^2)^2}dr^2$$

$$=l^2\left(\frac{-1}{r^2+l^2}\right)\Bigg|_0^{\frac{D}{2}}$$

$$=\frac{D^2}{D^2+4l^2}$$

二、角系数的性质

很多情况下，利用式（11 - 33）和式（11 - 34）计算辐射角系数是困难的，但可以利用辐射角系数的性质来分析、推导辐射角系数。角系数有以下一些性质：

（1）角系数的相对性。由式（11 - 33）和式（11 - 34）可知

$$A_1X_{12}=A_2X_{21}=\int_{A_1}\int_{A_2}\frac{\cos\varphi_1\cos\varphi_2}{\pi R^2}\mathrm{d}A_1\mathrm{d}A_2$$

对于任意两个表面，有

$$A_iX_{ij}=A_jX_{ji} \tag{11-35}$$

这表述了相互辐射两个表面之间角系数的相对关系，称为角系数的相对性。

(2) 角系数的完整性。对于由 n 个表面组成的封闭空腔（见图 11-15），其中任意表面 i 所发出的辐射能，必然全部落在组成封闭空腔的内表面上，因此有

$$X_{i1}+X_{i2}+X_{i3}+\cdots+X_{in}=\sum_{j=1}^{n}X_{ij}=1 \tag{11-36}$$

式中：$i=1,2,3,\cdots,n$。

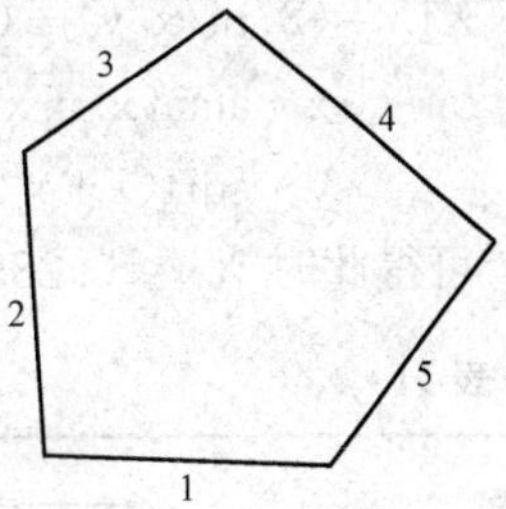

图 11-15　角系数的完整性

这一关系称为角系数的完整性。角系数完整性的表达式中必然包括 X_{ii}，表示表面 i 发出的辐射能中落在自身表面上的份额。对于凹表面，$X_{ii}>0$，而对于非凹表面，其辐射不能到达自己身上，所以 $X_{ii}=0$。

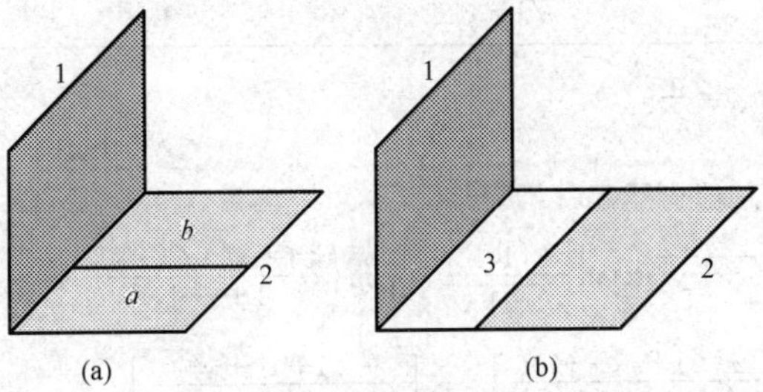

图 11-16　角系数的可加性

(3) 角系数的可加性。考虑图 11-16(a) 中表面 1 对表面 2 的辐射角系数。由于表面 1 发出的辐射能落在表面 2 上的总量，等于落在 a 部分和 b 部分的分量之和，因此，当 $A_2=A_a+A_b$ 时，有

$$X_{12}=X_{1a}+X_{1b} \tag{11-37}$$

另外，表面 2 发出的辐射能，落在表面 1 上的总量，等于表面 a 和 b 发出的辐射能，落在表面 1 上的总和，即

$$A_2E_{b2}X_{21}=A_aE_{b2}X_{a1}+A_bE_{b2}X_{b1}$$

$$\Rightarrow X_{21}=\frac{A_a}{A_2}X_{a1}+\frac{A_b}{A_2}X_{b1} \tag{11-38}$$

三、角系数的计算

计算任意两个表面之间的辐射角系数的方法有代数分析法、几何分析法和直接积分法等几种，我们的重点是利用角系数的定义和性质来推算角系数，或由已知的角系数推算未知的角系数。

1. 直接积分法

直接利用式（11-33）来计算角系数的方法称为直接积分法，不过这种方法是比较麻烦的，许多时候都会遇到数学上的困难。工程上已经给出了许多典型几何体系的角系数计算公式或（和）线算图。作为示例，本书中给出了几个角系数的计算公式（见表 11-4），其中包括两平行相对的矩形表面之间的辐射角系数，具有一条公共边且互相垂直的两矩形表面之间的辐射角系数，以及同轴相对两平行圆形表面之间的辐射角系数。由于目前计算技术发展迅速，采用公式进行计算越来越方便、快捷，作为学习，也可以采用数学运算软件来进行计算。例如，对于两平行相对的矩形表面之间的辐射角系数问题，如果 $a=0.5$，$b=1$，$h=$

0.5，则可以采用如下语句在 MATLAB 中进行运算：

```
a=0.5; b=1; h=0.5;
x=a/h;
y=b/h;
X12=(2/pi/x/y)*(log(sqrt((1+x^2)*(1+y^2)/(1+x^2+y^2)))-
      x*atan(x)+x*sqrt(1+y^2)*atan(x/sqrt(1+y^2))-y*atan(y)+
      y*sqrt(1+x^2)*atan(y/sqrt(1+x^2)))
```

可得此时 $X_{12}=0.286$。

表 11-4　　几种几何体系的辐射角系数计算公式

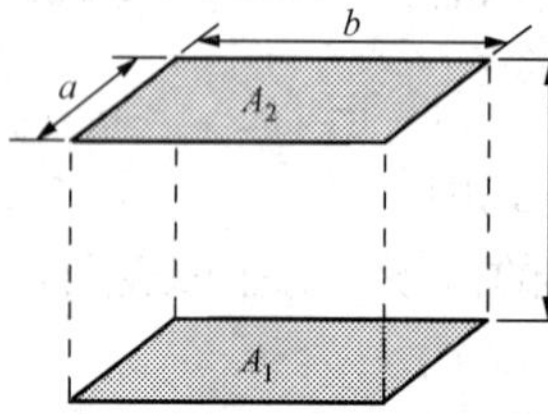 两个同样大小、平行相对的矩形表面	$x=\frac{a}{h}$，$y=\frac{b}{h}$ $X_{12}=\frac{2}{\pi xy}\left[\ln\sqrt{\frac{(1+x^2)(1+y^2)}{1+x^2+y^2}}-x\arctan x+x\sqrt{1+y^2}\arctan\frac{x}{\sqrt{1+y^2}}-y\arctan y+y\sqrt{1+x^2}\arctan\frac{y}{\sqrt{1+x^2}}\right]$
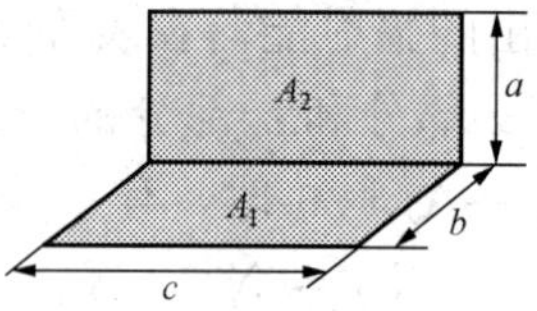 两个互相垂直、具有一条公共边的矩形表面	$x=\frac{b}{c}$，$y=\frac{a}{c}$ $X_{12}=\frac{1}{\pi x}\left\{x\arctan\frac{1}{x}+y\arctan\frac{1}{y}-\sqrt{x^2+y^2}\arctan\frac{1}{\sqrt{x^2+y^2}}+\frac{1}{4}\ln\left\{\frac{(1+x^2)(1+y^2)}{1+x^2+y^2}\times\left[\frac{x^2(1+x^2+y^2)}{(1+x^2)(1+y^2)}\right]^{x^2}\times\left[\frac{y^2(1+x^2+y^2)}{(1+x^2)(1+y^2)}\right]^{y^2}\right\}\right\}$
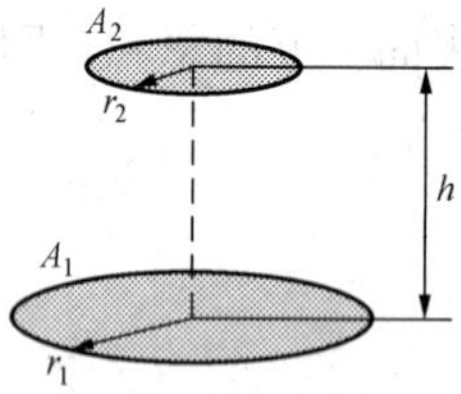 两个同轴的相对平行圆盘	$x=\frac{r_1}{h}$，$y=\frac{r_2}{h}$，$z=1+\frac{1+y^2}{x^2}$ $X_{12}=\frac{1}{2}\left[z-\sqrt{z^2-4(y/x)^2}\right]$

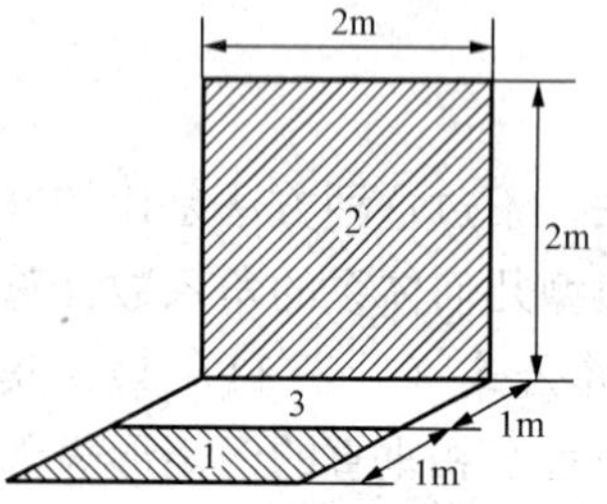

图 11-17　例 11-4

【例 11-4】　图 11-17 中，表面 1 和表面 3 共面且与表面 2 垂直，试确定表面 1 对表面 2 的辐射角系数。

解　本题中可以先利用表 11-3 确定表面 2 和表面 1+3 之间的角系数，以及表面 2 和表面 3 之间的角系数，再利用角系数的性质推算表面 1 和表面 2 之间的角系数。

对于表面 2 对表面 1+3，有 $a=2\text{m}$，$b=1+1=2\text{m}$，$c=2\text{m}$，$x=b/c=1$，$y=a/c=1$，按表 11-3 计算得

$$X_{2,(1+3)}=0.2$$

对于表面 2 对表面 3，有 $a=1\text{m}$，$b=2\text{m}$，$c=2\text{m}$，$x=b/c=1$，$y=a/c=0.5$，计算得

$$X_{2,3}=0.1462$$

由角系数的可加性可知，$X_{2,(1+3)}=X_{21}+X_{23}$，因此

$$X_{21}=X_{2,(1+3)}-X_{23}=0.2-0.1462=0.0538$$

由角系数的相对性，$A_1X_{12}=A_2X_{21}$，可得

$$X_{12}=\frac{A_2}{A_1}X_{21}=\frac{2\times 2}{2\times 1}\times 0.0538=0.1076$$

2. 代数分析法

代数分析法是利用角系数的定义和性质，通过代数运算确定角系数的方法。

图 11-18（a）所示为一个凹表面和一个非凹表面组成的封闭空腔，按角系数的定义，有 $X_{12}=1$，再利用角系数的相对性，可得 $X_{21}=\dfrac{A_1}{A_2}$。

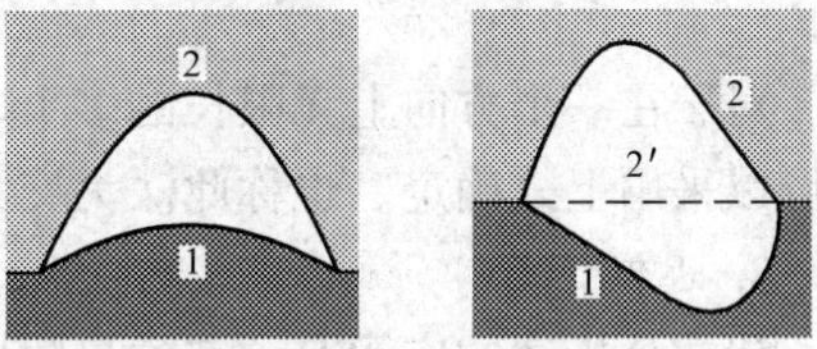

图 11-18 两个表面组成的封闭空腔

图 11-18（b）所示为两个凹表面组成的封闭空腔，两表面的接合线在同一个平面上，此时不能直接按角系数的定义得到角系数，为此以两表面的接合线为边界做一个假想表面 2′，则按定义，$X_{12}=X_{12'}$，而此时 $X_{2'1}=1$，$A_{2'}X_{2'1}=A_1X_{12'}$，因此 $X_{12}=X_{12'}=A_{2'}/A_1$，而 $X_{21}=\dfrac{A_1}{A_2}X_{12}$。

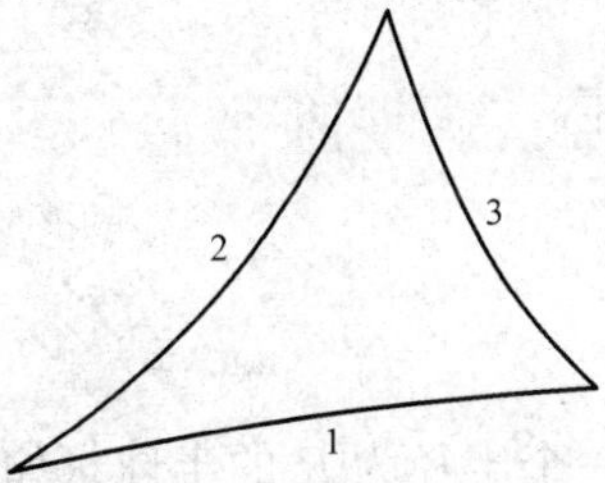

图 11-19 三个非凹表面组成的封闭空腔

图 11-19 所示是由三个非凹表面组成的空腔，由于垂直纸面方向为无限长，可看作是封闭空腔，而忽略两个端面的影响。按角系数的完整性，有

$$\left.\begin{aligned}X_{12}+X_{13}&=1\\X_{21}+X_{23}&=1\\X_{31}+X_{32}&=1\end{aligned}\right\}\tag{a}$$

按角系数的相对性，有

$$\left.\begin{aligned}A_1X_{12}&=A_2X_{21}\\A_2X_{23}&=A_3X_{32}\\A_3X_{31}&=A_1X_{13}\end{aligned}\right\}\tag{b}$$

上述六个方程，六个未知数，可以求解，X_{12}的结果为

$$X_{12}=\frac{A_1+A_2-A_3}{2A_1}\tag{11-39a}$$

由于三个表面在垂直纸面方向的长度相同，面积比等于横断面线段的长度比。

$$X_{12}=\frac{l_1+l_2-l_3}{2l_1}\tag{11-39b}$$

其他各个角系数的结果也可以仿照上式得出，即

$$X_{13}=\frac{l_1+l_3-l_2}{2l_1},\qquad X_{23}=\frac{l_2+l_3-l_1}{2l_2},\ \cdots$$

利用上述结果，我们还可以进一步求解如图 11-20 所示的两个在垂直纸面方向无限长的非凹表面之间的辐射角系数。为此分别做出辅助线 ad、bc、ac、bd。由角系数的完整性可得

$$X_{12}=1-X_{1,ad}-X_{1,bc}$$

若分别将 abd 和 abc 视为封闭空间，由式（11-39b）可得

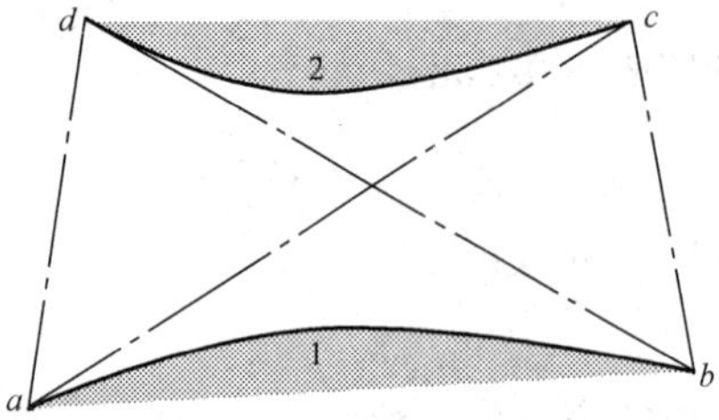

图 11 - 20 交叉线法示意

$$X_{1,ad}=\frac{ab+ad-bd}{2ab},\quad X_{1,bc}=\frac{ab+bc-ac}{2ab}$$

于是，有

$$X_{12}=\frac{(ac+bd)-(ad+bc)}{2ab} \tag{11 - 40}$$

上式的关系具有一般性，可以写成下面的形式：

$$X_{12}=\frac{\text{交叉线之和}-\text{非交叉线之和}}{2\times\text{表面 1 的断面长度}} \tag{11 - 41}$$

对于在一个方向上无限长的多个非凹表面组成的系统，任意两个表面之间的辐射角系数都可以采用上式确定。也称此法为交叉线法。

3. 近似计算

代数分析法的应用有一定的局限性，此时若不能进行直接积分，也可以采用投影做图的方法进行几何分析，来求取任意两个表面之间的辐射角系数。这里首先介绍微元表面 dA_1 对任意表面 A_2 的辐射角系数的求取方法。

设有微元表面 dA_1，中心点为 O_1，辐射力为 E_1，辐射强度为 L_1。另有表面 A_2，在表面 A_2 上取微元表面 dA_2，则 dA_2 对 O_1 形成微元立体角 $d\omega_1$，$d\omega_1$ 相对 dA_1 法线方向的纬度角为 φ_1，由 dA_1 发出的辐射能，落在 dA_2 上的部分 dQ_{12} 为

$$dQ_{12}=L_1dA_1\cos\varphi_1d\omega_1=\frac{E_1}{\pi}dA_1\cos\varphi_1d\omega_1$$

则有

$$X_{dA_1,dA_2}=\frac{dQ_{12}}{E_1dA_1}=\frac{1}{\pi}\cos\varphi_1d\omega_1$$

以 dA_1 的中心点 O_1 为球心、以 dA_1 所在的平面为底面做一个半径为 R 的半球（如图 11 - 21 所示），$d\omega_1$ 在球面上所截的面积为 dA'_2，A_2 对 O_1 所形成的立体角 ω_1 在球面上所截的面积为 A'_2，按立体角的定义，有

$$d\omega_1=\frac{dA'_2}{R^2},\quad \omega_1=\frac{A'_2}{R^2}$$

则有

$$X_{dA_1,dA_2}=\frac{\cos\varphi_1dA'_2}{\pi R^2}$$

从几何意义上来看，$\cos\varphi_1dA'_2$是球面上的微元面积 dA'_2在半球底面上的投影面积 dA''_2，而 πR^2 是底面的面积，因此

$$X_{dA_1,dA_2}=\frac{dA''_2}{\pi R^2}$$

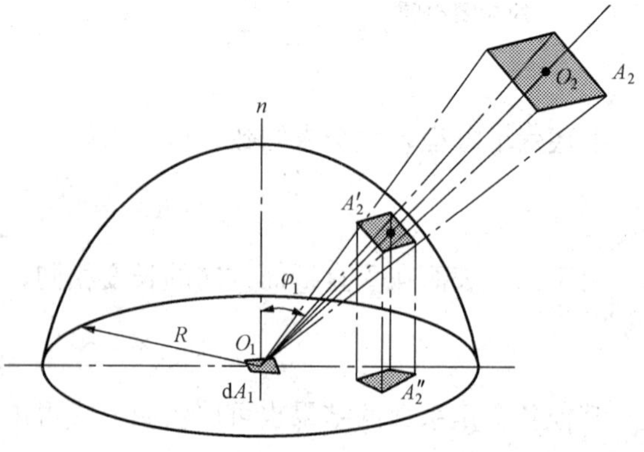

图 11 - 21 角系数近似计算的投影法

$$X_{dA_1,A_2}=\int_{A_2}\frac{dA''_2}{\pi R^2}=\frac{A''_2}{\pi R^2} \tag{11 - 42}$$

式中：A''_2为 A'_2在底面上的投影面积。

求取微元表面 dA_1 对有限表面 A_2 的辐射角系数的投影做图法为：以 dA_1 的中心 O_1 为球

心，以 dA_1 所在平面为底面做半径为 R 的半球，A_2 对 O_1 所形成的立体角在球面上截取的面积 A_2' 在底面上的投影面为 A_2''，则 A_2'' 与底面面积 πR^2 的比值即为 dA_1 对 A_2 的辐射角系数。

利用上述关系，可以采用离散化的方法进一步求取有限表面 A_1 对 A_2 的辐射角系数。为此将表面 A_1 离散化为 n 个小表面 ΔA_{1i}，即 $\sum_{i=1}^{n}\Delta A_{1i}=A_1$。从 A_1 出发，落在 A_2 上的辐射能 Q_{12}，等于从所有小表面 ΔA_{1i} 发出，落在 A_2 上的辐射能之和，即

$$Q_{12}=\sum_{i=1}^{n}E_1\Delta A_{1i}X_{\Delta A_{1i},A_2}$$

式中：$X_{\Delta A_{1i},A_2}$ 是小表面 ΔA_{1i} 对表面 A_2 的辐射角系数，采用式（11 - 42）的方法求出。于是

$$X_{12}=\frac{Q_{12}}{E_1A_1}=\frac{1}{A_1}\sum_{i=1}^{n}\Delta A_{1i}X_{\Delta A_{1i},A_2} \tag{11 - 43}$$

由于只能对 A_1 进行有限的离散分割，因此这种方法是近似计算。显然 A_1 被离散化的越细，计算精度越高，但计算量也随之增大。

【例 11 - 5】 已知条件同［例 11 - 3］。试采用几何分析法计算角系数 X_{12}。

解 A_1 远小于 A_2，把 A_1 视为微元表面。

以 A_1 的中心 O_1 为球心，以 A_1 所在的平面为底面做一个经过 A_2 圆形边界的半球，则半球的半径为

$$R=\sqrt{\frac{D^2}{4}+l^2}$$

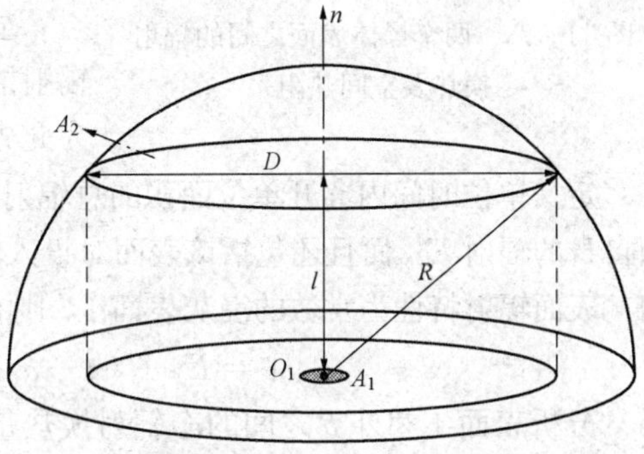

图 11 - 22 例 11 - 5 示意图

圆形表面 A_2 对 O_1 的立体角在球面上的截面 A_2' 在底面的投影面积为 $A_2''=A_2=\pi D^2/4$。则表面 A_1 对表面 A_2 的辐射角系数为

$$X_{12}=\frac{A''_2}{\pi R^2}=\frac{D^2}{D^2+4l^2}$$

与采用积分法的结果相同。

第五节 漫灰表面之间辐射换热的计算

一、两个黑体表面之间的辐射换热

只要能够确定表面之间的辐射角系数，两个黑体表面之间的辐射换热是比较容易计算的。设有两个被热透明介质隔开的黑体表面，面积分别为 A_1 和 A_2，表面温度分别为 T_1 和 T_2，表面之间的辐射角系数分别为 X_{12} 和 X_{21}。从表面 1 出发的辐射能为 $E_{b1}A_1$，落到表面 2 上的部分为 $E_{b1}A_1X_{12}$，且被表面 2 全部吸收；从表面 2 发出的辐射能为 $E_{b2}A_2$，落到表面 1 上的部分为 $E_{b2}A_2X_{21}$，且被表面 1 全部吸收。这样，表面 1 和表面 2 之间因辐射换热而形成的热流量为

$$Q_{12}=E_{b1}A_1X_{12}-E_{b2}A_2X_{21}=\frac{E_{b1}-E_{b2}}{\dfrac{1}{A_1X_{12}}} \tag{11 - 44}$$

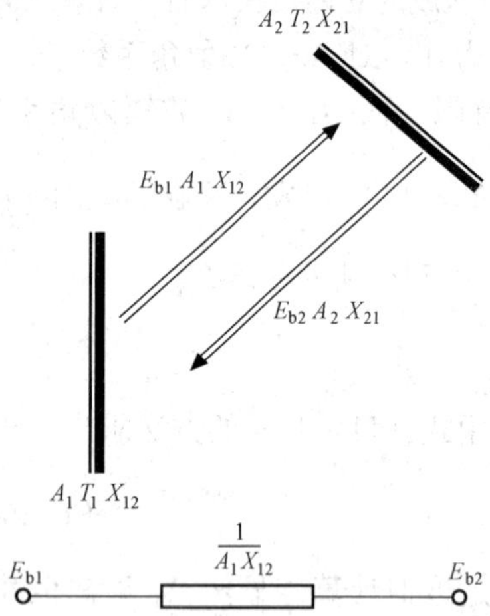

图 11 - 23　两个黑体表面之间的辐射换热及空间热阻

式中，$1/A_1X_{12}=1/A_2X_{21}$。应用热阻的概念，$E_{b1}-E_{b2}=\sigma(T_1^4-T_2^4)$，称为辐射换热的热势差。而 $1/A_1X_{12}$ 是与两表面空间位置关系有关的热阻，称为**空间热阻**（见图 11 - 23）。

二、辐射换热网络分析

对于两个漫灰表面之间的辐射换热，情况要复杂一些。设有两个漫灰表面，表面积分别为 A_1、A_2 温度分别为 T_1、T_2，表面发射率（吸收比）分别为 ε_1、ε_2，辐射角系数相互为 X_{12} 和 X_{21}。从表面 1 发出落在表面 2 上的辐射能 $\varepsilon_1A_1E_{b1}X_{12}$ 只有一部分 ε_2 被吸收，其余部分$(1-\varepsilon_2)$被反射。这些反射的能量中有 X_{21} 会回到表面 1，被表面 1 吸收 ε_1 之后，其余的能量再被反射……

显然，这样追踪下去是没有尽头的。为了避免追踪辐射能造成的困难，我们采用一种“算总账”的方法。为此先定义有效辐射的概念。

定义单位时间内离开单位面积的总辐射能为**有效辐射**，用 J 表示。有效辐射 J 不仅包括表面自身的辐射 E，而且还包括该表面对投入辐射 G 的反射$(1-\alpha)G$。假设我们考察的是温度均匀、表面辐射特性为常数的漫灰表面 1，则有效辐射 J_1 为（见图 11 - 24）

$$J_1=E_1+(1-\alpha_1)G_1=\varepsilon_1E_{b1}+(1-\varepsilon_1)G_1 \tag{11 - 45}$$

分析表面 1 和外界之间的净辐射换热量。此时，研究的对象是包含表面 1 在内的一个封闭空腔，表面 1 和所有其他表面之间的辐射换热量为

$$Q_1=(J_1-G_1)A_1 \tag{11 - 46}$$

由式（11 - 45）可得

$$G_1=\frac{J_1-\varepsilon_1E_{b1}}{1-\varepsilon_1} \tag{11 - 47}$$

代入到式（11 - 46）可得表面 1 净失去的能量为

$$Q_1=\frac{\varepsilon_1A_1}{1-\varepsilon_1}(E_{b1}-J_1)=\frac{E_{b1}-J_1}{\dfrac{1-\varepsilon_1}{\varepsilon_1A_1}} \tag{11 - 48}$$

应用热阻的概念，$E_{b1}-J_1$ 相当于是表面 1 与外界进行辐射换热的热势差，而$\dfrac{1-\varepsilon_1}{\varepsilon_1A_1}$是与表面发射率（吸收比）有关的热阻，称为“表面热阻”。这里表面 1 自身形成一个“换热单元”（见图 11 - 24）。不过，即使我们已知漫灰表面的温度 T_1、发射率 ε_1 和面积 A_1，我们还是不能计算换热量，因为有效辐射 J_1 仍然是个待定量。

类似地，表面 2 从外界净获取的辐射能为

$$Q_2=\frac{J_2-E_{b2}}{\dfrac{1-\varepsilon_2}{\varepsilon_2A_2}} \tag{11 - 49}$$

应用有效辐射的概念，可以方便地写出计算两个漫灰表面之间辐射换热量的表达式。此

时，漫灰表面 1 相当于辐射力为 J_1 的黑体表面，发出辐射能 J_1A_1，落到表面 2 上的部分为 $J_1A_1X_{12}$，由于反射会在表面 2 的有效辐射 J_2 中考虑，因此落到表面 2 上的能量相当于全部被表面 2 吸收而没有反射；表面 2 发出辐射能 J_2A_2，落在表面 1 上的部分为 $J_2A_2X_{21}$，也相当于全部被吸收，则单位时间内从表面 1 净流入表面 2 的辐射能为

$$Q_{12}=J_1A_1X_{12}-J_2A_2X_{21}=\frac{J_1-J_2}{\dfrac{1}{A_1X_{12}}} \tag{11-50}$$

式中：$\dfrac{1}{A_1X_{12}}$为两个漫灰表面之间的空间热阻（见图 11-25）。

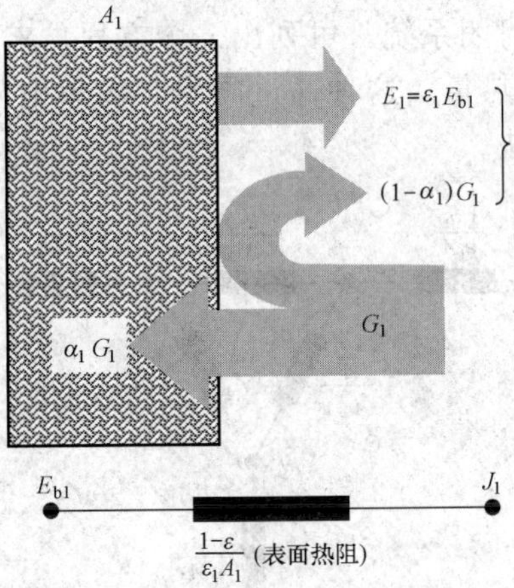

图 11-24　漫灰表面的有效辐射

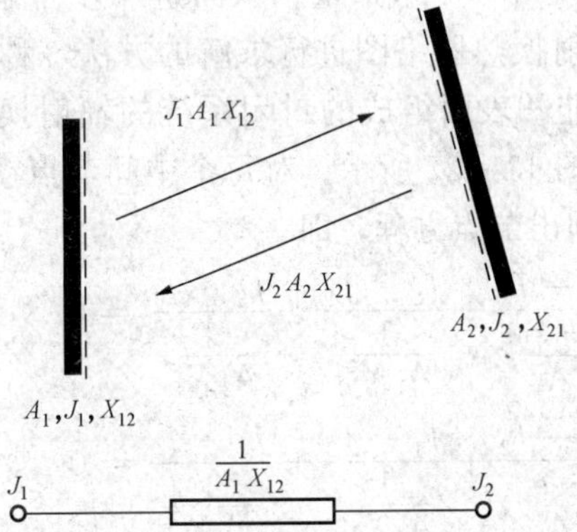

图 11-25　两个漫灰表面之间的空间热阻

对于只由两个漫灰表面组成的封闭空腔，表面 1 失去的能量 Q_1 等于表面 2 获得的能量 Q_2，也必然等于两表面之间的换热量 Q_{12}，即

$$Q_{12}=\frac{E_{b1}-J_1}{\dfrac{1-\varepsilon_1}{\varepsilon_1A_1}}=\frac{J_1-J_2}{\dfrac{1}{A_1X_{12}}}=\frac{J_2-E_{b2}}{\dfrac{1-\varepsilon_2}{\varepsilon_2A_2}} \tag{11-51}$$

在上式中可消去有效辐射 J_1、J_2，得

$$Q_{12}=\frac{E_{b1}-E_{b2}}{\dfrac{1-\varepsilon_1}{\varepsilon_1A_1}+\dfrac{1}{A_1X_{12}}+\dfrac{1-\varepsilon_2}{\varepsilon_2A_2}} \tag{11-52}$$

两个漫灰表面组成的封闭空腔形成一个辐射换热网络（如图 11-26 所示）。

对于由 n 个漫灰表面组成的封闭空腔，表面 i 失去的能量应等于表面 i 与所有其他表面 k（$k=1$、2、…、n）之间的换热量之和，即

$$Q_i=\sum_{k=1}^{n}Q_{ik}\Rightarrow Q_i+\sum_{k=1}^{n}Q_{ki}=0$$

即

$$\frac{E_{bi}-J_i}{\dfrac{1-\varepsilon_i}{\varepsilon_iA_i}}+\sum_{k=1}^{n}\frac{J_k-J_i}{\dfrac{1}{A_iX_{ik}}}=0\qquad(i=1,2,\cdots,n) \tag{11-53}$$

多个漫灰表面组成的封闭空腔形成复杂的辐射换热网络：每个表面 i 都对应一个表面换热单元，热势差为 $E_{bi}-J_i$，由表面热阻$\dfrac{1-\varepsilon_i}{\varepsilon_iA_i}$连接，其中的热流量为表面 i 与所有其他

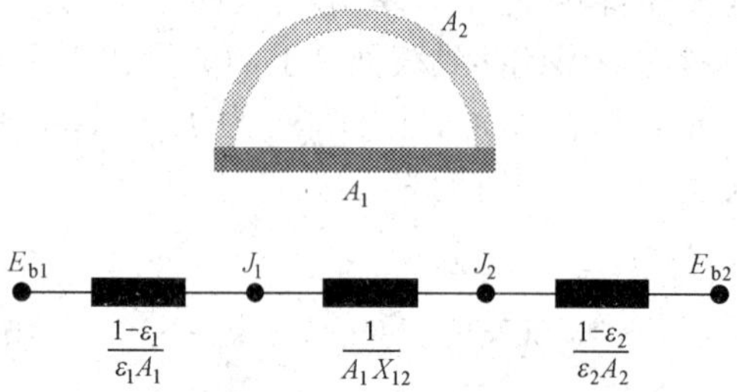

图 11-26　两表面组成的封闭系统的辐射换热网络

表面之间的辐射换热量；任意两个表面 i 和 k 之间都会对应一个空间换热单元，热势差为 J_i-J_k，由空间热阻 $\frac{1}{A_iX_{ik}}$ 连接，其中的热流量为表面 i 与表面 k 之间的辐射换热量。将热势比作电势，将热阻比作电阻，则可以画出多表面封闭系统辐射换热的网络图，而式（11-53）可以类比于简单直流电路的基尔霍夫定律：流入中间节点 J_i 的辐射热流量的代数和为零。对于 n 个表面组成的封闭系统，可列出 n 个方程，求解 J_1、J_2、…、J_n 等 n 个未知量。从而进一步求解辐射换热量。这种通过画出与简单电阻电路类比的辐射换热网络图进行求解的方法，称为**网络法**。

三个非凹表面组成的封闭系统的辐射换热网络图如图 11-27 所示。对每个中间节点 J_1、J_2 和 J_3 列出节点方程，即

$$\frac{E_{b1}-J_1}{\frac{1-\varepsilon_1}{\varepsilon_1 A_1}}+\frac{J_2-J_1}{\frac{1}{A_1X_{12}}}+\frac{J_3-J_1}{\frac{1}{A_1X_{13}}}=0$$

$$\frac{E_{b2}-J_2}{\frac{1-\varepsilon_2}{\varepsilon_2 A_2}}+\frac{J_1-J_2}{\frac{1}{A_2X_{21}}}+\frac{J_3-J_2}{\frac{1}{A_2X_{23}}}=0$$

$$\frac{E_{b3}-J_3}{\frac{1-\varepsilon_3}{\varepsilon_3 A_3}}+\frac{J_1-J_3}{\frac{1}{A_3X_{31}}}+\frac{J_2-J_3}{\frac{1}{A_3X_{32}}}=0$$

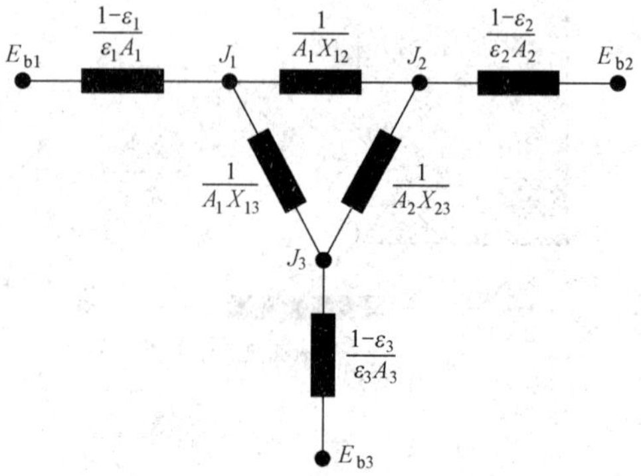

图 11-27　三个非凹表面组成的封闭系统的辐射换热网络图

已知三个表面的温度、面积、发射率以及表面之间的角系数，联合求解上述三个方程，可求得 J_1、J_2 和 J_3，进而利用式（11-48）和式（11-50）求出每个表面的净辐射换热量和任意两个表面之间的辐射换热量。

三、辐射换热的典型问题分析

当系统由两个漫灰表面构成时，对于下列三种情况，式（11-52）可以进行简化。

1. 表面 1 为非凹面（见图 11-28）

此时，必有 $X_{11}=0$，$X_{12}=1$，则式（11-52）成为

$$Q_{12}=\frac{E_{b1}-E_{b2}}{\frac{1-\varepsilon_1}{\varepsilon_1 A_1}+\frac{1}{A_1}+\frac{1-\varepsilon_2}{\varepsilon_2 A_2}} \tag{11-54}$$

上式还可以写成

$$Q_{12}=\frac{A_1(E_{b1}-E_{b2})}{\frac{1}{\varepsilon_1}+\frac{A_1}{A_2}\left(\frac{1}{\varepsilon_2}-1\right)}=\varepsilon_s A_1(E_{b1}-E_{b2}) \tag{11-55}$$

式中：ε_s 为系统发射率或系统黑度，$\varepsilon_s=\frac{1}{\frac{1}{\varepsilon_1}+\frac{A_1}{A_2}\left(\frac{1}{\varepsilon_2}-1\right)}$。

2. 表面积 A_1 和 A_2 相差很小，即 $A_1 \approx A_2$

当两个较大的平行表面距离很近时，可以忽略两表面与外界辐射能的传递，视为两个无限大平行平板构成的封闭系统。此时 $A_1 = A_2$，$X_{12} = X_{21} = 1$，式（11-52）成为

$$Q_{12} = \frac{E_{b1} - E_{b2}}{\dfrac{1-\varepsilon_1}{\varepsilon_1 A_1} + \dfrac{1}{A_1 X_{12}} + \dfrac{1-\varepsilon_2}{\varepsilon_2 A_2}} = \frac{E_{b1} - E_{b2}}{\dfrac{1}{\varepsilon_1} + \dfrac{1}{\varepsilon_2} - 1} A$$

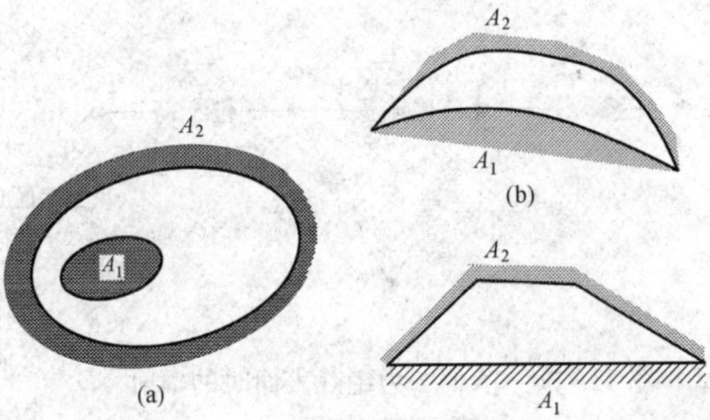

图 11-28　表面 1 为非凹表面的两表面封闭系统

或者

$$q_{12} = \frac{Q_{12}}{A_1} = \frac{E_{b1} - E_{b2}}{\dfrac{1}{\varepsilon_1} + \dfrac{1}{\varepsilon_2} - 1}$$

此时，系统黑度为 $\varepsilon_s = \dfrac{1}{\dfrac{1}{\varepsilon_1} + \dfrac{1}{\varepsilon_2} - 1}$。

3. 表面积 $A_2 \gg A_1$，即 $\dfrac{A_1}{A_2} \approx 0$

例如，大空间内的非凹的小物体表面与大空间内表面之间辐射换热就是这种情况。此时 $X_{12} = 1$，而 $X_{21} = \dfrac{A_1}{A_2} \approx 0$，式（11-52）成为

$$Q_{12} = \varepsilon_1 A_1 \sigma (T_1^4 - T_2^4) \quad (11-56)$$

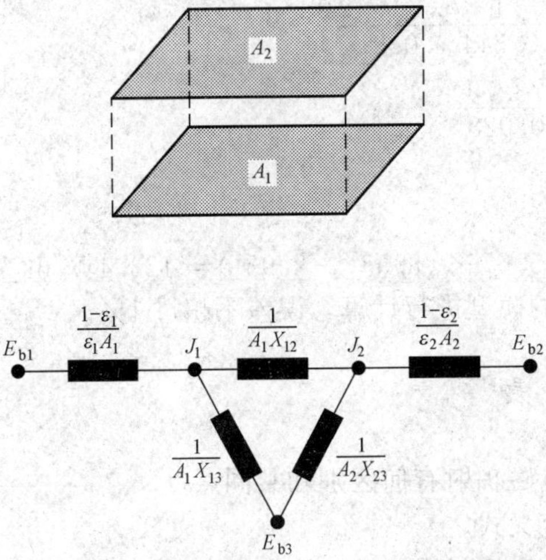

图 11-29　表面 3 为黑体的辐射网络图

对于三个表面组成的封闭系统，以下两种情况可以简化计算。

（1）有一个表面是黑体表面。很多时候，可以将不封闭系统的开口部分视为假想的具有外界环境温度的黑体表面。若 A_3 是黑体表面，则其表面热阻 $\dfrac{1-\varepsilon_3}{\varepsilon_3 A_3} = 0$，其有效辐射就等于辐射力：$J_3 = E_{b3}$，辐射换热网络如图 11-29 所示。式（11-53）简化为二元方程组。

（2）有一个表面是绝热表面。绝热表面的净辐射换热量为零，其有效辐射等于同温度黑体的辐射力。但绝热表面的表面热阻不为零，其温度值也不是已知量，而是取决于其他表面的辐射状况。在辐射换热中，这种温度待定而净辐射换热量为零的表面也称为重复射表面。在辐射换热网络中，重复射表面相当于一个中间节点，和其他表面没有净能量交换。若表面 3 绝热，三表面系统的辐射换热网络如图 11-30 所示，此时

$$Q_{12} = \frac{E_{b1} - E_{b2}}{\sum R_t} \quad (11-57)$$

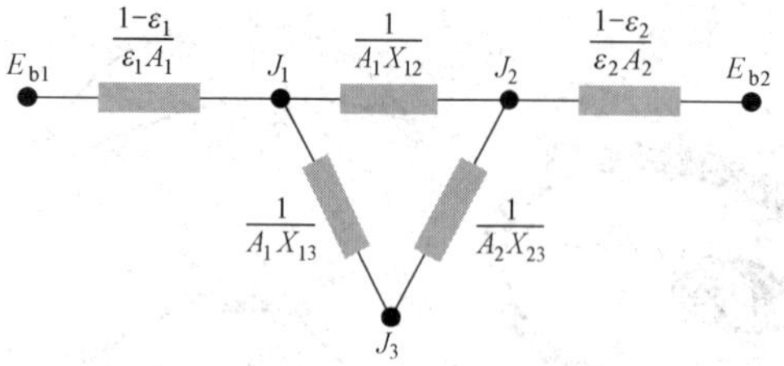

图 11-30　表面 3 为绝热表面时的辐射换热网络图

$\sum R_t$ 为总热阻，可直接按串联并联电路的电阻进行计算。

【例 11-6】　一根长钢管的外直径为 $d=100$mm，外壁温度 $t=80$℃，表面发射率 $\varepsilon=0.85$，置于一横截面为 1m×1m 的砖砌暗槽内，暗槽内壁温度为 20℃，表面发射率为 0.9。求：①单位长度钢管表面的辐射换热量；②若钢管置于大空间，空间内壁的温度、发射率与暗槽内表面相同，则单位长度钢管表面的辐射换热量是多少？

解　(1) 因为钢管很长，可视钢管表面与暗槽内表面为两个漫灰表面构成的封闭空腔。单位长度的钢管表面 A_1 与暗槽内表面 A_2 的面积分别为

$$A_1=\pi d=3.14\times 0.1=0.314\text{m}^2$$

$$A_2=4\times 1=4\text{m}^2$$

同时有 $X_{12}=1$。则有

$$Q_{12}=\frac{E_{b1}-E_{b2}}{\frac{1-\varepsilon_1}{\varepsilon_1 A_1}+\frac{1}{A_1 X_{12}}+\frac{1-\varepsilon_2}{\varepsilon_2 A_2}}$$

$$=\frac{5.67\times\left[\left(\frac{80+273}{100}\right)^4-\left(\frac{20+273}{100}\right)^4\right]}{\frac{1-0.85}{0.85\times 0.314}+\frac{1}{0.314}+\frac{1-0.9}{0.9\times 4}}$$

$$=\frac{5.67\times(155.27-73.70)}{0.562+3.185+0.028}$$

$$=122.5\text{W/m}$$

(2) 若置于大空间，有 $X_{12}=1$，$A_2\gg A_1$。

$Q_{12}=A_1\varepsilon_1\delta(T_1{}^4-T_2{}^4)=0.314\times 0.85\times 5.67\times(3.53^4-2.93^4)=123.4\text{W/m}$

可见，对于第一个问题，如果也按 $A_2\gg A_1$ 的模型进行计算，误差不超过 1%。

思　考　题

11-1　何谓热辐射？热辐射和其他形式的电磁辐射有何区别和共同点？

11-2　何谓吸收比、发射率？分别写出其定义式。

11-3　何谓黑体、灰体？漫射灰表面的概念对辐射换热的计算有何意义？

11-4　写出斯忒藩—玻耳兹曼定律的内容。

11-5　简述基尔霍夫定律的主要内容。

11-6　何谓辐射角系数？什么时候角系数是单纯的几何参数？

11-7　何谓“温室效应”？

习　　题

11-1　一个黑体表面温度为 $T=3800$K，试确定该黑体表面所发出的辐射能中可见光

所占的百分数。

11-2　一个等温空腔，内表面为漫射表面且维持均匀的温度。空腔壁上开一个面积为 1cm^2 的小孔，小孔面积相对于空腔内表面积可以忽略。现测得小孔向外界辐射的能量为10W，试确定空腔内表面的温度。

11-3　已知地球的直径为 1.29×10^7m，太阳的直径为 1.39×10^9m，地球和太阳相距 1.5×10^{11}m。把地球视为黑体表面，太阳看成温度 $T=5762$K 的黑体，试估算地球表面的温度。地球对太空的辐射可视为对 0K 黑体空间的辐射。

11-4　一块石英玻璃对热辐射具有选择穿透性，仅对 0.2～5μm 的热辐射具有 90%的穿透率。现通过该石英玻璃罩观看一个 1m×1m、温度为 900℃的黑体平面热源，则穿过该石英玻璃罩的热流量是多大？如果热源的温度变为 100℃呢？

11-5　某黑体表面发射的最大光谱辐射力在波长 $\lambda=3.2\mu$m 处，试计算该黑体表面的温度及其发射的辐射能中波长在 0.76～20μm 范围内的份额。

11-6　试确定如图 11-31 所示几何结构的辐射角系数 X_{12}。

11-7　两个直径分别为 $d_1=10$cm，$d_2=15$cm 的同轴平行圆盘，相距 10cm，试求圆盘相对表面间的辐射角系数 X_{12} 和 X_{21}。

11-8　试利用角系数的计算公式和角系数的性质分别确定图 11-32 中两种几何结构的角系数 X_{12}。

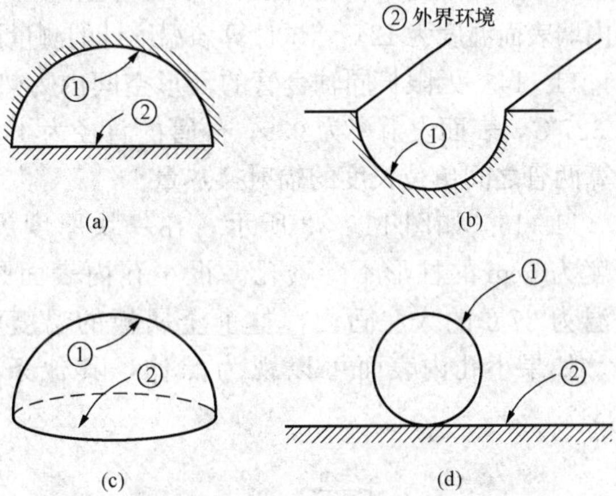

图 11-31　习题 11-6
(a) 无限长半圆形管道；(b) 长沟槽；(c) 半球内表面与底面；(d) 球与无限大平面

11-9　两个面积均为 1.5m×1.5m 的黑体平板平行正对放置，背面绝热，相距 1.5m，放置在一个壁面温度为 27℃的大房间内。平板的温度分别为 1000K 和 500K，试计算平板相对表面之间的净辐射换热量以及每个表面与外界之间的净辐射换热量。

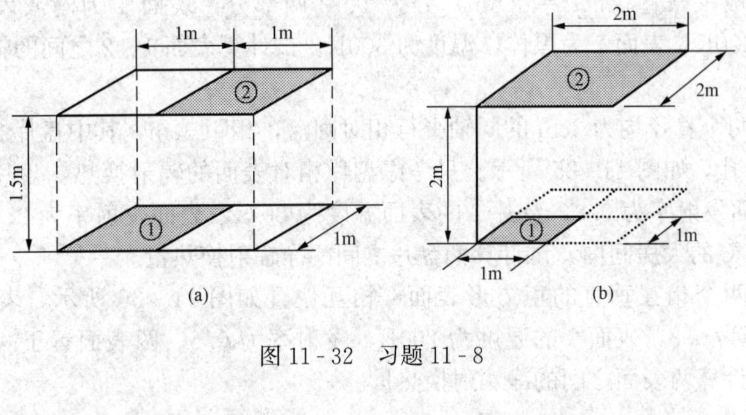

图 11-32　习题 11-8

11-10　两块平行正对放置的大平板，其间的距离远小于平板的长度和宽度，温度分别为500℃和100℃，表面发射率分别为0.8和0.7，试计算两块平板相对表面之间单位面积的辐射换热量。

11-11　在上题中，如果在两块平板之间放置一块两侧表面发射率均为0.05的薄板，而两块平板的温度保持不变，那么加装薄板之后两块平板相对表面之间单位面积的辐射换热量变为多少？

11-12　一个大房间，壁面的温度是20℃，壁面发射率为0.8。房间内有一管道，长5m，外径 $d=100\text{mm}$，管道表面温度为120℃，表面发射率为0.9。求管道的辐射热损失。

11-13　在一个大房间内吊装一支水银温度计，温度计的读数为20℃。已知温度计测温头部的表面发射率为0.8，测温头部表面与室内空气之间的表面传热系数为20W/(m²·℃)，房间内墙表面温度为12℃，试计算该温度计的测量误差。

11-14　无限长同轴套管的环形空间内为热辐射透明介质，内管外直径为0.8m，温度为327℃，表面发射率为0.9；外管内直径为1.0m，温度为127℃，表面发射率为0.6，试计算两管之间单位长度的辐射换热量。

11-15　如图11-33所示，在一块厚度为10cm的金属板上钻了一个直径为3cm、深度为6cm的柱形不穿透孔。设小孔内表面是发射率为0.7的漫灰表面，金属板置于壁温为27℃的大房间内，整个金属板的温度为527℃，试计算从孔口向外界辐射的能量。如果小孔内表面可以视为黑体，其他条件不变，则从孔口向外界辐射的能量为多少？

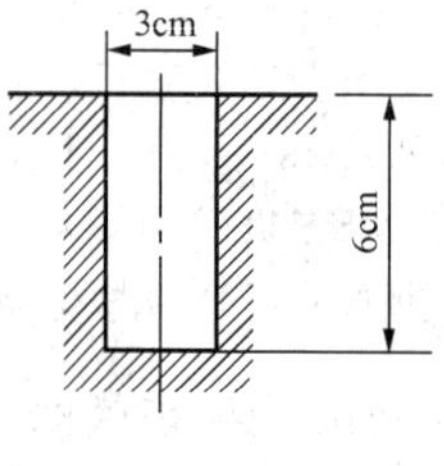

图11-33　习题11-15

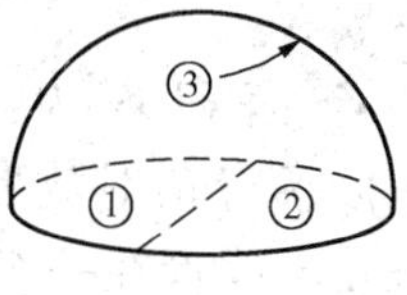

图11-34　习题11-16

11-16　半球内表面及其底面组成的封闭空腔，几何结构如图11-34所示，半球表面是绝热的，底面被一条直径（$d=0.6\text{m}$）分为1、2两部分，表面1为漫灰表面，发射率为0.5，温度为600K；表面2为黑体，温度为300K。试计算表面1、2之间的辐射换热量和表面3的温度。

11-17　两个直径均为3cm的同轴平行相对圆盘，相距3cm，其中盘片2的圆心处开有直径为1cm的孔，如图11-35所示。只考虑盘片相对表面的辐射换热，盘片1的表面温度为260℃，表面发射率为0.8，盘片2的表面温度为80℃，表面发射率为0.6。两盘片置于壁面温度为27℃的大房间内，试计算两盘片之间的净辐射换热量。

11-18　两个相互垂直的正方形表面，相互位置如图11-36所示。表面1的温度为800K，发射率为0.8，表面2的温度为200K，发射率为0.6。两表面置于一个壁面绝热的大房间内。试计算两表面之间的净辐射换热量。

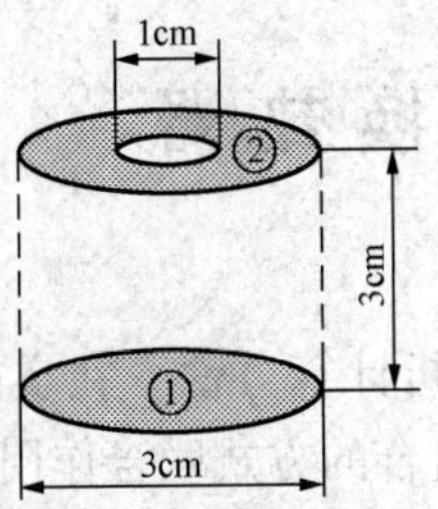

图 11-35　习题 11-17

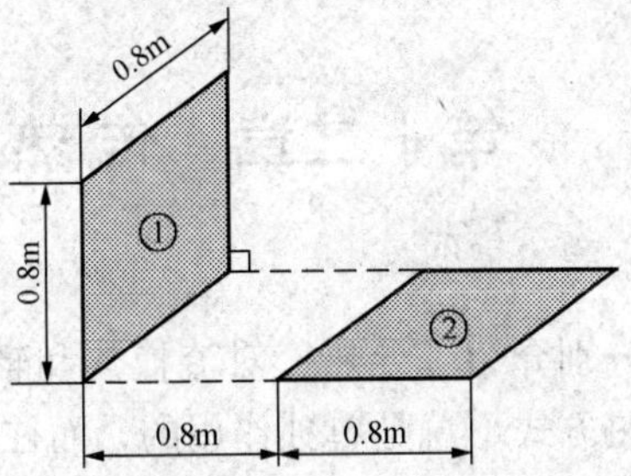

图 11-36　习题 11-18

第十二章　传热过程与换热器

前面几章分别介绍了导热、对流换热和辐射换热的分析计算方法。在实际的工程问题中，这三种传热方式不总是单独作用的，而往往是以某种组合的方式联合作用的。为此需要分析实际传热问题的类型和特点来进行综合分析。本章主要介绍几种典型的传热过程，如通过平壁、圆筒壁的传热过程，通过分析得出相应的计算公式。

换热器是工程上常用的热交换设备，其中的换热过程往往是一些典型的传热过程。本章还将介绍换热器类型、基本结构以及换热器的热平衡分析方法和校核、设计计算方法。

第一节　传热过程

一、传热过程分析

传热过程是指热量从固体壁面一侧的热流体传递到壁面另一侧的冷流体的综合热量传递过程。在实际的工业生产过程和日常生活中存在着大量的传热过程，如热力发电的汽轮机系统使用的加热器，是从汽轮机中抽出蒸汽，抽汽流过管束，在管束外壁凝结，加热管束内的给水；而通常北方冬季室内供暖使用的对流式散热器，则是散热器内的热水通过散热器壁面加热室内空气。

对于传热过程，计算传热量的公式是

$$Q = kA\Delta t \tag{12-1}$$

式中：Q 为冷热流体之间的传热热流量，W；A 为传热面积，m^2；Δt 为热流体与冷流体的平均温差，℃；k 为**传热系数**，也就是传热过程总单位面积热阻的倒数，$W/(m^2 \cdot ℃)$。

在数值上，传热系数等于冷、热流体间的平均温差 $\Delta t = 1℃$、传热面积 $A = 1m^2$ 时的热流量值，是一个表征传热过程强烈程度的物理量。

传热过程的总热阻通常包括流体与壁面之间的对流换热热阻和壁面的导热热阻。如果参与换热的流体是气体，则流体与壁面之间的换热除了对流换热以外，还可能包括壁面与气体之间以及壁面与其他壁面之间的辐射换热。这种在同一个换热表面上同时存在着两种或两种以上热量传递方式的现象也称为**复合换热过程**。例如，大房间（生产车间、礼堂等）内有时采用辐射式加热器供暖，辐射式加热器对室内的供热除了与室内空气之间进行的对流换热以外，还包括对室内其他固体壁面以及人体的辐射传热。下面讨论一个典型的复合换热过程，即一个热表面在透明气体环境中被冷却的过程，如图 12-1 所示。由热表面的热平衡可知，表面的散热热流量应等于其与环境流体之间的对流换热热流量加上它与其他包围壁面之间的辐射换热热流量，即

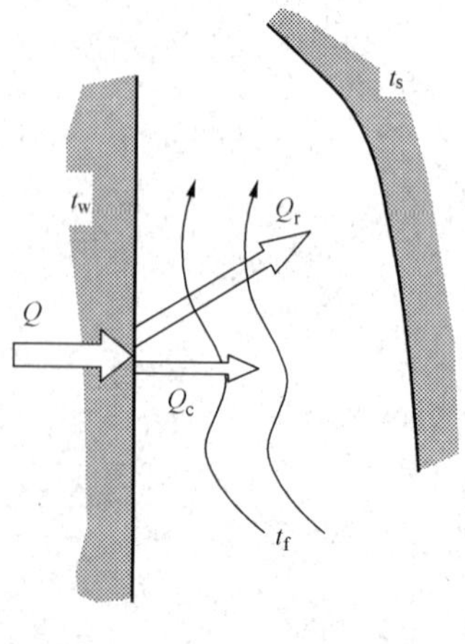

图 12-1　复合换热过程

$$Q = Q_c + Q_r$$

式中：Q_c 为对流换热热流量；Q_r 为辐射换热热流量，且假定包围表面远大于散热表面。

它们分别为

$$Q_c = Ah_c(t_w - t_f)$$

$$Q_r = A\varepsilon\sigma_0(T_w^4 - T_s^4) = Ah_r(t_w - t_f)$$

式中：$h_r = \frac{\varepsilon\sigma_0(T_w^4 - T_s^4)}{t_w - t_f}$，称为**辐射换热系数**，相当于将辐射换热按照对流换热的方式（牛顿冷却定律）来处理得到的换热系数，h_r 不是实际的表面传热系数，而是和两个壁面的温度有关的折合参数。

如果包围散热表面的其他表面距离散热表面比较远并且温度和流体温度接近，可以将其温度视为与流体温度相同，即 $t_s = t_f$，于是有

$$h_r = \varepsilon\sigma_0(T_w^2 + T_f^2)(T_w + T_f)$$

总换热热流量可以表示为

$$Q = A(h_c + h_r)(t_w - t_f) = Ah(t_w - t_f) \tag{12-2}$$

式中：$h = h_c + h_r$，称为复合换热过程的总的换热系数。这样复合换热过程就可以按照单纯的对流换热过程来处理。在后面的叙述中都将壁面与流体之间的换热表述为对流换热，用表面传热系数来表示换热的性能，但要注意此时的表面传热系数也可以是复合传热过程的总的换热系数。

二、通过平壁的传热过程

热流体通过一个平壁把热量传给冷流体，就构成了一个简单的通过平壁的传热过程，如图 12-2 所示。该传热系统由热流体与平壁表面之间的对流换热过程、平壁内的导热过程和冷流体与平壁表面之间的对流换热过程组成。设热、冷流体的温度分别为 t_{f1} 和 t_{f2}，表面传热系数分别为 h_1 和 h_2，平壁的厚度为 δ，导热系数为 λ，则对于稳态、无内热源条件下的传热过程，通过平壁的热流量为

$$Q = \frac{t_{f1} - t_{f2}}{\frac{1}{h_1} + \frac{\delta}{\lambda} + \frac{1}{h_2}}A = kA(t_{f1} - t_{f2}) \tag{12-3}$$

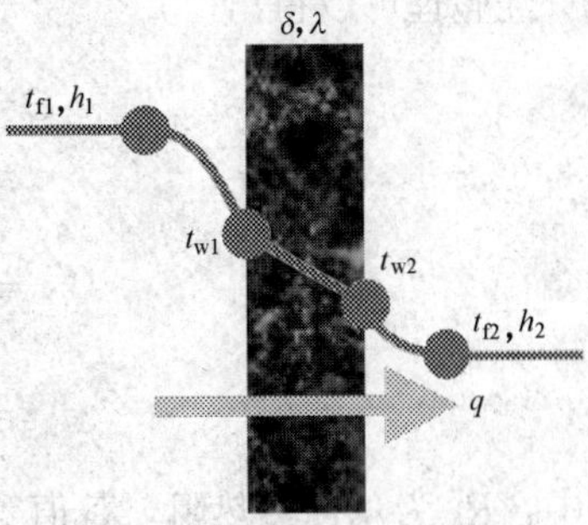

图 12-2　通过平壁的传热过程

式中：k 为通过平壁的传热系数，$k = \frac{1}{\frac{1}{h_1} + \frac{\delta}{\lambda} + \frac{1}{h_2}}$，W/(m^2 · ℃)。

上式也可以写为

$$Q = \frac{t_{f1} - t_{f2}}{\frac{1}{Ah_1} + \frac{\delta}{A\lambda} + \frac{1}{Ah_2}} = \frac{t_{f1} - t_{f2}}{R_{h1} + R_\lambda + R_{h2}} = \frac{t_{f1} - t_{f2}}{R_k} \tag{12-4}$$

式中：R_k 为通过平壁的传热过程的总热阻，$R_k = R_{h1} + R_\lambda + R_{h2} = \frac{1}{Ah_1} + \frac{\delta}{A\lambda} + \frac{1}{Ah_2} = \frac{1}{kA}$。

对于通过多层平壁的稳态传热过程，若各层材料的导热系数分别为 λ_1、λ_2、…、λ_n，且为常数，各层厚度分别为 δ_1、δ_2、…、δ_n，平壁内无内热源，各层之间接触良好，无接触热阻，则通过多层平壁的传热热流量为

$$Q=\frac{t_{f1}-t_{f2}}{\frac{1}{Ah_1}+\sum_{i=1}^{n}\frac{\delta_i}{A\lambda_i}+\frac{1}{Ah_2}}=\frac{t_{f1}-t_{f2}}{R_{h1}+\sum_{i=1}^{n}R_{\lambda i}+R_{h2}}=kA\Delta t \tag{12-5}$$

其中，传热系数为

$$k=\frac{1}{\frac{1}{h_1}+\sum_{i=1}^{n}\frac{\delta_i}{\lambda_i}+\frac{1}{h_2}} \tag{12-6}$$

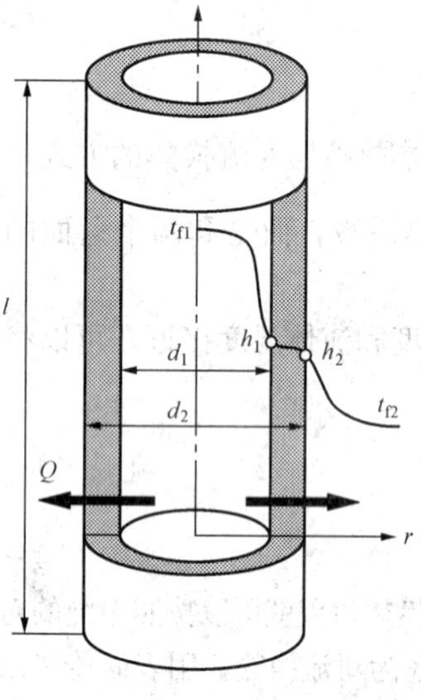

图 12 - 3　通过圆筒壁的传热过程

三、通过圆筒壁的传热过程

如图 12 - 3 所示，管内的热流体通过一个圆筒壁（圆管）把热量传给管外的冷流体。该传热过程由管内热流体与圆筒壁内表面之间的对流换热、圆筒壁内的导热和管外冷流体与圆筒壁外表面的对流换热过程组成。设热、冷流体的温度分别为 t_{f1} 和 t_{f2}，表面传热系数分别为 h_1 和 h_2，圆筒壁的内外直径以及长度分别为 d_1、d_2 和 l，圆筒壁内外壁面的温度分别为 t_{w1} 和 t_{w2}。在稳态条件下通过圆筒壁的传热过程包括对流换热、导热和对流换热三个环节，三个环节的热流量相等且可以写为如下形式：

$$Q=\frac{t_{f1}-t_{w1}}{\frac{1}{\pi d_1 lh_1}}=\frac{t_{w1}-t_{w2}}{\frac{1}{2\pi\lambda l}\ln\frac{d_2}{d_1}}=\frac{t_{w2}-t_{f2}}{\frac{1}{\pi d_2 lh_2}}$$

经整理可以得出

$$Q=\frac{t_{f1}-t_{f2}}{\frac{1}{\pi d_1 lh_1}+\frac{1}{2\pi\lambda l}\ln\frac{d_2}{d_1}+\frac{1}{\pi d_2 lh_2}}$$
$$=\frac{t_{f1}-t_{f2}}{R_{h1}+R_{\lambda}+R_{h2}}$$
$$=\frac{t_{f1}-t_{f2}}{R_k} \tag{12-7}$$

式中：R_k 为总传热热阻，其值等于三个串联环节的热阻之和，℃/W。

和通过平壁的传热过程不同，通过圆筒壁的传热面积沿热流方向是变化的，在工程计算中通常选择管外壁的面积作为传热面积，此时式（12 - 7）可以写成

$$Q=\frac{\pi d_2 l(t_{f1}-t_{f2})}{\frac{d_2}{d_1 h_1}+\frac{d_2}{2\lambda}\ln\frac{d_2}{d_1}+\frac{1}{h_2}}=k\pi d_2 l\Delta t \tag{12-8}$$

以圆管外壁面面积为基准的传热系数为

$$k=\frac{1}{\frac{d_2}{d_1}\frac{1}{h_1}+\frac{d_2}{2\lambda}\ln\frac{d_2}{d_1}+\frac{1}{h_2}} \tag{12-9}$$

对于多层不同材料圆筒壁的情形，各层圆筒壁仍然是传热过程的串联环节，总热阻等于串联热阻之和。如果各层圆筒壁接触紧密，没有接触热阻，内外直径分别为 d_1、d_2、d_3、…、d_{n+1}，各层材料的导热系数分别为 λ_1、λ_2、λ_3、…、λ_n，且为常数，管内外的表面传热系数分别为 h_1 和 h_2，传热过程为稳态、无内热源，则热流量的表达式为

$$Q=\frac{t_{f1}-t_{f2}}{\frac{1}{\pi d_1 l h_1}+\sum_{i=1}^{n}\frac{1}{2\pi\lambda_i l}\ln\frac{d_{i+1}}{d_i}+\frac{1}{\pi d_{i+1} l h_2}} \tag{12-10}$$

【例 12-1】 有一个平板式气体加热器，传热面积为 10m^2，平板壁厚为 1mm，平板的导热系数为 45W/(m·℃)；被加热气体与壁面之间的表面传热系数为 $80\text{W}/(\text{m}^2\cdot℃)$，加热介质为热水，热水与壁面之间的表面传热系数为 $5000\text{W}/(\text{m}^2\cdot℃)$；热水与气体的温差为 60℃，试计算该气体加热器的传热系数和传热热流量。

解 通过单层平壁的传热系数为 $k=\dfrac{1}{\dfrac{1}{h_1}+\dfrac{\delta}{\lambda}+\dfrac{1}{h_2}}$，代入数据，得

$$k=\frac{1}{\frac{1}{80}+\frac{0.001}{45}+\frac{1}{5000}}=\frac{1}{0.0125+0.000022+0.0002}=78.6\text{W}/(\text{m}^2\cdot℃)$$

单位面积的总传热热阻为

$$R_k=\frac{1}{k}=0.0125+0.000022+0.0002=0.012722(\text{m}^2\cdot℃)/\text{W}$$

气体加热器的传热热流量为

$$Q=kA\Delta t=78.6\times10\times60=47160\text{W}$$

分析各层的热阻可知，传热热阻最大的环节是平壁壁面与气体之间的对流换热热阻。要减小该环节的热阻需要增大壁面与气体之间的表面传热系数或增大传热面积。增大表面传热系数可以通过加快气体的流动速度来实现，但这样需要增加气体流动的驱动力，增加设备的运行费用；也可以通过增大气体流过壁面时的扰动来实现。比较常用的方法是增加换热面积，即在气体侧加装肋片，可以有效地提高换热热流量。

【例 12-2】 有一冷水管道，外直径为 70mm，管壁厚为 2mm，导热系数为 51.5W/(m·℃)。管内流过温度为 2℃的冷水，冷水与管内壁之间的表面传热系数为 $3200\text{W}/(\text{m}^2\cdot℃)$。如果用导热系数为 0.02W/(m·℃)的材料保温，并使管道冷损失小于 50W/m，那么保温层需要多厚？已知周围环境温度为 32℃，保温层外表面与环境之间的表面传热系数为 $10\text{W}/(\text{m}^2\cdot℃)$。

解 此为圆筒壁传热过程问题，单位长度圆筒壁的传热热流量为

$$q_l=\frac{t_o-t_i}{\frac{1}{\pi d_1 h_i}+\frac{1}{2\pi\lambda_1}\ln\frac{d_2}{d_1}+\frac{1}{2\pi\lambda_2}\ln\frac{d_3}{d_2}+\frac{1}{\pi d_3 h_o}}$$

式中下标 i 表示管内，o 表示管外；管外直径 $d_2=0.07\text{m}$，管内直径 $d_1=0.07-0.002\times2=0.066\text{m}$，式中的未知量只有保温层的外直径 d_3。代入已知参数，得

$$50=\frac{32-2}{\frac{1}{\pi\times0.066\times3200}+\frac{1}{2\pi\times51.5}\ln\frac{0.07}{0.066}+\frac{1}{2\pi\times0.02}\ln\frac{d_3}{0.07}+\frac{1}{\pi\times d_3\times10}}$$

$$\Rightarrow 0.6=0.001507+0.000182+7.957747\times\ln\frac{d_3}{0.07}+\frac{0.031831}{d_3}$$

$$\Rightarrow \ln d_3+\frac{0.004}{d_3}+2.5841=0$$

上式需要进行试算。MATLAB 语言是比较常用的数学计算工具，在 MATLAB 环境下使用如下语句，可以求解上面的方程：

x=0.07：0.001：0.1；

x=fzero（inline（'log（x）+0.004/x+2.584 1'），0.07）

按上面解方程的方法得到 $d_3=0.0713$m，验算此时管道的冷损失是50.457 7W/m，大于要求值。为此取 $d_3=0.0714$m，验算管道冷损失为 49.58W/m，可以满足保温要求。则保温层的厚度为（0.071 4−0.07)/2=0.000 7m。

四、临界热绝缘直径

在管道外侧加装保温层并不总是能够起到减少传热的作用。分析通过圆筒壁的传热计算公式（12 - 7）可以发现，如果增加圆筒壁的厚度，则导热热阻项 $R_2\ \frac{1}{2\pi\lambda l}\ln\frac{d_2}{d_1}$是随着 d_2 的增加而逐步增大的，如果管外侧表面传热系数保持不变，则管外对流换热热阻项 $R_3\ \frac{1}{\pi d_2 l h_2}$随着 d_2 的增加而逐步减小。假设 d_2 的取值区间可以在 0～∞，则当 $d_2\to 0$ 时，管外对流换热热阻趋于无穷大；当 $d_2\to\infty$时，管壁导热热阻趋于无穷大，由此可以推断，总有一个 d_2，可以使得传热过程的总热阻达到极小值。总热阻取得极小值时的圆管外直径称为**临界热绝缘直径**，显然，临界热绝缘直径是管壁导热系数 λ 和管外表面传热系数 h_2 的函数。

考虑一个通过两层圆管的传热过程的总传热阻，即

$$R_k(d_x)=\frac{1}{\pi d_1 l h_1}+\frac{1}{2\pi\lambda_1 l}\ln\frac{d_2}{d_1}+\frac{1}{2\pi\lambda_2 l}\ln\frac{d_x}{d_2}+\frac{1}{\pi d_x l h_2}$$

总热阻取得极小值的必要条件是

$$\frac{\mathrm{d}R_k(\mathrm{d}d_x)}{\mathrm{d}d_x}=0$$

得临界热绝缘直径为

$$d_c=\frac{2\lambda_2}{h_2} \tag{12 - 11}$$

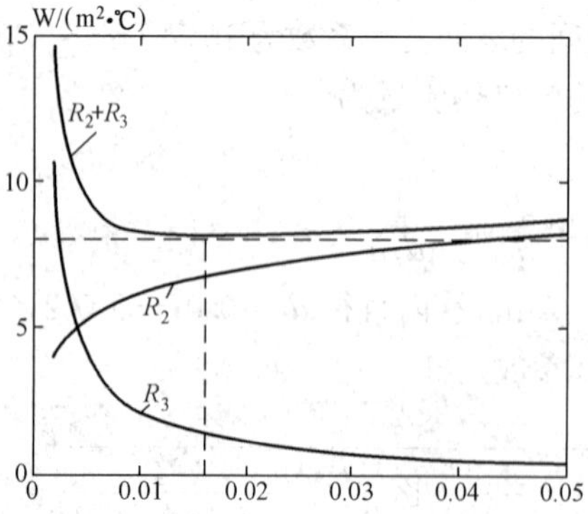

图 12 - 4 $\lambda=0.12$W/(m·℃)、$h_2=15$W/(m²·℃)时的临界热绝缘直径

图 12 - 4 所示是内直径 $d_1=0.0001$m、材料导热系数 $\lambda=0.12$W/(m·℃)、管外壁面与流体之间的表面传热系数为 $h_2=15$W/(m²·℃)时，管壁导热热阻 R_2、管外对流换热热阻 R_3 和两者之和 R_2+R_3 随着管外直径的变化而变化的情况。当 $d_2=0.016$m 时，管壁的导热热阻与管外对流换热热阻之和取得极小值。显然，如果在直径小于 0.016m 的管道外侧包裹这种保温材料，就有可能达到强化换热的效果。

【例 12 - 3】 有一直径为 5mm 的电缆，表面温度为 50℃，周围空气温度为 20℃，电缆外表面与周围空气的表面传热系数为 20W/(m²·℃)。现将电缆表面包上厚 1mm、导热系数为 0.12W/(m·℃)的塑料皮，塑料皮外表面与周围空气的表面传热系数仍为 20W/(m²·℃)。试比较包塑料皮之后与之前的散热量差别。

解　不包塑料皮时的单位管长的散热量为

$$\begin{aligned}Q_{l1} &= \pi d_1 h\Delta t\\ &= \pi\times 0.005\times 20\times(50-20)\\ &= 9.425\text{W/m}\end{aligned}$$

包塑料皮之后单位管长的散热量为

$$\begin{aligned}Q_{l2} &= \frac{\Delta t}{\dfrac{1}{2\pi\lambda}\ln\dfrac{d_2}{d_1}+\dfrac{1}{\pi d_2 h}}\\ &= \frac{50-20}{\dfrac{1}{2\pi\times 0.12}\ln\dfrac{0.007}{0.005}+\dfrac{1}{\pi\times 0.007\times 20}}\\ &= \frac{30}{0.4463+2.2736}\\ &= 11.03\text{W/m}\end{aligned}$$

可见，电缆上包裹了塑料皮之后，可以增强散热，实际上可以降低电缆的温度，这对于减少输电损失是有利的。

五、通过肋壁的传热过程

强化传热的措施有很多，如提高流体的流速、增强流体的湍流程度、改良流体物性以及增大传热面积等，其基本的原则是减小传热过程中热阻最大传热环节的局部热阻值。实际工程应用中，壁面导热热阻通常很小，甚至可以忽略不计。当两侧的流体有一侧为气体，而另一侧为液体时，气体侧的对流换热热阻往往很大。在表面传热系数较小的一侧壁面上加装肋片从而增大换热面积是经常采用的强化换热的有效措施。

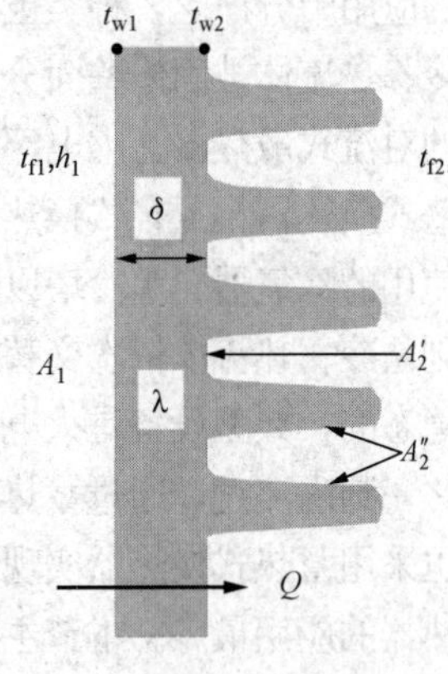

图 12 - 5　通过肋壁的传热过程

图 12 - 5 所示为一侧加装了肋片的单层平壁的传热过程。未加装肋片一侧的面积为 A_1，加装肋片一侧的总面积为 A_2，其中未被肋片覆盖的平壁面积为 A_2'，壁面的温度为 t_{w2}，而肋片的表面积为 A_2''，若按图示热流方向，肋片表面的温度是变化的且低于 t_{w2}。肋侧的总面积为 $A_2=A_2'+A_2''$。假设肋侧的表面传热系数 h_2 是常数，则按照肋片效率的定义，肋片本身与流体之间的对流换热量为 $h_2A_2''\eta_f(t_{w2}-t_{f2})$，未被肋片覆盖部分的平壁与流体之间的换热量为 $h_2A_2'(t_{w2}-t_{f2})$，则肋侧总的热流量为

$$Q=h_2A_2'(t_{w2}-t_{f2})+h_2A_2''\eta_f(t_{w2}-t_{f2})=h_2A_2\eta_2(t_{w2}-t_{f2})$$

式中：η_2 为**肋面总效率**，$\eta_2=(A_2'+A_2''\eta_f)/A_2$。

在稳态情况下，通过传热过程各个环节的热流量是相等的，即

$$Q=\frac{t_{f1}-t_{w1}}{\dfrac{1}{A_1h_1}}=\frac{t_{w1}-t_{w2}}{\dfrac{\delta}{A_1\lambda}}=\frac{t_{w2}-t_{f2}}{\dfrac{1}{A_2h_2\eta_2}}$$

整理可得

$$Q=\frac{t_{f1}-t_{f2}}{\dfrac{1}{A_1h_1}+\dfrac{\delta}{A_1\lambda}+\dfrac{1}{A_2h_2\eta_2}}=kA_1\Delta t \tag{12 - 12}$$

上式中，以光壁面积为基准的传热系数为

$$k=\frac{1}{\dfrac{1}{h_1}+\dfrac{\delta}{\lambda}+\dfrac{A_1}{A_2h_2\eta_2}}=\frac{1}{\dfrac{1}{h_1}+\dfrac{\delta}{\lambda}+\dfrac{1}{h_2\eta_2\beta}} \tag{12-13}$$

式中：β为肋化系数，即加装肋片之后的总表面积与光壁面积之比（$\beta=A_2/A_1$）。

通常β远大于1，而且总要使$\beta\eta$远大于1，才可以起到减小局部热阻、强化换热的目标。增加肋高和减小肋间距都可以提高肋化系数，但增加肋高会降低肋片效率η_f，从而降低肋面总效率η_2；减小肋间距则会增加流体流动的阻力，肋间流体温度升高，减小传热温差，也不利于传热。因此对于具体的强化传热问题，肋高和肋间距的选择有一个最佳值。

实际应用中也经常采用以肋侧表面积为基准的传热系数，此时

$$Q=k_2A_2\Delta t$$

$$k_2=\frac{1}{\dfrac{\beta}{h_1}+\dfrac{\beta\delta}{\lambda}+\dfrac{1}{\eta_2h_2}} \tag{12-14}$$

第二节　换热器及其计算

用来实现把热量从热流体传递到冷流体，从而满足规定的工艺要求的装置统称为换热器。换热器的应用十分广泛，种类也很多，总体上可以分为间壁式、混合式和蓄热式三类。间壁式换热器是冷、热流体被固体壁面分开，分别在壁面两侧流动而不能互相混合的换热设备，如室内供暖使用的对流式散热器、火电厂汽轮机系统中采用的加热器和核电厂使用的蒸汽发生器等，通常都是间壁式换热器；混合式换热器中冷、热流体通过互相掺混实现热量和质量的交换，典型的如火电厂使用的除氧器、水冷塔以及海勒式空冷系统中使用的凝汽器等；蓄热式（也称为回热式）换热器则是冷、热流体依次交替通过蓄热介质达到热量交换的目的，这种换热器中的热量传递过程不是稳态的，典型设备是火电厂中的空气预热器，锅炉烟气和空气分别在蓄热转盘的两个半圆或四分之一圆内流过，通过蓄热转盘的转动实现热量交换。目前在石灰石一石膏湿法脱硫系统中，通常也采用蓄热式换热器实现净烟气和原烟气之间的热量交换。这三种类型的换热器中，以间壁式换热器的应用最广。本节主要介绍间壁式换热器的结构类型以及设计、校核计算方法。

一、间壁式换热器的主要形式

1. 套管式换热器

套管式换热器是结构最简单的一种间壁式换热器，可用于传热量不大或流体流量较小的情形。按照两种流体的流动方向不同可以分为顺流式和逆流式两种运行方式［见图12-6(a)、(b)］。

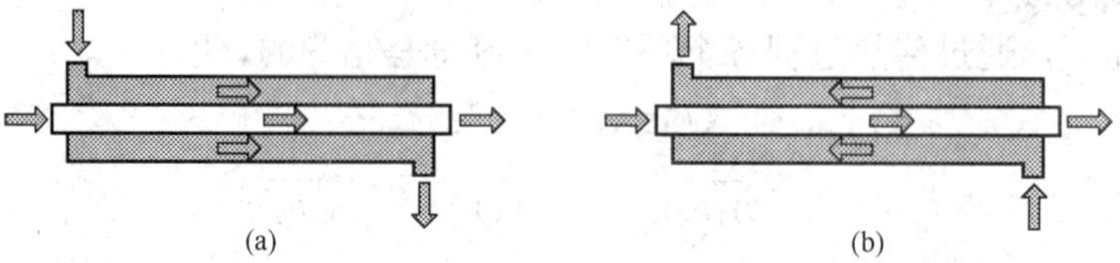

图12-6　套管式换热器

(a) 顺流；(b) 逆流

2. 壳管式换热器

壳管式换热器是由外壳和置于其中的管束构成的，管束采用管板和折流板固定在外壳内，一种流体在管内流动，另一种在壳内（管外）流动。管内流体从换热器一端流入，到达另一端，称为一个**管程**，若是直接在换热器另一端流出，就是单管程换热器；若是折回到流入端流出，则是两管程换热器，依次类推。壳内流体从一端流入，沿折流板依次横掠管束，在另一端流出，称为一个壳程。工程上根据需要可以将壳管式换热器串联使用，形成多管程、多壳程的壳管式换热器。

在图 12-7 所示的换热器中，一端的封头内加装了隔板，构成了两管程的结构，称为 1-2 型换热器，即壳程数为 1，管程数为 2 的壳管式换热器。这种换热器的管束采用 U 形管，其最大的优点是管束都在换热器一端固定，在另一端可以自由伸缩，可以避免管束受热膨胀产生的热应力。

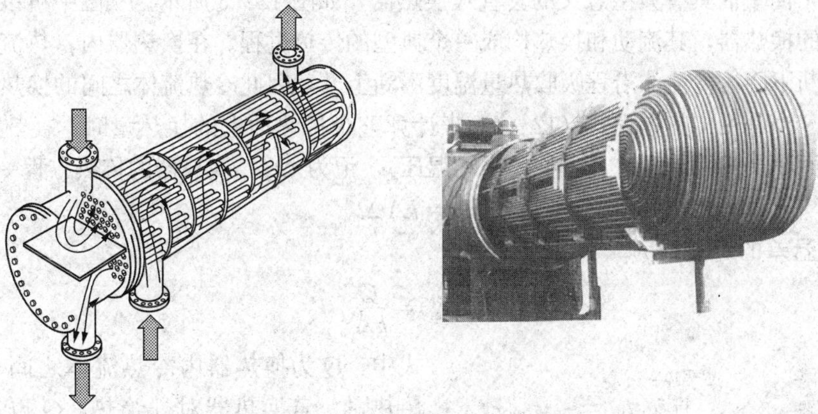

图 12-7　壳管式换热器

3. 交叉流换热器

交叉流换热器是间壁式换热器的另一种主要形式。根据换热表面结构的不同，又可分为管束式、肋片管式（管翅式）和板翅式等几个子类。管束式交叉流换热器是将管束横置于流体通道内，管外流体横掠管束流动，如火电厂锅炉装置中使用的过热器、再热器、省煤器等，都是将管束横置于烟道内进行换热的。肋片管式交叉流换热器是由带肋片的管束构成的换热装置，适用于管内液体和管外气体之间换热，且两侧表面传热系数相差较大的场合（见图 12-8）。如高层建筑供暖系统采用的钢管散热器，就常采用肋片管式换热器的形式。

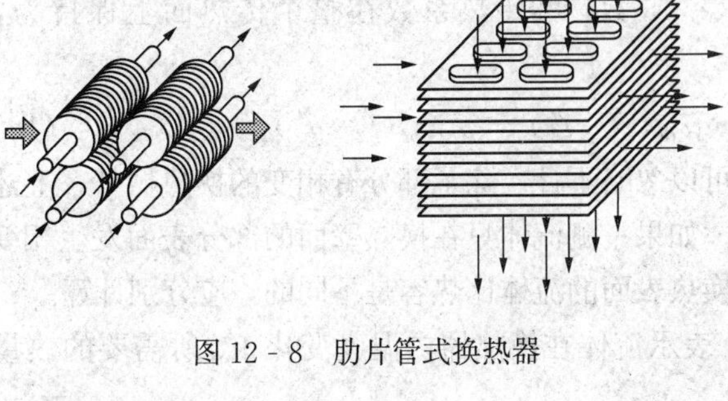

图 12-8　肋片管式换热器

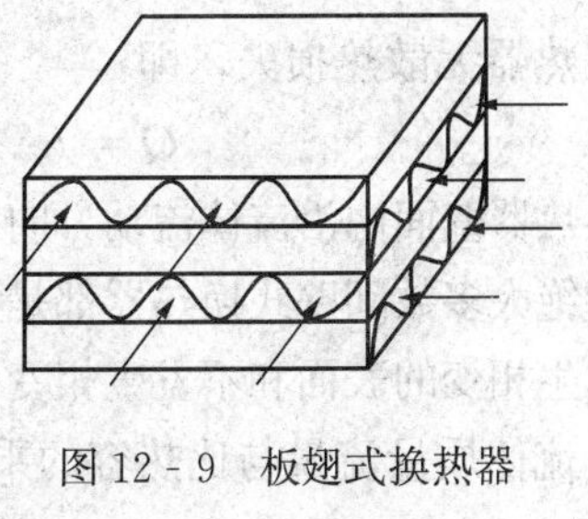

图 12-9　板翅式换热器

在工程技术领域中，常以单位体积内所包含的换热面积作为衡量换热器紧凑程度的指标。单位体积内的换热面积大于 $700m^2/m^3$ 的换热器称为紧凑式换热器。板翅式换热器由金属平板和波纹板形翅片层叠、交错焊接而成，结构紧凑（见图 12-9），通常为紧凑式换热器，单位体积内的换热量很大，特别在低温工程领域应用广泛。

其他间壁式换热器的形式还有板式、螺旋板式以及螺旋管式等。

从传热学的角度考虑，间壁式换热器内的热量传递过程即为传热过程，计算传热量的基本公式是式（12-1）。其中换热的温差除了和流体的温度有关，还和两种流体的流动方式、单侧流体流过换热器时是否可以相互混合等因素有关。两种流体流动的基本方式是顺流、逆流和交叉流。下面以简单的顺流和逆流式换热器为对象分析其流动和传热性能，给出换热器的计算方法。

二、简单顺流及逆流换热器的对数平均温差

考虑一个简单而具有典型意义的套管式换热器，如图 12-6 所示。从图中可以看出，它是一个单流程的换热器，其流动和换热构成一个典型的传热过程。在换热器内，热流体沿程放出热量温度不断下降，冷流体沿程吸收热量温度不断上升，因此冷热流体之间的换热温差是沿程不断变化的。当利用传热方程式（12-1）来计算整个传热面上的换热量时，换热温差必须采用整个换热面积上的**平均温差**（也称为**平均温压**），记为 Δt_m。换热器的传热方程一般写为

$$Q = kA\Delta t_m \tag{12-15}$$

即平均传热温差的定义式为

$$\Delta t_m = \frac{Q}{kA} \tag{12-16}$$

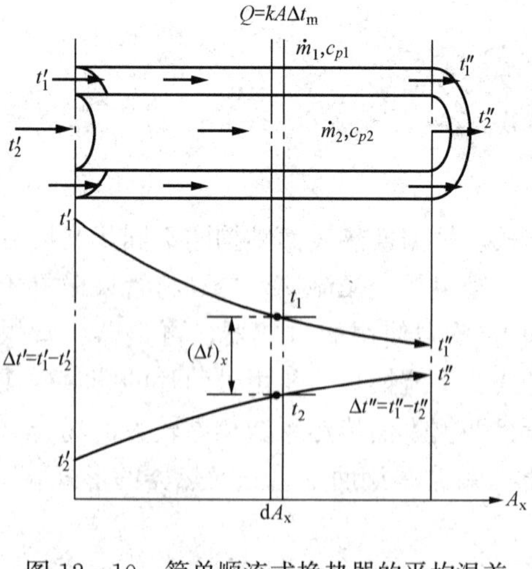

图 12-10 简单顺流式换热器的平均温差

式中：Q 为换热器内冷热流体之间单位时间的传热量，若换热器对外绝热，Q 也是单位时间内热流体的放热量和冷流体的吸热量。

下面来分析简单顺流式套管换热器内的平均温差。如图 12-10 所示，设该换热器的热流体进、出口温度分别为 t_1'、t_1''；冷流体进、出口温度分别为 t_2'、t_2''；热流体的质量流量为 $\dot{m}_1$，比热容为 c_{p1}，而冷流体的质量流量为 $\dot{m}_2$，比热容为 c_{p2}。换热器的传热系数为 k，传热面积为 A。为了分析方便，对该换热器内的换热过程作如下假设：①热冷流体的质量流量 $\dot{m}_1$、$\dot{m}_2$，比定压热容 c_{p1}、c_{p2} 在整个换热面上都是常数；②传热系数在整个传热面上保持为常数；③换热器无散热损失，即

$$Q = kA\Delta t_m = \dot{m}_1 c_{p1}(t_1' - t_1'') = \dot{m}_2 c_{p2}(t_2'' - t_2') \tag{12-17}$$

④换热器壁面内沿流体流动方向的导热可以忽略不计。除了部分有相变的换热器外，上述假设对于绝大多数间壁式换热器都是适用的。如果一侧流体只在换热壁面的部分表面发生相变，那么发生相变的表面和不发生相变的单相换热表面的流体比热容是不同的，应分别计算。

流体质量流量与比热容的乘积 $\dot{m}c_p$ 表示流体在换热器内温度变化 1℃所需要的热量，称

为**流体的热容量或水当量**，用 $C=\dot{m}c_p$ 来表示。式（12 - 17）可以写为

$$Q=C_1(t_1'-t_1'')=C_2(t_2''-t_2')$$

在顺流式套管换热器内取微元换热面积 dA_x，微元换热面两侧热冷流体的温度分别为 t_1 和 t_2，温差为

$$(\Delta t)_x=t_1-t_2 \tag{a}$$

通过该微元换热面的换热量为

$$dQ_x=k dA_x(\Delta t)_x \tag{b}$$

通过该微元面积热流体的温度变化为 dt_1（温度降低，负数），冷流体的温度变化为 dt_2（温度升高，正数）。通过该微元换热面的换热量等于热流体的放热量和冷流体的吸热量，即

$$dQ_x=-\dot{m}_1c_{p1}dt_1=-C_1dt_1 \tag{c}$$

$$dQ_x=\dot{m}_2c_{p2}dt_2=C_2dt_2 \tag{d}$$

将式（a）微分，再利用式（c）和式（d）的关系，可得

$$d(\Delta t)_x=dt_1-dt_2=-\left(\frac{1}{C_1}+\frac{1}{C_2}\right)dQ_x \tag{e}$$

为简化表达，令 $\mu=\dfrac{1}{C_1}+\dfrac{1}{C_2}$，是已知常量。考虑式（b），上式可写为

$$d(\Delta t)_x=-\mu dQ_x=-\mu k(\Delta t)_x dA_x \tag{f}$$

分离变量，可得

$$\frac{d(\Delta t)_x}{(\Delta t)_x}=-\mu k dA_x \tag{g}$$

上式从 $0\sim A_x$ 进行积分，当 $A_x=0$ 时，$(\Delta t)_x=\Delta t'$。

$$\int_{\Delta t'}^{\Delta_x}\frac{d(\Delta t)_x}{(\Delta t)_x}=-\mu k\int_0^{A_x}dA_x \tag{h}$$

积分得

$$\ln\frac{(\Delta t)_x}{\Delta t'}=-\mu kA_x \tag{i}$$

$$\Rightarrow(\Delta t)_x=\Delta t' e^{-\mu kA_x} \tag{j}$$

上式即为换热温差沿换热面的变化曲线。换热器的传热量为

$$\begin{aligned}Q&=kA\Delta t_m=\int dQ_x=\int_0^A k(\Delta t)_x dA_x=\int_0^A k\Delta t' e^{-\mu kA_x}dA_x\\&=k\Delta t'\frac{1}{-\mu k}e^{-\mu kA_x}\Big|_0^A=\frac{\Delta t'}{-\mu}(e^{-\mu kA}-1)=\frac{\Delta t'}{\mu}(1-e^{-\mu kA})\end{aligned} \tag{k}$$

即

$$\Delta t_m=\frac{\Delta t'}{\mu kA}(1-e^{-\mu kA}) \tag{l}$$

考虑式（i），当 $A_x=A$ 时，$(\Delta t)_x=\Delta t''$，即 $\ln\dfrac{\Delta t''}{\Delta t'}=-\mu kA$，$\dfrac{\Delta t''}{\Delta t'}=e^{-\mu kA}$，代入上式，得

$$\Delta t_m=\frac{\Delta t'}{-\ln\dfrac{\Delta t''}{\Delta t'}}\left(1-\frac{\Delta t''}{\Delta t'}\right)=\frac{\Delta t'-\Delta t''}{\ln\dfrac{\Delta t'}{\Delta t''}} \tag{m}$$

上式即是简单顺流式换热器中冷热流体的平均温差，由于计算式中出现了对数，通常称

为**对数平均温差或对数平均温压**。

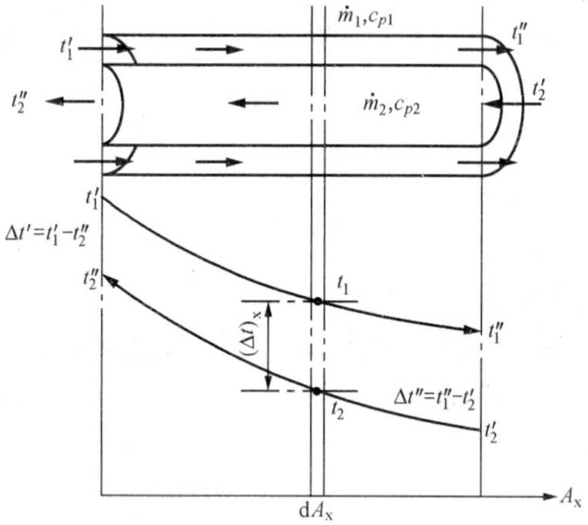

图 12-11 简单逆流式换热器的平均温差

对于简单逆流式换热器的情况，冷热流体沿程温度变化如图 12-11 所示，其中换热器两端的温差分别为 $\Delta t'=t_1'-t_2''$、$\Delta t''=t_1''-t_2'$。平均温差的推导过程与简单顺流式换热器是类似的，区别只在于

$$\mu=\frac{1}{C_1}-\frac{1}{C_2}=\frac{1}{\dot{m}_1 c_{p1}}-\frac{1}{\dot{m}_2 c_{p2}}$$

其余推导过程和结果不变。因此，不论是顺流式还是逆流式，对数平均温差可以统一表示为

$$\Delta t_{\mathrm{m}}=\frac{\Delta t_{\max}-\Delta t_{\min}}{\ln\dfrac{\Delta t_{\max}}{\Delta t_{\min}}} \tag{12-18}$$

其中，$\Delta t_{\max}$是 $\Delta t'$ 和 $\Delta t''$ 中的大者，而 $\Delta t_{\min}$ 是 $\Delta t'$ 和 $\Delta t''$ 中的小者。采用上式计算平均温差在数学推导上是严格的，不过当 $\Delta t_{\max}$ 和 $\Delta t_{\min}$ 十分接近时，在实际计算过程中可能会出现比较大的计算误差，特别是在利用计算机编程计算时需要注意这一点。此时也可以使用算术平均温差，即

$$\Delta t_{\mathrm{m}}=\frac{\Delta t_{\max}+\Delta t_{\min}}{2} \tag{12-19}$$

算术平均温差是假定冷热流体温度沿程线性变化时的平均温差，在相同情况下，其值总是大于对数平均温差。特别是当 $\Delta t_{\max}/\Delta t_{\min}$ 数值较大时，算术平均温差的误差也较大。只有当 $\Delta t_{\max}/\Delta t_{\min}$ 趋近于 1 时，算术平均温差才趋近于对数平均温差。计算表明，当 $\Delta t_{\max}/\Delta t_{\min}<2$ 时，两者的差别小于 4%，此时通常可以采用算术平均温差计算。

顺流和逆流是两种比较极端的流动形式，在冷、热流体进、出口温度相同的条件下，逆流布置的平均温差最大，冷流体出口温度甚至可以高于热流体出口温度，而顺流布置的平均温差最小，冷流体出口温度总是低于热流体出口温度，因此，从强化传热的角度考虑，尽量采用逆流布置方式是有利的。不过实际的布置方式还要考虑各种条件限制。逆流布置的缺点是冷热流体的高温侧 t_1' 和 t_2'' 在换热器的同一端，低温侧 t_1'' 和 t_2' 则都在换热器的另一端，换热器的总体温度分布和热应力分布不均匀，特别是对于流体温度较高的情况，不利于换热器的安全可靠运行。

对于其他布置方式的换热器，平均温差的分析过程比较复杂，其流动形式可以看做介于顺流和逆流之间，工程上常常采用修正图表来完成其对数平均温差的计算，计算式为

$$\Delta t_{\mathrm{m}}=\psi(\Delta t_{\mathrm{m}})_{\mathrm{cf}} \tag{12-20}$$

具体的做法如下：

(1) 由换热器冷热流体的进出口温度，按照逆流方式计算出相应的对数平均温差 $(\Delta t_{\mathrm{m}})_{\mathrm{cf}}$；

(2) 按冷热流体的进出口温度计算两个无量纲数 P 和 R：

$$P=\frac{t_2''-t_2'}{t_1'-t_2'},\quad R=\frac{t_1'-t_1''}{t_2''-t_2'}$$

由相应类型换热器的修正系数图表查出修正系数 ψ；

(3) 最后按式 (12-20) 计算该种换热器的对数平均温差。

对于工程上常见的换热器布置形式，都已绘制了相应的修正系数线算图，需要时可以查

阅传热学手册或换热器设计手册。作为示例，这里给出了几种流动形式的修正图表，如图 12 - 12～图 12 - 15 所示。

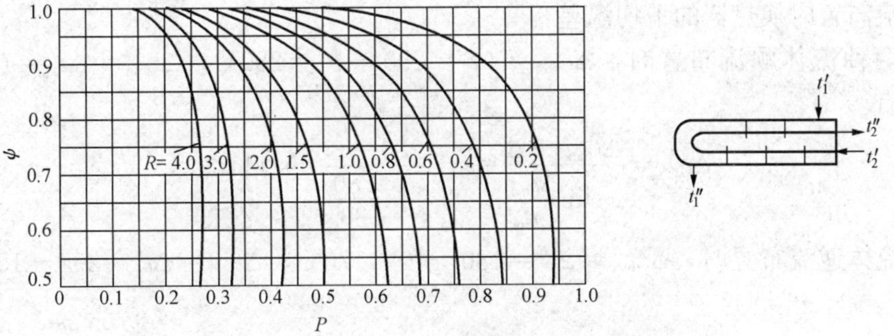

图 12 - 12 1 壳程，2、4、6 等多管程换热器的修正系数

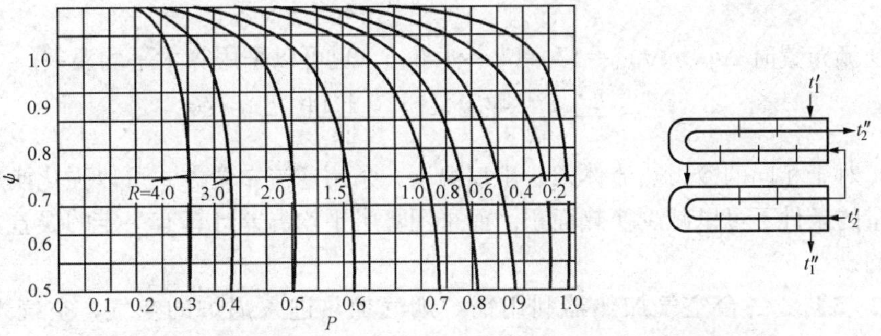

图 12 - 13 2 壳程，2、4、6 等多管程换热器的修正系数

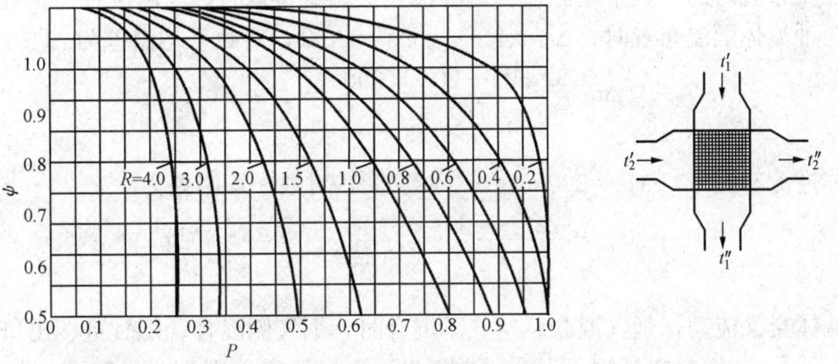

图 12 - 14 一次交叉流、两种流体各自都不混合时的修正系数

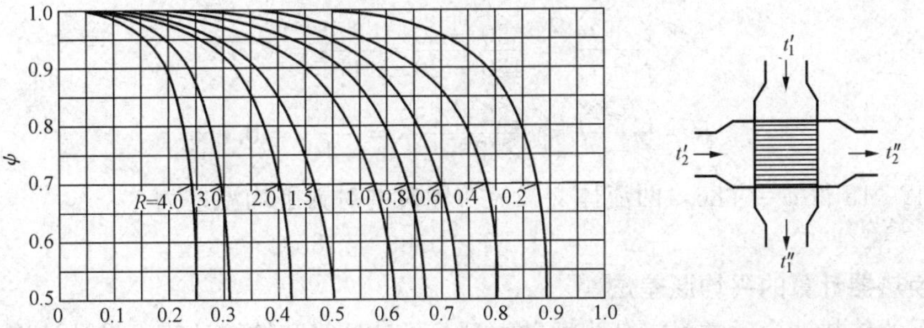

图 12 - 15 一次交叉流、一种流体（1）混合、另一种流体（2）不混合时的修正系数

【例 12 - 4】 一台换热器，用重油来加热含水石油。重油的进口温度为 290℃，出口温度降到 180℃，含水石油的进口温度为 10℃，出口温度为 150℃。试分别计算两种流体顺流布置和逆流布置时换热器的平均温差。

解 两种流体顺流布置时，$\Delta t_{max}=\Delta t'=290-10=280$℃，$\Delta t_{min}=\Delta t''=180-150=30$℃，则有

$$\Delta t_m=\frac{\Delta t_{max}-\Delta t_{min}}{\ln\frac{\Delta t_{max}}{\Delta t_{min}}}=\frac{280-30}{\ln\frac{280}{30}}=111.9℃$$

两种流体逆流布置时，$\Delta t_{max}=\Delta t''=180-10=170$℃，$\Delta t_{min}=\Delta t'=290-150=140$℃，则有

$$\Delta t_m=\frac{\Delta t_{max}-\Delta t_{min}}{\ln\frac{\Delta t_{max}}{\Delta t_{min}}}=\frac{170-140}{\ln\frac{170}{140}}=154.5℃$$

由于逆流布置时 $\Delta t_{max}/\Delta t_{min}=170/140=1.308$，也可以采用算术平均温差。

$$\Delta t_m=\frac{\Delta t_{max}+\Delta t_{min}}{2}=\frac{170+140}{2}=155℃$$

可见，对于相同的冷、热流体入、出口温度，采用逆流布置方式可以强化换热，或者在相同换热量的条件下可以减少换热面积。而采用算术平均温差计算有一定的误差，比实际平均温差略高。

【例 12 - 5】 一台空气加热器利用锅炉烟气加热进入锅炉的空气，空气入口温度为 20℃，出口温度为 230℃，烟气入口温度为 430℃，出口温度为 250℃，试求两种流体顺流、逆流和交叉流布置时的对数平均温差。两种流体交叉流布置时烟气侧混合，空气侧不混合。

解 两种流体顺流布置时，$\Delta t'=410$℃，$\Delta t''=20$℃，对数平均温差为

$$\Delta t_m=\frac{410-20}{\ln\frac{410}{20}}=\frac{390}{3.02}=129.1℃$$

两流体逆流布置时，$\Delta t'=200$℃，$\Delta t''=230$℃，对数平均温差为

$$\Delta t_m=\frac{230-200}{\ln\frac{230}{200}}=\frac{30}{0.1398}=214.7℃$$

当两流体交叉流动，烟气混合、空气不混合时，烟气侧混合，烟气进、出口温度分别为 $t_1'=430$℃，$t_1''=250$℃；空气侧不混合，空气进、出口温度分别为 $t_2'=20$℃，$t_2''=230$℃。因此，按图 12 - 15，有

$$P=\frac{t_2''-t_2'}{t_1'-t_2'}=\frac{230-20}{430-20}=\frac{210}{410}=0.512$$

$$R=\frac{t_1'-t_1''}{t_2''-t_2'}=\frac{430-250}{230-20}=\frac{180}{210}=0.86$$

查图 12 - 15 得 $\psi=0.86$，两流体交叉流布置时的对数平均温差为

$$\Delta t_m=214.7\times0.86=185℃$$

三、换热器计算的平均温差法

换热器的传热计算通常可以分为两种类型：**设计计算**和**校核计算**。设计计算的目的是设计一个新的换热器，需要根据设计的冷热流体流量和入、出口温度确定换热器所需的换热面

积；校核计算是针对已有的换热器进行校核，以检验换热器的冷热流体出口温度和换热量是否能够满足运行工艺要求。

换热器中冷热流体之间的传热过程是由冷热流体分别与换热器壁面之间的对流换热过程和通过换热器壁面的导热过程所组成，其传热计算有两种方法：**平均温差法**和**效能—传热单元数法**。这两种方法都可以应用于换热器的设计计算和校核计算，不过也有各自的特点而有所侧重。通常设计计算时冷热流体的进出口温度比较易于得到，计算换热器的对数平均温差比较方便，因此常常采用平均温差法进行计算；而在校核计算时，换热器冷热流体的热容量（水当量）和传热性能是已知的，换热器的效能比较容易确定，因此常采用效能—传热单元数法进行计算。对于平均温差法，换热器传热计算的基本方程如下：

传热方程

$$Q = kA\Delta t_{\mathrm{m}}$$

冷热流体的热平衡方程

$$Q = C_1(t_1' - t_1'') = \dot{m}_1 c_{p1}(t_1' - t_1'')$$

$$Q = C_2(t_2'' - t_2') = \dot{m}_2 c_{p2}(t_2'' - t_2')$$

式中，Δt_{m} 是由冷热流体的进出口温度和流动形式确定的。以上三个方程中共有八个独立变量，它们是 Q、k、A、$\dot{m}_1 c_{p1}$、$\dot{m}_2 c_{p2}$ 和 t_1'、t_2'、t_1''、t_2'' 中的三个温度（注意如果换热器绝热则 $\dot{m}_1 c_{p1}$、$\dot{m}_2 c_{p2}$ 和 t_1'、t_2'、t_1''、t_2'' 六个参数不能都是独立变量）。因此，换热器的传热计算应该给出其中的五个变量来求得其余三个变量。

在进行设计计算时，按照生产工艺的要求，典型的情况是给出需设计换热器冷热流体的热容量 $\dot{m}_1 c_{p1}$、$\dot{m}_2 c_{p2}$，冷热流体进出口温度中的三个如 t_1'、t_1''、t_2'，计算另一个温度 t_2''、换热量 Q 以及传热性能，也就是传热系数 k 和传热面积 A。

在校核计算时，已定的参数是换热面积 A、冷热流体的热容量 $\dot{m}_1 c_{p1}$、$\dot{m}_2 c_{p2}$ 以及冷热流体的进口温度 t_1'、t_2'，需要计算换热量 Q 和冷热流体的出口温度 t_1''、t_2''，达到核实换热器性能的目的。

采用平均温差法进行换热器设计计算的具体步骤如下：

（1）初步布置换热面，计算相应的传热系数 k。

（2）根据给定的条件，由换热器热平衡方程计算出换热器进出口温度中待求的那一个温度。

（3）由冷热流体的四个进出口温度确定其平均温差 Δt_{m}。如果不是简单顺流或逆流的布置形式，注意需要按照换热器的流动类型确定修正系数 ψ。

（4）按传热方程求出所需的换热面积 A，同时核算换热器冷热流体的流动阻力（本书中只介绍传热计算，流动阻力计算方面的内容参见流体力学书籍）。

（5）如果流动阻力过大，或者换热面积过大，造成设计不合理，则应改变设计方案重新计算。

平均温差法也可以用于换热器的校核计算。由于冷热流体的出口温度 t_1''、t_2'' 均为未知，计算时需要假定 t_1'' 或 t_2'' 进行计算，再利用计算结果对假设的初值进行修正，迭代求解。同时换热器的传热系数 k 也会随着 t_1''、t_2'' 变化，因此实际计算过程是反复迭代、逐次逼近的。具体计算步骤如下：

（1）假定一个流体的出口温度，按热平衡方程求出另一个流体的出口温度。

(2) 根据四个进出口温度以及换热器的冷热流体流动布置形式计算出平均温差 Δt_m。

(3) 根据换热器的结构和流动、温度参数，计算相应工作条件下的传热系数 k 的数值。

(4) 由 kA 和 Δt_m，按照传热方程求出换热量 Q。注意，由于出口温度是假设的，因此计算的中间结果也是基于假设条件的而非真实的，需要经过最后验证。

(5) 再由换热器热平衡方程计算出冷热流体的出口温度值。

以新计算出的出口温度作为假设温度值，重复以上步骤 (2) 至 (5)，直至前后两次计算值的误差小于给定数值为止，一般相对误差应控制在 1%以下。

采用平均温差法进行校核计算的过程比较烦琐，假定出口温度的数值对传热量和热平衡热量是否相符影响明显。如果采用下面介绍的效能—传热单元数法，则可以明显弱化出口温度对计算结果的影响。

四、换热器计算的效能—传热单元数法

在进行换热器校核计算时，只知道换热器冷热流体的进口温度，即使知道了冷热流体的热容量、传热面积和传热系数，也无法直接得到冷热流体的出口温度。为了方便换热器的传热计算，定义换热器的效能 ε 为

$$\varepsilon=\frac{(t'-t'')_{max}}{t_1'-t_2'} \tag{12 - 21}$$

式中，分母是冷热流体在换热器中可能发生的最大极限温度差，即冷热流体的入口温度差，而分子是冷流体或热流体流经换热器时实际温度变化的大者。如果 $\dot{m}_1c_{p1}<\dot{m}_2c_{p2}$，则热流体温降大于冷流体温升，$(t'-t'')_{max}=t_1'-t_1''$，否则 $(t'-t'')_{max}=t_2''-t_2'$。由该定义式可知，换热器的效能 ε 表示换热器的实际换热效果与最大可能换热效果之比。若换热器效能已知，则换热器的换热热流量为

$$Q=(\dot{m}c_p)_{min}(t'-t'')_{max}=\varepsilon(\dot{m}c_p)_{min}(t'_1-t'_2) \tag{12 - 22}$$

下面来分析换热器的效能 ε 与哪些参数有关。

先分析冷热流体简单顺流布置的情况。先假定 $\dot{m}_1c_{p1}<\dot{m}_2c_{p2}$，则

$$t_1'-t_1''=(t'-t'')_{max}=\varepsilon(t_1'-t_2') \tag{n}$$

由热平衡方程

$$\dot{m}_1c_{p1}(t_1'-t_1'')=\dot{m}_2c_{p2}(t_2''-t_2')$$

得

$$t_2''-t_2'=\frac{\dot{m}_1c_{p1}}{\dot{m}_2c_{p2}}(t_1'-t_1'')=\frac{\dot{m}_1c_{p1}}{\dot{m}_2c_{p2}}\varepsilon(t_1'-t_2') \tag{o}$$

式 (n) 和式 (o) 相加，可得

$$(t_1'-t_2')-(t_1''-t_2'')=\left(1+\frac{\dot{m}_1c_{p1}}{\dot{m}_2c_{p2}}\right)\varepsilon(t_1'-t_2')$$

$$\Rightarrow 1-\frac{t_1''-t_2''}{t_1'-t_2'}=\left(1+\frac{\dot{m}_1c_{p1}}{\dot{m}_2c_{p2}}\right)\varepsilon \tag{p}$$

在简单顺流式换热器对数平均温差的推导过程中，得到换热器进出口温差与换热面积、流体热容流率之间的关系，即

$$\ln\frac{\Delta t''}{\Delta t'}=-\mu kA$$

式中，$\Delta t'=t_1'-t_2'$，$\Delta t''=t_1''-t_2''$，将上式改写为

$$\frac{t_1''-t_2''}{t_1'-t_2'}=\mathrm{e}^{-\mu kA}$$

代入式（p），可得

$$1-\mathrm{e}^{-\mu kA}=\left(1+\frac{\dot{m}_1c_{p1}}{\dot{m}_2c_{p2}}\right)\varepsilon \Rightarrow \varepsilon=\frac{1-\mathrm{e}^{-\mu kA}}{1+\dfrac{\dot{m}_1c_{p1}}{\dot{m}_2c_{p2}}} \tag{q}$$

将 $\mu=\dfrac{1}{\dot{m}_1c_{p1}}+\dfrac{1}{\dot{m}_2c_{p2}}$ 代入上式，可得

$$\varepsilon=\frac{1-\exp\left[-\dfrac{kA}{\dot{m}_1c_{p1}}\left(1+\dfrac{\dot{m}_1c_{p1}}{\dot{m}_2c_{p2}}\right)\right]}{1+\dfrac{\dot{m}_1c_{p1}}{\dot{m}_2c_{p2}}} \tag{r}$$

若 $\dot{m}_1c_{p1}>\dot{m}_2c_{p2}$，类似的推导可得

$$\varepsilon=\frac{1-\exp\left[-\dfrac{kA}{\dot{m}_2c_{p2}}\left(1+\dfrac{\dot{m}_2c_{p2}}{\dot{m}_1c_{p1}}\right)\right]}{1+\dfrac{\dot{m}_2c_{p2}}{\dot{m}_1c_{p1}}} \tag{s}$$

以上两式可以合并写成

$$\varepsilon=\frac{1-\exp\left\{-\mathrm{NTU}\left[1+\dfrac{(\dot{m}c_p)_{\min}}{(\dot{m}c_p)_{\max}}\right]\right\}}{1+\dfrac{(\dot{m}c_p)_{\min}}{(\dot{m}c_p)_{\max}}}=\frac{1-\exp\left[-\mathrm{NTU}\left(1+\dfrac{C_{\min}}{C_{\max}}\right)\right]}{1+\dfrac{C_{\min}}{C_{\max}}} \tag{12-23}$$

式中：$\mathrm{NTU}=\dfrac{kA}{(\dot{m}c_p)_{\min}}=\dfrac{kA}{C_{\min}}$，称为**传热单元数**。

NTU 表征了换热器的传热性能与流体热容量之间的对比关系，其值越大，一方面表明换热器传热性能越好，另一方面也表明投资成本（换热面积 A）和运行费用（传热系数 k）越大。

采用类似的推导过程可以导出逆流式换热器的效能 ε 为

$$\varepsilon=\frac{1-\exp\left[(-\mathrm{NTU})\left(1-\dfrac{C_{\min}}{C_{\max}}\right)\right]}{1-\dfrac{C_{\min}}{C_{\max}}\exp\left[(-\mathrm{NTU})\left(1-\dfrac{C_{\min}}{C_{\max}}\right)\right]} \tag{12-24}$$

当冷、热流体之一发生相变时，即出现凝结或沸腾换热过程时，由于相变换热在流体保持饱和温度的条件下进行，即 $C_{\max}$ 趋于无穷大，则式（12-23）和式（12-24）可以简化为

$$\varepsilon=1-\exp(-\mathrm{NTU}) \tag{12-25}$$

而当冷热流体的水当量相等时，式（12-23）和式（12-24）可以分别简化为

对于顺流有

$$\varepsilon=\frac{1-\exp(-2\mathrm{NTU})}{2} \tag{12-26}$$

对于逆流有

$$\varepsilon=\frac{\mathrm{NTU}}{1+\mathrm{NTU}} \tag{12-27}$$

对于其他的流动型式，换热器效能 ε 与传热单元数 NTU 之间的关系较为复杂，可以参考专门的传热学书籍和换热器计算手册。这种关系已经被绘制成线算图备查。本书中给出几种流动型式的 ε—NTU 线算图作为示例。

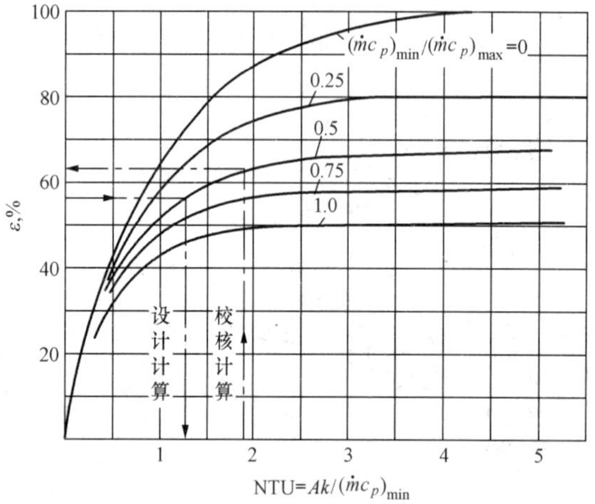

图 12 - 16 顺流换热器的 ε—NTU 图

采用 ε—NTU 法，即换热器效能—传热单元数法可以进行换热器的设计计算和校核计算，其计算过程与平均温压法类似。在设计计算时是已知 ε 求 NTU，而校核计算时是已知 NTU 求 ε，过程如图 12 - 16 所示。采用 ε—NTU 法进行换热器校核计算的主要步骤如下：

（1）由换热器的进口温度和假定的出口温度来确定物性，计算换热器的传热系数 k；

（2）计算换热器的传热单元数 NTU 和冷热流体水当量的比值 $\dot{m}_1c_{p1}/\dot{m}_2c_{p2}$；

（3）按照换热器中流体流动类型，在相应的 ε—NTU 图中查出与 NTU 和 $\dot{m}_1c_{p1}/\dot{m}_2c_{p2}$ 值相对应的换热器效能 ε；

（4）根据冷热流体的进口温度及最小水当量，按式（12 - 22）求出换热量 Q；

（5）利用换热器热平衡方程确定冷热流体的出口温度 t_1'' 和 t_2''。

以计算出的出口温度作为假设出口温度，重复进行计算步骤（1）至（5）。由于换热器的传热系数随温度的变化比较小，因此很快就可以满足计算要求。

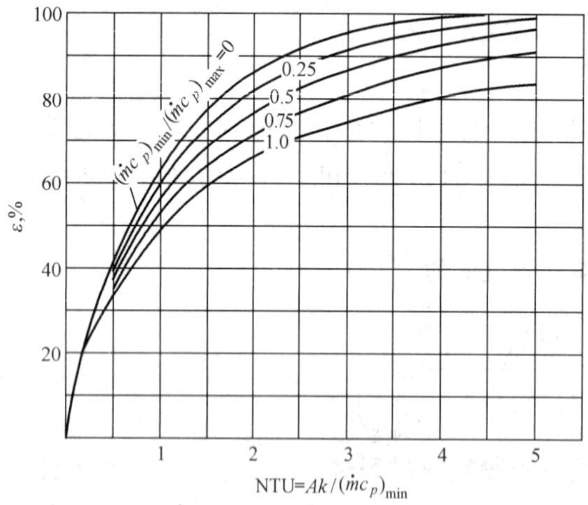

图 12 - 17 逆流换热器的 ε—NTU 图

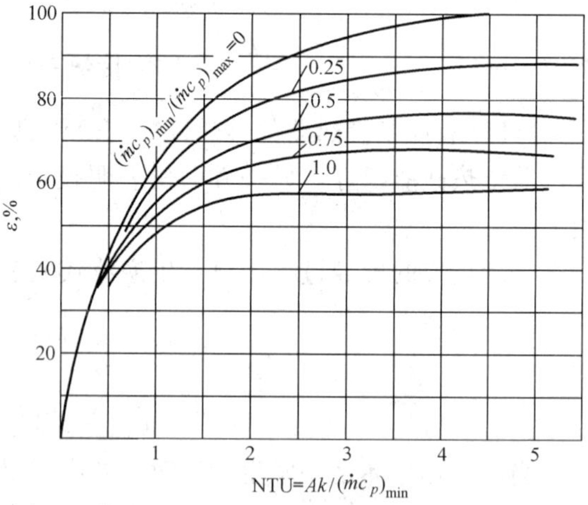

图 12 - 18 单壳程，2、4、6 等管程换热器的 ε—NTU 关系图

【例 12 - 6】 在顺流式换热器中用水来冷却油，水的入口温度为 $t_2'=30℃$，流量为 $\dot{m}_2=0.3kg/s$，油的入口温度为 $t_1'=60℃$，流量为 $\dot{m}_1=0.2kg/s$，换热器的传热系数为 $k=35W/(m^2\cdot℃)$，传热面积 $A=8m^2$。在运行温度下，水和油的比热容分别为 $c_{p2}=4.187kJ/(kg\cdot℃)$ 和 $c_{p1}=1.95kJ/(kg\cdot℃)$。试求水和油的出口温度和换热器的传热量。

解 换热器的传热系数和流体在运行温度下的物性参数都是已知条件，不需要假设出口温度进行计算。

分别计算水和油的水当量，有

$$\dot{m}_2 c_{p2} = 0.3 \times 4.187 \times 10^3 = 1256.1\text{W/℃}$$

$$\dot{m}_1 c_{p1} = 0.2 \times 1.95 \times 10^3 = 390\text{W/℃}$$

比较可知 $\dot{m}_1 c_{p1} < \dot{m}_2 c_{p2}$，且 $\dot{m}_1 c_{p1}/\dot{m}_2 c_{p2} = 0.3105$。

换热器的传热单元数为

$$\text{NTU} = \frac{kA}{(\dot{m}c_p)_{\min}} = \frac{kA}{\dot{m}_1 c_{p1}} = \frac{35 \times 8}{390} = 0.718$$

按照顺流式换热器的效能—传热单元数的关系，可得

$$\varepsilon = \frac{1 - \exp[-\text{NTU}(1 + \dot{m}_1 c_{p1}/\dot{m}_2 c_{p2})]}{1 + \dot{m}_1 c_{p1}/\dot{m}_2 c_{p2}} = \frac{1 - \exp[-0.718 \times (1 + 0.3105)]}{1 + 0.3105} = 0.4653$$

由换热器效能的定义式 $\varepsilon = \frac{(t' - t'')_{\max}}{t_1' - t_2'} = \frac{t_1' - t_1''}{t_1' - t_2'}$

$$\Rightarrow t''_1 = t'_1 - \varepsilon(t'_1 - t'_2) = 60 - 0.4653 \times (60 - 30) = 46.041℃$$

由冷热流体的热平衡方程 $\dot{m}_1 c_{p1}(t_1' - t_1'') = \dot{m}_2 c_{p2}(t_2'' - t_2')$，可得

$$t_2'' = \frac{\dot{m}_1 c_{p1}}{\dot{m}_2 c_{p2}}(t_1' - t_1'') + t_2' = 0.3105 \times (60 - 46.041) + 30 = 34.33℃$$

换热器的传热量为

$$Q = \dot{m}_1 c_{p1}(t_1' - t_1'') = 390 \times (60 - 46.041) = 5444.01\text{W}$$

思 考 题

12-1 什么是传热过程？传热过程与导热、对流换热和辐射换热是什么关系？

12-2 写出传热过程传热量计算的一般公式。传热系数和哪些因素有关？是否和传热面积的大小有关？

12-3 什么是临界热绝缘直径？和哪些因素有关？

12-4 电线外包裹绝缘层在起到电绝缘作用的同时，还常常可以起到散热的作用，为什么？

12-5 在圆管外敷设保温层与在圆管外侧加装肋片从热阻分析的角度有什么异同？在什么情况下加保温层反而会强化其传热而加肋片反而会削弱其传热？

12-6 若是平壁一侧表面敷设保温层或加装肋片，则热阻如何变化？

12-7 推导顺流或逆流换热器的对数平均温差计算式时做了哪些假设？讨论对大多数间壁式换热器这些假设是否适用。

12-8 进行换热器传热设计时所依据的基本方程是哪些？有人认为传热单元数法不需要用到传热方程式，你同意吗？

12-9 什么叫换热器的设计计算？什么叫校核计算？

习 题

12-1 有外直径为 5mm 的金属电线，外包厚度为 1mm、导热系数 $\lambda = 0.15\text{W/(m} \cdot ℃)$ 的聚氯乙烯作为电绝缘层。设环境温度为 30℃，绝缘层表面与环境间的复合表面传热系数为 $10\text{W/(m}^2 \cdot ℃)$。此时金属电线表面温度可维持在 50℃。求绝缘层的临界热绝缘直径以及每米

长电线的散热量。

12 - 2　一台换热器采用内外直径分别为 $d_1=20$mm、$d_2=23$mm 的黄铜圆管作为换热表面，黄铜的导热系数为 $\lambda=109$W/(m·℃)。管外表面与外侧流体之间的表面传热系数为 $h_2=3200$W/(m²·℃)，管内表面与内侧流体之间的表面传热系数为 $h_1=500$W/(m²·℃)，试计算以管外表面为基准的换热器传热系数 k。

12 - 3　已知换热器冷热流体的入出口温度分别为 $t_1'=200$℃，$t_1''=120$℃，$t_2'=20$℃，$t_2''=80$℃，分别计算流体按下列型式布置时，换热器的对数平均温差：

(1) 顺流布置；

(2) 逆流布置；

(3) 1 - 2 型壳管式，热流体在壳程；

(4) 一次交叉流，两种流体均不混合；

(5) 2 - 4 型壳管式，热流体在壳程。

12 - 4　一台水—水换热器，热水流量为 2000kg/h，冷水流量为 3000kg/h；热水进口温度 $t_1'=120$℃，冷水进口温度 $t_2'=10$℃。现要将冷水加热到 $t_2''=50$℃，试分别计算按顺流和逆流布置时换热器的对数平均温差。

12 - 5　用一台壳管式换热器来冷凝31 178Pa 的饱和水蒸气，要求每小时内凝结 20kg 蒸汽。进入换热器的冷却水的温度为 20℃，离开时为 38℃。设换热器的传热系数 $k=1800$W/(m²·℃)，问所需的传热面积是多少?

12 - 6　在一台 1 - 2 型壳管式冷却器中，管内冷却水从 15℃升高到 45℃，管外空气从 120℃下降到 60℃，空气流量为 1.2t/h。换热器的总传热系数 $k=90$W/(m²·℃)。试计算所需的传热面积。

12 - 7　某食品加工厂中采用一台套管式换热器用热水加热盐水。盐水进口和出口温度分别为 8℃和 15℃；热水进口和出口温度分别为 60℃和 50℃，热水的质量流量为 0.6t/h。在运行条件下，换热器的总传热系数为 $k=850$W/(m²·℃)。分别计算冷热流体按顺流和逆流布置时换热器所需的换热面积。

12 - 8　用一台逆流布置的壳管式换热器来冷却 11 号润滑油。冷却水在管内流动，$t_2'=20$℃，$t_2''=50$℃，流量为 3kg/s；热油入口温度为 100℃，出口温度为 60℃，$k=350$W/(m²·℃)。试计算：

(1) 油的流量；

(2) 所传递的热量；

(3) 所需的传热面积。

附 录

附表 1 常用气体的平均质量定压热容

$c_p|_0^t$ [kJ/(kg·K)]

温度(℃) \ 气体	空气	O_2	N_2	CO_2	CO	H_2	H_2O	SO_2
0	1.004	0.915	1.039	0.815	1.040	14.195	1.859	0.607
100	1.006	0.923	1.040	0.866	1.042	14.353	1.873	0.636
200	1.012	0.935	1.043	0.910	1.046	14.421	1.894	0.662
300	1.019	0.950	1.049	0.949	1.054	14.446	1.919	0.687
400	1.028	0.965	1.057	0.983	1.063	14.477	1.948	0.708
500	1.039	0.979	1.066	1.013	1.075	14.509	1.978	0.724
600	1.050	0.993	1.076	1.040	1.086	14.542	2.009	0.737
700	1.061	1.005	1.087	1.064	1.098	14.587	2.042	0.754
800	1.071	1.016	1.097	1.085	1.109	14.641	2.075	0.762
900	1.081	1.026	1.108	1.104	1.120	14.706	2.110	0.775
1000	1.091	1.035	1.118	1.122	1.130	14.776	2.144	0.783
1100	1.100	1.043	1.127	1.138	1.140	14.853	2.177	0.791
1200	1.108	1.051	1.136	1.153	1.149	14.934	2.211	0.795
1300	1.117	1.058	1.145	1.166	1.158	15.023	2.243	—
1400	1.124	1.065	1.153	1.178	1.166	15.113	2.274	—
1500	1.131	1.071	1.160	1.189	1.173	15.202	2.305	—
1600	1.138	1.077	1.167	1.200	1.180	15.294	2.335	—
1700	1.144	1.083	1.174	1.209	1.187	15.383	3.363	—
1800	1.150	1.089	1.180	1.218	1.192	15.472	2.391	—
1900	1.156	1.094	1.186	1.226	1.198	15.561	2.417	—
2000	1.161	1.099	1.191	1.233	1.203	15.649	2.442	—
2100	1.166	1.104	1.197	1.241	1.208	15.736	2.466	—
2200	1.171	1.109	1.201	1.247	1.213	15.819	2.489	—
2300	1.176	1.114	1.206	1.253	1.218	15.902	2.512	—
2400	1.180	1.118	1.210	1.259	1.222	15.983	2.533	—
2500	1.184	1.123	1.214	1.264	1.226	16.064	2.554	—

附表 2 常用气体的平均质量定容热容

$c_V|_0^t$ [kJ/(kg·K)]

气体 温度(℃)	空气	O_2	N_2	CO_2	CO	H_2O	SO_2
0	0.716	0.655	0.742	0.626	0.743	1.398	0.477
100	0.719	0.663	0.744	0.677	0.745	1.411	0.507
200	0.724	0.675	0.747	0.721	0.749	1.432	0.532
300	0.732	0.690	0.752	0.760	0.757	1.457	0.557
400	0.741	0.705	0.760	0.794	0.767	1.486	0.578
500	0.752	0.719	0.769	0.824	0.777	1.516	0.595
600	0.762	0.733	0.779	0.851	0.789	1.547	0.607
700	0.773	0.745	0.790	0.875	0.801	1.581	0.621
800	0.784	0.756	0.801	0.896	0.812	1.614	0.632
900	0.794	0.766	0.811	0.916	0.823	1.618	0.645
1000	0.804	0.775	0.821	0.933	0.834	1.682	0.653
1100	0.813	0.783	0.830	0.950	0.843	1.716	0.662
1200	0.821	0.791	0.839	0.964	0.857	1.749	0.666
1300	0.829	0.798	0.848	0.977	0.861	1.781	—
1400	0.837	0.805	0.856	0.989	0.869	1.813	—
1500	0.844	0.811	0.863	1.001	0.876	1.843	—
1600	0.851	0.817	0.870	1.011	0.883	1.873	—
1700	0.857	0.823	0.877	1.020	0.889	1.902	—
1800	0.863	0.829	0.883	1.029	0.896	1.929	—
1900	0.869	0.834	0.889	1.037	0.901	1.955	—
2000	0.874	0.839	0.894	1.045	0.906	1.980	—
2100	0.879	0.844	0.900	1.052	0.911	2.005	—
2200	0.884	0.849	0.905	1.058	0.916	2.028	—
2300	0.889	0.854	0.909	1.064	0.921	2.050	—
2400	0.893	0.858	0.914	1.070	0.925	2.072	—
2500	0.897	0.863	0.918	1.075	0.929	2.093	—

附表 3 **气体的平均质量热容（直线关系式）**

$$c=a+\frac{b}{2}t \quad \text{kJ/(kg·K)}$$

空气	$c_{Vm}=0.7088+0.000093t$
	$c_{pm}=0.9956+0.000093t$
H_2	$c_{Vm}=10.12+0.0005945t$
	$c_{pm}=14.33+0.0005945t$
N_2	$c_{Vm}=0.7304+0.00008955t$
	$c_{pm}=1.032+0.00008955t$
O_2	$c_{Vm}=0.6594+0.0001065t$
	$c_{pm}=0.919+0.0001065t$
CO	$c_{Vm}=0.7331+0.00009681t$
	$c_{pm}=1.035+0.00009681t$
H_2O	$c_{Vm}=1.373+0.0003111t$
	$c_{pm}=1.833+0.0003111t$
CO_2	$c_{Vm}=0.6837+0.0002406t$
	$c_{pm}=0.8725+0.0002406t$

附表 4 **空气的热力性质**

T（K）	t（℃）	h（kJ/kg）	u（kJ/kg）	s^0 [kJ/(kg·K)]
200	−73.15	199.97	142.56	1.29559
250	−23.15	250.05	178.28	1.51917
300	26.85	300.19	214.07	1.70203
310	36.85	310.24	221.25	1.73498
320	46.85	320.29	228.43	1.76690
330	56.85	330.34	235.61	1.79783
340	66.85	340.42	242.82	1.82790
350	76.85	350.49	250.02	1.85708
360	86.85	360.67	257.24	1.88543
370	96.85	370.67	264.46	1.91313
380	106.85	380.77	271.69	1.94001
390	116.85	390.88	278.93	1.96633
400	126.85	400.98	286.16	1.99194
410	136.85	411.12	293.43	2.01699
420	146.85	421.26	300.69	2.04142
430	156.85	432.43	307.99	2.06533
440	166.85	441.61	315.30	2.08870
450	176.85	451.80	322.62	2.11161
460	186.85	462.02	329.97	2.13407

续表

T (K)	t (℃)	h (kJ/kg)	u (kJ/kg)	s^0 [kJ/ (kg·K)]
470	196.85	472.24	337.32	2.14604
480	206.85	482.49	344.70	2.17760
490	216.85	492.74	352.08	2.19876
500	226.85	503.02	359.49	2.21952
510	236.85	513.32	366.92	2.23993
520	246.85	523.63	374.36	2.25997
530	256.85	500.98	381.84	2.27967
540	266.85	544.35	389.34	2.29906
550	276.85	554.74	396.86	2.31809
560	286.85	565.17	404.42	2.33685
570	296.85	575.59	411.97	2.35531
580	306.85	586.04	419.55	2.37318
590	316.85	596.52	427.15	2.30140
600	326.85	607.02	434.78	2.40902
610	336.85	617.53	442.42	2.42644
620	346.85	628.07	450.09	2.44356
630	356.85	638.63	457.78	2.46048
640	366.85	649.22	465.50	2.47716
650	376.85	659.84	473.25	2.49364
660	386.85	670.47	481.01	2.50985
670	396.85	681.14	488.81	2.52580
680	406.85	691.82	496.62	2.54175
690	416.85	702.52	504.45	2.55731
700	426.85	713.27	512.33	2.57277
710	436.85	724.04	520.23	2.58810
720	446.85	734.82	528.14	2.60319
730	456.85	746.62	536.07	2.61803
740	466.85	756.44	544.02	2.63280
750	476.85	767.29	551.99	2.64737
760	486.85	778.18	560.01	2.66176
780	506.85	800.03	576.12	2.69013
800	526.85	821.95	592.30	2.71787
820	546.85	843.98	603.59	2.74504
840	566.85	866.08	624.95	2.77170
860	586.85	888.27	641.46	2.79783
880	606.85	910.56	657.95	2.82344
900	626.85	932.93	674.58	2.84856

续表

T（K）	t（℃）	h（kJ/kg）	u（kJ/kg）	s^0［kJ/（kg·K）］
920	646.85	955.38	691.28	2.87821
940	666.85	977.92	708.08	2.89748
960	686.85	1000.56	725.02	2.92128
980	706.85	1023.25	741.98	2.94463
1000	726.85	1046.04	758.94	2.96770
1020	746.85	1068.69	771.60	2.99034
1040	766.85	1091.85	793.36	3.01260
1060	786.85	1114.86	810.62	3.03449
1080	806.85	1137.89	827.88	3.05608
1100	826.85	1161.07	845.33	3.07732
1120	846.85	1184.28	862.79	3.09325
1140	866.85	1207.57	880.35	3.11883
1160	886.85	1230.92	897.91	3.13916
1180	906.85	1254.34	915.57	3.15916
1200	926.85	1277.79	933.33	3.17838
1220	946.85	1301.31	951.09	3.19834
1240	966.85	1324.93	968.95	3.21751
1260	986.85	1348.55	986.90	3.23638
1280	1006.85	1372.24	1004.76	3.25510
1300	1026.85	1395.97	1022.82	3.27345
1320	1046.85	1419.76	1040.88	3.29160
1340	1066.85	1443.60	1058.94	3.30959
1360	1086.85	1467.49	1077.10	3.32724
1380	1106.85	1491.44	1095.26	3.34474
1400	1126.85	1515.42	1113.52	3.36200
1420	1146.85	1539.44	1131.77	3.37901
1440	1166.85	1563.51	1150.13	3.39586
1460	1186.85	1587.63	1168.49	3.41247
1480	1206.85	1611.79	1186.95	3.42892
1500	1226.85	1635.97	1205.41	3.44516
1520	1246.85	1660.23	1223.87	3.46120
1540	1266.85	1684.51	1242.43	3.47712
1560	1286.85	1708.82	1260.99	3.49276
1580	1306.85	1733.17	1279.65	3.50829
1600	1326.85	1757.57	1298.30	3.52364
1620	1346.85	1782.00	1316.96	3.53879
1640	1366.85	1806.46	1335.72	3.55381
1660	1386.85	1830.96	1354.48	3.56867
1680	1406.85	1855.50	1373.24	3.58335
1700	1426.85	1880.1	1392.7	3.5979

续表

T (K)	t (℃)	h (kJ/kg)	u (kJ/kg)	s^0 [kJ/ (kg·K)]
1750	1476.85	1941.6	1439.8	3.6336
1800	1526.85	2003.3	1487.2	3.6684
1850	1576.85	2065.3	1534.9	3.7023
1900	1626.85	2127.4	1582.6	3.7354
1950	1676.85	2189.7	1630.6	3.7677
2000	1726.85	2252.1	1678.7	3.7994
2050	1776.85	2314.6	1726.8	3.8393
2100	1826.85	2377.4	1775.3	3.8605
2150	1876.85	2440.3	1823.8	3.8901
2200	1926.85	2503.2	1872.4	3.9191

附表 5　　饱和水和水蒸气的热力性质（按温度排列）

t	p	v'	v''	h'	h''	r	s'	s''
℃	MPa	m^3/kg		kJ/kg			kJ/ (kg·K)	
0	0.0006112	0.00100022	206.154	−0.05	2500.51	2500.6	−0.0002	9.1544
0.01	0.0006117	0.00100021	206.012	0.00	2500.53	2500.5	0	9.1541
1	0.0006571	0.00100018	192.464	4.18	2502.35	2498.2	0.0153	9.1278
2	0.0007059	0.00100013	179.787	8.39	2504.19	2495.8	0.0306	9.1014
3	0.0007580	0.00100009	168.041	12.61	2506.3	2493.4	0.0459	9.0752
4	0.0008135	0.00100008	157.151	16.82	2507.87	2491.1	0.0611	9.0493
5	0.0008725	0.00100008	147.048	21.02	2509.71	2488.7	0.0763	9.0236
6	0.0009352	0.00100010	137.670	25.22	2511.55	2486.3	0.0913	8.9982
7	0.0010019	0.00100014	128.961	29.42	2513.39	2484.0	0.1063	8.9730
8	0.0010728	0.00100019	120.868	33.62	2515.23	2481.6	0.1213	8.9480
9	0.001148	0.00100026	113.342	37.81	2517.06	2479.3	0.1362	8.9233
10	0.0012279	0.00100034	106.341	42.00	2518.90	2476.9	0.1510	8.8988
12	0.0014025	0.00100054	93.756	50.38	2522.57	2472.2	0.1805	8.8504
14	0.0015985	0.00100080	82.828	58.76	2526.24	2467.5	0.2098	8.8029
16	0.0018183	0.00100110	73.320	67.13	2529.90	2462.8	0.2388	8.7562
18	0.0020640	0.00100145	65.029	75.50	2533.55	2458.1	0.2677	8.7103
20	0.0023385	0.00100185	57.786	83.86	2537.20	2453.3	0.2963	8.6652
22	0.0026444	0.00100229	51.445	92.23	2540.84	2448.6	0.3247	8.6210
24	0.0029846	0.00100276	45.884	100.59	2544.47	2443.9	0.3530	8.5774
26	0.0033625	0.00100328	40.997	108.95	2548.10	2439.2	0.3810	8.5347
28	0.0037814	0.00100383	36.694	117.32	2551.73	2434.4	0.4089	8.4927
30	0.0042451	0.00100442	32.899	125.68	2555.35	2429.7	0.4366	8.4514

续表

t	p	v′	v″	h′	h″	r	s′	s″
℃	MPa	m³/kg			kJ/kg		kJ/(kg·K)	
32	0.0047574	0.00100504	29.545	134.04	2558.96	2424.9	0.4641	8.4108
34	0.0053226	0.00100570	26.577	142.41	2562.57	2420.2	0.4914	8.3708
36	0.0059450	0.00100640	23.945	150.77	2566.18	2415.4	0.5185	8.3316
38	0.0066295	0.00100713	21.608	159.14	2569.77	2410.6	0.5455	8.2930
40	0.0073811	0.00100789	19.529	167.50	2573.36	2405.9	0.5723	8.2551
45	0.0095897	0.00100993	15.2636	188.42	2582.30	2393.9	0.6386	8.1630
50	0.0123446	0.00101216	12.0365	209.33	2591.19	2381.9	0.7038	8.0745
55	0.015752	0.00101455	9.5723	230.24	2600.02	2369.8	0.7680	7.9896
60	0.019933	0.00101713	7.6740	251.15	2608.79	2357.6	0.8312	7.9080
65	0.025024	0.00101986	6.1992	272.08	2617.48	2345.4	0.8935	7.8295
70	0.031178	0.00102276	5.0443	293.01	2626.10	2333.1	0.9550	7.7540
75	0.038565	0.00102582	4.1330	313.96	2634.63	2320.7	1.0156	7.6812
80	0.047376	0.00102903	3.4086	334.93	2643.06	2308.1	1.0753	7.6112
85	0.057818	0.00103240	2.8288	355.92	2651.40	2295.5	1.1343	7.5436
90	0.70121	0.00103593	2.3616	376.94	2659.63	2282.7	1.1926	7.4783
95	0.084533	0.00103961	1.9827	397.98	2667.73	2269.7	1.2501	7.4154
100	0.101325	0.00104344	1.6736	419.06	2675.71	2256.6	1.3069	7.3545
110	0.143243	0.00105156	1.2106	461.33	2691.26	2229.9	1.4186	7.2386
120	0.198483	0.00106031	0.89219	503.76	2706.18	2202.4	1.5277	7.1297
130	0.270018	0.00106968	0.66873	546.38	2720.39	2174.0	1.6346	7.0272
140	0.361190	0.00107972	0.50900	589.21	2733.81	2144.6	1.7393	6.9302
150	0.47571	0.00109046	0.39286	632.28	2746.35	2114.1	1.8420	6.8381
160	0.61766	0.00110193	0.30709	675.62	2757.92	2082.3	1.9429	6.7502
170	0.79147	0.00111420	0.24283	719.25	2768.42	2049.2	2.0420	6.6661
180	1.00193	0.00112732	0.19403	763.22	2777.74	2014.5	2.1396	6.5852
190	1.25417	0.00114136	0.15650	807.56	2785.80	1978.2	2.2358	6.5071
200	1.55366	0.00115641	0.12732	852.34	2792.47	1940.1	2.3307	6.4312
210	1.90617	0.00117258	0.10438	897.62	2797.65	1900.0	2.4245	6.3571
220	2.31783	0.00119000	0.086157	943.46	2801.20	1857.7	2.5175	6.2846
230	2.79505	0.00120882	0.071553	989.95	2803.00	1813.0	2.6096	6.2130
240	3.34459	0.00122922	0.059743	1037.2	2802.88	1765.7	2.7013	6.1422
250	3.97351	0.00125145	0.050112	1085.3	2800.66	1715.4	2.7926	6.0716
260	4.68923	0.00127579	0.042195	1134.3	2796.14	1661.8	2.8837	6.0007
270	5.49956	0.00130262	0.035637	1184.5	2789.05	1604.5	2.9751	5.9292

续表

t	p	v'	v''	h'	h''	r	s'	s''
℃	MPa	m^3/kg		kJ/kg			kJ/（kg·K）	
280	6.41273	0.00133242	0.030165	1236.0	2779.08	1543.1	3.0668	5.8564
290	7.43746	0.00136582	0.025565	1289.1	2765.81	1476.7	3.1594	5.7817
300	8.58308	0.00140369	0.021669	1344.0	2748.71	1404.7	3.2533	5.7042
310	9.8597	0.00144728	0.018343	1401.2	2727.01	1325.9	3.3490	5.6226
320	11.278	0.00149844	0.015479	1461.2	2699.72	1238.5	3.4475	5.5356
330	12.851	0.00156008	0.012987	1524.9	2665.30	1140.4	3.5500	5.4408
340	14.593	0.00163728	0.010790	1593.7	2621.32	1027.6	3.6586	5.3345
350	16.521	0.00174008	0.008812	1670.3	2563.39	893.0	3.7773	5.2104
360	18.657	0.00189423	0.006958	1761.1	2481.68	720.6	3.9155	5.0536
370	21.033	0.00221480	0.04982	1891.7	2338.79	447.1	4.1125	4.8076
373.99	22.064	0.003106	0.003106	2085.9	2085.9	0	4.4092	4.4092

附表 6　饱和水和水蒸气的热力性质（按压力排列）

p	t	v'	v''	h'	h''	r	s'	s''
MPa	℃	m^3/kg		kJ/kg			kJ/（kg·K）	
0.001	6.949	0.0010001	129.185	29.21	2513.29	2484.1	0.1056	8.9735
0.002	17.540	0.0010014	67.008	73.58	2532.71	2459.1	0.2611	8.7220
0.003	24.114	0.0010028	45.666	101.07	2544.68	2443.6	0.3546	8.5758
0.004	28.953	0.0010041	34.796	121.30	2553.45	2432.2	0.4221	8.4725
0.005	32.879	0.0010053	28.191	137.72	2560.55	2422.8	0.4761	8.3930
0.006	36.166	0.0010065	23.738	151.47	2566.48	2415.0	0.5208	8.3283
0.007	38.997	0.0010075	20.528	163.31	2571.56	2408.3	0.5589	8.2737
0.008	41.508	0.0010085	18.102	173.81	2576.06	2402.3	0.5924	8.2266
0.009	43.790	0.0010094	16.204	183.36	2580.15	2396.8	0.6226	8.1854
0.010	45.799	0.0010103	14.673	191.76	2583.72	2392.0	0.6490	8.1481
0.020	60.065	0.0010172	7.6497	251.43	2608.90	2357.5	0.8320	7.9068
0.030	69.104	0.0010222	5.2296	289.26	2624.56	2335.3	0.9440	7.7671
0.040	75.872	0.0010264	3.9939	317.61	2636.10	2318.5	1.0260	7.6688
0.050	81.339	0.0010299	3.2409	340.55	2645.31	2304.8	1.0912	7.5928
0.060	85.950	0.00100331	2.7324	359.91	2652.97	2293.1	1.1454	7.5310
0.070	89.956	0.0010359	2.3654	376.75	2659.55	2282.8	1.1921	7.4789
0.080	93.511	0.0010385	2.0876	391.71	2665.33	2273.6	1.2330	7.4339
0.090	96.712	0.0010409	1.8698	405.20	2670.48	2265.3	1.2696	7.3943
0.10	99.634	0.0010432	1.6943	417.52	2675.14	2257.6	1.3028	7.3589
0.20	120.240	0.0010605	0.88585	504.78	2706.53	2201.7	1.5303	7.1272

续表

p	t	v'	v''	h'	h''	r	s'	s''
MPa	℃	m^3/kg		kJ/kg			kJ/（kg·K）	
0.30	133.556	0.0010732	0.60587	561.58	2725.26	2163.7	1.6721	6.9921
0.40	143.642	0.0010835	0.46246	604.87	2738.49	2133.6	1.7769	6.8961
0.50	151.867	0.0010925	0.37486	640.35	2748.59	2108.2	1.8610	6.8214
0.60	158.863	0.0011006	0.31563	670.67	2756.66	2086.0	1.9315	6.7600
0.70	164.983	0.0011079	0.27281	697.32	2763.29	2066.0	1.9925	6.7079
0.80	170.444	0.0011148	0.24037	721.20	2768.86	2047.7	2.0464	6.6625
0.90	175.389	0.0011212	0.21491	742.90	2773.59	2030.7	2.0948	6.6222
1.00	179.916	0.0011272	0.19438	762.84	2777.67	2014.8	2.1388	6.5859
1.50	198.327	0.0011538	0.13172	844.82	2791.46	1946.6	2.3149	6.4437
2.00	212.417	0.0011767	0.099588	908.64	2798.66	1890.0	2.4471	6.3395
2.50	223.990	0.0011973	0.079949	961.93	2802.14	1840.2	2.5543	6.2559
3.0	233.893	0.0012166	0.066662	1008.2	2803.19	1794.9	2.6454	6.1854
3.5	242.597	0.0012348	0.057054	1049.6	2802.51	1752.9	2.7250	6.1238
4.0	250.394	0.0012524	0.049771	1087.2	2800.53	1713.4	2.7962	6.0688
4.5	257.477	0.0012694	0.044052	1121.8	2797.51	1675.7	2.8607	6.0187
5.0	263.980	0.0012862	0.039439	1154.2	2793.64	1639.5	2.9201	5.9724
6.0	275.625	0.0013190	0.032440	1213.3	2783.82	1570.5	3.0266	5.8885
7.0	285.869	0.0013515	0.027371	1266.9	2771.72	1504.8	3.1210	5.8129
8.0	295.048	0.0013843	0.023520	1316.5	2757.70	1441.2	3.2066	5.7430
9.0	303.385	0.0014177	0.020285	1363.1	2741.92	1378.9	3.2854	5.6771
10.0	311.037	0.0014522	0.018026	1407.2	2724.46	1317.2	3.3591	5.6139
11.0	318.118	0.0014881	0.015987	1449.6	2705.34	1255.7	3.4287	5.5525
12.0	324.715	0.0015260	0.014263	1490.7	2684.50	1193.8	3.4952	5.4920
13.0	330.894	0.0015662	0.012780	1530.8	2661.80	1131.0	3.5594	5.4318
14.0	336.707	0.0016097	0.011486	1570.4	2637.07	1066.7	3.6220	5.3711
15.0	342.196	0.0016571	0.010340	1609.8	2610.01	1000.2	3.6836	5.3091
16.0	347.396	0.0017099	0.009311	1649.4	2580.21	930.8	3.7451	5.2450
17.0	352.334	0.0017701	0.008373	1690.0	2547.01	857.1	3.8073	5.1776
18.0	357.034	0.0018402	0.007503	1732.0	2509.45	777.4	3.8715	5.1051
19.0	361.514	0.0019258	0.006679	1776.9	2465.87	688.9	3.9395	5.0250
20.0	365.789	0.0020379	0.005870	1827.2	2413.05	585.9	4.0153	4.9322
21.0	369.868	0.0022073	0.005012	1889.2	2341.67	452.4	4.1088	4.8124
22.0	373.752	0.0027040	0.003684	2013.0	2084.02	71.0	4.2969	4.4066
22.064	373.99	0.003106	0.003106	2085.9	2085.9	0	4.4092	4.4092

附表 7 未饱和水与过热蒸汽热力性质表

	0.001MPa			0.004MPa		
t	v	h	s	v	h	s
℃	m^3/kg	kJ/kg	kJ/（kg·K）	m^3/kg	kJ/kg	kJ/（kg·K）
0	0.0010002	−0.05	−0.0002	0.0010002	−0.05	−0.0002
10	130.598	2519.0	8.9938	0.0010003	42.01	0.1510
20	135.226	2537.7	9.0588	0.0010018	83.87	0.2963
30	139.851	2556.4	9.1216	34.918	2555.4	8.4790
40	144.475	2575.2	9.1823	36.080	2574.3	8.5403
50	149.096	2593.9	9.2412	37.241	2593.2	8.5996
60	153.717	2612.7	9.2984	38.400	2612.0	8.6571
70	158.337	2631.4	9.3540	39.558	2630.9	8.7129
80	162.956	2650.3	9.4080	40.716	2649.8	8.7672
90	167.574	2669.1	9.4607	41.873	2668.7	8.8200
100	172.192	2688.0	9.5120	43.029	2687.7	8.8714
120	181.426	2725.9	9.6109	45.341	2725.6	8.9706
140	190.660	2764.0	9.7054	47.652	2763.8	9.0652
160	199.893	2802.3	9.7959	49.962	2802.1	9.1557
180	209.126	2840.7	9.8827	52.272	2840.6	9.2426
200	218.358	2879.4	9.9662	54.581	2879.3	9.3262
220	227.590	2918.3	10.0468	56.890	2918.2	9.4068
240	236.821	2957.5	10.1246	59.199	2957.3	9.4846
260	246.053	2996.8	10.1998	61.507	2996.7	9.5599
280	255.284	3036.4	10.2727	63.816	3036.3	9.6328
300	264.515	3076.2	10.3434	66.124	3076.2	9.7035
320	273.746	3116.3	10.4122	68.432	3116.2	9.7723
340	282.977	3156.6	10.4790	70.740	3156.5	9.8391
360	292.208	3197.1	10.5440	73.048	3197.1	9.9041
380	301.439	3237.9	10.6074	75.356	3237.8	9.9675
400	310.669	3278.9	10.6692	77.664	3278.8	10.0294
420	319.900	3320.1	10.7296	79.972	3320.1	10.0898
440	429.131	3361.6	10.7886	82.280	3361.5	10.1487
460	338.362	3403.3	10.8463	84.588	3403.3	10.2064
480	347.592	3445.3	10.9028	86.896	3445.2	10.2629
500	356.823	3487.5	10.9581	89.204	3487.5	10.3183
520	366.054	3530.0	11.0124	91.512	3530.0	10.3726
540	375.284	3572.9	11.0658	93.819	3572.8	10.4259
560	384.515	3616.0	11.1182	96.127	3616.0	10.4784
580	393.746	3659.6	11.1698	98.435	3659.5	10.5300
600	402.976	3703.4	11.2206	100.743	3703.4	10.5808

续表

t	0.006MPa			0.010MPa		
	v	h	s	v	h	s
℃	m³/kg	kJ/kg	kJ/（kg·K）	m³/kg	kJ/kg	kJ/（kg·K）
0	0.0010002	−0.05	−0.0002	0.0010002	−0.04	−0.0002
10	0.0010003	42.01	0.1510	0.0010003	42.01	0.1510
20	0.0010018	83.87	0.2963	0.0010018	83.87	0.2963
30	0.0010044	125.68	0.4366	0.0010044	125.68	0.4366
40	24.036	2573.8	8.3517	0.0010079	167.51	0.5723
50	24.812	2592.7	8.4113	14.869	2591.8	8.1732
60	25.587	2611.6	8.4690	15.336	2610.8	8.2313
70	26.360	2630.6	8.5250	15.802	2629.9	8.2876
80	27.133	2649.5	8.5794	16.268	2648.9	8.3422
90	27.906	2668.4	8.6323	16.732	2667.9	8.3954
100	28.678	2687.4	8.6838	17.196	2686.9	8.4471
120	30.220	2725.4	8.7831	18.124	2725.1	8.5466
140	31.762	2763.6	8.8778	19.050	2763.3	8.6414
160	33.303	2801.9	8.9684	19.976	2801.7	8.7322
180	34.843	2840.5	9.0553	20.901	2840.2	8.8192
200	36.384	2879.2	9.1389	21.826	2879.0	8.9029
220	37.923	2918.1	9.2195	22.750	2918.0	8.9835
240	39.463	2957.3	9.2974	23.674	2957.1	9.0614
260	41.002	2996.7	9.3727	24.598	2996.5	9.1367
280	42.541	3036.3	9.4456	25.522	3036.2	9.2097
300	44.080	3076.1	9.5164	26.446	3076.0	9.2805
320	45.619	3116.2	9.5851	27.369	3116.1	9.3492
340	47.158	3156.5	9.6519	28.293	3156.4	9.4161
360	48.697	3197.0	9.7170	29.216	3197.0	9.4811
380	50.236	3237.8	9.7804	30.140	3237.7	9.5445
400	51.775	3278.8	9.8422	31.063	3278.7	9.6064
420	53.314	3320.0	9.9026	31.987	3320.0	9.6668
440	54.852	3361.5	9.9616	32.910	3361.5	9.7258
460	56.391	3403.2	10.0193	33.833	3403.2	9.7835
480	57.930	3445.2	10.0758	34.757	3445.2	9.8400
500	59.468	3487.5	10.1311	36.680	3487.4	9.8953
520	61.007	3530.0	10.1854	36.603	3530.0	9.9496
540	62.545	3572.8	10.2388	37.526	3572.8	10.003
560	64.084	3616.0	10.2912	38.450	3616.0	10.055
580	65.623	3659.5	10.3428	39.373	3659.5	10.107
600	67.161	3703.4	10.3937	40.296	3703.4	10.158

续表

	0.060MPa			0.10MPa		
t	v	h	s	v	h	s
℃	m³/kg	kJ/kg	kJ/(kg·K)	m³/kg	kJ/kg	kJ/(kg·K)
0	0.0010002	0.01	−0.0002	0.0010002	0.05	−0.0002
10	0.0010003	42.06	0.1510	0.0010003	42.10	0.1510
20	0.0010018	83.92	0.2963	0.0010018	83.96	0.2963
30	0.0010044	125.73	0.4365	0.0010044	125.77	0.4365
40	0.0010079	167.55	0.5723	0.0010078	167.59	0.5723
50	0.0010121	209.37	0.7037	0.0010121	209.40	0.7037
60	0.0010171	251.19	0.8312	0.0010171	251.22	0.8312
70	0.0010227	293.03	0.9549	0.0010227	293.07	0.9549
80	0.0010290	334.94	1.0753	0.0010290	334.97	1.0753
90	2.7648	2661.1	7.5534	0.0010359	376.96	1.1925
100	2.8446	2680.9	7.6073	1.6961	2675.9	7.3609
120	3.0030	2720.3	7.7101	1.7931	2716.3	7.4665
140	3.1602	2759.4	7.8072	1.8889	2756.2	7.5654
160	3.3167	2798.4	7.8995	1.9838	2795.8	7.6590
180	3.4726	2837.5	7.9877	2.0783	2835.3	7.7482
200	3.6281	2876.7	8.0722	2.1723	2874.8	7.8334
220	3.7833	2915.9	8.1535	2.2659	2914.3	7.9152
240	3.9383	2955.4	8.2319	2.3594	2953.9	7.9940
260	4.0931	2995.0	8.3076	2.4527	2993.7	8.0701
280	4.2477	3034.8	8.3809	2.5458	3033.6	8.1436
300	4.4023	3074.8	8.4519	2.6388	3073.8	8.2148
320	4.5567	3115.0	8.5209	2.7317	3114.1	8.2840
340	4.7111	3155.4	8.5879	2.8245	3154.6	8.3511
360	4.8654	3196.0	8.6531	2.9173	3195.3	8.4165
380	5.0197	3236.9	8.7166	3.0100	3236.2	8.4801
400	5.1739	3278.0	8.7786	3.1027	3277.3	8.5422
420	5.3280	3319.3	8.8391	3.1953	3318.7	8.6027
440	5.4822	3360.8	8.8981	3.2879	3360.3	8.6618
460	5.6363	3402.6	8.9559	3.3805	3402.1	8.7197
480	5.7903	3444.6	9.0125	3.4730	3444.1	8.7763
500	5.9444	3486.9	9.0679	3.5656	3486.5	8.8317
520	6.0984	3529.5	9.1222	3.6581	3529.1	8.8861
540	6.2524	3572.3	9.1756	3.7505	3572.0	8.9395
560	6.4064	3615.5	9.2281	3.8430	3615.2	8.9920
580	6.5604	3659.1	9.2798	3.9355	3658.7	9.0437
600	6.7144	3703.0	9.3306	4.0279	3702.7	9.0946

续表

	0.5MPa			1.0MPa		
t	*v*	*h*	*s*	*v*	*h*	*s*
℃	m^3/kg	kJ/kg	kJ/(kg·K)	m^3/kg	kJ/kg	kJ/(kg·K)
0	0.0010000	0.46	−0.0001	0.0009997	0.97	−0.0001
10	0.0010001	42.49	0.1510	0.0009999	42.98	0.1509
20	0.0010016	84.33	0.2962	0.0010014	84.80	0.2961
30	0.0010042	126.13	0.4364	0.0010040	126.59	0.4363
40	0.0010077	167.94	0.5721	0.0010074	168.38	0.5719
50	0.0010119	209.75	0.7035	0.0010117	210.18	0.7033
60	0.0010169	251.56	0.8310	0.0010167	251.98	0.8307
70	0.0010225	293.39	0.9547	0.0010223	293.80	0.9544
80	0.0010288	335.29	1.0750	0.0010286	335.69	1.0747
90	0.0010357	377.27	1.1923	0.0010355	377.66	1.1919
100	0.0010432	419.36	1.3066	0.0010430	419.74	1.3062
120	0.0010601	503.97	1.5275	0.0010599	504.32	1.5270
140	0.0010796	589.30	1.7392	0.0010793	589.62	1.7386
160	0.38358	2767.2	6.8647	0.0011017	675.84	1.9424
180	0.40450	2811.7	6.9651	0.19443	2777.9	6.5864
200	0.42487	2854.9	7.0585	0.20590	2827.3	6.6931
220	0.44485	2897.3	7.1462	0.21686	2874.2	6.7903
240	0.46455	2939.2	7.2295	0.22745	2919.6	6.8804
260	0.48404	2980.8	7.3091	0.23779	2963.8	6.9650
280	0.50336	3022.2	7.3853	0.24793	3007.3	7.0451
300	0.52255	3063.6	7.4588	0.25793	3050.4	7.1216
320	0.54164	3104.9	7.5297	0.26781	3093.2	7.1950
340	0.56064	3146.3	7.5983	0.27760	3135.7	7.2656
360	0.57958	3187.8	7.6649	0.28732	3178.2	7.3337
380	0.59846	3229.4	7.7295	0.29698	3220.7	7.3997
400	0.61729	2271.1	7.7924	0.30658	3263.1	7.4638
420	0.63608	3312.9	7.8537	0.31615	3305.6	7.5260
440	0.65483	3354.9	7.9135	0.32568	3348.2	7.5866
460	0.67356	3397.2	7.9719	0.33518	3390.9	7.6456
480	0.69226	3439.6	8.0289	0.34465	3433.8	7.7033
500	0.71094	3482.2	8.0848	0.35410	3476.8	7.7597
520	0.72959	3525.1	8.1396	0.36353	3520.1	7.8140
540	0.74824	3568.2	8.1933	0.37294	3563.5	7.8691
560	0.76686	3611.7	8.2461	0.38234	3607.3	7.9222
580	0.78547	3655.5	8.2980	0.39172	3651.3	7.9744
600	0.80408	3699.6	8.3491	0.40109	3695.7	8.0259

续表

	5.0MPa			10.0MPa		
t	v	h	s	v	h	s
℃	m³/kg	kJ/kg	kJ/(kg·K)	m³/kg	kJ/kg	kJ/(kg·K)
0	0.0009977	5.04	0.0002	0.0009952	10.09	0.0004
10	0.0009979	46.87	0.1506	0.0009956	51.70	0.1500
20	0.0009996	88.55	0.2952	0.0009973	93.22	0.2942
30	0.0010022	130.23	0.4350	0.0010000	134.76	0.4335
40	0.0010057	171.92	0.5704	0.0010035	176.34	0.5684
50	0.0010099	213.63	0.7015	0.0010078	217.93	0.6992
60	0.0010149	255.34	0.8286	0.0010127	259.53	0.8259
70	0.0010205	297.07	0.9520	0.0010182	301.16	0.9491
80	0.0010267	338.87	1.0721	0.0010244	342.85	1.0688
90	0.0010335	380.75	1.1890	0.0010311	384.63	1.1855
100	0.0010410	422.75	1.3031	0.0010385	426.51	1.2993
120	0.0010576	507.14	1.5234	0.0010549	510.68	1.5190
140	0.0010768	592.23	1.7345	0.0010738	595.50	1.7294
160	0.0010988	678.19	1.9377	0.0010953	681.16	1.9319
180	0.0011240	765.25	2.1342	0.0011199	767.84	2.1275
200	0.0011529	853.75	2.3253	0.0011481	855.88	2.3176
220	0.0011867	944.21	2.5125	0.0011807	945.71	2.5036
240	0.0012266	1037.3	2.6976	0.0012190	1038.0	2.6870
260	0.00112751	1134.3	2.8829	0.0012650	1133.6	2.8698
280	0.042228	2855.8	6.0864	0.0013222	1234.2	3.0549
300	0.045301	2923.3	6.2064	0.0013975	1342.3	3.2469
320	0.048088	2984.0	6.3106	0.019248	2780.5	5.7092
340	0.050685	3040.4	6.4040	0.021463	2880.0	5.8743
360	0.053149	3093.7	6.4897	0.023299	2960.9	6.0041
380	0.055514	3145.0	6.5694	0.024920	3031.5	6.1140
400	0.057804	3194.9	6.6446	0.026402	3095.8	6.2109
420	0.060033	3243.6	6.7159	0.027787	3155.8	6.2988
440	0.062216	3291.5	6.7840	0.029100	3212.9	6.3799
460	0.064358	3338.8	6.8494	0.030357	3267.7	6.4557
480	0.066469	3385.6	6.9125	0.031571	3320.9	6.5273
500	0.068552	3432.2	6.9735	0.032750	3372.8	6.5954
520	0.070612	3478.6	7.0328	0.033900	3423.8	6.6605
540	0.072651	3524.9	7.0904	0.035027	3474.1	6.7232
560	0.074674	3571.1	7.1466	0.036133	3523.9	6.7837
580	0.076681	3617.4	7.2015	0.037222	3573.3	6.8423
600	0.078675	3663.9	7.2553	0.038297	3622.5	6.8992

续表

t	15MPa			17MPa		
t	v	h	s	v	h	s
℃	m^3/kg	kJ/kg	kJ/（kg・K）	m^3/kg	kJ/kg	kJ/（kg・K）
0	0.0009928	15.10	0.0006	0.0009918	17.10	0.0006
10	0.0009933	56.51	0.1494	0.0009924	58.42	0.1492
20	0.0009951	97.87	0.2930	0.0009942	99.73	0.2926
30	0.0009978	139.28	0.4319	0.0009970	141.08	0.4313
40	0.0010014	180.74	0.5665	0.0010005	182.50	0.5657
50	0.0010056	222.22	0.6969	0.0010048	223.93	0.6959
60	0.0010105	263.72	0.8233	0.0010096	265.39	0.8223
70	0.0010160	305.25	0.9462	0.0010151	306.88	0.9450
80	0.0010221	346.84	1.0656	0.0010212	348.43	1.0644
90	0.0010288	388.51	1.1820	0.0010279	390.06	1.1806
100	0.0010360	430.29	1.2955	0.0010351	431.80	1.2940
120	0.0010522	514.23	1.5146	0.0010512	515.65	1.5129
140	0.0010708	598.80	1.7244	0.0010696	600.13	1.7225
160	0.0010919	684.16	1.9262	0.0010906	685.37	1.9239
180	0.0011159	770.49	2.1210	0.0011144	771.57	2.1185
200	0.0011434	858.08	2.3102	0.0011416	858.98	2.3072
220	0.0011750	947.33	2.4949	0.0011728	948.01	2.4915
240	0.0012118	1038.8	2.6767	0.0012091	1039.2	2.6728
260	0.0012556	1133.3	2.8574	0.0012520	1133.3	2.8527
280	0.0013092	1232.1	3.0393	0.0013043	1231.5	3.0334
300	0.0013777	1337.3	3.2260	0.0013705	1335.6	3.2183
320	0.0014725	1453.0	3.4243	0.0014605	1449.3	3.4131
340	0.0016307	1591.5	3.6539	0.0016024	1582.0	3.6331
360	0.012571	2768.1	5.5628	0.0095938	2649.3	5.3402
380	0.014275	2883.6	5.7424	0.0115900	2807.8	5.5870
400	0.015652	2974.6	5.8798	0.0130250	2917.2	5.7520
420	0.016851	3052.9	5.9944	0.0142174	3006.1	5.8823
440	0.017937	3123.3	6.0946	0.0152693	3083.7	5.9927
460	0.018944	3188.5	6.1849	0.0162285	3154.1	6.0901
480	0.019893	3250.1	6.2677	0.0171215	3219.7	6.1783
500	0.020797	3309.0	6.3449	0.0179651	3281.7	6.2596
520	0.021665	3365.8	6.4175	0.0187701	3341.2	6.3356
540	0.022504	3421.1	6.4863	0.0195441	3398.7	6.4072
560	0.023317	3475.2	6.5520	0.0202927	3454.7	6.4752
580	0.024109	3528.3	6.6150	0.0210198	3509.4	6.5402
600	0.024882	3580.7	6.6757	0.0217285	3563.3	6.6025

续表

	20MPa			25MPa		
t	v	h	s	v	h	s
℃	m^3/kg	kJ/kg	kJ/（kg·K）	m^3/kg	kJ/kg	kJ/（kg·K）
0	0.0009904	20.08	0.0006	0.0009880	25.01	0.0006
10	0.0009911	61.29	0.1488	0.0009888	66.04	0.1481
20	0.0009929	102.50	0.2919	0.0009908	107.11	0.2907
30	0.0009957	143.78	0.4303	0.0009936	148.27	0.4287
40	0.0009992	185.13	0.5645	0.0009972	189.51	0.5626
50	0.0010035	226.50	0.6946	0.0010014	230.78	0.6923
60	0.0010084	267.90	0.8207	0.0010063	272.08	0.8182
70	0.0010138	309.33	0.9433	0.0010117	313.41	0.9404
80	0.0010199	350.82	1.0624	0.0010177	354.80	1.0593
90	0.0010265	392.39	1.1785	0.0010242	396.27	1.1751
100	0.0010336	434.06	1.2917	0.0010313	437.85	1.2880
120	0.0010496	517.79	1.5103	0.0010470	521.36	1.5061
140	0.0010679	602.12	1.7195	0.0010650	605.46	1.7147
160	0.0010886	687.20	1.9206	0.0010854	690.27	1.9152
180	0.0011121	773.19	2.1147	0.0011084	775.94	2.1085
200	0.0011389	860.36	2.3029	0.0011345	862.71	2.2959
220	0.0011695	949.07	2.4865	0.0011643	950.91	2.4785
240	0.0012051	1039.8	2.6670	0.0011986	1041.0	2.6575
260	0.0012469	1133.4	2.8457	0.0012387	1133.6	2.8346
280	0.0012974	1230.7	3.0249	0.0012866	1229.6	3.0113
300	0.0013605	1333.4	3.2072	0.0013453	1330.3	3.1901
320	0.0014442	1444.4	3.3977	0.0014208	1437.9	3.3745
340	0.0015685	1570.6	3.6068	0.0015256	1556.6	3.5713
360	0.0018248	1739.6	3.8777	0.0016965	1698.0	3.7981
380	0.0082557	2658.5	5.3130	0.0022221	1936.3	4.1677
400	0.0099458	2816.8	5.5520	0.0060014	2578.0	5.1386
420	0.0111896	2928.3	5.7154	0.0075799	2770.3	5.4205
440	0.0122296	3019.6	5.8453	0.0086923	2897.6	5.6017
460	0.0131490	3099.4	5.9557	0.0096048	2998.9	5.7418
480	0.0139876	3171.9	6.0532	0.0104019	3085.9	5.8590
500	0.0147681	3239.3	6.1415	0.0111229	3164.1	5.9614
520	0.0155046	3303.0	6.2229	0.0117897	3236.1	6.0534
540	0.0162067	3364.0	6.2989	0.0124156	3303.8	6.1377
560	0.0168811	3422.9	6.3705	0.0130095	3368.2	6.2160
580	0.0175328	3480.3	6.4385	0.0135778	3430.2	6.2895
600	0.0181655	3536.3	6.5035	0.0141249	3490.2	6.3591

附表 8　　氨（NH_3）饱和液与饱和蒸汽的热力性质表

t	p	v'	v''	h'	h''	s'	s''
℃	kPa	m^3/kg		kJ/kg		kJ/（kg·K）	
−60	21.99	0.0014010	3.68508	−69.5330	1373.19	−0.10909	6.6592
−55	30.29	0.0014126	3.47422	−47.5062	1382.01	−0.00717	6.5454
−50	41.03	0.0014245	2.61651	−25.4342	1390.64	0.09264	6.4382
−45	54.74	0.0014367	1.99891	−3.3020	1399.07	0.19049	6.3369
−40	72.01	0.0014493	1.54736	18.9024	1407.26	0.28651	6.2410
−35	93.49	0.0014623	1.21249	41.1883	1415.20	0.38082	6.1501
−30	119.90	0.0014757	0.960867	63.5629	1422.86	0.47351	6.0636
−28	132.02	0.0014811	0.87810	72.5387	1425.84	0.51015	6.0302
−26	145.11	0.0014867	0.803761	81.5300	1428.76	0.54655	5.9974
−24	159.22	0.0014923	0.736868	90.5370	1431.64	0.58272	5.9652
−22	174.41	0.0014980	0.67657	99.5600	1434.46	0.61865	5.9336
−20	190.74	0.0015037	0.622122	108.599	1432.23	0.65436	5.9025
−18	208.26	0.0015096	0.572875	117.656	1439.94	0.68984	5.8720
−16	227.04	0.0015155	0.528257	126.729	1442.60	0.72511	5.8420
−14	247.14	0.0015215	0.487769	135.820	1445.20	0.76016	5.8125
−12	268.63	0.0015276	0.450971	144.929	1447.74	0.79501	5.7835
−10	291.57	0.0015338	0.417477	154.056	1450.22	0.82965	5.7550
−9	303.60	0.0015369	0.401860	158.628	1451.44	0.84690	5.7409
−8	316.02	0.0015400	0.386944	163.204	1452.64	0.86410	5.7269
−7	328.84	0.0015432	0.372692	167.785	1453.83	0.88125	5.7131
−6	342.07	0.0015464	0.359071	172.371	1455.00	0.89835	5.6993
−5	355.71	0.0015496	0.346046	176.962	1456.15	0.91541	5.6856
−4	369.77	0.0015528	0.333589	181.559	1457.29	0.93242	5.6721
−3	384.26	0.0015561	0.321670	186.161	1458.42	0.94938	6.6586
−2	399.20	0.0015594	0.310263	190.768	1459.53	0.96630	5.6453
−1	414.58	0.0015627	0.299340	195.381	1460.62	0.98317	5.6320
0	430.43	0.0015660	0.288880	200.000	1461.70	1.00000	5.6189
1	446.74	0.0015694	0.278858	204.625	1462.76	1.01679	5.6058
2	463.53	0.0015727	0.269253	209.256	1463.80	1.03354	5.5929
3	480.81	0.0015762	0.260046	213.892	1464.83	1.05024	5.5800
4	498.59	0.0015796	0.251216	218.535	1465.84	1.06691	5.5672
5	516.87	0.0015831	0.242745	223.185	1466.84	1.08353	5.5545

续表

t	p	v'	v''	h'	h''	s'	s''
℃	kPa	m^3/kg		kJ/kg		kJ/（kg・K）	
6	535.67	0.0015866	0.234618	227.841	1467.82	1.10012	5.5419
7	555.00	0.0015901	0.226817	232.503	1468.78	1.11667	5.5294
8	574.87	0.0015936	0.219326	237.172	1469.72	1.13317	5.5170
9	595.28	0.0015972	0.212132	241.848	1470.64	1.14964	5.5046
10	616.25	0.0016008	0.205221	246.531	1471.57	1.16607	5.4924
11	637.78	0.0016045	0.198580	251.221	1472.46	1.18246	5.4802
12	659.89	0.0016081	0.192196	255.918	1473.34	1.19882	5.4681
13	682.59	0.0016118	0.186058	260.622	1474.20	1.21515	5.4561
14	705.88	0.0016156	0.180154	265.334	1475.05	1.23144	5.4441
15	729.79	0.0016193	0.174475	270.053	1475.88	1.24769	5.4322
16	754.31	0.0016231	0.169009	274.779	1476.69	1.26391	5.4204
17	779.46	0.0016269	0.163748	279.513	1477.48	1.28010	5.4087
18	805.25	0.0016308	0.158683	284.255	1478.25	1.29626	5.3971
19	831.69	0.0016347	0.153804	189.005	1479.01	1.31238	5.3855
20	858.79	0.0016386	0.149106	293.762	1479.75	1.32847	5.3740
21	880.57	0.0016426	0.144578	298.527	1480.48	1.34452	5.3626
22	915.03	0.0016466	0.140214	303.300	1481.18	1.36055	5.3512
23	944.18	0.0016507	0.136006	308.081	1481.87	1.37654	5.3399
24	974.03	0.0016547	0.131950	312.870	1482.53	1.39250	5.3286
25	1004.6	0.0016588	0.128037	317.667	1483.18	1.40843	5.3175
26	1035.9	0.0016630	0.124261	322.471	1483.81	1.42433	5.3063
27	1068.0	0.0016672	0.120619	327.284	1484.42	1.44020	5.2953
28	1100.7	0.0016714	0.117103	332.104	1485.01	1.45604	5.2843
29	1134.3	0.0016757	0.113708	336.933	1485.59	1.47185	5.2733

附表 9　氟利昂 134a 饱和液与饱和蒸汽的热力性质表（按温度排列）

t	p	v'	v''	h'	h''	s'	s''
℃	kPa	m^3/kg		kJ/kg		kJ/（kg・K）	
−85	2.56	0.00064884	5.899997	94.12	345.37	0.5348	1.8702
−80	3.87	0.00065501	4.045366	99.89	348.31	0.5668	1.8535
−75	5.72	0.00066106	2.816477	105.68	351.48	0.5974	1.8379
−70	8.27	0.00066719	2.004070	111.46	354.57	0.6272	1.8239
−65	11.72	0.00067327	1.442296	117.38	357.68	0.6562	1.8107

续表

t	p	v'	v''	h'	h''	s'	s''
℃	kPa	m^3/kg		kJ/kg		kJ/（kg·K）	
−60	16.29	0.00067947	1.055363	123.37	360.81	0.6847	1.7987
−55	22.24	0.00068583	0.785161	129.42	363.95	0.7127	1.7878
−50	29.90	0.00069238	0.593412	135.54	367.10	0.7405	1.7782
−45	39.58	0.00069916	0.454926	141.72	370.25	0.7678	1.7695
−40	51.69	0.00070619	0.353529	147.96	373.40	0.7949	1.7618
−35	66.63	0.00071348	0.278087	154.26	376.54	0.8216	1.7549
−30	84.85	0.00072105	0.221302	160.62	379.69	0.8479	1.7488
−25	106.86	0.00072892	0.177937	167.04	382.79	0.8740	1.7434
−20	133.18	0.00073712	0.144450	173.52	385.89	0.8997	1.7387
−15	164.36	0.00074572	0.118481	180.04	388.97	0.9253	1.7346
−10	201.00	0.00075463	0.097832	186.63	392.01	0.9504	1.7309
−5	243.71	0.00076388	0.081304	193.29	395.01	0.9753	1.7276
0	293.14	0.00077365	0.068164	200.00	397.98	1.0000	1.7248
5	349.96	0.00078384	0.057470	206.78	400.90	1.0244	1.7223
10	414.88	0.00079453	0.048721	213.63	403.76	1.0486	1.7201
15	488.60	0.00080577	0.041532	220.55	406.57	1.0727	1.7182
20	571.88	0.00081762	0.035576	227.55	409.30	1.0965	1.7165
25	665.49	0.00083017	0.030603	234.63	411.96	1.1202	1.7149
30	770.21	0.00084347	0.026424	241.80	414.52	1.1437	1.7135
35	886.87	0.00085768	0.022899	249.07	416.99	1.1672	1.7121
40	1016.32	0.00087284	0.019893	256.44	419.34	1.1906	1.7108
45	1159.45	0.00088919	0.017320	263.94	421.55	1.2139	1.7093
50	1317.19	0.00090694	0.015112	271.57	423.62	1.2373	1.7078
55	1490.52	0.00092634	0.013203	279.36	425.51	1.2607	1.7061
60	1680.47	0.00094775	0.011538	287.33	427.18	1.2842	1.7041
65	1888.17	0.00097175	0.010080	295.51	428.61	1.3080	1.7016
70	2114.81	0.00099902	0.008788	303.94	429.70	1.3321	1.6986
75	2361.75	0.00103073	0.007638	312.71	430.38	1.3568	1.6948
80	2630.48	0.00106869	0.006601	321.92	430.53	1.3822	1.8998
85	2922.80	0.00111621	0.005647	331.74	429.86	1.4089	1.6829
90	3240.89	0.00118024	0.004751	342.54	427.99	1.4379	1.6732
95	3587.80	0.00127926	0.003851	355.23	423.70	1.4714	1.6574
100	3969.25	0.00153410	0.002779	375.04	412.19	1.5234	1.6230

附表 10 氟利昂 134a 饱和液与饱和蒸汽的热力性质表（按压力排列）

p	t	v'	v''	h'	h''	s'	s''
kPa	℃	m³/kg		kJ/kg		kJ/（kg·K）	
10	−67.32	0.00067044	1.676284	114.63	356.24	0.6428	1.8166
20	−56.74	0.00068353	0.868908	127.30	362.86	0.7030	1.7915
30	−49.94	0.00069247	0.591338	135.62	367.14	0.7408	1.7780
40	−44.81	0.00069942	0.450539	141.95	370.37	0.7688	1.7692
50	−40.64	0.00070527	0.364782	147.16	373.00	0.7914	1.7627
60	−37.08	0.00071041	0.306836	151.64	375.24	0.8105	1.7577
80	−31.25	0.00071913	0.234033	159.04	378.90	0.8414	1.7503
100	−26.45	0.00072667	0.189737	165.15	381.89	0.8665	1.7451
120	−22.37	0.00073319	0.159324	170.43	384.43	0.8875	1.7409
140	−18.82	0.00073920	0.137972	175.04	386.63	0.9059	1.7378
160	−15.64	0.00074461	0.121490	179.20	388.58	0.9220	1.7351
180	−12.79	0.00074955	0.108637	182.95	390.31	0.9364	1.7328
200	−10.14	0.00075438	0.098326	186.45	391.93	0.9497	1.7310
250	−4.35	0.00076517	0.079485	194.16	395.41	0.9786	1.7273
300	0.63	0.00077492	0.066694	200.85	398.36	1.0031	1.7245
350	5.00	0.00078383	0.057477	206.77	400.90	1.0244	1.7223
400	8.93	0.00079220	0.050444	212.16	403.16	1.0435	1.7206
450	12.44	0.00079992	0.045016	217.00	405.14	1.0604	1.7191
500	15.72	0.00080744	0.040612	221.55	406.96	1.0761	1.7180
550	18.75	0.00081461	0.036955	225.79	408.62	1.0906	1.7169
600	21.55	0.00082129	0.033870	229.74	410.11	1.1038	1.7158
650	24.21	0.00082813	0.031327	233.50	411.54	1.1164	1.7152
700	26.72	0.00083465	0.029081	237.09	412.85	1.1283	1.7144
800	31.32	0.00084714	0.025428	243.09	415.18	1.1500	1.7131
900	35.50	0.00085911	0.022569	249.80	417.22	1.1695	1.7120
1000	39.39	0.00087091	0.020228	255.53	419.05	1.1877	1.7109
1200	46.31	0.00089371	0.016708	265.93	422.11	1.2201	1.7089
1400	52.48	0.00091633	0.014130	275.42	424.58	1.2489	1.7069
1600	57.94	0.00093864	0.012198	284.01	426.52	1.2745	1.7049
1800	62.92	0.00096140	0.010664	292.07	428.04	1.2981	1.7027
2000	67.56	0.00098526	0.009398	299.80	429.21	1.3203	1.7002
2200	71.74	0.00100948	0.008375	306.95	429.99	1.3406	1.6974
2400	75.72	0.00103576	0.007482	314.01	430.45	1.3604	1.6941
2600	79.42	0.00106391	0.006714	320.83	430.54	1.3792	1.6904
2800	82.93	0.00109510	0.006036	327.59	430.28	1.3977	1.6861
3000	86.25	0.00113032	0.005421	334.34	429.55	1.4159	1.6809
3200	89.39	0.00117107	0.004860	341.14	428.32	1.4342	1.6746
3400	92.33	0.00121992	0.004340	348.12	426.45	1.4527	1.6670

附表 11　　几种材料的密度、导热系数、比热容和热扩散率

材料名称	温度	ρ	λ	c	$a\times10^6$	备注
	℃	kg/m^3	W/（m·℃）	kJ/（kg·℃）	m^2/h	
银	0	10500	458.2	0.235	670.0	
紫铜	0	8800	383.8	0.461	412.0	
黄铜	0	8600	85.5	0.377	95.0	
钢C≈0.5%	20	7830	53.6	0.465		
C≈1.0%	20	7800	43.4	0.473		
C≈1.5%	20	7750	36.4	0.486		
灰铸铁	20		41.9～58.6			
铸铝 ZL101	25	2660	150.7	0.879		
铸铝 ZL104	25	2650	146.5	0.754		c 为 100℃ 时的比热容
铸铝 ZL109	25	2680	117.2	0.963		
锻铝 LD7	25	2800	142.4	0.796		
铝	0	2670	203.5	0.921	328.0	
超细玻璃棉	36	33.4～50	0.030			
珍珠岩散料	20	44～288	0.042～0.078			
蛭石	20	395～467	0.105～0.128			
石棉板	30	770～1045	0.111～0.140			
耐火粘土砖	0	270～2000	0.058～0.698	0.816	0.712	
红砖	25	1560	0.489			
矿渣棉	30	207	0.058			
水泥	30	1900	0.302	1.130	0.560	
混凝土	0	400～450	1.28			
黄沙	30	1580～1700	0.279～0.337			
土			0.50～1.652			
松木（垂直木纹）	15		0.15			
松木（平行木纹）	21		0.347			
玻璃			0.698～1.05			
纤维板			0.049			
草绳		230	0.064～0.113			
泡沫塑料	30	29.5～162	0.041～0.056			
聚苯乙烯	30	24.7～37.8	0.04～0.043			
聚氯乙烯	30		0.14～0.151			
聚四氟乙烯	20	2240	0.186			
橡胶制品	0	1200	0.163	1.382	0.352	
水垢			1.28～3.14			
烟垢			0.07～0.116			
瓷		2400	1.035	1.089	1.43	

附表 12 标准大气压下干空气的物性参数

t	ρ	c_p	$\lambda\times10^2$	$a\times10^6$	$\mu\times10^6$	$\nu\times10^6$	Pr
℃	kg/m^3	kJ/（kg·℃）	W/（m·℃）	m^2/s	kg/（m·s）	m^2/s	
−50	1.584	1.013	2.04	12.7	14.6	9.23	0.728
−30	1.453	1.013	2.20	14.9	15.7	10.80	0.723
−20	1.395	1.009	2.28	16.2	16.2	11.61	0.716
−10	1.342	1.009	2.36	17.4	16.7	12.43	0.712
0	1.293	1.005	2.44	18.8	17.2	13.28	0.707
20	1.205	1.005	2.59	21.4	18.1	15.06	0.703
30	1.165	1.005	2.67	22.9	18.6	16.00	0.701
40	1.128	1.005	2.76	24.3	19.1	16.96	0.699
60	1.060	1.005	2.90	27.2	20.1	18.97	0.694
80	1.000	1.009	3.05	30.2	21.1	23.13	0.692
100	0.946	1.009	3.21	33.6	21.9	23.13	0.688
120	0.898	1.009	3.34	36.8	22.8	25.45	0.686
140	0.854	1.013	3.49	40.3	23.7	27.80	0.684
160	0.815	1.017	3.64	43.9	24.5	30.09	0.682
180	0.779	1.022	3.78	47.5	25.3	32.49	0.681
200	0.746	1.026	3.93	51.4	26.0	34.85	0.680
250	0.674	1.038	4.27	61.0	27.4	40.61	0.677
300	0.615	1.047	4.60	71.6	29.7	48.33	0.674
350	0.566	1.059	4.91	81.9	31.4	55.46	0.676
400	0.524	1.068	5.21	93.1	33.0	63.09	0.678
450	0.488	1.080	5.43	103.1	34.4	70.54	0.684
500	0.456	1.093	5.74	115.3	36.2	79.38	0.687
600	0.404	1.114	6.22	138.3	39.1	96.89	0.699
700	0.362	1.135	6.71	163.4	41.8	115.4	0.706
800	0.329	1.156	7.18	188.8	44.3	132.8	0.713
900	0.301	1.172	7.63	216.2	46.7	155.1	0.717
1000	0.277	1.185	8.07	245.9	49.0	177.1	0.719
1100	0.257	1.197	8.50	276.2	51.2	199.3	0.722
1200	0.239	1.210	9.15	316.5	53.5	233.7	0.724

附表 13　　饱和水的热物理性质

t	ρ	c_p	$\lambda\times10^2$	$a\times10^6$	$\eta\times10^6$	$\nu\times10^6$	$\alpha\times10^4$	$\gamma\times10^4$	Pr
℃	kg/m³	kJ/（kg·℃）	W/（m·℃）	m²/s	kg/（m·s）	m²/s	K⁻¹	N/m	
0	999.8	4.212	55.1	13.1	1788	1.7899	−0.81	756.4	13.67
10	999.7	4.191	57.4	13.7	1306	1.306	0.87	741.6	9.52
20	998.2	4.183	59.9	14.3	1004	1.006	2.09	726.9	7.02
30	995.6	4.174	61.8	14.9	801.5	0.805	3.05	712.2	5.42
40	992.2	4.174	63.5	15.3	653.3	0.659	3.86	696.5	4.31
50	988.0	4.174	64.8	15.7	549.4	0.556	4.57	676.9	3.54
60	983.2	4.179	65.9	16.0	469.9	0.478	5.22	662.2	2.99
70	977.7	4.187	66.8	16.3	406.1	0.415	5.83	643.5	2.55
80	971.8	4.195	67.4	16.6	355.1	0.365	6.40	625.9	2.21
90	965.3	4.208	68.0	16.8	314.9	0.326	6.96	607.2	1.95
100	958.4	4.220	68.3	16.9	282.5	0.295	7.50	588.6	1.75
110	950.9	4.233	68.5	17.0	259.0	0.272	8.04	569.0	1.60
120	943.1	4.250	68.6	17.1	237.4	0.252	8.58	548.4	1.47
130	934.9	4.266	68.6	17.2	217.8	0.233	9.12	528.8	1.36
140	926.2	4.287	68.5	17.2	201.1	0.217	9.68	507.2	1.26
150	917.0	4.313	68.4	17.3	186.4	0.203	10.26	486.6	1.17
160	907.5	4.346	68.3	17.3	173.6	0.191	10.87	466.0	1.10
170	897.5	4.380	67.9	17.3	162.8	0.181	11.52	443.4	1.05
180	887.1	4.417	67.4	17.2	153.0	0.173	12.21	422.8	1.00
190	876.6	4.459	67.0	17.1	144.2	0.165	12.96	400.2	0.96
200	864.8	4.505	66.3	17.0	136.4	0.158	13.77	376.7	0.93
210	852.8	4.555	65.5	16.9	130.5	0.153	14.69	354.1	0.91
220	840.3	4.614	64.5	16.6	124.6	0.148	15.67	331.6	0.89
230	827.3	4.681	63.7	16.4	119.7	0.145	16.80	310.0	0.88
240	813.6	4.756	62.8	16.2	114.8	0.141	18.08	285.5	0.87
250	799.0	4.844	61.8	15.9	109.9	0.137	19.55	261.9	0.86
260	783.8	4.949	60.5	15.6	105.9	0.135	21.27	237.4	0.87
270	767.7	5.070	59.0	15.1	102.0	0.133	23.31	214.8	0.88
280	750.5	5.230	57.4	14.6	98.1	0.131	25.79	191.3	0.90
290	732.2	5.485	55.8	13.9	94.2	0.129	28.84	168.7	0.93
300	712.4	5.736	54.0	13.2	91.2	0.128	32.73	144.2	0.97
310	691.0	6.071	52.3	12.5	88.3	0.128	37.85	120.7	1.03
320	667.4	6.574	50.6	11.5	85.3	0.128	44.91	98.10	1.11
330	641.0	7.244	48.4	10.4	81.4	0.127	55.31	76.71	1.22
340	610.8	8.165	45.7	9.17	77.5	0.127	72.10	56.70	1.39
350	574.7	9.504	43.0	7.88	72.6	0.126	103.7	38.16	1.60
360	527.9	13.984	39.5	5.36	66.7	0.126	182.9	20.21	2.35
370	451.5	40.321	33.7	1.86	56.9	0.126	676.7	4.709	6.79

附表 14　　干饱和水蒸气的热物理性质

t	ρ''	c_p	$\lambda\times10^2$	$a\times10^6$	$\eta\times10^6$	$\nu\times10^6$	Pr
℃	kg/m^3	kJ/（kg·℃）	W/（m·℃）	m^2/h	kg/（m·s）	m^2/s	
0	0.004851	1.8543	1.83	7313.0	8.022	1655.01	0.815
10	0.009404	1.8594	1.88	3881.3	8.424	896.54	0.831
20	0.01731	1.8661	1.94	2167.2	8.84	509.90	0.847
30	0.03040	1.8744	2.00	1265.1	9.218	303.53	0.863
40	0.05121	1.8853	2.06	768.45	9.620	188.04	0.883
50	0.08308	1.8987	2.12	483.59	10.022	120.72	0.896
60	0.1303	1.9155	2.19	315.55	10.424	80.07	0.913
70	0.1982	1.9364	2.25	210.57	10.817	54.57	0.930
80	0.2934	1.9615	2.33	145.53	11.219	38.25	0.947
90	0.4234	1.9921	2.40	102.22	11.621	27.44	0.966
100	0.5975	2.0281	2.48	73.57	12.023	20.12	0.984
110	0.8260	2.0704	2.56	53.83	12.425	15.03	1.00
120	1.121	2.1198	2.65	40.15	12.798	11.41	1.02
130	1.495	2.1763	2.76	30.46	13.170	8.80	1.04
140	1.965	2.2408	2.85	23.28	13.543	6.89	1.06
150	2.545	2.3145	2.97	18.10	13.896	5.45	1.08
160	3.256	2.3974	3.08	14.20	14.249	4.37	1.11
170	4.118	2.4911	3.21	11.25	14.612	3.54	1.13
180	5.154	2.5958	3.36	9.03	14.965	2.90	1.15
190	6.390	2.7126	3.51	7.29	15.298	2.39	1.18
200	7.854	2.8428	3.68	5.92	15.651	1.99	1.21
210	9.580	2.9877	3.87	4.86	15.995	1.67	1.24
220	11.61	3.1497	4.07	4.00	16.338	1.41	1.26
230	13.98	3.3310	4.30	3.32	16.701	1.19	1.29
240	16.74	3.5366	4.54	2.76	17.073	1.02	1.33
250	19.96	3.7723	4.84	2.31	17.446	0.873	1.36
260	23.70	4.0470	5.18	1.94	17.848	0.752	1.40
270	28.06	4.3735	5.55	1.63	18.280	0.651	1.44
280	33.15	4.7675	6.00	1.37	18.750	0.565	1.49
290	39.12	5.2528	6.55	1.15	19.270	0.492	1.54
300	46.15	5.8632	7.22	0.96	19.839	0.430	1.61
310	54.52	6.6503	8.06	0.80	20.691	0.380	1.71
320	64.60	7.7217	8.65	0.62	21.691	0.336	1.94
330	77.00	9.3613	9.61	0.48	23.093	0.300	2.24
340	92.68	12.2108	10.70	0.34	24.692	0.266	2.82
350	113.5	17.1504	11.90	0.22	26.594	0.234	3.83
360	143.7	25.1162	13.70	0.14	29.193	0.203	5.34
370	200.7	76.9157	16.60	0.04	33.989	0.169	15.7

附表 15　　标准大气压下过热水蒸气的热物理性质

T	ρ	c_p	λ	$a\times10^5$	$\eta\times10^5$	$\nu\times10^5$	Pr
K	kg/m³	kJ/(kg·℃)	W/(m·℃)	m²/s	kg/(m·s)	m²/s	
380	0.5863	2.060	0.0246	2.036	1.271	2.16	1.060
400	0.5542	2.014	0.0261	2.338	1.344	2.42	1.040
450	0.4902	1.980	0.0299	3.07	1.525	3.11	1.010
500	0.4405	1.985	0.0339	3.87	1.704	3.86	0.996
550	0.4005	1.997	0.0379	4.75	1.884	4.70	0.991
600	0.3852	2.026	0.0422	5.73	2.067	5.66	0.986
650	0.3380	2.056	0.0464	6.66	2.247	6.64	0.995
700	0.3140	2.085	0.0505	7.72	2.426	7.72	1.000
750	0.2931	2.119	0.0549	8.33	2.604	8.88	1.005
800	0.2730	2.152	0.0592	10.01	2.786	10.20	1.010
850	0.2597	2.186	0.0637	11.30	2.969	11.52	1.019

附表 16　　几种饱和液体的热物理性质

液体	t	ρ	c_p	λ	$a\times10^8$	$\nu\times10^6$	$\alpha\times10^3$	r	Pr
	℃	kg/m³	kJ/(kg·℃)	W/(m·℃)	m²/s	m²/s	K^{-1}	kJ/kg	
NH_3	−50	702.0	4.354	0.6207	20.31	0.4745	1.69	1416.34	2.337
	−40	689.9	4.396	0.6014	19.83	0.4160	1.78	1388.81	2.098
	−30	677.5	4.448	0.5810	19.28	0.3700	1.88	1359.74	1.919
	−20	664.9	4.501	0.5607	18.74	0.3328	1.96	1328.97	1.776
	−10	652.0	4.556	0.5405	18.20	0.3018	2.04	1296.39	1.659
	0	638.6	4.617	0.5202	17.64	0.2753	2.16	1261.81	1.560
	10	624.8	4.683	0.4998	17.08	0.2522	2.28	1225.04	1.477
	20	610.4	4.758	0.4792	16.50	0.2320	2.42	1185.82	1.406
	30	595.4	4.843	0.4583	15.89	0.2143	2.57	1143.85	1.348
	40	579.5	4.943	0.4371	15.26	0.1988	2.76	1098.71	1.303
	50	562.8	5.066	0.4156	14.57	0.1853	3.07	1049.91	1.271
R12	−50	1544.3	0.863	0.0959	7.20	0.2939	1.732	173.91	4.083
	−40	1516.1	0.873	0.0921	6.96	0.2666	1.815	170.02	3.831
	−30	1487.2	0.884	0.0883	6.72	0.2422	1.915	166.00	3.606
	−20	1457.6	0.896	0.0845	6.47	0.2206	2.039	161.81	3.409
	−10	1427.1	0.911	0.0808	6.21	0.2015	2.189	157.39	3.241
	0	1395.6	0.928	0.0771	5.95	0.1847	2.374	152.38	3.103
	10	1362.8	0.948	0.0735	5.69	0.1701	2.602	147.64	2.990
	20	1328.6	0.971	0.0698	5.41	0.1573	2.887	142.20	2.907
	30	1292.5	0.998	0.0663	5.14	0.1463	3.248	136.27	2.846
	40	1254.2	1.030	0.0627	4.85	0.1368	3.712	129.78	2.819
	50	1213.0	1.071	0.0592	4.56	0.1289	4.327	122.56	2.828

续表

液体	t	ρ	c_p	λ	$a\times10^8$	$\nu\times10^6$	$\alpha\times10^3$	r	Pr
	℃	kg/m^3	kJ/（kg·℃）	W/（m·℃）	m^2/s	m^2/s	K^{-1}	kJ/kg	
R22	−50	1435.5	1.083	0.1184	7.62		1.942	239.48	
	−40	1406.8	1.093	0.1138	7.40		2.043	233.29	
	−30	1377.3	1.107	0.1092	7.16		2.167	226.81	
	−20	1346.8	1.125	0.1048	6.92	0.193	2.322	219.97	2.792
	−10	1315.0	1.146	0.1004	6.66	0.178	2.515	212.69	2.672
	0	1281.8	1.171	0.0962	6.41	0.164	2.754	204.87	2.557
	10	1246.9	1.202	0.0920	6.14	0.151	3.057	196.44	2.463
	20	1210.0	1.238	0.0878	5.86	0.140	3.447	187.28	2.384
	30	1170.7	1.282	0.0838	5.58	0.130	3.956	177.24	2.321
	40	1128.4	1.338	0.0798	5.29	0.121	4.644	166.16	2.285
	50	1082.1	1.414				5.610	153.76	
R152a	−50	1063.3	1.560			0.3822	1.625	351.69	
	−40	1043.5	1.590			0.3374	1.718	343.54	
	−30	1023.3	1.617			0.3007	1.830	335.01	
	−20	1002.5	1.645	0.1272	7.71	0.2703	1.964	326.06	3.505
	−10	981.1	1.674	0.1213	7.39	0.2449	2.123	316.63	3.316
	0	958.9	1.707	0.1155	7.06	0.2235	2.317	306.66	3.167
	10	935.9	1.743	0.1097	6.73	0.2052	2.550	296.04	3.051
	20	911.7	1.785	0.1039	6.38	0.1893	2.838	284.67	2.965
	30	886.3	1.834	0.0982	6.04	0.1756	3.194	272.77	2.906
	40	859.4	1.891	0.0926	5.70	0.1635	3.641	259.15	2.869
	50	830.6	1.963	0.0872	5.35	0.1528	4.221	244.58	2.857
R134a	−50	1143.1	1.229	0.1165	6.57	0.4118	1.881	231.62	6.269
	−40	1414.8	1.243	0.1119	6.36	0.3550	1.977	225.59	5.579
	−30	1385.9	1.260	0.1073	6.14	0.3106	2.094	219.35	5.054
	−20	1356.2	1.282	0.1026	5.90	0.2751	2.237	212.84	4.662
	−10	1325.6	1.306	0.0980	5.66	0.2462	2.414	205.97	4.348
	0	1293.7	1.335	0.0934	5.41	0.2222	2.633	198.68	4.108
	10	1260.2	1.367	0.0888	5.15	0.2018	2.905	190.87	3.915
	20	1224.9	1.404	0.0842	4.90	0.1843	3.252	182.44	3.765
	30	1187.2	1.447	0.0796	4.63	0.1691	3.698	173.29	3.648
	40	1146.2	1.500	0.0750	4.36	0.1554	4.286	163.23	3.564
	50	1102.0	1.569	0.0704	4.07	0.1431	5.093	152.04	3.515

续表

液体	t	ρ	c_p	λ	$a\times10^8$	$\nu\times10^6$	$\alpha\times10^3$	r	Pr
	℃	kg/m^3	kJ/（kg·℃）	W/（m·℃）	m^2/s	m^2/s	K^{-1}	kJ/kg	
11号润滑油	0	905.0	1.834	0.1449	8.73	1336			15310
	10	898.8	1.872	0.1441	8.56	564.2			6591
	20	892.7	1.909	0.1432	8.40	280.2	0.69		3335
	30	886.6	1.947	0.1423	8.24	153.2			1859
	40	880.6	1.985	0.1414	8.09	90.7			1121
	50	874.6	2.022	0.1405	7.94	57.4			723
	60	868.8	2.064	0.1396	7.78	38.4			493
	70	863.1	2.106	0.1387	7.63	27.0			354
	80	857.4	2.148	0.1379	7.49	19.7			263
	90	851.8	2.190	0.1370	7.34	14.9			203
	100	846.2	2.236	0.1361	7.19	11.5			160
14号润滑油	0	905.2	1.866	0.1493	8.84	2237			25310
	10	899.0	1.909	0.1485	8.65	863.2			9979
	20	892.8	1.915	0.1477	8.48	410.9	0.69		4846
	30	886.7	1.993	0.1470	8.32	216.5			2603
	40	880.7	2.035	0.1462	8.16	124.2			1522
	50	874.8	2.077	0.1454	8.00	76.5			956
	60	869.0	2.114	0.1446	7.87	50.5			462
	70	863.2	2.156	0.1439	7.73	34.3			444
	80	857.5	2.194	0.1431	7.61	24.6			323
	90	851.9	2.227	0.1424	7.51	18.3			244
	100	846.4	2.265	0.1416	7.39	14.0			190

附表 17　　几种保温、耐火材料的导热系数与温度的关系

材料名称	材料最高允许温度 t	密度 ρ	导热系数 λ
	℃	kg/m^3	W/（m·℃）
超细玻璃棉毡、管	400	18～20	$0.033+0.00023\{t\}_{℃}$
矿渣棉	550～600	350	$0.0674+0.000215\{t\}_{℃}$
水泥蛭石制品	800	400～450	$0.103+0.000198\{t\}_{℃}$
水泥珍珠岩制品	600	300～400	$0.0651+0.000105\{t\}_{℃}$
粉煤灰泡沫砖	300	500	$0.099+0.0002\{t\}_{℃}$
岩棉玻璃布缝板	600	100	$0.0314+0.000198\{t\}_{℃}$
A级硅藻土制品	900	500	$0.0395+0.00019\{t\}_{℃}$
B级硅藻土制品	900	550	$0.0477+0.0002\{t\}_{℃}$
膨胀珍珠岩	1000	55	$0.0424+0.000137\{t\}_{℃}$
微孔硅酸钙制品	650	≤250	$0.041+0.0002\{t\}_{℃}$
耐火黏土砖	1350～1450	1800～2040	$(0.7\sim0.84)+0.00058\{t\}_{℃}$
轻质耐火黏土砖	1250～1300	800～1300	$(0.29\sim0.41)+0.00026\{t\}_{℃}$
超轻质耐火黏土砖	1150～1300	540～610	$0.093+0.00016\{t\}_{℃}$
硅砖	1700	1900～1950	$0.93+0.0007\{t\}_{℃}$
镁砖	1600～1700	2300～2600	$2.1+0.00019\{t\}_{℃}$

注　$\{t\}_{℃}$表示材料的平均温度的数值。

参 考 文 献

[1] 王加璇. 工程热力学. 北京：水利电力出版社，1992.
[2] 王加璇. 热工基础及热力设备. 北京：水利电力出版社，1987.
[3] 宋之平，王加璇. 节能原理. 北京：水利电力出版社，1985.
[4] 杨世铭，陶文铨. 传热学. 3 版. 北京：高等教育出版社，1998.
[5] 沈维道，蒋智敏，童钧耕. 工程热力学. 3 版. 北京：高等教育出版社，2001.
[6] 黄焕春. 发电厂热力设备. 北京：中国电力出版社，1985.
[7] 欧阳梗，李继坤. 工程热力学. 2 版. 北京：国防工业出版社，1989.
[8] 朱明善，刘颖，林兆庄，等. 工程热力学. 北京：清华大学出版社，1995.
[9] 曾丹苓，敖越，张新铭，等. 工程热力学. 3 版. 北京：高等教育出版社，2002.
[10] 严家騄，王永青. 工程热力学. 北京：中国电力出版社，2004.
[11] 严家騄，余晓福，王永青. 水和水蒸汽热力性质图表. 2 版. 北京：高等教育出版社，2004.
[12] 张学学，李桂馥. 热工基础. 北京：高等教育出版社，2000.
[13] 华自强，张忠进. 工程热力学. 3 版. 北京：高等教育出版社，2000.
[14] 邱信立. 工程热力学. 2 版. 北京：中国建筑工业出版社，1985.
[15] 俞佐平，陆煜. 传热学. 3 版. 北京：高等教育出版社，1995.
[16] 章熙民，任泽霈，梅飞鸣. 传热学. 3 版. 北京：中国建筑工业出版社，1993.
[17] 庞麓鸣. 工程热力学. 2 版. 北京：高等教育出版社，1986.
[18] W. C. 雷诺兹，H. C. 珀金斯. 罗干辉，译. 工程热力学：上册. 北京：高等教育出版社，1985.
[19] 戴锅生. 传热学. 2 版. 北京：高等教育出版社，1999.
[20] Francis F. Huang. Engineering Thermodynamics. 2nd Ed. New York：Macmillan Publishing Company. 1988.
[21] Gordon. J. Van Wylen，Richard. E. Sonntag. Fundamentals of Classical Thermodynamics. New Jersey：John Wiley & Sons. Inc，1978.
[22] Michael J. Moran，Howard N. Shapiro. Fundamentals of Engineering Thermodynamics. 5th Ed. England：John Wiley & Sons. Inc，2006.
[23] 许崇桂. 热学. 北京：国防工业出版社，1997.
[24] 黄光辉. 应用热工基础. 北京：中国电力出版社，1994.
[25] J. P. 霍尔曼. 热力学. 曹黎明，译. 科学出版社，1986.
[26] 王补宣. 工程传热传质学：上册. 北京：科学出版社，1982.
[27] 王补宣. 工程传热传质学：下册. 北京：科学出版社，1998.
[28] 埃克特，德雷克. 传热传质分析. 航青，译. 北京：科学出版社，1983.
[29] 王启杰. 对流传热与传质分析. 西安：西安交通大学出版社，1991.
[30] 傅秦生，何雅玲. 热工基础. 西安：西安交通大学出版社，1995.
[31] 郝玉福. 热工理论基础. 北京：高等教育出版社，1992.